현대 경제학 비판: 변증법적 성찰

김형석

서울 소재 휘문고등학교 졸업 후 서울대학교 경영대학을 최우등 졸업하고 미국 브라운대학교에서 응용수학 석사, 미국 컬럼비아대학교에서 거시경제학·경기변동론으로 경제학 박사 학위를 받았다. 서강대학교 경제학부 교수, 한국과학기술원(KAIST) 경영대학 교수를 거쳐 현재 한국과학기술원(KAIST) 과학기술정책대학원 교수로 재직 중이다. 2014년, 2016년 한국경제학회 사무차장, 2017–2018년 한국금융학회 이사를 역임했고, 2018년부터 2021년까지 한국은행 조사국 상임자문교수로 활동했다.

서강학술총서
150

현대 경제학 비판: 변증법적 성찰

김형석 지음

서강대학교출판부

서강학술총서 150

현대 경제학 비판: 변증법적 성찰

초판 1쇄 발행 | 2025년 1월 27일

지 은 이 | 김형석
발 행 인 | 심종혁
편 집 인 | 하상응
발 행 처 | 서강대학교출판부
등록 번호 | 제2002-000170호

주 소 | 서울특별시 마포구 백범로 35(신수동)
전 화 | (02) 705-8212
팩 스 | (02) 705-8612

ISBN 978-89-7273-399-7 94320
ISBN 978-89-7273-139-9 (세트)

값 34,000원

* '서강학술총서'는 SK SUPEX 기금의 후원으로 제작됩니다.

프롤로그

> 즉 변증법적 사유는 개별자를 그 상위개념에 환원함으로써, 이 개별자를 단순히 더 보편적인 개념들 아래 포괄함으로써 규정하지 않는 사유입니다. 따라서 변증법적 사유는 분류를 통해 개별자를 파악하지 않고, 말하자면 그것을 그 자체 내부에서 해명함으로써, 일종의 핵분열을 시도하고 이로써 사유의 각 객체에 담긴 특수와 보편의 대립을 포착하려고 함으로써 개별자를 파악하는 시도입니다. 하지만 또한 이로 인해 이제 논리적 추론(Räsonment) 속에는, 따라서 이른바 모든 것을 지배한다는 이성 자체 속에는, 현존하는 것의 힘에 직면해, 이성의 대립물 자체도, 즉 개별자로 동화되지 않는 것, 비동일자, 달리 존재하는 것, 그리고 결코 추리(ratiocinatio) 내지 단순한 추론을 통해서가 아니라 관조(Zusehen)를 통해서만 의식화할 수 있는 것 등의 계기도 동시에 들어가게 됩니다. 또 그런 한에서 변증법적 사유는 사실상 합리주의적 사유가 아닙니다. 왜냐하면 변증법적 사유의 비판은 모든 개별적 합리적 정립 일반의 해결되지 않은 요소 및 모호한 요소와 마찬가지로 그 제한성도 끌어들이기 때문입니다.
>
> – 아도르노의 『변증법 입문』에서

경제학은 자연과학이나 '공학'의 아류가 아니다. 너무나도 자명하게 들리는 명제가 바로 이 책에서 다룰 (진)테제이다. 그러나 수많은 정체불명의 과학입문서가 범람하고 있는 작금의 사태에서 경제학은 자연과학이나 '공학'의 아류가 아니라는 자명한 진술마저 그렇게 자명하지 않은 것이 되어버렸다. 물론 이러한 사태가 과학 입문서 작가들의 원대한 음모에 의해 형성된 것은 아니다. 오히려 경제학 자체 내의 '내재적' 발전에 따른 후유증의 결과로 볼 수 있다. 1944년 폰 노이만(John Von Neumann)과 모르겐슈타인(Oscar Morgenstern)이 그들의 기념비적 저서 『게임이론과 경제행동(*Theory of Games and Economic Behavior*)』을 통해 수리 언어적 분석틀을 경제학계에 소개한 것을 계기로 경제학이 수리적 학문으로 급격히 '진화'한 탓에 겪는 성장통의 후과이기도 하다.[1] 수리분석적인 경제학의 비약적 발전 선상에서 발생한 경제모형을 자연과학적인 실증 모형과 '동일시(同一視)'하는 오류가 바로 경제학은 사실상 자연과학적 모형에 근거한 사유의 학문이라는 왜곡된 상을 형성한 핵심적인 '병인체(病因體)'라 하겠다.[2] 최근 빅데이터 및

1 폰 노이만은 현대 (수리)경제학의 시조로 간주되는 레옹 왈라스(León Walras)의 연구에 대해 회의적이었다. 태양계의 안정성을 보장할 것이라고 믿어 의심치 않는 물리학의 균형 법칙에 의존하여 제시한 왈라스의 경제 균형 법칙이 '동어반복'에 지나지 않는다고 평가했다. 이것이 『게임이론과 경제행동』을 출간하게 된 주된 동기 중 하나이었다고 볼 수 있다. 이런 맥락에서 『게임이론과 경제행동』이 가져온 혁신은 바로 '경제 균형'을 분석하기 위한 수리적 틀을 확립한 데 있다. 1장 주석 6에서 그러한 수리적 틀에 관해 짧게 소개하는 시간을 갖는다.

2 수리분석적인 경제학의 발전사에 있어서 폰 노이만과 더불어 반드시 기억되어야 할 인물로 폰 노이만과 동년배(1903년)이고 26세에 요절한 영국의 철학자이자 논리학자이며 경제학자인 프랭크 램지(Frank P. Ramsey)를 꼽지 않을 수 없다. 경제학 분야에서 가장 권위 있는 학술지 중 하나로 간주되는 『경제저널(*The Economic Journal*)』에 1927년과 1928년에 출간

한 두 편의 논문은 현대거시경제학의 정형성을 확립했다고 말해도 과언이 아니다(참고 문헌의 램지 논문 참조). 먼저 1927년 논문의 업적은 '램지 과세(Ramsey taxation)'라는 이름으로 현대거시경제학의 대학원 교재에서 반드시 다루어야 할 주제로 자리매김하고 있다(예컨대, Chapter 16 in Ljungqvist and Sargent, *Recursive Macroeconomic Theory*, The MIT Press, 2018). '램지 과세'의 가장 중요한 결과로 '주드·챔리 자본소득세 면세 명제(Judd–Champley zero capital income tax result)'를 들 수 있다. 램지의 1928년 논문인 「저축의 수학이론(A Mathematical Theory of Saving)」은 사실상 현대거시경제학의 '표준모형'과 다름없다(케인즈의 평가에 의하면 거시경제학이 아니라, 수리경제학 분야에서 기념비적인 논문이었다). 이 책 2장 10절에서 다루는 실물균형경기변동모형의 원형이 바로 '램지 성장모형(Ramsey's growth model)'으로 불리는 1928년의 수리 모형이었다. 램지는 '램지 성장모형'을 당시 대부분의 경제학자들이 이해할 수 없는 수학의 '변분법(the calculus of variations)'을 활용하여 형식화하였다. 그럼에도 권위 있는 경제학 분야의 학술지(『경제저널(*The Economic Journal*)』)에 출간할 수 있었던 이유는 이 책의 주인공 중 하나인 케인즈(John Maynard Keynes)가 논문의 심사과정을 '원만히' 처리한 결과였다. 반면에 수학의 '변분법'을 활용하여 부존자원의 고갈문제를 체계적으로 연구한 호텔링(Harold Hotelling)의 1931년 논문은 '변분법'을 이해할 수 없다는 이유로 『경제저널(*The Economic Journal*)』에서의 출간이 거절되었다(호텔링은 당시 대서양 대륙을 대표하는 경제학자였다. 또한 미국 컬럼비아 대학 교수 시절 호텔링은 20세기 경제학의 두 거인인 케네스 애로우(Kenneth Arrow)와 밀턴 프리드먼(Miton Friedman)의 가장 중요한 후원자이기도 하였다. 밀턴 프리드먼이 컬럼비아 대학 박사학위 소지자이었다는 것은 비교적 덜 알려질 사실이다). 사실 램지에게 대외적인 명성을 가져다 준 분야는 수리논리와 철학 분야이었다. 당시 (수리)논리학의 최대 화두는 '러셀의 역설(Bertrand Russell's paradox)'로 대표되는 수리논리체계의 '자기언급(self–reference)' 문제였다. 예컨대 자기 자신을 포함하지 않는 집합들의 집합 자신은 과연 자기 자신을 포함하지 않는 집합인지에 관한 문제였다. '램지 정리(Ramsey's theorem)'로 귀결되는 램지의 논문은 이러한 역설을 부분적으로 해결하는 이론이다. 또한 램지는 방년 18세에 분석 철학의 대가인 비트겐슈타인(Ludwig Wittgenstein)의 『논리–철학 논고(*Tractatus Logico–Philosophicus*)』를 최초로 영어로 번역한 이였다. 램지의 대외적인 명성이 비교적 덜 알려진 이유는 물론 26세에 요절한 것에 있으나 인간과 인간 사이의 상호 소통 및 교감을 통해서 그리고 미출간 원고를 바탕으로 개인의 인공지능 기법의 비약적인 발전 또한 이러한 경제학의 왜곡된 상을 오히려 가중시키는 데 기여하였다.

사실 경제학의 전통적인 목적은 교화였다. 1714년 버나드 맨더빌(Bernard Mandeville)이 우화(fable)의 형식을 빌려 출간한 책인 『꿀벌의 우화: 개인의 악덕, 사회의 이익』이 경제학의 이러한 사정을 잘 예시하고 있다. 환언하면 선악의 기준, 옳고 그름의 판단, 공정, 정직, 합리성 등과 같은 인간의 도덕률을 확립하고 제시하는 교화의 목적이야말로 바로 경제학의 본질적인 속성을 규정하는 것이다. 따라서 '가치판단'의 본성을 가지고 있는 경제학은 '가치중립적'이기를 염원하는 자연과학의 사정과는 그 유전적 배경이 판이하게 다를 수밖에 없다. 이러한 경제학의 규범적(normative) 성격으로 인해 우화의 형식이야말로 경제학의 목적을 가장 효율적으로 전달하는 현대 이전의 '경제모형'이기도 했다. 경제학의 거인인 케인즈(John Maynard Keynes)는 이러한 경제학의 규범적 성격을 두고 "경제학은 인륜적 학문이다"라고 선언하였다.

어찌 보면 현대경제학이 활용하고 있는 수리 분석적 경제모형은 우화의 형식을 수리언어로 번역한 것에 불과한 것인지도 모른다. 동물을 의인화하는 대신 이제 원자나 분자를 의인화하는 번역작업으로 '격상'한 것으로 치부할 수 있을지도 모른다. 그러나 원자 또는 분자

명성이 형성되는 영국 케임브리지 대학 특유의 전통 때문이었다(즉 일상의 경험 속에서 '나는 그가 똑똑한 것을 안다'는 것이었다). 램지의 유일한 불행은 쿠르트 괴델(Kurt Gödel)의 불완전성 정리가 발표되기 일 년 전에 사망하였다는 것이었다.

를 의인화 하는 것은 경제학에 있어서 단순 번역을 넘어서는 중대한 사유의 변경을 수반한다.

이제 현대적 경제모형은 어떻게 행동해야 하는지(규범성)에 관한 교화의 목적뿐만 아니라, (그러한 교화의 결과로) 어떻게 행동하는지(실증성)에 관한 문제도 다루어야 하는 이중의 존재가 된 셈이다. 규범성과 실증성이 혼재하는 기괴한 형태의 수리모형이 바로 경제모형이 된 셈이다. 이러한 규범성과 실증성의 불편한 동거를 사회학의 거인 중 한 명인 로버트 K. 머튼(Robert K. Merton)은 "핼리 혜성의 귀환을 예측하는 모형처럼 물리학을 기반으로 고안된 모형은 혜성 자체가 이론을 학습하고 그에 따라 혜성의 행동을 바꿀 가능성을 고려할 필요가 없다"고 불평하였다. 이 책의 주요 인물 중 하나인 테오도어 아도르노(Theodor Ludwig Wiesengrund Adorno)는 경제학을 포함한 보다 광범위한 사회과학 연구자의 입장에서 '주체의 본성이 어떻게 조정되는가 하는 문제나 주체의 의식이 어떤 형식을 갖는가 하는 문제에 영향을 받지 않은 채 순수하게 객관적인 술어를 통해 세계를 설명할 수 있다'고 전제하는 '과학적 실증주의'를 맹렬히 비난하였다.[3]

물론 현대경제학의 주된 문제가 불편한 동거에 관한 머튼의 불평에 있는 것이 아니다. 현대 경제학의 문제는 그러한 불편한 동거를 쉽게 '해결'하려고 하는 데 있다. '규범성'을 '실증성'으로 환원해 버리고, '예언'을 '예측'으로 환원해 버린다.[4] 상위개념으로 환원할 수 없는 것

3 Paddison, M. 저, 최유준 옮김. 『아도르노의 음악미학』, 작은이야기, 2010.

4 '예언'은 보통 '경고'의 형태를 띤다. 예를 들어 신비주의적 책에서의 '예언'은 인간이 어떤 도덕률을 따르지 않을 경우 '종말'에 이르게 됨을 '경고'한다.

을 과학모형의 사유로 환원하려고 시도한다. 즉 동일하지 않은 것을 동일한 것으로 강요한다. 필자는 경제학 분야에서 나타나는 환원적 동일시 오류의 병리현상을 경제학의 '공학화'라고 명명한다. 테오도어 아도르노는 이러한 유사한 사태를 통틀어 사용가치가 교환가치로 타락해 버린 것이라고 한탄하였다.[5]

이 책에서는 바로 현대경제학 내부와 외부 모두 공히 두드러지는 환원적 동일시의 오류를 극도로 경계하는 사유의 운동을 유지하고자 한다. 철학적인 용어를 빌리자면, '비동일자(das Nichtidentische)'의 계기를 철두철미한 관찰력을 가지고 파악하는 것이 경제학의 본성임을 재조명하는 것이 이 책의 '화두'이다. 이러한 사유의 결과로 경제모형은 경제학에서 규범성과 실증성이 끊임없이 대비되는 '개념의 운동' 상태를 지속하게 하는 매개체가 된다. 문예철학자 바흐친(Mikhail Mikhailovich Bakhtin)의 세균학적 은유를[6] 비틀어 표현하자면, 실증성은 경제학의 '규범적 신체' 안에 기생하는 '항체(抗體, antibody)'로서 항상 '규범적 신체'를 내부에서 파열시킬 수 있는 위협적 존재이다. 그러나 실증성은 규범성과 필사적으로 대립관계를 형성하는, 그러나 공존

경제학의 '예측' 또한 부지불식간에 '예언'의 속성을 가지고 있다. 즉 경제인이 어떤 합리성을 추구할 경우 '풍요'에 이르게 됨을 '예후' 또는 '전망'하는 것이다.

5 '사용가치에서 교환가치로의 타락' 개념을 선도한 이는 물론 칼 마르크스이다.

6 Gardiner, M. "Bakhtin's Carnival: Utopia as Critique," *Utopian Studies* 3 (1992): 21–49.

이 불가피한 존재임을 또한 인정하는 사유방식이 바로 경제학이다.[7] 양자를 어느 한 쪽으로 '환원'하거나 '융합'을 강요하는 것은 시도하지 않는다. 단도직입적으로 말하면 경제학은 실증주의 및 환원주의 철학을 배후에 둔 자연과학이나 '공학'과는 뿌리가 다른 **변증법적 과학의 일종이다.**

경제학이 변증법적 과학임을 '재조명'하기 위해 이 책은 현대 경제학의 '이상형(Idealtypus)'인 거시경제학을 중심으로 먼저 '내적 성찰'을 수행하고자 한다.[8] 특히 '경제학은 모형적 사고의 학문이다'라는 케인즈의 명제를 크게 두 가지 사유패턴을 준거지점으로 삼아 검토한다. 첫 번째 사유 패턴은 경제모형에 만연해 있는 '딜레마'를 사립탐정의 철두철미한 관찰력과 수사력(搜査力)으로 식별하고 그 '딜레마'를 벗어날 방향을 모색하면서도 그 '딜레마'에서 벗어날 최종적인 방식은 없을 수도 있음을 배제하지 않는 태도를 가져야 한다는 점이다. 즉 모든 개념에는 항상 '부정의 계기'가 있어서 논박될 수밖에 없는 처지에 있다는 것을 인정하는 것이다. 두 번째 사유 패턴은 이 글 제사(題詞)에서 시사했듯이 상위개념에 종속되어 있는 하위개념 분류표를 통해 개

---

7 스웨덴의 명석한 거시경제학자 악셀 레이욘후부드(Axel Leijonhufvud, 2022년 타계)는 이러한 경제학의 사정을, 폴 새뮤얼슨(Paul A. Samuelson)의 기념비적 책인 『경제분석 기초(*Foundations of Economic Analysis*)』에 등장하는 '수학은 언어이다(Mathematics is a language)'라는 제사(題詞)를 빗대어 경제학에서 '영어 또한 언어이다(English is a language, too)'라고 선언하였다(Leijonhufvud, A. "Models and Theories," *Journal of Economic Methodology* 4 (1997): 193–198).

8 여기서 '재조명'이라는 단서를 붙인 이유는 경제학이 변증법적 과학임을 최초로 '조명'한 이는 칼 마르크스이고, 최초로 '조명'한 책은 그의 책 『자본론』이기 때문이다.

별자를 파악하지 않고 개별자 자체 내부에서 해명해야 한다는 것이다. 이러한 해명은 경험을 통제하여 익숙한 개념으로 환원하는 것이 아닌 새로운 경험의 가능성을 지향하는 열린 사고를 견지하는 것을 의미한다.

이 두 가지의 사유방식을 견지한다면, '경제학은 모형적 사고의 학문이다'라는 명제를 2장에서 검토할 때 무엇보다도 경제모형은 '일반모형의 하위개념 모형이다'라는 명제는 논박될 수밖에 없는 운명에 처해 있음을 주지해야 한다. 따라서 경제모형의 실체를 해명하려 할 때, 특정한 과학모형을 준거지점으로 삼아 인간본성과 인간행동에 관한 여러 모형을 대비시키는 방식이야말로 적어도 이 책에서는 가장 '합법적인' 사유운동이라 할 수 있겠다.

이런 연유로 2장에서는 과학모형의 대표격인 슈뢰딩거 방정식(Schrödinger equation)을 기준으로 경제모형을 포함한 나머지 11가지의 '인간행동모형'을 대비시킨다. 이러한 대비의 사고를 수행함에 있어 '파라미터'와 '변수'로 양분되는 과학모형의 상대적 안정성 주기개념이 이러한 12가지의 상이한 모형들을 대비가능하게 하는 '매개'임을 파악하는 것이 핵심이다. 굳이 단도직입적으로 말하자면 (자연)과학모형의 '파라미터'와 '변수' 개념이야말로 이 책을 해독할 수 있는 핵심열쇠이다. '파라미터'와 '변수' 간의 '짜임관계'의 다양성에 따라 12가지 모형은 총체적으로 거대한 (은유적으로) 일종의 '별무리(constellation)'를 형성한다.

물론 별무리의 중심 위치에는 각종 '경제모형'의 별들이 흩어 뿌려져 있다. 그렇다고 해서 중심부 주변의 모형들이 하위개념의 존재를 뜻하는 것은 아니다. 또한 (자연)과학모형의 '파라미터'와 '변수' 개념이 중요하다 해서 12가지 모형 모두 과학모형으로 환원시키거나 보다 보편적인 과학모형의 하위분류표에 정착시키려 사고의 시도와는 사뭇 다르다. 동어반복으로 들릴지 모르지만 '성좌'의 구성원들 간에는 때로는 상위개념과 하위 개념 간의 환원적 관계, 또는 '제 1원인' 개념으로 대표되는 원인과 결과의 관계로 포착되는 '특수'의 경우가 존재할 수도 있다. 그렇다고 해서 그 '특수'의 관계가 항상 '보편'의 일부로 편입되지 않는다. 요컨대 '별무리'의 구성원들 간에는 다양한 '짜임관계'로 '매개'되어 있을 뿐이다. 그 '짜임관계'가 때때로 인과율 또는 환원관계로 그 면모를 드러낼 뿐이다.

2장에서 선보인 흩어 뿌려지는 듯 하는 사유행위는 바로 '구상(configuration)'과 '별무리(constellation)'의 관계를 엄격히 구분하는 아도르노의 변증법적 사유에 대한 '오마주'이기도 하다. 아도르노의 '별무리(constellation)' 개념을 한국에서 '짜임관계'로 번역하거나 또는 말 그대로 '성좌'로 번역하곤 한다. '짜임관계'를 은유적으로 표현한 것이 바로 '별무리'이고 '별무리'의 속성과 구성이 바로 '짜임관계'를 정의한다. 사실 '짜임관계'가 두드러지게 표상되는(표상되어야 하는) 곳은 음표의 무리들로 구성된 '음악'이다. 아도르노가 그토록 바그너 음악에 부정적이었던 이유는 바로 바그너의 음악은 '짜임관계'가 아닌 구상에 기초한 음악의 최후 모형으로 간주했기 때문이다.

구상적 음악이란 '어느 면으로 보나, 그것은 가지가 많이 뻗은, 가능한 정념들의 체계를 종국에는 하나의 형식적 규율에 종속시키는 음악'을 뜻한다.[9] 아도르노가 주목한 것은 바그너 음악은 자신의 내재적 다수성을 '구상(configuration)'하여 이 체계가 결코 '별무리'의 형상 속으로 분산되는 것을 허용하지 않는다는 것이었다. 이 점에 착안하여 아도르노가 제안한 것이 바로 '별무리'의 사유모형 또는 '짜임관계'이다. 즉 음악이라는 모형은 형식의 동일주의적 지배가 작곡과 청음의 방식을 결정하게 해서는 안 되고, 음악 자체 내의 내재적 다수성이 '별무리'의 그것처럼 '분산적 파편화'를 허용하도록 하는 사유이어야 한다고 아도르노는 주장한다.

따라서 '별무리' 사유모형을 용인하는 순간, 무엇보다도 개별모형을 하위개념 분류표의 안락함에 맡겨두는 것이 아닌 개별모형 자체 내부에서 철두철미하게 해독하는 것은 불가피해 보인다. '경제학은 모형적 사고의 학문이다'라고 선언할 때 '모형적 사고'는 경제모형이라는 '특수'에 국한된 사고가 아닌, 경제모형 주위에 기거하는 '모형' 개념들의 내재적 다수성이 '분산적 파편화'된 별무리의 형상이 되도록 요청하는 것이기 때문이다. 비록 '파라미터'와 '변수'라는 속성을 가진 '모형' 개념으로 '별무리'를 구성하지만 2장에서 등장하는 각각의 모형들은 '파라미터'와 '변수'가 그 자체 내에서 어떻게 '짜임관계'를 구성하느냐에 따라 '모형' 개념의 내재적 다수성을 드러낸다.

이런 연유로 2장에서 슈뢰딩거 방정식, 시(詩), 음악, 주술모형,

9 바디우(Badiou, A.) 저. 김성호 옮김. 『바그너는 위험한가』. 64쪽.

축구의 모형 등 각기 상이한 모형들이 등장한다. 또한 각 개별자를 자체 내부에서 철저히 해명하려는 사유의 결과 예를 들어 슈뢰딩거 방정식을 해독하기 위해 수학의 소볼레프 공간(Sobolev space)론을 검토하였고, 시(詩)를 해독하기 위해 바흐친의 발화 이론을 일부 검토하였으며, 음악모형을 해독하기 위해 하이든의 4중주를 제외한 이 책에서 등장하는 모든 건반악기 곡은 피아노 또는 하프시코드로 재현해 보았다. '주술모형'을 해독하기 위해 현대적 사주이론과 전통적 사주이론을 모두 검토하였다.[10] 경제모형을 검토함에 있어서 서로 극단에 있는 결론과 목표를 향해 반대로 치달리는 '새케인즈학파' 거시경제모형(2장 2절)과 '신고전파' 거시경제모형(2장 10절)을 모두 검토하였다.[11]

---

10 일부 독자는 이 시점에서 왜 사주추명학이라는 '주술모형'을 굳이 본고에서 다루는지, 그리고 다루어야만 하는지 의문을 품을 수도 있을 것이다. 단도직입적으로 말하면 사주추명학의 어법자체가 아도르노가 꿈 꾼 '변증법'적 '문체(style)'를 가지고 있기 때문이다. 아도르노는 변증법적 사유를 구현하기 위한 어법으로 종종 '용어'를 정의하지 않거나 혹은 한 '용어'가 다의적인 의미를 갖기를 허용하였다. 사주추명학의 모형구조는 음양오행을 뜻하는 10간의 글자들과 12지지 글자들의 조합으로 구성되어 있고, 그 글자들 간에는 소위 '생극제화'의 관계만 정해져 뿐 글자 자체의 의미는 '정의'되지 않는다. 또한 한 사람의 생년월일시를 구성하는 8개의 간지글자 구성되면 글자의 위치와 여타 글자와의 관계에 따라 각각의 글자는 다양한 의미를 내포할 수 있다. 예를 들어 한 글자의 의미가 돈, 애인, 아버지, 전쟁터, 팔다리, 신장의 병 등을 의미할 수 있다. '사주모형'을 불가피하게 포함한 주된 사유는 5장에서 보다 명명백백하게 드러난다.

11 주석 2에서도 언급했듯이, '신고전파' 거시경제모형의 원형은 케인즈가 후원한 '램지 성장모형'에서 비롯되었다. 역설적으로 케인즈 경제이론의 최대 적수인 '신고전파' 거시경제이론을 수리경제학의 이름으로 케인즈가 후원한 꼴이 된 셈이다. 보다 엄밀히 말하면 '램지 성장모형'을 일반화한 데이비드 카스(David Cass)의 1965년 '최적 성장모형'이 '신고전파' 실물균형경기변동이론의 모태라 할 수 있다(Cass, D. "Optimum Growth in an

2장에서 모형들의 대비를 통한 모형개념의 '분산적 파편화'를 얻은 결과, 3장에서는 과학모형이 내재하고 있는 환원적 동일시의 경향과는 사뭇 다른 '비동일자(das Nichtidentische)'의 속성을 경제모형에서 '식별'해 낸다. 즉 '파라미터는 파라미터요, 변수는 변수이다'라는 환원적 동일시의 화신인 과학모형의 모습을 차용한 현대경제모형에서 '파라미터는 파라미터가 아니다' 혹은 '변수는 변수가 아니다'라는 부정의 계기를 발견하게 된다. 3장의 '루카스 비판(Lucas's critique)'이 바로 경제학 내부의 '비동일자'의 계기를 대표한다. 또한 '루카스 비판'을 계기로 현대거시경제학은 '합리적 기대 가설(rational expectations hypothesis)'이라는 합명제적 개념의 제안을 통해 변증법적 진화를 이루었음을 경제학설사 관점에서 재조명한다. 현대거시경제학의 근간을 이루는 새케인즈학파 거시모형(2장 2절)과 신고전학파 성향의 실물균형경기변동이론(2장 10절) 양자 모두 '루카스 비판'에서 비롯된 '합리적 기대가설'을 중심으로 한 변증법적 진화의 결과임을 조명함으로써 현대경제학

Aggregative Model of Capital Accumulation," *Review of Economic Studies*, 32 (1965): 233–240). '램지 성장모형'과 카스의 '최적 성장모형' 간의 차이는 수리적으로는 오일러·라그랑주 방정식(Euler–Lagrange equations)과 야코비·해밀턴 방정식(Jacobi–Hamilton equations) 문제 간의 차이였다(수학에 관심 있는 독자라면 르장드르 변환(Legendre transformation)이라는 볼록성 쌍대성 원리에 의해 두 방정식의 문제는 동형의 문제임을 파악할 수 있을지 모른다). 카스의 성장모형은 보통 '램지·카스·코프만스 성장모형(the Ramsey–Cass–Koopmans growth model)'으로 명명되는데 찰링 코프만스(Tjalling Koopmans)만이 1975년 노벨경제학상을 수상하였다. 램지는 이미 오랜 전에 사망하였고, 코프만스의 가장 중요한 업적은 결국 '램지·카스·코프만스 성장모형'이라는 것을 1980년대에 이르러서야 (거시)경제학계가 비로소 자각하였기 때문이다. 데이비드 카스는 주석 29에 등장하는 흑점이론(sunspot theory)의 데이비드 카스와 동일 인물이다.

설사의 한 파편을 제공한다. 그러나 무엇보다도 중요한 것은 '합리적 기대 가설'이 비록 과학적 원칙인 것처럼 포장되어 있지만 사실상 경제학의 전통적인 역할인 규범적(normative) 원칙을 재확립한 것이라는 것을 주지할 필요가 있다. 즉 인간의 '합리성'이라는 일종의 규범 혹은 도덕률을 촉구한 것이다.

합리적 기대 가설을 주창한 로버트 루카스(Robert E. Lucas Jr.)를 경제학계에서는 '신고전학파 경제학'의 거두로 간주한다. 물론 내용상 케인즈 경제학과 180도 반대편에 서 있는 입장이라는 의미에서의 '신고전학파 경제학'을 의미한다. 그러나 로버트 루카스는 『꿀벌의 우화: 개인의 악덕, 사회의 이익』으로 대표되는 경제학의 전통적 목적을 20세기에 부활시켰다는 의미에서 '신고전학파 경제학'의 거두로 간주되어야 한다. 20세기에 '합리성'의 우화를 꿀벌 대신 수학의 조건부 기댓값 기호로 대신한 것뿐이기 때문이다.

2장과 3장에서 축적된 '내적 성찰'의 성과로 '자기실현적 예언(self-fulfilling prophecy)'과 '루카스 비판(Lucas's critique)'은 경제학의 딜레마를 표상할 뿐만 아니라, 경제모형은 변증법적 사유가 아니고서는 해독할 수 없음을 알게 된다. 두 번째로 경제모형은 최종 이론이 아니고 수정에 항상 열려 있는 문제를 설명하고 해결하는 교화의 수단이다. 합리적 기대 가설의 사정이 이 점을 확인해 준다. 환언하면 경제모형은 모든 특수를 환원하는 보편모형이 아니라 막스 베버(Max Weber)의 '이상형(Idealtypus)' 개념과 같이 일종의 준거지점 또는 기준점을 제공할 뿐이다. 막스 베버의 사회과학 연구에서는 '보편'을 사실상 포기하고 '이상형' 모형 중심으로 수행하는 인식의 대전환을 보여준다. 현대경제학에서 차용한 과학모형의 구조는 변증법적 진화를 위한 기준점 역할을 하는 것뿐이라는 인식의 전환을 요구한다. 왜 합리적 기대 가설을 굳이 '가설'로 부르는 사유가 이미 경제모형은 변증법적 '기준점' 혹은 베버 의미에서의 '이상형' 모형임을 함축하고 있기 때문이다.

사실 이러한 경제학의 모형적 사고는 아도르노가 철학적으로 사고한다는 것은 (사유)모형으로 사고하는 것이라고 선언한 것과 일치한다. 즉 케인즈가 규정한 '모형적 사고의 학문'이란 아도르노의 '부정변증법 사고의 학문'과 일치하는 셈이다. 이러한 통찰에 이를 때 표면상으로 양립할 수 없는 것같이 보이는 케인즈의 두 가지 규정, 즉 '경제학은 모형적 사고의 학문'과 '경제학은 인륜적 학문'은 딜레마이면서도 끊임없이 대비되고 공존되어야 할 개념의 영속적 운동이고 생명 그 자체이다. 이로써 4장에서 **경제학은 인륜적 학문이자 변증법적 과학**임을 선언하게 된다. 사실 경제학과 아도르노의 변증법은 기묘하게 닮은 면이 있다. 경제학의 '애칭'이 '우울한 학문(dismal science)'이듯이, 아도르노의 변증법을 소개하는 가장 유명한 입문서 중 하나의 책제목이 '우울한 학문(melancholy science)'이다.[12]

5장에서는 경제학을 변증법적 과학으로 인식할 때 우리가 비로소 현대경제학의 전모를 파악할 수 있다는 것을 12가지의 소주제로

12 Rose, G. *The Melancholy Science: An Introduction to the Thought of Theodor W. Adrono*, Verso, London·New York, 2014.

보여 준다. 5장은 4장의 명제를 12가지의 '파편'들로 구성된 '별무리'를 통해 보다 구체적으로 체험 가능하게 하게끔 한다. 이 12가지 소주제가 함축하는 바는 환원적 실증과학의 전통을 흠모하는 현대경제학조차도 여전히 변증법적 사유의 잔재가 곳곳에 남아 있다는 것이다. 동시에 (거시)경제학 자체 내의 변증법적 운동은 여전히 진행 중임을 거시경제학자로서 증언하는 것이다. 특히 후자의 논점에서 합리적 기대가설의 규범으로 규정된 현대거시경제학은 자신의 내부에서 자신과 다른 어떤 것과 부정적으로 마주할 수밖에 없음을 주지하는 것이 중요하다. 즉 현대거시경제학은 '자신의 타자성'을 다룰 수밖에 없는 임무가 주어져 있다.

사실 '자신의 타자성'이라는 개념은 음악에서 유래한 것이다.[13] 음악이야말로 자신과 다른 어떤 것과 부정적으로 마주할 수밖에 없는 사유모형의 형태이다. 음악은 언제나 소음과 침묵과 같은 잠재적 부정의 계기와 대면해야 하는 '자신의 타자성' 문제가 있다. 이러한 음악에서의 '자신의 타자성'은 소리와 침묵, 소음과 속삭임, 그리고 들을 수 있는 것과 없는 것이 대비되는 내재적 변증법의 문제로 자연스럽게 정착하게 된다. 음악은 실제 이러한 '자신의 타자성' 혹은 내재적 변증법을 다루는 데 능숙하다.

5장의 '흑점이론(sunspot theory)'과 '흑점이론과 축구모형'이라는 주제에서 입증하려는 바가 바로 현대거시경제학이 '자신의 타자성'에 처해 있음을 '태양의 흑점'의 개념을 통해 해명하는 것이다. 경제학의

13 Badiou, A. 저. 김성호 옮김. 『바그너는 위험한가』, 84쪽.

'흑점이론'에서 말하는 '태양의 흑점'은 비규범적이고 비합리적인 기대를 상징한다. 그러나 이러한 '흑점'의 비규범적이고 비합리적인 기대는 '합리적 기대 가설'에 의하면 합리적인 기대이다. 예를 들어 경제활동을 '주술'에 의존하여 결정하는 것은 '합리적 경제 균형'으로 간주된다. 문예철학자 바흐친의 세균학적 은유를 다시 차용하여 표현하자면, '흑점'은 '합리적 기대 가설' 안에 기생하는 '항체(抗體)'로서 항상 '합리적 기대'를 내부에서 파열시킬 수 있는 위협적 존재이다. 그럼에도 '흑점'은 '합리적 기대'의 일종이다. 현대거시경제학이 '합리적 기대 가설'의 규범을 강조하면 강조할수록 음악처럼 '자신의 타자성'에 직면할 수밖에 없다. '흑점'은 현대거시경제학이 음악처럼 내재적 변증법에 직면하도록 요구한다. '흑점'의 존재야말로 (거시)경제모형의 변증법적 면모를 다시금 확인시켜 준다.

5장이 결국 주장하는 바는 경제학이라는 학문은 변증법적 역사관으로 관찰해야 할 변증법적 과학임을 재확인하는 것이다. 속류 과학주의자나 공학자가 말하는 과학발전사에 편입될 수 있는 실증과학의 아류가 아니라는 것을 다시금 강조하는 것이다. 또한 칼 포퍼(Karl Popper)의 과학철학을 기반으로 한 밀턴 프리드먼(Milton Friedman)의 '실증경제학방법론'(Friedman, M. *Essays in Positive Economics*, University of Chicago Press, 1953)에 관해 이의를 제기하는 것이기도 하다.

사실 밀턴 프리드먼이 그의 실증경제학방법론을 전개할 때 칼 포퍼를 직접 인용한 것은 아니다. 칼 포퍼가 제안한 과학적 방법론은 크게 두 가지 사유방식에 바탕을 두고 있다. '추측과 논박'을 규정하는 '시행착오(trial and error)'의 사유방식 그리고 '모순'을 허용하는 변증법적 사유의 부정이다.[14] 전자의 사유방식에 있어서 핵심은 객관주의적인 과학적 가설의 검증이다. 여기서 '예언'의 속성에 머무를 수밖에 없는 '주관주의'는 배격된다. 개연성이 낮은 현상을 '예측'함으로써 과학의 발전은 담보된다. '예측'은 물론 가설의 수립과 그 가설을 논박하는 과정을 거친 끝에 실증적으로 논박할 수 없는 가설의 채택을 뜻한다. 비록 칼 포퍼는 변증법이 그가 강조한 '시행착오'의 과학적 방법론과 유사한 사유방식을 갖는다는 것을 인정했음에도 불구하고 '모순'과 '예언'과의 동거에 개의치 않는 변증법적 사유방식을 불쾌하게 여겼다. 특히 변증법이 구도하는 예언자적 유토피아로의 종결에 관해서는 반대의 입장을 분명히 하였다. 물론 칼 포퍼가 비판의 대상으로 삼은 변증법은 아도르노의 변증법이 아니라, 헤겔·마르크스의 '실증(긍정) 변증법'을 염두에 둔 것이다.

밀턴 프리드먼 또한 실증과학(positive science)이란 아직까지 관찰되지 않은 새로운 현상을 '예측'할 수 있는 이론의 전개로 정의하였다. 여기서 이론이란 '언어(language)'와 검증의 의무를 갖는 '가설(hypothesis)'로 구성된 이원적 지식체계를 뜻한다. 특히 이론의 '언어'란 '동어반복(tautology)'의 일종으로 규정하고 '언어'는 '분석적인 정보 저장·분류 체계(analytical filing system)'으로 그 역할과 본질을 한정시켰다. 예컨대 순수논리학이나 수학은 동어반복에 불과하고 '가설'이 성공적으로 예측한 경험적 사실들을 빠짐없이 열거하고 분류하

14 Popper, K. R. 저, 이한구 옮김. 『추측과 논박 1, 2』, 민음사, 2021.

는 분류표에 불과한 것이다. 칼 포퍼의 실증과학론과 마찬가지로 경제학의 가치는 개연성 낮은 현상을 '예측'할 수 있는 실증적인 가설로 '환원'시켰다.[15]

역설적으로 현대경제학을 실증과학의 위대한 진보의 산물로 파악하는 사유야말로 '환원적 동일시'로 대표되는 폭력적 사고이자 '실증과학'이라고 부르는 신화가 만들어내는 '주술적' 사고와 다름없다. 칼 포퍼가 혐오했던 또 다른 '과학주의' 유토피아로의 종결을 구도하는 실증변증법적 사유와 다를 바 없는 것이다. '실증과학'을 바탕으로 '비실증적'인 것을 실증적인 것으로 환원하는 방식이야말로 '과학주의'라는 이름으로 바뀐 주술적 신화와 다를 바 없다. 더 나아가서 설사 변증법적 역사관으로 경제학을 세심히 살피더라도 헤겔·마르크스가 지향하는 '실증변증법(Positive Dialektik)'적 역사 발전관이 아닌, '부정변증법(Negative Dialektik)'에 의한 철저한 반성적 역사관이야말로 현대경제학의 본질을 조명할 수 있는 발견술(heuristic)임을 주장하는

15 물론 밀턴 프리드먼은 경제학의 규범성과 실증성이라는 이원적 성격에 관해 날카로운 인식을 가지고 있었다. 로버트 K 머튼처럼 관찰자가 관찰대상과 상호작용할 수밖에 없는 사회과학의 특성을 이해하고 있었고, 이러한 특성이 사회과학에만 국한되는 것이 아님을 주지시켰다. 비사회과학적 예로서 양자역학의 불확정성 원리와 쿠르트 괴델(Kurt Gödel)의 불완전성 정리를 지목하였다. 그리고 관찰자와 관찰대상 간의 상호작용을 드러내는 이 세 가지 경우의 배후에는 보다 단순하고 일반적인 원리가 작동하고 있을지 모른다고 추측하였다. 본고의 2장 2절에서 '자기실현적 예언(self-fulfilling prophecy)'이라는 개념을 중심으로 사회과학에 내재하고 있는 관찰자와 관찰대상 간의 상호작용 문제를 다룬다. 또한 밀턴 프리드먼의 '실증경제학론'에 관한 변증법적 이해에 관해서는 5장 8절 '밀턴 프리드먼의 법칙'에서 다룬다.

것이다. 막스 호르크하이머(Max Horkheimer)와 테오도르 아도르노의 책 『계몽의 변증법』에서 주지했듯이, 궁극적이고 비가역적인 유토피아적 피날레로 종결 짓는 헤겔·마르크스의 '실증변증법'은 결국 '환원적 동일시'를 총체적으로 실현할 뿐이다. 즉 '자신의 타자성'을 끊임없이 관찰하고 반성하는 '부정변증법'이야말로 진정한 경제학의 변증법적 성찰이다.

이 책은 비록 경제학의 변증법적 성찰을 목표로 하지만 경제학이라는 사태(Sachen) 안과 바깥 양자 모두를 변증법적 사유의 실험장으로 삼는다. 변증법적 성찰이 여미어 들지 않은 곳이 없도록 할 때 책의 텍스트 구성 또한 변증법을 함축하는 상징으로 구성하지 않을 수 없다.

아도르노는 (절대가 도래하지 않을) '헛된 기다림'을 통해 자신을 실현하는 문제와 직접적으로 매개되어 있는 부정변증법을 가장 잘 표현할 수 있는 것은 음악임을 선언하였다. 사실 '헛된 기다림'을 어떻게 다루는가에 따라 '실증변증법'과 '부정변증법'을 구분할 수 있다. 바그너는 「트리스탄과 이졸데」에서 화성적 불완전성으로 표현된 '헛된 기다림'을 마지막 으뜸화음으로 구원한다. 이점이 바로 '실증변증법'을 표상하는 것이다. 즉 유토피아적 피날레로 구원하는 바그너의 음악이 바로 '실증변증법'과 동형의 관계를 이룬다. 반면에 '무한선율'이 창조해 낸 '헛된 기다림' 그 자체야말로 '부정변증법'의 통찰을 구현해 낸 것이다.[16]

실제 아도르노는 일관되는 논술하는 학술논문 형식을 거부하고

16 '무한 선율'을 만들어내는 것이 바로 그 유명한 '트리스탄 화성'이다. 반음계적 진행과 조성의 해결을 미루는 방식이 바로 '무한 선율'의 느낌과 '헛된 기다림'의 느낌을 동조화한다.

'분산적 파편화'를 구현할 수 있는 음악적인 텍스트를 시도하였다. 즉 각각의 단상들이 정해지지 않은 중심으로 향해 동등한 거리를 취하고서 연구 대상의 자리를 구도(構圖)하는 것으로, 그러나 각각의 단상들이 환원적 총체성의 기미가 엿보이는 순간 각각의 대상들의 동일성을 거부하는 텍스트가 전개된다.[17] 이러한 텍스트 구성을 통해 파편화된 전체, 즉 '별무리' 관계를 지향한다.[18]

따라서 이 책의 텍스트 구성 또한 '분산적 파편화' 즉 '별무리'를 지향하는 음악적인 (부정변증법으로서의 바그너적인) 텍스트를 지향한다. 비록 이 책은 변증법 사유를 최적으로 표현할 수 있는 음악형식이 아닌 '산문' 형식으로 표현되었지만 '변증법적 글쓰기'의 일환으로 텍스트 구성은 음악의 형식을 '흠모'하려 노력하였다. 단도직입적으로 표현하면 이러한 텍스트 구성을 통해 **'변증법적 글쓰기'**와 **'변증법적 읽기'**를 구현하고자 한다.[19] 2장에서는 '분산적 파편화'를 상징하는 12가지 모형들의 '별무리'를 구성하되, 3장과 4장을 진행하면서 변증법적 '총체화'를 추구한다. 그러나 4장에서 '경제학은 변증법적 과학'임을 선언하는 순간, 5장에서 12가지의 개별 주제들로 다시 파편화를 추구한다. 1장과 6장에서 반복 등장하는 바그너의 오페라 「뉘른베르

17 Paddison, M. 저, 최유준 옮김, 『아로르노의 음악미학』.

18 롤프 티데만(Rolf Tiedermann)과의 서신에서 아도르노는 그의 책 『미학이론』이 어떤 중간지점을 중심으로 동일한 무게감을 가진 텍스트가 병렬적으로 그리고 동심원적으로 거미집같이, 즉 별무리 관계를 염두에 두고 구성되어 있다고 '은밀하게' 고백하였다.

19 따라서 주석 18에서 아도르노가 '은밀하게' 시도하였던 별무리 관계의 텍스트 구성을 구현해 보고자 하는 것이라 볼 수 있다.

크의 명가수」 피날레는 2장과 5장 사이에 벌어지는 변증법적 구도를 '포획'하는 것이다.

1장에 등장했던 바그너의 피날레가 6장에 다시 등장하도록 한 것은 바흐의 골드베르크 아리아를 '오마주'한 것이다. 또한 구독일의 나치를 극렬히 비판하는 부정변증법적 사유가 이 책의 중심임에도 불구하고 구독일의 나치가 그토록 숭배했던 바그너의 피날레가 1장과 6장에 등장하는 점 또한 의도된 것이다. 변증법적 사유가 극도로 철두철미하게 관찰하는 역설과 딜레마를 끊임없이 자각하기 위한 장치이다.

그러나 무엇보다도 1장은 헤겔·마르크스의 '실증 변증법' 어법으로, 후자는 아도르노의 '부정 변증법' 어법으로 서술되었다는 점을 환기할 필요가 있다. 1장에서 '경제학'을 경제·역사적 발전도상의 응전으로 규정하는 것(예를 들어 대공황과 케인즈) 그리고 현재 '경제학'의 사태를 한국사회의 사회적·문화적 자양분의 결과로 규정하는 것은 지극히 마르크스적 '실증 변증법'의 어법이다. 대공황과 케인즈를, 바흐의 평균율 클라비어곡집의 '조성' 및 '전주곡과 푸가'의 관계로 비유한 것 그리고 '전주곡'과 '푸가'의 관계를 '실증성'과 '규범성'의 순차적 관계로 규정한 것 자체가 지극히 마르크스 유물 변증법적 어법이다. 그럼에도 불구하고 독일의 나치가 그토록 흠모했던 「뉘른베르크의 명가수」 피날레로 1장을 종결 짓는 이유는 유토피아적 종결로 대표되는 고전적 헤겔 변증법과 마르크스 유물 변증법 그리고 바그너 음악 모두 '실증 변증법'의 이름으로 '별무리' 진 별들임을 보여 주는 것이다.

반면에 6장 결어에서는 2장에서 5장까지 수행된 경제학의 변증법적 성찰을 통하여 '실증변증법'의 명제인 '부정의 부정은 긍정이다'는 와해되었음을 선언한다. 6장에서 재등장한 「뉘른베르크의 명가수」의 피날레는 '실증 변증법'의 상징이 아니다. '부정 변증법'으로 재탄생한 바그너이다. 즉 '우리가 사유해야 할 대상은 파멸의 가설에서 살아남는 그 무엇인가'라고 지속적으로 화두를 던지는 바그너 음악을 대표한다. 독일 국민과 국가의 정체성에 대해 끊임없이 자문하고 살아남는 것은 '독일예술'이란 이름으로 영속적인 것이다. 이제 바그너는 '부정 변증법'의 상징이다. 「뉘른베르크의 명가수」의 피날레에서 등장인물 작스는 예술의 마이스터이기 때문에 인민의 마이스터가 된다. '실증성'과 '규범성'의 순차관계가 180도 뒤집어진다. 따라서 「뉘른베르크의 명가수」의 피날레를 매개로 한 1장에서 6장으로까지의 진행은 이 책의 텍스트 자체가 변증법적 운동을 수행 중임을 텍스트 구조로 드러내고자 한 것이다.

이 책의 2장에서 5장까지의 텍스트 구성을 요약하자면 "경제학이란 모형에 근거한 사유의 학문과도 같다"라는 규정과 "경제학은 인륜적 학문이다"이라는 서로 이율배반적으로 보이는 두 개의 규정으로 구성된 케인즈의 명제가 지속적으로 등장하도록 하였다. 이는 요한 세바스찬 바흐가 프로이센의 프리드리히 대왕으로부터 하사받은 '프리드리히 대왕의 주제'를 주제선율로 하여 카논형식(일종의 돌림노래)으로 지속적으로 '변주'한 「음악의 헌정(Das Musikalische Opfer)」을 '오마주'한 것이다.[20] 마치 경제학의 거인 케인즈로부터 '경제학은 모형적 사고의 학문이자 인륜적 학문이다'라는 주제선율을 하사받은 것처럼 말이다. 특히 '경제학은 모형적 사고의 학문이다'라는 케인즈의 규정은 전체 16개의 곡으로 구성된 「음악의 헌정」에서 첫 번째 곡에서 11번째 곡까지의 '전반부'에서 명료하게 등장하는 '주제선율'에 해당한다. 12개의 개별모형으로 구성된 2장의 구조는 바로 「음악의 헌정」에서 첫 번째 곡에서 11번째 곡까지의 구성에 관한 '오마주'이다. 그리고 그 '주제선율'은 개별 모형으로 명명된 각 성부에서 반복적으로 '돌림노래'처럼 등장한다. 2장이 가분수적으로 거대해진 이유는 물론 아도르노의 '별무리' 개념을 표상한 이유도 있지만, 「음악의 헌정」에서 전체 16분의 11을 차지하는 '전반부'의 카논형식에 관한 명백한 '오마주'이기도 하다.

물론 「음악의 헌정」의 '전반부'는 9개의 카논형식과 2개의 리체르카레(푸가)형식[21] 등 모두 11개의 곡이지 2장의 12개 모형처럼 12개의 곡이 아니다. 숫자적인 불일치가 생긴 이유는 12개의 개별모형에 8번째 '변증법'이 더해졌기 때문이다. 이는 특별히 1장에서 6장으로까지

20 가장 유명한 카논형식의 음악은 어린이 동요 「Are you sleeping(Brother John)?」이다. 최근 연구에 따르면 프랑스 동요 「Frère Jacques」에 바탕을 둔 이 곡의 원작곡가는 바로크 시대의 위대한 작곡가 중 하나인 장필리프 라모(Jean-Philippe Rameau)로 밝혀졌다. 1763년 라모의 오페라 「북풍신의 후손들(Les Boréades)」을 마지막으로 1764년 라모가 사망함에 따라 위대한 바로크 음악의 시대는 사실상 종말을 고하였다(바흐는 1750년에 사망하였고, 헨델은 1759년에 사망하였다).

21 리체르카레(푸가)형식에 관한 일반적인 '정의'는 1장 주석 1에서 잠깐 다룬다.

변증법적 사유 운동이 진행되는 가운데 '변증법'을 '자기언급' 하도록 한 것이다. 이는 바흐의 마지막 걸작 「푸가의 기법(Die Kunst der Fuge)」에서 바흐가 바흐의 이름을 나타내는 계명 B–A–C–H로 시작하는 새로운 주제 선율을 느닷없이 도입하는 기법을 흉내 낸 것이다(6장의 주석 6 참조).[22] 20세기 최고의 인문학서로 간주되는 더글러스 호프스태터(Douglas R. Hofstadter)의 역작, 『괴델, 에셔, 바흐: 영원한 황금 노끈』에서는 「푸가의 기법」에서 바흐가 바흐의 이름을 나타내는 계명 B–A–C–H 의 등장을 쿠르트 괴델(Kurt Gödel)의 불완전성 정리에서의 '자기언급'으로 은유하였다. 즉 2장 8번째의 '변증법'의 텍스트 구성 자체가 '자기언급'을 상징하는 것이다.[23] 그리고 '변증법'으로 인해 12라는 숫자를 고집한 것 또한 쇤베르크(Arnold Schönberg)의 조성(tonality)이 없는 12음 기법을 '오마주'한 것이다. 아도르노가 '부정변증법'의 기표로 간주한 것이 바로 쇤베르크의 음악이었기 때문이다.

또한 「음악의 헌정」에서 리체르카레(푸가)형식은 3성 푸가로 구성된 첫 번째 곡과 3성 푸가를 6성 푸가 확대한 9번째 곡에 나타난다. 이에 반해 2장에서는 2장 1절 슈뢰딩거 방정식과 2장 12절의 축구모형이 이 3성과 6성 푸가를 은유한다. 슈뢰딩거 방정식은 하나의 편미

22 계명 B–A–C–H를 피아노 건반 위에서 재현하고자 하면 Bb(내림 나음)–A(가음)–C(다음)–B(나음)의 음계를 구성해야 한다. 이러한 계명의 왜곡이 나타나는 이유는 독일에서는 Bb(내림 나음)를 B라고 부르고 B(나음)를 H라고 부르기 때문이다.

23 사실 '자기실현적 예언'으로 표현되는 경제모형의 '자기언급'이 경제학 모형과 자연과학모형을 구분하는 결정적인 핵심요소이다. 2장 2절에서 '자기실현적 예언'에 관해 상술한다.

분방정식으로 표현되지만, 축구모형은 2개의 연립 편미분방정식 체계 혹은 3개의 그것으로 표현가능하기 때문이다.

「음악의 헌정」에서 12번째에서 15번째까지의 곡은 '소나타'로 구성되어 있는데 3장의 4개의 절이 바로 이 구성을 염두에 둔 것이다. 다시 말해 '경제학은 인륜적 학문이다'이라는 케인즈의 또 다른 규정은 3장에 비로소 등장하는데, 음악의 헌정에서 카논형식이 만연한 가운데 12번째에 등장하는 소나타를 대표한다. 4장은 형식상 「음악의 헌정」의 마지막 곡 16번째 곡에 해당하기 때문에 절이 없는 장으로 구성되어 있다. 2장에서 4장까지가 「음악의 헌정」의 원 텍스트구성을 모방한 셈이다. '경제학은 모형적 사고의 학문이자 인륜적 학문'이고 따라서 변증법적 과학임을 규명한 4장이 이제 '주제선율'이 된다. 이 '주제선율'을 중심으로 5장에서 12가지의 주제를 구성한다. 「음악의 헌정」처럼 4장에서 종결 짓는 것은 진정한 변증법의 정신이 아니다. 돌림노래의 일종인 '카논형식'은 계속 지속되어야 한다. 따라서 5장은 2장과 대칭적으로 12가지의 주제로 설정되었다. 1장과 6장에 동일한 「뉘른베르크의 명가수」의 피날레는 영원히 반복되는 '카논형식'을 상징하는 것이고, 끊임없이 환원적 동일시를 거부하는 바로 (부정)변증법의 사유 그 자체이다.

일반 독자를 위하여

단도직입적으로 말해 이 책은 일반 독자를 위한 책은 아니다. 학술총서이기 때문이다. 그러나 일부 조건만 만족된다면 경제학에 문외한인 일반 독자도 충분히 가독 가능하다. 이 책의 일부 내용을 수업시간에 테스트한 결과, 경제학 수업을 전혀 듣지 않은 한국과학기술원의 학부, 대학원 학생들이 오히려 더 공감하는 모습을 관찰하게 되었다. 한국과학기술원 학생들이 '과학모형'으로 철저히 훈련받은 결과일 것이라 조심히 추정한다. 다시 강조하지만 과학모형의 '파라미터'와 '변수' 개념이 이 책을 해독할 수 있는 핵심 열쇠이기 때문이다. 따라서 학부수준의 과학교육을 받은 학생이라면 가독 가능하다.

인문학도이면서 경제학에 문외한이라면 이 책을 해독하는 데 어려움이 있을 수 있다. 아도르노의 부정변증법을 이미 이해하고 있더라도 과학모형의 '파라미터'와 '변수' 개념에 관한 훈련이 부족하기 때문이다. 이 부류에 속한 독자라면, 이 책을 읽기 전에 더글러스 호프스태터의 『괴델, 에셔, 바흐: 영원한 황금 노끈』을 반드시 읽어보기 바란다.[24]

오히려 경제학도에게 이 책은 난해하게 비추어질 수 있다. 이 책에서 말하는 경제학자는 '공학자'적인 경제학자가 아니라, 한때 세속의 철학자로 간주되던 '경제학자'를 의미하기 때문이다. 따라서 경제학도 또한 이 책을 읽기 전에 더글러스 호프스태터의 『괴델, 에셔, 바흐: 영원한 황금 노끈』을 먼저 읽어야 한다.

결국 **임의의 일반 독자**라면 『괴델, 에셔, 바흐: 영원한 황금 노끈』을 읽어보고 이 책에 도전하는 것이 좋지 않을까 싶다. 밀턴 프리

24 Hofstadter, D. R. 지, 박여성·안병서 옮김. 『괴델, 에셔, 바흐: 영원한 황금 노끈』, 까치, 2017.

드먼이 말하듯이 세상에 공짜 점심은 없다. 이 책에 등장하는 음악 용어는 대부분 호프스태터 책에서 등장한다. 사실 더글러스 호프스태터의 책과 이 책은 표면상 상당한 유사점을 발견할 수 있다. 『괴델, 에셔, 바흐: 영원한 황금 노끈』에서는 프로이센의 프리드리히 대왕이 책 앞에 등장하지만, 이 책에서는 '건륭황제와 사고전서'라는 제목 하에 책 뒤에 건륭황제가 등장한다. 그리고 이미 강조했지만 '자기언급'의 문제는 이 두 책을 잇는 '황금 노끈'이다.

그러나 경제학을 너무 모르면 이 책을 해독하는 데 곤란을 겪을 수 있으므로 최근 번역본으로 출간된 울리케 헤르만(Ulrike Herrmann)의 『경제학 천재들의 자본주의 워크숍: 스미스, 마르크스, 케인즈는 왜 지금 우리에게 필요한가?』[25]의 일독을 권한다(물론 참고 문헌에 수록된 여느 거시경제학 교과서를 일독한다면 이 책을 해독하는데 큰 도움이 된다는 것은 두말할 나위 없다). 울리케 헤르만의 책은 명백히 일반 독자를 위한 책이다. 그림에도 불구하고 이 책과 일면 유사한 점이 있다. 헤르만의 책 10장은 '**경제학은 자연과학이 아니다**'라는 문장으로 시작한다. 그러나 루카스의 '합리적 기대이론'과 '동태확률균형모형'을 포함한 신고전주의학파에 관한 비판은 거의 오독에 가깝다. 이 책 2장 10절의 '실물균형경기변동이론'이 바로 헤르만의 비판대상에 해당하는데 신고전주의학파가 말하는 '대표적 경제인'은 농부의 미덕을 표상하는 규범적 존재이지, 자연과학 모형, 특히 통계역학에서 말하는 '거시총량'이 아니다. 즉 과학모형이 말하는 예측과 경제모형이 말하

25 Herrmann, U. 저, 박종대 옮김. 『경제학 천재들의 자본주의 워크숍: 스미스, 마르크스, 케인스는 왜 지금 우리에게 필요한가』, 갈라파고스, 2024.

는 예언의 차이점에 주목해야 한다. 또한 이 책이 주장하듯이 경제학을 수리모형으로 간주하는 '환원적 동일시'를 경계하자고 해서, 헤르만의 책이 함의하듯이 수리모형 없는 경제학으로 '환원적 동일시'를 이루자는 뜻은 아니다.

헤르만의 책처럼 현대경제학을 비판적으로 논박하는 것이 이 책이 수미일관 보인 입장임에도 불구하고 이 책을 통해 일반 독자와 전문적인 경제학도 양자 모두 일정 부분의 실질적 혜택을 볼 수 있을지 모른다. '경제학'과 경제학을 '자기언급'하고 자아 성찰하는 '메타경제학'을 동시에 다루기 때문이다.

먼저 경제학도 입장에서는 현대경제학, 특히 주류현대거시경제학이 직면하고 있는 이론적 난제를 엿볼 수 있다. 사실 현대거시경제학의 이론적 난제는 역설적으로 울리케 헤르만의 오독을 바탕으로 한 비판을 진지하게 '자연과학적'이자 '변증법적'으로 극복하기 위한 과정에서 탄생한 것이다. 2장 10절의 실물균형경기변동이론에서의 '대표적 경제주체'는 규범적 존재이기에 3장 4절에서 '살포시' 언급하고 지나간 '제 3자의 개입'으로 귀결될 수밖에 없다.[26] 비유하자면 '제 3자

26 「푸가의 기법」에서 마지막 푸가가 바흐의 이름을 나타내는 계명 B–A–C–H로 시작하는 순간 예기치 않게 종결되듯이, 3장 4절 실물균형경기변동이론의 논의가 '제 3자의 개입'으로 수렴하는 순간 별다른 부가설명 없이 3장 4절은 종결된다. 사실 이 책에서 말하는 현대적 변증법의 입장에서 보면 '제 3자의 개입'은 헤겔·마르크스의 실증변증법으로 귀결되는 종착지를 의미한다. 따라서 '제 3자의 개입'의 상태에 진입하는 순간 황급히 종결되어야 한다. 동시에 '제 3자의 개입'이라는 표식은 실물균형경기변동이론 또한 '개념의 핵분열' 대상임을 선언하는 것이다. 또한 앞서 강조한 변증법적 텍스트 구성을 보여주는 것이기도 하다.

의 개입'이란 음악에서 '정격연주'가 강요된 상태나 다를 바 없다. 물론 '정격연주'의 역할은 음악연주가가 올바른 방식으로 연주하기 위한 기준점을 제시한 것이고 선의에서 출발한 것이다. 그러나 '정격연주'는 결국 지극히 개인적이고 주관적인, 따라서 '이질적 성분(heterogeneity)'을 용납했던 소위 피아노 음악의 '황금기' 전통을 말살한 것도 사실이다('정격연주'에 관해서는 프롤로그 장의 주석 31 참조). 음악의 '정격연주'와 마찬가지로 경제학의 '대표적 경제주체'의 강요는 경제학에서의 소위 지극히 개인주의적이고 주관적인 '이질적 성분(heterogeneity)'을 말살하기 마련이다. 올리케 헤르만의 경제모형에 대한 정형적 비판을 극복하기 위한 현대거시경제학의 응전이 바로 대표적 경제주체와 대비되는 '이질적 성분'을 부활시키는 것이다.[27] 이러한 '이질적 성분'을 수용한 현대적 경제모형은 놀랍게도 우리가 오늘도 즐기고 있는 '진정한 축구경기 (모형)'의 한 일면이 투영된 것이다. 환언하면 '진정한 축구'의 한 파편을 보여주는 2장 12절의 '축구관중 모형'과 '축구공·축구관중 모형'이 바로 현대거시경제학의 응전이자 주류를 이루는 이질적 경제주체(heterogeneous–agent) 경제모형의 일종인 '예비적 저축(precautionary

27 '이질적 성분'에 관해 열정적으로 연구하고 있는 현대거시경제학자를 낙담시키는 말일 수도 있겠지만 2장 11절에서 소개되는 '주술모형'을 살펴보면 동양에서는 이미 '이질적 경제주체 모형'에 관한 확고한 인식을 가지고 있었다. 소위 명리학(사주추명학)에서는 재물·권력·명예와 같이 유형·무형의 경제적 지대를 모두 추구하는 '일반화된 경제주체' 개념을 가지고 있었고, 동시에 518,400×2개의 '이질적 인간형'으로 구성된 '이질적 경제주체 모형'으로 실존적 개인의 행동양태를 '예언'하였다. 이러한 '주술모형'의 기원을 중국 남송(南宋)의 서승(徐升)이 저술한 것으로 알려진 『淵海子平(연해자평)』을 기준으로 삼는다 해도 거의 800년 전부터 동양에서는 '이질적 경제주체 모형'을 연구한 셈이다.

savings)' 모형과 크루셀·스미스 모형과 각각 동형임을 알게 된다. 동시에 5장을 통해 '축구 모형'의 일종인 현대거시경제 모형이 수학적 난제와 동형이라는 것도 알게 된다. 다시 한 번 강조하지만 '축구관중 모형'과 '축구공·축구관중 모형' 양자 모두 우리가 현실에서 즐기는 '진정한 축구'라는 코끼리를 장님 만지기식으로 이해한 것, 즉 군맹무상(群盲撫象)식의 모형에 불과한 것이다.

5장의 '흑점이론과 축구모형'에서 2024년 NBER(National Bureau of Economic Research, 전미경제연구소) 조사보고서가 인용되었다는 사실 자체가 일반 독자에게 주류 거시경제학의 최신 트렌드를 소개하고 있음을 짐작할 수 있다. 한국의 경제학과 대학원생 입장에서는 3장 '루카스 비판의 변증법적 진화: 합리적 기대 가설' 제목 하의 논의를 통해 '구조적 모수 추정법(calibration)'의 원리를 보다 체계적으로 이해할 수 있는 기회를 가질 수 있다.

경제학도와 일반 독자 모두가 간파할 수 있는 혜택은 일반상식과는 달리 애덤 스미스의 '자기애(self-love)'의 의미는 오히려 조선시대 그토록 찬미했던 '농부의 미덕'과 유사하다는 새로운 관점을 얻을 수 있다는 점이다(2장 10절). 물론 여기서 말하는 농부는 '증기기관'의 기술력을 가진 농부를 의미한다. 보통 애덤 스미스의 '자기애'는 '후생경제학 정리'라는 이름으로 교과서에서 '완전경쟁시장'의 개념과 결부되는데 문제는 이 개념을 일부 진화론자가 말하는 '적자생존' 개념과 동일시한다는 점이다. 심지어 한국 여느 대학의 신입생 환영회에서 보직을 맡은 교수가 학생들의 '적자생존'을 위해 우리 학교는 노력하고 있다는 발언을 어렵지 않게 들을 수 있다. '완전경쟁시장'의 본질적인 목표는 경제인들 간의 '위험공유' 체계를 실현하는 것이지 '적자생존'을 논하는 것이 아니다.[28]

두 번째로 한국의 점집과 같은 '주술 시장'은 번창할 수도 있다는 상식을 뒷받침하는 체계적인 경제이론이 '흑점이론(sunspot theory)'이라는 이름으로 존재한다는 것을 발견할 수 기회가 있다.[29] 또한 '주술 시장'의 번창은 경제인 개개인이 한국 경제가 '효율적 배분'을 달성하지 않고 있다는 믿음에서 비롯된 것임을 간파할 수 있다.

세 번째로 현재 주술로 폄하되고 있는 '사주추명학'이 사실 예언과 예측 차이에 관해 깊은 반성을 할 수 있는 사고실험의 장이 될 수

28 '적자생존'을 강조하는 나쁜 경제학 혹은 나쁜 과학 덕분인지는 몰라도 2024년 대한민국은 출산율 세계 최저에 속하고 자살률이 세계 최고에 속하는 '세계 정상'의 '적자생존' 원리를 실현하였다.

29 이 책에서 중요하게 다루는 '흑점이론'에 관해 노벨경제학상이 수여되지 않은 것은 거의 '스캔들'에 가까워 보인다. 그러나 '흑점이론' 분야에 노벨경제학상이 수여되지 못한 것에는 보다 '내재적'인 이유가 있다. 먼저 '흑점이론'의 최초 주창자인 데이비드 카스(David Cass)와 칼 셸(Carl Shell) 모두 '흑점이론'을 자신들의 가장 중요한 업적으로 여기지 않았다. 익명의 제보자에 의하면 데이비드 카스는 보통 수백 번 퇴고한 후에야 자신의 논문을 출간하는 경향이 있었다. 카스의 평소 모토가 '윤문하고 또 윤문하라(Polish, Polish, Polish)'이었기 때문이다. 그의 모토와 다른 결을 가진 칼 셸과의 공동논문을 '명문'으로 여기지 않았던 것이 '흑점이론'을 대수롭지 않게 여긴 결정적인 이유일 수도 있다. 또한 카스는 2008년 작고하였다. 현존하는 '흑점이론'의 권위자 로저 파머(Roger E. A. Farmer)에 의하면 '흑점이론'의 또 다른 창시자로 코스타스 아자리아디스(Costas Azariadis)를 꼽을 수 있는데, 아자리아디스의 논문은 칼 셸과의 대화이후 출간된 것으로 전해진다(Farmer, R. E. A. *Prosperity For All*: *How to Prevent Financial Crises*, Oxford University Press, 2017 참조).

있다는 점을 알 수도 있을 것이다.[30] 『사고전서』가 전하는 '사주추명학'의 문제점은 바로 현대경제학이 고민하는 규범성과 실증성의 문제와 닮아 있다. 한때 '조화'라는 성인의 도를 널리 알리는 '복음서' 역할을 했던 역학(易學)이 개인의 길흉화복을 추구하는 방술과 술수로 타락한 퇴영의 역사에는 우리가 한 번 고민해 볼 만한 철학적 메시지가 숨겨져 있다. 규범성을 상실한 체 오로지 실증성을 극단적으로 끌고 간 '인간행동 모형(behavioral model)'이 이끄는 종착지는 기계적 운명론(運命論)뿐이다. 화복의 수단으로 전락한 '사주추명학'의 이면에는 인간의 자유의지는 온데간데없는 기계적 운명론만 존재할 뿐이다. 또한 '사주추명학'의 체용원리가 경제모형과 음악 그리고 시(詩)에서 종종 현현하는 파라미터와 변수의 역할이 상호 전회(inversion) 또는 도치가 흔히 일어나는 그것과 다르지 않음을 알 수 있다. 결국 '절대정신'은 파라미터와 변수의 전회(inversion) 또는 도치임을 짐작가능하게 할 수도 있다(2장 9절).

이에 더해 이러한 파라미터와 변수의 역할을 전회(inversion) 또는 도치하는 것을 통해 「음악의 헌정」의 진정한 아름다움을 느낄 수 있는 관점을 일반 독자에게 제공한다. 「음악의 헌정」의 13번째 곡인 〈그림 0〉에서 보듯이, '소나타'가 만연한 가운데 베이스 성부에서 카논형식의 주제선율 프리드리히 대왕의 주제가 느닷없이 얼굴을 내민다(〈그림

30 이 책에서 소개된 '사주추명학'은 주류 사주추명학인 소위 '격국론'에 근거한 중국 '자평명리'가 아니라 고(故) 김영진 선생의 주체적 이론을 집대성한 『체용사주대강』을 바탕으로 한 것이다. 엄밀히 말하면 여기서 소개된 사주추명학 이론은 김영진의 '체용이론'과 최근 중국에서 새롭게 풍미하고 있는 '맹파명리' 이론(段健業. 저, 박형규 옮김. 『命理珍寶(명리진보)』, 상원출판사, 2016)을 교차 수용한 것이다.

0〉의 베이스 성부에서 숫자와 함께 병기된 음들이 주제선율의 모방이다. 숫자는 통주저음 혹은 숫자저음이라 부르는 것으로 바로크 시대에 반주의 화성을 숫자로 표기하는 것을 말한다). '파라미터'처럼 안정적인 것으로 간주되던 베이스 성부에서 카논형식의 주제선율이 '변수'처럼 등장하는 것이다.[31] 즉 카논형식이 만연한 가운데 12번째 '소나타'가 등장하고 '소나타'가 만연한 가운데 다시 프리드리히 대왕의 주제선율이 등장한다. 부정의 계기를 영속적으로 발견하는 변증법 사유의 극치를 표현한 것이다. 또한 프롤로그에서 〈그림 0〉이 등장한 이유는 찰스 로젠(Charles W.

31 20세기 초 소위 피아노 음악의 '황금기'라고 불리는 시대의 피아니스트들은 종종 쇼팽을 연주할 때, 악보에 따라 베이스 성부의 반주를 예상하고 있는 청중의 기대와 달리 느닷없이 '내면의 목소리(inner voice)'로 지칭되는 (대위법적인) 숨겨진 선율을 뽑아낸다. 바로 〈그림 0〉에서와 같이 베이스 성부에서 느닷없이 주제선율을 등장시키는 「음악의 헌정」으로부터 영감 받은 것이라는 인상을 지울 수 없다. 2024년 쇼팽 에튀드(연습곡) 음반으로 음악계의 각종 권위 있는 상들을 수상한 임윤찬의 쇼팽 에튀드를 들어 보면 피아노 음악의 '황금기' 전통이 잘 드러나 있다. 예컨대 임윤찬의 에튀드 10-2 A단조를 들어보면 왼손 엄지손가락을 활용하여 베이스 성부에서 예기치 못한 선율이 스쳐지나간다. 피아니스트라는 한 개인의 '영혼과 가슴'을 주관적으로 표현한 내면의 목소리를 듣는다. 사실 쇼팽을 거의 한 세기 전의 연주방식으로 연주하는 것은 20세 후반기에 확립되었던 '정격연주'에서 벗어나는 것이다(쇼팽 '정격연주'의 대표격으로 블라디미르 아슈케나지(Vladimir D. Ashkenazy)를 들 수 있다). 악보에 드러난 작곡가의 의도를 철저하게 분석·재현하는 '객관주의'가 '정격연주'의 정신을 정의하기 때문이다. 그러나 '프랑스 음악가 협회'의 일원으로 바흐의 평균율 클라비어곡집을 고전파 음악 전통의 '셈여림'으로 재해석하여 출간했던 이가 바로 쇼팽이었다는 것을 감안하면 작곡가로서의 쇼팽의 의도는 오히려 '황금기'의 주관주의를 허용하는 것이 오히려 쇼팽의 진정한 의도에 부합해 보인다. 또한 바흐·베토벤과 비교해서 자신의 음악은 "단지 한 사람의 영혼과 가슴을 표현할 뿐이다"라고 선언한 쇼팽의 말은 '내면의 목소리'에 집중하는 '황금기' 시대의 연주전통과 맥을 같이 한다고 볼 수 있다(2장 4절 주석 22 참조).

Rosen)의 『고전파 양식』에 대한 '오마주'이기도 하다.[32] 『고전파 양식』에서 유일하게 언급되지 않은 악보가 바흐의 「음악의 헌정」이기 때문이다.

〈그림 0〉

이 책의 프롤로그는 1장과 6장까지 연주되는 변증법적 '음악'의 악보와 같다.[33] 따라서 시간이 없는 독자라면 프롤로그만 읽어도 어떤 내용이 연주될지 알 수 있을 것이다.

마지막으로 이 책의 텍스트 구성 자체가 **'변증법적 글쓰기'**와 **'변증법적 읽기'**를 지향하고 있음을 독자들에게 다시 한번 당부한다. 의도치 않게 길어진 프롤로그는 긴 것으로 악명 높은 헤겔의 『정신현상학』 서문을 '오마주'한 꼴이 되어 버렸다.

32 Rosen, C. 저, 장호연 옮김. 『고전적 양식: 하이든, 모차르트, 베토벤의 음악 언어』, 풍월당, 2021.

33 사실 본문에서 수식을 '그림'으로 처리한 것은 수식을 음악의 악보처럼 독자가 간주하길 바라는 마음의 발로이다. 대부분의 음악 애호가는 악보 없이 음악을 듣는다.

목 차

프롤로그 5

1장 경제학이란?: 대공황과 케인즈 44

2장 케인즈의 푸가형식: 사유모형으로서의 경제학 66

1. (시간에 무관한) 슈뢰딩거 방정식 (time-independent Schrödinger equation) 73
2. 새케인즈(학파) 필립스 곡선(New Keynesian Phillips Curve) 77
3. 시(詩) 119
4. 쇼팽의 발라드 4번 126
5. 빅데이터/인공지능 모형: OK 큐피드의 사례 153
6. 구글 독감 예측 프로그램 168
7. 호드릭 · 프레스캇(Hodrick Prescott) 경기순환주기 필터 모형 170

8. 변증법 197

9. 불교 207

10. 실물균형 경기변동 이론 213

11. 명리학은 과학인가? 미신인가? 256

12. 축구 272

부록. 확률미적분학에서 활용되는 콜모고로프 순행 방정식 294

3장 경제학은 공학이 아니다: 루카스 비판 300

1. 경제모형의 재조명 300

2. 구글 독감 모형의 재조명 309

3. 스태그플레이션과 루카스 비판 322

4. 루카스 비판의 변증법적 진화: 합리적 기대 가설 330

4장 경제학은 인류적 학문이다 360

5장 경제학은 변증법적 과학이다 370

1. 막스 베버의 이상형(Idealtypus) 371

2. 메라·프레스캇의 자산프리미엄 퍼즐 376

3. 우드포드의 책 379

4. 논란의 2013년 노벨경제학상 380

5. 루카스의 합리적 기대가설 382

6. 행동경제학 383

7. 음학, 수사, 경제학 384

8. 밀턴 프리드먼의 법칙 390

9. 크루셀·스미스 모형과 축구공·축구관중 모형 391

10. 흑점이론 393

11. 흑점이론과 축구모형 398

12. 건륭황제의 사고전서 411

6장 결어 416

참고 문헌 429

찾아보기 440

1장
경제학이란?: 대공황과 케인즈

1장
경제학이란?: 대공황과 케인즈

> 변증법의 용무는 후세의 권력자들이 세계 행정(行程)은 변경 불가능하다고 생각하는 건강한 견해에 코웃음을 치면서, 그들의 '균형'이란 그로테스크할 정도로 커져버린 불균형의 충실한 축소판임을 해독해 내는 것이다. 변증법적 이성은 지배적 이성에 대항하는 비이성이다. 변증법적 이성이 지배적 이성을 걸고넘어져 지양시킬 때 그것은 비로소 이성적이 된다.
>
> – 아도르노의 『미니마 모랄리아』에서

1929년 대공황(Great Depresson)이라는 역사적 사건은 '상식'이라는 폭력에 의해 우리들 뇌리 속에 깊이 각인되어 있다. 마치 '세계명작'이라는 미사여구 뒤에 숨어 있는 한물간 할리우드의 옛날 영화나 상대방의 품위에 맞추어 마지못해 기억해야 하는 클래식 명곡처럼 말이다. '상식'의 폭력은 '확대재생산성'의 경로를 밟기 마련이다. 이제 더 나아가 클래식명곡의 작곡가가 누구인지 혹은 한물간 그 영화의 주인공이 누구인지 '특정'하라고 '상식'은 우리를 다그친다. 대공황에 가해지는 상식의 압박감 또한 마찬가지이다. 교양 수준을 가늠하고자 하는 불순한 의도와 결합되어 대공황과 결부된 인물을 특정하라고 압박한다. '탑건'하면 '친절한 톰크루즈' 아저씨를 기억하고, '운명교향곡' 하면 베토벤을 연상하듯이, 결국 우리는 케인즈, 케인즈, 케인즈!라며 다급하게 외치게 된다. 놀랍게도 그 조건반사적 답이 정답이기는 하다(케인즈가 바로 특정되어야 할 주인공이다).

그러나 1929년 대공황이라는 사건과 케인즈라는 (거시)경제학자를 짝짓기 하는 것은 단순히 상식에 부합하는 안도감 이상의 현대경제학의 방법론 및 사고양식에 관한 '높은 수준의 지적담론'이 숨겨져 있는 것도 사실이다. '탑건'이라는 문화현상과 친절한 톰 크루즈 아저씨를 짝 짓는다고 해서 현대 영화의 방법론이나 사고양식에 관한 '높은 수준의 지적담론'을 함의하지는 않는다. '친절한 톰 크루즈 아저씨'가 21세기 사회적 담화를 짙게 풍긴 봉준호 감독의 영화 '기생충'의 이야기 전개방식과 촬영기법 그리고 상징체계 등을 예견할 정도의 현대영화의 방법론 또는 사고양식의 축소판(microcosm)을 보여주지는 않는다. 이에 비해 '대공황과 케인즈'는 바흐가 그의 평균율 클라비어곡집에서 조성(tonality)의 '감성'에 대응하여 '전주곡과 푸가'라는 음악양식을 표현한 것과도 같다. 그리고 조성과 '전주곡과 푸가' 사이에는 '짜임관계'가 성립하는데, 대공황과 케인즈와의 관계가 바로 그 '짜임관계'와도 같다.

조성(tonality)을 별칭으로 '음악의 언어'라고 불린다. 형식적 음악을 구성하기 위한 '음악의 식재료'로 생각하면 되겠다. 자연의 모든 동·식물이 '식재료'가 될 수는 없다. 독성이 제거되고, 실제 미각에 영합할 수 있는 것만이 '식재료'의 자격을 갖는다고 할 수 있겠다. 조성이 바로 음의 재료에서 독성이 제거된 그리고 우리의 청각에 영합하는 음의 모임인 것이다. 예를 들어 피아노에서 검은 건반을 터치하지 않고 도레미파솔라시도를 터치해 본 경험이 있다면 여러분은 조성의 C장조를 이미 알고 있는 것이다.

바흐는 평균율 클라비어곡집에서 조성(tonality)을 C장조에서 출발하여 총 24개의 조를 계단식으로 쌓아 올리면서, 각 조성마다 성격이 어떠한지 먼저 전주곡의 형식으로 실험해 보고, 관찰한 경험을 바탕으로 보다 '규범적'인 형식인 푸가로 발전시킨다.[1] 다시 말하면, 작곡가 바흐가 전주곡으로 '필터링'한 각 조성 음악의 성격 및 특징을 일반화하여, 푸가라는 양식으로 재구성함으로서 음악 본질에 관한 그

1 디트리히 슈바니츠(Dietrich Schwanitz)의 책 『교양: 사람이 알아야 할 모든 것』(인성기 옮김, 들녘, 2001)에서 바흐의 푸가를 다음와 같이 요약하였다. "하나의 성부가 하나의 주제를 '조율'한다. 악곡 시작부의 특징적인 멜로디를 우리는 그렇게 부른다. 첫 번째 주제가 끝나면 두 번째 성부가 등장하여 다른 음 높이로 역시 이 주제를 노래 부른다. 그렇게 하는 동안 첫 번째 성부는 동반음으로 덧붙여진다. 두 번째 성부는 '반대 주제'로, 첫 번째 주제와 대조를 이룬다. 계속하여 다른 성부가 이런 식으로 하나의 주제를 노래 부른다. 이와 동시에 다른 성부는 작곡가가 삽입한 변덕스러운 착상을 노래한다. 모든 성부가 종결될 때까지, 이런 식으로 음악이 계속 변주된다. 그리하여 작품 전체는 마치 모든 성부가 시계의 부속품이라도 되는 듯이 서로 간섭하는 효과를 자아낸다."

만의 당위성을 확립시킨다. '전주곡과 푸가' 사이에는 실증성과 규범성의 순차적 관계인 '짜임관계'를 형성한다. 그 쌍 자체가 바로크 양식으로 바라보는 음의 모임에 관한 사고양식을 대표한다. 즉 신의, 신에 의한, 신을 위한 조화와 균형을 표상하는 음열, 즉 천국의 권태로 태어난 사생아로 가득 찬 무질서한 지상이 들려주는 음의 무질서가 아닌, 신의 합법적인 적자가 공표하는 음의 질서로서의 '바로크 양식'을 확립한다.

'대공황과 케인즈' 또한 바흐의 '전주곡과 푸가'처럼 현대경제학의 양식(목적과 방법론)을 압축적으로 대표한다. 먼저 '경제학'은 공간과 시간이라는 현실에서 경험한 사건을 무시하고서는 성립할 수 없다. '1929년'이라는 시간, '전 세계'라는 공간에서 벌어진, '대공황'은 그 당시, 그 공간에 거주했던 모든 사람들의 먹고 사는 문제에 영향을 미친 '경험적' 사건이다. 즉 '이성'을 가진 누구나 감각과 지각(sense and perception)을 가지고 '동물적'으로 파악한 '사실'로 나타난 존재에 해당한다. 또한 시간이 지남에 따라 1929년의 강렬한 기억은 오성(五性)이라는 이름의 영지(領地) 안에서 끊임없이 정(thesis), 반(anti-thesis), 합(synthesis)의 운동, 즉 변증법(dialectic)적 운동으로 성취한 '역사적 사건'으로 확정된다.[2] 요컨대 '대공황'은 감각과 지각으로 경험한 '경험사실'로 존재했고, 변증법적 투쟁의 과정을 거친 오성을 통해 주기적으

2 헤겔은 변증법적 사고를 정·반·합의 도식화하는 것을 극도로 혐오했다. 1장에서는 편의상 변증법적 진화를 정·반·합으로 규정하였다. 이 책에서 의미하는 변증법은 보다 현대적인 의미의 변증법이라는 것을 독자들은 점차 인지하게 될 것이다.

로 학습된 '역사적 사건'으로 존재한다. '대공황'이라는 '경험' 자체의 가치를 중시하는 '경험과학'의 전통과 '대공황'을 역사적 사건의 표식으로 보는 변증법적 역사관이 '대공황'이라는 상징을 매개로 압축적으로 결합된다. 바흐의 평균율 클라비어곡집에서 '조성(tonality)'이라는 상징을 매개로 각 조성의 성격이 어떠한지 먼저 전주곡의 형식으로 실험해 보고, 관찰한 경험을 바탕으로 보다 '규범적'인 푸가의 형식으로 진화하는 것과 별반 다르지 않다.[3] '대공황'이라는 경험활동의 객체가 '경험의 가치'를 상징하는 주체로 변용됨을 보여줌으로써 경제학은 경험과학의 영지(領地) 안에 자리매김한 경험과학의 속민(屬民)임을 드러낸다.

동시에 '대공황'이라는 사태는 단순히 '경험의 가치'에 머물지 않는다. '경험의 가치'가 인간의 진화를 촉진하는 매개체에 머무는 것이 아니라, 진화한 인간임을 선언하는 '규범의 가치'로 변용되는 과정까지 보여준다. 경제학은 이제 어떤 경험활동의 사태가 궁극적으로는 '규범의 가치'로 표상되는 역사적 주체로 격상되는 변용되는 과정을 보여줌으로써 '헤겔철학'의 영역 안에 자리매김한 '헤겔철학'의 '아류'임을 드러낸다.[4] '케인즈'는 바로 '대공황'이라는 사태가 표상하는 역사적 가

3 여기서 평균율 클라비어곡집의 전주곡을 실증성의 상징, 푸가를 규범성의 대표로 이해한 데 반해, '괴짜 피아니스트' 글렌 굴드는 전주곡을 평균율 클라비어곡집에서 사라졌어야 할 '바흐의 실수'로 규정하였다. 굴드에 의하면 평균율 클라비어곡집은 푸가로만 구성되었어야 했다.

4 여기서 경제학을 '헤겔철학의 아류'로 선언하는 것은 경제학을 폄하하는 것이 아니라, 경제학을 '극찬'하는 것이다. (거시)경제학의 '궁극적' 본질은 규범성과 시대정신(zeitgeist)에 있기 때문이다. 그러한 경제학의 본질을 조명하는 것이 이 책의 목적이기도 하다.

치, 더 나아가 '규범의 가치'와 시대정신(zeitgeist)으로 승격되는 변용의 과정을 거친다.

한편 바흐의 평균율 클라비어곡집에서 '조성'의 사태가 바로크의 시대정신을 대표하는 푸가의 형식으로까지 확장되었다는 것을 상기한다면, 경제학의 '케인즈'는 '대공황'의 시대정신을 확정하고, 한 발짝 더 나아가 그 시대정신을 구현하는 경제학의 '푸가형식'으로까지 진화한 셈이 된다. 따라서 경제학(의 연구대상)은 '대공황'의 그림자로부터 필연적으로 벗어날 수 없으며, 벗어나서도 안 된다. '조성'을 벗어난 바로크 음악을 상상하게 어렵듯이 말이다. 만일 불가피하게 벗어날 경우, '이성'을 가진 인간이라면, 감각과 지각으로 인지한 '우리'의 또 다른 먹고 사는 문제를 발췌하여 '역사적 사건화'하는 통과의례 과정을 반드시 거쳐야 한다.

그런데 20세기 경제학 방법론의 획기적인 진보의 결과, 종종 경제학을 수(리과)학의 일개 분파로 '감각'하는 파블로프 개방식의 조건반사적 인지가 사회 전반적으로 팽배해 있다. 경제학을 '조성' 없는 바로크 음악으로 인식하는 것이다. 뿐만 아니라 한국경제학계 내부에서조차 수(리과)학의 일개 분파와 호환 및 치환이 가능하다고 보는 경제학의 문파(門派)가 한국경제학계의 권력지도에서 여전히 사농공상의 계급적 지도에서 선비 사(士)의 권능을 만끽하는 현실에 머물러 있다. 고전적 헤겔철학 방식으로 표현하면, '사실'의 비이성적 현실화 단계인 거짓 현실에 머물러 있다. 경제학계를 포함한 한국 사회 전반이 경제학에 관해 이러한 헤겔식 정신 현상학의 낮은 단계에 머무르고 있는 이유는 무엇보다도 헤겔의 역사철학적 주제인 '한국경제학'이 다음단계의 변증법적 역사발전 단계로 진화하지 못하고 낮은 단계 안에서의 '작은' 퇴영적 유사변증법적 운동에 매몰되어 있다는 데 있다. 1960년 경제개발 이후 비로소 20세기 경제학방법론의 수입 및 인식이 전파되었고, 여전히 경제학 방법론을 감각 및 지각하는 단계의 학습—즉 감각, 지각 단계안의 정반합의 변증법 운동—상태에 있는 결과, '경제학은 수학의 문파이다'라는 '가짜 정신'이 현실이고 그 현실이 '가짜 정신'이 된 셈이다.

이러한 '가짜 정신'이 (적어도 한국에서) 지배적 지도이념이 된 원인 중 하나는 물론 비교적 최근 존 내쉬(John F. Nash Jr.)와 샤플리(Lloyd Shapley)라는 수학자에게 —시간을 거슬러 올라가면 소비에트 연방의 칸토로비치(Leonid Kantorovich)도 해당된다— 노벨 경제학상 위원회가 노벨경제학상을 수여하는 결단을 내린 것에서 비롯된다. 이 결단의 결과로 경제학은 아무것도 없는 시공간에서 무언인가를 창조하는 수학자의 놀이와 다를 바 없다는 반론(反論)을 제공한 데 있다.[5] 또

5 레오니드 칸토로비치(Leonid Kantorovich)는 러시아의 수학자이자 경제학자로 1975년 네덜란드의 찰링 코프만스(Tjalling Koopmans)와 함께 자원의 효율적 배분에 관한 수리기법, 즉 선형계획법(Linear Programming)의 개발한 공로로 노벨경제학상을 수상하였다. 칸토로비치는 러시아의 소비에트연방시절 레닌그라드 국립대학을 14살에 입학한 수학영재로 수학의 최적화문제기법의 일종인 선형계획법을 개발, 발전시키고 또한 이와 관련된 함수해석학(functional analysis)적 기초를 마련하였다. 소비에트 연방 당시 레닌그라드 국립대학은 모스크바 국립대학과 더불어 수학영재 배출의 산실이었다. 특히 수학영재를 교육하는 방식이 모스크바와 레닌그라드 국립대학의 학부학생들은 산하 과학고 학생들을 교육시키고, 학부학생들은 대학원생들이 대학원생들은 교수가 교육하는 낙수효과(trickle-down

한 최근 한국에서 확산일로에 있는 수학 및 공학을 포함한 (자연)과학의 대중화가 전자의 '가짜정신'을 팽창시킨 데 기여한 것도 무시할 수 없다. 종종 수학자들은 경제학에서 쓰인 수학의 단순함에 놀라고, 또 그 단순함이 노벨경제학상 수상에 이르는 데 놀란다. 실제 존 내쉬가 비협조적 게임(non-cooperative game)의 해(解)인 '내쉬균형(Nash Equilibrium)'을 게임이론의 창시자 폰 노이만(Johnne Von Neumann)에게 보여주었을 때, 돌아온 폰 노이만의 응답은 '자네의 답은 사실

effect)적 방식이었다. 칸토로비치가 선형계획법 연구에 몰두하게 된 이유는 공교롭게도 러시아가 그 당시 소비에트 연방이었다는 시대적 정신과 연결되어 있다. 모든 경제자원의 배분을 시장의 수요와 공급에 결정되는 가격체계가 아니라, 중앙 소비에트 정부의 계획에 의하여 재화의 생산량을 극대화하여 프롤레타리아 계급의 재화의 수요량과 일치시켜야 하는 '방편'에 의존해야 했기 때문이다. 즉 모든 프롤레타리아 시민의 각종 재화 수요량과 이에 대응하는 러시아 전체에 산재되어 있는 공장의 생산량을 결정해야 하는 소비에트 연방 정부의 최적화 문제를 풀어야 하는 '수학문제'가 시대적으로 중요했다. 반면에 서구자본주의 국가에서는 개별기업의 비용최소화 또는 이익극대화와 같은 개별 경제주체의 최적화문제가 주된 관심사였다. 그러나 이념적으로 정반대편에 있는 두 체제의 최적화 수리기법은 일치하였던 셈이다. 코프만스는 바로 자본주의 체계의 최적화 기법을 대표하였다. 칸토로비치가 선형계획법을 개발하면서, (재)발견한 몽쥬-칸토로비치 쌍대성 정리(Monge-Kantorovich duality theorem)는-사실 1781년 프랑스의 수학자 몽쥬에 의해 처음 공식화되었기 때문에 (재)발견이라 표현한다- 프랑스의 저명한 수학자이자 2010년 볼츠만 방정식 이론에 관한 공로로 수학의 필즈 메달을 수상한 세드릭 빌라니(Cedric Villani)에 의해 "최적 수송 이론(optimal transport theory)"으로 확대 재생산되었다. 학부의 고급 미시경제학 수업이나 대학원 미시 경제학 교과서에서 누구나 배우고 알고 있는 몽쥬·칸트로비치 쌍대성 정리가 최신 수학 이론의 발전에 기여한 사례로 볼 수 있겠다. 놀랍게도 빌라니의 '최적 수송 이론'은 최근 경제학에서 그 응용의 사례를 만들어 가고 있다. 또한 양자화학(quantum chemistry)의 코프만스 정리(Koopmans's theorem)의 코프만스가 노벨경제학상 수상자 코프만스와 동일 인물이라는 것을 아는 사람은 의외로 드물다.

상 (카쿠타니) 고정점 정리일 뿐이야'이었다.[6] 내쉬의 내쉬균형에 관한

6 폰 노이만의 원 대답은 다음과 같다. "It is just a fixed point theorem." 고정점(fixed point)이란 수학적 개념으로 어떤 주어진 공간, 예를 들어, 대한민국의 영토 안의 임의의 '위치' x 를 '순간 이동시키는 기계' f에 의해 새로운 위치 $f(x)$로 변환되는 수학적 관계가 있을 때, 대한민국의 영토 안의 일부 특정한 위치 $\hat{x}$는 $\hat{x}=f(\hat{x})$라는 수학적 등식을 만족할 수 있는데, 이 등식을 만족하는 '특정한 위치' $\hat{x}$을 고정점이라 부른다. 즉 이 고정점이라는 '위치'는 마법의 '순간 이동 기계' f(이 순간 이동 기계를 수학용어로 함수라 한다)에 의해 다른 위치로 이동하더라도 결국 자기 자신의 위치로 되돌아 올 수밖에 없는 운명에 처해 있다. 순간 이동 기계로 아무리 탈출을 시도하더라도 결국 자기 위치에서 벗어날 수 없다. 고정점 정리(fixed point theorem)란 어떤 특정한 순간 이동 기계, 즉 함수 f는 항상 고정점이라는 위치를 특정할 수 있다는 것이다. 예를 들어, 대한민국 영토가 '매끄럽게' 잘 정의된 영토이고 순간 이동 기계 f가 '연속함수'라면 대한민국 영토 안에는 고정점의 성질을 가지는 위치가 항상 존재한다. 고정점 정리는 현대경제학에서 '균형(equilibrium)'의 존재이유를 입증하기 위한 전제조건의 역할을 한다. 즉 경제학의 균형개념은 고정점과 고정점을 특정할 수 있는 함수 양자 모두를 의미한다. 고정점 성질을 드러내는 위치 $\hat{x}$와 그 고정점 위치를 특정한 '순간 이동 기계' f가 동시에 결정될 때, 특정 '경제 역학 체계'의 균형이 존재함이 판명되는 것이다. 다시 말하면, 고정점 정리를 만족하는 고정점 $\hat{x}$와 함수 f를 '경제 동학 체계' 안에서 내재적으로 동시에 결정해야 한다. 이와 같이 고정점 정리를 만족하는 고정점 $\hat{x}$와 함수 f를 내재적으로 동시에 결정해야만 '경제 역학 체계'의 균형이 결정된다는 것을 처음 규명한 이가 바로 폰 노이만이다. 일부 과학자와 공학자들이 소위 '과학 콘서트'류 과학입문서에서 경제학의 균형개념을 변하지 않는 무언가로 파악하여 비판하는 경우가 있는데, 이는 바로 폰 노이만이 체계적으로 분석한 균형개념, 즉 고정점과 그 고정점을 특정하는 함수를 '내재적'으로 동시에 결정해야 한다는 개념을 전혀 이해하지 못한데서 온 무지로 볼 수 있다. 환원하면 균형의 '존재문제'와 '안정성문제'를 혼동한 것에 원인이 있다. 고정점 정리는 브라우워(Luitzen E. J. Brouwer)라는 네덜란드의 수학자에 의해 처음 발견되었다. 폰 노이만 또한 '경제 역학 체계'의 균형을 규명하면서 새로운 종류의 고정점 정리를 발견하였다. 후에 카쿠타니(Shizuo Kakutani)라는 일본 수학자에 의해 브라우워 고정점 정리와 폰 노이만 고정점 정리를 포괄하는 카쿠타니 고정점 정리로 일반화되었다. 존 내쉬가 비협조적 게임의 해로 제시한 '내쉬균형'은 사실 '경제 역학 체계'에서 균형을 결정하는

최초저작은 『미국국립과학원회보(*Proceedings of the National Academy of Sciences of the United States*)』에 단 한 페이지의 논문으로 등장하였다.[7]

그러나 내쉬가 발견한 '내쉬 수리언어'의 단순함은 종종 악용되곤 한다. '경제학에 비해 얼마나 수학이 지적으로 뛰어난가'라는 수학자의 자기위로적인 허영심을 자극하는 '레드불(Red Bull)'로 쓰이든가, 일반인의 수학능력 신장을 위한 수학교육지에 실릴 만할 내용만으로도 '노벨경제학상'이 가능하므로, 수학 전공하는 것이 유리하다며 순진무구한 학생에게 쓰이는 '미끼 상품'으로 활용되는 경우가 종종 있다.[8] 수학자, 공학자, 및 물리학자가 들려주는 경제학은 절대적 무(無)에서 무엇인가 만들어가는 수학자의 허무놀이이자, 그 허무에서 벗어나려 하는 수학자의 의지를 영웅적으로 서사화하는 데 불과하다.

폰 노이만의 전략을 모방하여 폰 노이만 고정점 정리 대신 카쿠타니 고정점 정리로 치환한 데서 비롯된다. 따라서 폰 노이만의 논평은 '자네의 답은 사실상 (카쿠타니) 고정점 정리일 뿐이야'일 수밖에 없다.

7 이 문장에 관해 약간의 오해의 소지가 있을 수 있다. 회보(proceedings)이기 때문에 논문의 분량은 짧을 수밖에 없다. 그럼에도 『미국국립과학원회보』에 출간한 출간한 내쉬의 논문에서는 주석 6에서 언급된 카쿠타니 고정점 정리로 내쉬균형의 존재를 증명하였다. 반면에 내쉬가 정식 학술지인 『수학연보(*Annals of Mathematics*)』에 출간한 내쉬균형에 관한 논문에서는 브라우워 고정점 정리를 활용하여 보다 상세하게 내쉬균형의 존재를 증명하였다. 그러나 경제학 수많은 저작에서 게임의 균형과 소위 경제의 '일반균형'이 존재한다는 것을 보일 때, 내쉬의 한 페이지 논문에서 선보인 카쿠타니 고정점 정리로 해결해 버리기에 '단 한 페이지의 논문으로 경제학을 정복하였다'는 말이 과언은 아니다.

8 '양방향 매칭과 잠정수락 알고리즘'에 관한 논문으로 2012년 노벨경제학상을 수상한 로이드 샤플리(Lloyd Shapley)의 사례이다. 그러나 로이드 샤플리는 '협조적 게임(cooperative game)'의 '샤플리 값(Shapley value)' 개념의 창시자로, 게임이론의 창시자인 폰 노이만의 진정한 후계자로 간주될 만큼 '명석한' 수학자였다.

수학이란 수학자 스스로 자부하듯이, 사변의 학문이고 지극히 개인적이며 따라서 수학의 '본질'은 '자유'에 있다. 최소한의 일정 논리 규칙만 존중하면, 수학자의 자유에는 제한이 없다. 이런 연유로 수학의 규칙이 나타나는 어느 분야이건 어느 영지이건 침투 가능하다. 광범위한 분야에서 발군의 업적을 남긴, 20세기 최고의 수학자 중 하나인 폰 노이만을 추적·관찰해 본다면, 수학이라는 학문은 '보편정신' 그 자체임을 어렵지 않게 파악할 수 있다. 종종 '수학은 패턴의 학문이다' 라는 지극히 상투적인 명제가 있다. 사실 그렇기 때문에 수학의 '본질'은 '자유'에 머물러 있다. 은유적으로 '음식'이 아닌 '음식'을 담는 그릇에 더 관심이 있는 학문으로 이해될 수 있기 때문에 '프랑스 누벨퀴진(nouvelle cuisine)'이건, '신당동 떡볶이'이건 '국적'과 '향토'를 가리지 않고 모조리 담아낼 수 있다. 음식이 '물리학'이든, '경제학'이든, '화학'이든, 그릇의 역할을 충실히 수행하는 바, 전 세계 모든 음식을 담아내는 '자유'가 내재되어 있다. '달님'이 아니라, '달님'을 가리키는 '손가락 끝의 모양'에 더 관심이 있는 셈이다. '달님'에 종속되지 아니하고, 특이한 '손가락' 수집에만 열중할 수 있는 '자유'가 있다. '괴짜 물리학자' 파인만씨는 이미 이 사실을 잘 알고 있었다. 그는 '수학은 과학이 아니다'라고 20세기에 이미 선언하였다.[9]

---

9 수학과 과학(물리학) 사이의 대립과 갈등은 2010년 볼츠만 방정식 이론에 관한 공로로 수학의 필즈 메달을 수상한 세드릭 빌라니(Cedric Villani)의 일상적 경험에서도 쉽게 드러난다(Villani, C. *Birth of A Theorem*, Farrar, Strauss and Giroux, 2012 참조). 빌라니가 그의 볼츠만 방정식에 관한 수학적 해를 발표하기 위해 프린스턴을 방문했을 때, 프린스턴의 명망 있는 수리물리학자 엘리어트 리브(Elliot Lieb)는 빌라니의 수학적 해에 관해 부

그러나 수학의 '본질'이 '자유'인 것은 수학의 '본질'은 '아무 것도 없는 순수 의식' 즉 무(無) 그 자체이기 때문이다.[10] 다시 말하면, 수학은 '아무 것도 없는 상태'인지라 '자유'의 상태이고, 그 '자유'의 의식은 신의 주사위 놀이에 의해 우연히 확정된 대상을 향해 끊임없이 갈망하고 구애하는 의식의 활동이 일어날 때, 비로소 수학의 존재모습

정적이었다. 빌라니의 해가 물리학자가 이해하는 물리적 공간에서 납득하기 어려울 정도로 지나치게 편협한 경계조건(boundary condition)에 의존했기 때문이다. 물리학자의 피를 가지고 있는 엘리어트 리브의 입장에서는 자의적이고 물리세계와 관련성이 없는 수학적 가정을 대입하여 물리학의 문제를 재미로 풀어 본 것일 뿐이다. 초끈이론(superstring theory)의 대표주자인 에드워드 위튼(Edward Witten)이 노벨물리학상이 아닌 수학의 필즈메달을 수상한 사실 또한 수학과 과학의 차이를 극명히 드러낸다. 설사 초끈이론이 아인슈타인의 상대성 이론과 양자 역학을 통합한 이론이라 할지라도 실증 불가능하기 때문이다. 초끈이론이 다루는 11차원, 13차원, 21차원 등은 외계인의 기술을 가지고 있지 않은 현 인류의 과학수준으로는 실증적으로 검증할 수 없다.

10 그러나 놀랍게도 수학의 거인 폰 노이만은 수학의 본질을 경험과학에서 파생된, 경험을 추상적으로 가공한 이차적인 학문으로 이해하였다. 이러한 관점은 20세기 수학계의 지도적인 역할을 담당했던 독일의 수학자 힐베르트(Hilbert)의 관점과 정확히 180도 반대편에 위치하는 관점이다. 힐베르트는 수학을 (경험)과학과는 본질적으로 독립적인 무언가로 정의하였다. 즉 아무 것에도 의존하지 않는 '순수 의식'이 수학의 대상이자 목적이기를 염원하였다. 이러한 맥락에서 힐베르트는 수학의 공리적 접근법(axiomatic approach)의 주창자였다. 모든 수학의 결과는 최소한의 몇 가지의 공리(axiom)들로 환원되어야만 한다. 공리적 접근법의 자취는 경제학의 경제원론 교과서에서도 쉽게 발견할 수 있다. 경제활동으로 인해 발생되는 인간의 효용(utility)—즉 행복의 경제학적 전문용어—을 정의할 때, 최소한의 선택원리를 가정하여 인간의 효용은 그 선택원리로부터 파생될 수밖에 없고, 따라서 존재하는 것이라고 결론 내린다. 사실 경제원론에서 설명하는 효용이론은 폰 노이만이 그의 저서 『게임이론과 경제적 행동(*Theory of Games and Economic Behavior*)』에서 공리적 접근법으로 기대효용(expected utility)의 존재를 수학적으로 증명한 것을 흉내 내어 수학대신에 그래프와 일상 언어로 치환하여 설명한 것이다.

이 확정된다. 내쉬가 그에게 노벨경제학상을 손에 쥐어주게 한 내쉬균형(Nash equilibrium)이라는 개념을 어떻게 발견했는지, 사립탐정의 심정으로 추적해 본다면, 본질이 없는 수학의 본질이 적나라하게 드러난다. '비협조적 게임(non-cooperative game)'의 해법인 내쉬균형을 연구 대상으로 선택한 것 자체가 사실상 우연이었고, '대공황'으로 상징되는 어떠한 역사적 경험 및 사건과는 관련이 없다.[11] 수학과 대학원 편미분 방정식 수업에서 종종 등장하는 데조르지·내쉬·모저 정리(De Giorgi-Nash-Moser theorem)의 내쉬가 바로 내쉬균형의 내쉬와 동일인물이라는 사실을 지각한다면, 내쉬의 '우연한 시선'이 머무는 곳이 바로 수학의 '실존(being)'을 정의하는 지점이라는 것을 알 수 있다. 내쉬의 우연한 시선에 걸린, 우연하게 산재해 있는 '즉자적 존재(객관적 대상)'에 내쉬균형 혹은 데조르지·내쉬·모저 정리라고 불리는 '본질 및 기능'을 부여하여 '응고화'함으로써 '내쉬'라고 불리는 수학자의 의식 활동은 실존한 것으로 인정받게 된다.[12]

11 사실 폰 노이만이라는 수학의 거인에게 인정받고 싶은 '명예심'에 의해 게임이론을 선택했기 때문에 반드시 '우연'인 것은 아니다.

12 내쉬가 데조르지·내쉬·모저 정리를 연구한 동기도 사실 우연한 시선이 아니라 수학분야의 최고 영예로 간주되는 필즈(Fields) 메달을 수상하기 위한 염원에서 비롯되었다. 데조르지·내쉬·모저 정리는 일반적 편미분방정식(partial differential equation)의 해에 관한 존재 조건의 단서를 제공하는 것과 관련 있다. 종종 단서는 연역적으로 추론된 '아름다운' 부등식으로 '육신화'된다(데조르지·내쉬·모저 정리에 관한 논평이 필자의 대학원 시절 기말고사 과제였다). 따라서 내쉬의 시선이 반드시 '우연'인 것은 아니다. 내쉬의 동기는 언제나 일관성 있게 '영예'이었던 셈이다. 비록 40세 이하 최고의 수학자에게 수여되는 필즈메달을 받지는 못했지만, 2003년에 처음으로 제정되어 이제는 사실상 수학의 노벨상이라고 불리는 아벨상을 2015년에 수상함으로써 내쉬는 결국 노벨상과 아벨상이라는 최고의 영예

물론 즉자적 존재로 가득찬 세계에 대한 '선이해(禪理解)' 이전의 순수의식의 상태, 즉, 아무 것도 없는 상태에서 내쉬가 대상을 향해 '나의 꽃'이 되어 주기를 갈구한 공로로 노벨경제학상이 수여된 것은 아니다. 할리우드식 허무와의 투쟁에서 영웅적으로 승리하는 모습을 보여준 '뷰티풀 마인드'의 '존 내쉬'처럼, 할리우드식 영웅찬미의 서사시의 주인공으로 노벨경제학상이 수여된 것 또한 아니다. 경제학은 당연히 그릇이 아니라 우리의 먹거리 '음식'에 관심이 있다. '음식'을 담는 그릇이 미국제인지, 한국제인지, 또는 독일제인지는 기본적으로 부차적인 문제이다. 케인즈와 더불어 20세기를 대표하는 경제학의 거인 밀턴 프리드먼(Milton Friedman)은 심지어 경제학에 있어서 수학을 '동어반복(tautology)'으로 규정하였다.[13] 수학은 경제학의 먹거리 '음식'을 열거하고 분류하는 분류표에 불과한 것이다.

물론 20세기 내내 경제학 분야에서 과연 어떤 그릇이 우리의 '음식'을 담을 수 있는, 가장 합리적인 '가격'의 그릇은 무엇인가에 관해 진지한 논의가 있었던 것은 부인할 수 없는 사실이다. '수학자'라고 불리는 그릇 장사꾼으로부터, 합리적인 '가격'의 그릇을 상당수 구입했고, 그 '가격'이 너무 비쌀 경우 자체 제작하여 공급한 경우도 있다.[14]

를 달성하게 된다. 필즈메달은 역사상 존재하는 수학의 난제를 푼 성과로 수여되는 반면, 아벨상은 수학자의 평생업적으로 수여된다. 내쉬는 2015년 노르웨이에서 아벨상을 수상한 후 미국에 귀국하여 공항에서 집으로 귀가하는 도중 택시사고로 부인과 함께 내쉬균형의 '동시성'을 상징하듯이 '동시에' 사망하였다. 이로써 그의 지구에서의 임무는 끝이 났다.

13 Friedman, M. *Essays in Positive Economics*, University of Chicago Press, 1953.

14 대표적인 경제학의 '그릇'이 바로 경제학의 '계량경제학(econometrics)' 분야

따라서, 무슨 '음식'을 담느냐에 따라, 그릇을 결정하는 것이지, 굳이 가장 폼 나고 비싼 그릇을 구입할 이유는 없다. '떡볶이'를 굳이 독일제 '마이센(Meissen)' 그릇이나 혹은 '빌레로이앤보흐(Villeroy & Boch)' 그릇에 담을 이유는 없다.

감각, 지각, 및 오성 등의 유별난 경험활동 단계를 거쳐 '대공황'이라고 불리는 '경제현상'이 경험활동의 객체에서 '경험의 가치'를 상징하는 주체로 당당히 나서게 하고, 주체화된 '경제현상'의 배후에서 그동안 잠들어 있던 '이성(理性)'의 각성을 촉구한 공로의 대가가 바로 바로 노벨경제학상 수상이라 볼 수 있다. 예컨대 '내쉬균형'은 수학자가 허무로부터의 영웅적 탈출을 조명한 서사시의 헌정에 대한 보상이 아닌, '이름 모를 변수 X'라 불리는 경험현상에 '내쉬균형'이라고 불리는 '이성(理性)'의 별에서 온 배우자, 즉 아내 또는 남편과 결합된 결과로 비롯된 것이 바로 노벨상이라는 보상이다. '내쉬균형'이 '독과점'이라고 불리는 '경제현상'에 이성적 이해가 덧붙여질 때 노벨상의 자격이 부여된다.[15] 우리의 현실이 이성적이고, 이성적인 것이 현실로 드러남을 보여야 하는 것이다.

음식비평가 혹은 셰프를 꿈꾸는 젊은이에게 '마이센'이나 '빌레로

이다. '계량경제학 모형'은 여기서 말하는 '경제모형'과는 사뭇 다르다. 후에 논의할 경제모형의 '규범적 기대'와 '실증적 기대'의 '합일의 경지'와 같은 핵심적인 요소가 결여된 통계학의 방법론에 더 가깝다.

15 여기서 변수 X는 '독과점'이다. 정확히는 '복점(duopoly)'의 문제이다. 사실 내쉬균형의 개념과 경제학의 '이름 모를 경험 변수 X'와의 관계는 일대일 대응이 아니다. 경제학의 광범위한 이름 모를 경험변수 X들과 내쉬균형을 매개시킬 수 있다. 여기서는 설명을 단순화하기 위해 '독과점'의 예만 언급한 것이다.

이앤보흐' 그릇의 장인이 되면 훌륭한 음식비평가나 셰프가 될 수 있다고 말하는 것은 거의 사기이거나 신화에 가깝다. '프랑스 음식'이나 '떡볶이'에 관한 미각을 발전시키고 그 미각에 맞는 요리를 재현해 보는 것이 경제학의 '경험현실'이다. '음식'으로 미각을 자극함으로써 잠들어 있는 '개인의 이성'을 고양하고, 더 나아가 '세계 모든 이의 이성'이 만끽하고 극찬하는 성찬의 장에서 '독일'의 거장을 위한 찬가가 울려 퍼지는 합창의 상태가 경제학의 궁극적인 목표이다. 즉 '대공황'이라는 '재료 본연의 맛'을 최대한 살려 간결하게 전채, 주식, 프로마주, 디저트, 4단계의 코스요리로 변용하여 '대공황'이라는 '누벨퀴진(nouvelle cuisine)'을 만인의 왕 — 민주주의 국가에서는 보편적 시민이 곧 만인의 왕이다 — 에게 보다 대중적인 '빌레로이앤보흐'의 접시에 헌정하는 일체의 과정 및 행위가 바로 경제학 학문의 본질이다.

만인의 왕에게 '누벨퀴진'을 헌정하는 것으로 셰프의 숭고한 역할은 트리스탄 시신 위에 쓰러지는 '이졸데'처럼 마감되어야 하지만, 왕이 하사한 것은 독약이 아니라 사랑의 묘약인지라 셰프는 그의 '누벨퀴진'과 함께 '이졸데'라는 이름으로 다시 재탄생해서 등장한다. 한 무명 세프의 '누벨퀴진'은 '이졸데'라는 이름을 가진 세프의 '누벨퀴진'과 동일시된다. 사실 개성화된 '누벨퀴진' 요리와 셰프의 일체화가 '누벨퀴진'의 실제 정신이기도 하다. 세프의 개성을 우아하게 숨겨놓고 자제시키는 '오트퀴진(haute cuisine)'과는 다르다. 이제 이름을 하사받은 세프는 '대공황'이라는 싱싱하고 질좋은 제철 '자연' 식재료를 셰프의 감각과 지성으로 손질하여 '재료 본연의 맛'을 살리되, 몸에 좋고 먹기

편한 그만의 '요리법'과 그 '요리법'의 '영양학적 의미'까지 제시해야 하는 '의무'가 뒤따른다. 물론 그의 음식을 담을 그릇은 '마이센' 장인의 선호와는 무관하게 스스로 준비해야 한다. 이 '의무'까지 성실히 수행할 때 '이졸데' 세프는 완전체 경제학자로 역사 속에 정의된다. '대공황'이라는 식재료를 '매개'로 음식 소비자의 '영양학적 의미'까지 고려하여 새로 선보인 '누벨퀴진'을 '빌레로이앤보흐' 그릇에 담을 때, 경제학자의 소명은 완성된다.[16]

경제학자 케인즈는 '대공황'이라는 식재료를 '유효수요이론'이라고 명명된 그만의 요리법으로 재창조한 셈이다. '대공황'이라는 야생의 식재료가 가진 독성을 그의 요리법으로 제거했을 뿐만 아니라 '대공황' 재료의 본연의 맛을 살렸고 '영양학'적으로도 성공적이었다. 자연스럽게 그의 요리법은 '케인즈의 누벨퀴진'으로 격상되었다. 이에 더해 '경제학모형'이라고 그 스스로가 명명한 '그릇'에 그의 요리를 선보인 셈이기도 하다. 물론 그의 '대공황' 메인디쉬에 비하면 케인즈가 제작한 그릇은 매우 조야하고 소박한 싸구려 그릇이었다.[17]

---

16 그러나 이 책이 던지고자 하는 메시지는 완성된 경제학자의 소명은 '부정의 계기'로 철저히 '비판'되어야 한다는 것이다. 6장 결어에서는 1장 입장에서 '내 거인 듯, 내 거 아닌, 내 거 같은 너'같은 변증법적 논리가 전개된다.

17 케인즈가 『확률론(*A Treatise on Probability*)』이라는 책을 썼다는 사실은 케인즈의 명성에 비해 그리 자주 회자되지는 않는다. 그 책이 의도했던 것은 놀랍게도 '수리언어로 확률이론을 정립한다'는 것이었다. '확률론'이라는 정교한 수리적 언어로 경제현상을 '모델링'하려는 것이 케인즈가 진정으로 원했던 것이라 어렵지 않게 짐작할 수 있다. 2장에서 상술하겠지만 '경제학은 모형적 사고의 학문'이라는 것이 케인즈의 신념이었기 때문이다. 그의 대작 『고용, 이자 및 화폐의 일반이론』에서는 사실상 수리언어 없이 일상 언어로만 분석이 이루어져 있기는 해도 이미 어떤 모형이 설정되어 있고 그 모형

케인즈는 새로운 '누벨퀴진' 시대를 개막하고 '누벨퀴진'을 대표하는 '대표' 셰프로 자리매김한 것과 같다. 케인즈는 목적과 방법론이 통합된 현대경제학의 속성을 확립한 최초의 경제학자라는 명예를 가지고 있다. 식재료, 음식, 그릇 모두 하나로 일체화되어 사람에게 접대할 준비가 되어 있는 상태가 '경제학'의 본질임을 주장한 최초의 경제학자가 된 셈이다. 케인즈의 '누벨퀴진'은 그의 저서 『고용, 이자 및 화폐의 일반이론』으로 압축되어 있다. 특히 케인즈는 그의 저서 『고용, 이자 및 화폐의 일반이론』에서 '음식'과 '그릇'의 차이 그리고 '음식'을 담는 그릇의 중요성을 간파한 최초의 경제학자였다. 즉, '그릇'의 존재가 '누벨퀴진'을 완성하는 화룡정점이라는 것을 인식한 가장 '현대적'인 경제학자였다.[18] 실제 '누벨퀴진'이 '오트퀴진'과 구별되는 새로운 이념과 철학에 바탕을 둔, 프랑스 음식의 새 요리양식을 대표하는 일반명사이라면, 케인즈의 누벨퀴진은 1930년 대공황 이전에는 경제학 분야에서 뚜렷한 경계와 독립성이 없었던 '거시경제학(macroeconomics)'

에 의해 경제현상을 분석하는 '모형적 사고'를 철저히 유지하고 있었다. 단지 케인즈의 모형을 뒷받침하는 정교한 수리언어가 그 시대에 존재하지 않아 어쩔 수 없이 '영어'라는 일상 언어로 '모델링'한 것뿐이다. 거꾸로 생각해보면 그의 책 『확률론(*A Treatise on Probability*)』은 케인즈 자신의 경제모형을 뒷받침할 수 있는 수리언어 자체의 개발을 염두에 둔 책이었을 것이다. 물론 현대경제학의 모형은 케인즈의 '확률론'이 아니라 러시아의 위대한 수학자 콜모고로프(Andrei N. Kolmolgorov)가 이론적 기초를 수립한 확률이론(probability theory)에 의해 서술된다. 일상 언어로 된 저작물만이 '위대한 사상가(big thinker)'의 점유물은 아니다. 만일 케인즈를 진정으로 존경한다면, 수리언어로 표상된 경제모형의 가치를 누구보다도 잘 인지하고 있어야 한다.

18 주석 17을 참조하기 바란다.

으로 명명된 '누벨퀴진'을 독립적 학문으로 발전시키는 데 결정적 역할을 한 경제학자이자, 최초의 거시경제학자(macroeconomist)가 되었다.[19]

이제 그들의 '예술'을 찬미하라.[20] 그들은 진정한 시인이었고, 시련을 통해서도 여전히 '독일적'이었고, '진리'의 편이었다. 3월 15일을 주의하라(beware the ides of March).[21] '악의 음모'가 우리를 위협하고 있다. '독일 왕국'이 야만적인 외세 세력에게 통치 받는 비극이 온다면, 야만의 '음모와 허영'이 우리의 탐미적인 '독일' 땅에 판을 칠 것이다. 지극히 '독일적'인 것이 진정한 '참'이며 '독일 마이스터'의 명예를 지키며 살 때만이, 진정한 '참'이 우리 앞에 현현할 것이다. '독일'의 거장들을 찬양하라. 그것만이 '선의 정신'을 고양하는 유일한 방법이다. 비록 '신성로마제국'은 망각의 안개 속으로 소멸되어 갔지만, 신성한 '독일 예술'은 여전히 남아 있을 것이다. '독일'의 거장들을 찬양하라. 그것만이 우리가 '선의 정신'을 고양하는 유일한 방법이다.

뉘른베르크의 명가수의 최후의 노래를 아래와 같이 따옴표 안의 말을 다른 말로 치환해 보면, 경제학의 '순수의식'은 자연스럽게 드러난다.

---

19 1930년 대공황 이후 미시경제학과 거시경제학을 구분 짓는 뚜렷한 경계가 드러나기 시작하였다. 1930년대 대공황 이전에는 모두 '경제학(Economics)'으로 통칭되었으며 사실 '경제학'은 '국민경제학'을 의미하는 말로 거시경제학에 가까운 말이었다.

20 바그너의 「뉘른베르크의 명가수」의 피날레를 문맥에 맞게 차용하였다.

21 세익스피어의 연극 「쥴리어스 시저」에서 시저에게 전달된 경고이다. 바그너의 뇌른베르크의 명가수에서는 단순히 '주의하라(beware)'이나 여기서 변주하였다.

'예술'	= 현실이 곧 이성이고 이성이 곧 현실임을 입증하는 기예
'독일적'	= '경제학적'이며 절대적인 앎으로 진보할 것이라는 긍정의 믿음
'악의 음모'	= 유물론적 수학자·과학주의자의 허무놀이, 경제학의 물리적 대상화, 공학화
'음모와 허영'	= 유물론적 과학주의, 실증주의, 환원주의
'독일 마이스터'	= '위대한 경제학자'
'신성로마제국'	= 헤겔 정신
'선의 정신'	= 절대적인 앎으로 진보할 것이라는 긍정의 믿음. 현실이 곧 이성이고 이성이 곧 현실이다.
'독일왕국'	= '정신'과 '양식'의 통합으로서의 경제학

지극히 '독일적'인 경제학의 '순수의식'을 조명하는 것이 바로 이 책의 목적이다. 경제학이 '정신'과 '양식'의 통합으로서, 즉 '케인즈'가 바로 '대공황'이라는 경험의 가치를 역사적 가치 또는 '규범의 가치'를 표상하는 시대정신(zeitgeist)으로 승격시키는 '푸가형식'의 창조자로서 자리매김함으로써, 다른 '학문'과 어떻게 다른지를 규명하는 것이 바로 이 책의 목적이다. '대공황과 케인즈'는 현대경제학의 양식(목적과 방법론)을 압축적으로 요약한 한 쌍의 조성과 '전주곡과 푸가'와도 같다는 명제를 끊임없이 되새기고 증명하는 것이 지구에서의 이 책의 임무이다.

2장
케인즈의 푸가형식:
사유모형으로서의 경제학

2장

케인즈의 푸가형식: 사유모형으로서의 경제학

> 음악은 자신의 내부에서 자신과 다른 어떤 것과 부정적으로 마주해야 한다. 그러므로 음악은 그 자신의 타자성을 다루어야 한다. 사실 언제나 음악은 자연스럽게 그 자신의 타자성을 다루어 왔다. 음악은 언제나 내재적 변증법, 즉 소리와 침묵, 소음과 속삭임, 들을 수 있는 것과 들을 수 없는 것의 변증법으로 이루어져 왔다. 음악은 당연히 이런 변증법과 마주해야 한다.
>
> –바디우의 『바그너는 위험한가』에서

> 거의 모든 철학자가 한편으로 정당화 내지 인식될 수 있는 것을 명시적으로 설명하고 다른 한편으로 이와 모순되는 진술을 하는데, 이는 심지어 형식논리학에서도 '모든 언어'에 관하여 진술할 때 자기 언급 금지 때문에 발생한다.
>
> –퍼트넘의 『사실주의와 이성(*Realism and Reason*)』에서

이제 '대공황과 케인즈'는 현대경제학의 양식(목적과 방법론)을 압축적으로 요약한 한 쌍의 조성 및 '전주곡과 푸가'와도 같다는 은유를 본격적으로 조명하고자 한다. 바흐의 평균율 클라비어곡집에서 '조성(tonality)'이라는 '질료(material)'를 매개로 각 조성의 성격에 관한 면밀한 관찰을 통해 먼저 전주곡의 형식으로 실험해 보고, 그 경험의 실증성을 바탕으로 보다 '규범적'인 푸가의 형식으로 진화하는 양상을, 경제학에서 조명하고자 한다. 이러한 양상을 파악하기 위해 임의의 '조성'을 고정하고 '전주곡'으로 대표되는 실증적 과정을 거쳐 규범성을 드러내는 '케인즈의 푸가 양식'을 파악하는 순서가 아니라, '케인즈의 푸가양식'이 무엇인지 먼저 들여다보는 '역설계 공학(reverse-engineering)'적 접근을 채택하고자 한다. 따라서 이 장은 케인즈가 1938년 당대 최고의 경제학자 중 한 명으로 추앙받던 해로드(Roy Harrod)와의 서신교환에서 그 단서를 찾고자 한다.

해로드에게 보낸 서신에서 케인즈는 경제학 연구를 위한 케인즈 자신이 추구하는 '케인즈의 푸가 양식'이 어떤 것인지 명확하게 기술하려 시도하였다. 즉 경제학은 단순히 '유사자연과학'이 아닌, 그러나 '자연과학'처럼 '모형'이라는 그릇에 반드시 담아야 할 '인륜적 학문(moral science)'임을 선언함으로써 '경제현상'을 질료이자 대타존재로 매개 삼아 **'케인즈의 푸가양식'** 즉 '케인즈의 경제모형'을 정의하였다.

"(거시)경제학이란 모형에 근거한 사유의 학문과도 같습니다. 물론 경제학은 현세계와의 명백한 관련성을 드러내는 모형을 근거로 사유하는 학문이며 또한 그러한 모형을 선택해야 하는기예이기도 합니다. 경제학이 이러한 속성을 가질 수밖에 없는 이유는, 전형적인 자연과학과 달리, 경제학이 적용되는 '질료(material)'라는 것이 여러모로 일정 시간 동안 (반복적)으로 동질적인 성질을 드러내는 (자연과학)의 질료와는 너무나도 다르기 때문입니다. 결국 (경제학)모형의 목적은 먼저 반영구적이거나 상대적으로 일정한 요인들과 일시적이며 변동을 거듭하는 요인들을 구분하는 것이며, 특히 후자의 요안에 관한 논리적인 사고방식을 개발하여 그러한 일시적 변동 요인이 특별한 경우에 일으키는 순차적 사건의 경로를 이해하려하는 데 이르게 됩니다. 좋은 경제학모형을 선택할 수 있는 '철두철미한 관찰력(vigilant observation)'을 활용할 줄 아는 재능이라는 것이 사실 고도로 특화된 지적기술을 요구하는 것이 아님에도 불구하고, 이러한 재능을 가진 경제학자는 매우 드물고, 따라서 좋은 경제학자도 매우 드뭅니다. 두 번째로 경제학은 본질적으로 인륜적 학문이지, 자연과학이 아닙니다. 다시 말하면, 경제학은 가치의 내적성찰과 판단을 다룹니다."[1]

---

1 원문은 다음과 같다. "*Economics is a science of thinking in terms of models joined to the art of choosing models which are relevant to the contemporary world. It is compelled to be this, because, unlike the typical natural science, the material to which it is applied is, in too many respects, not homogeneous through time. The object of a model is to segregate the semi-permanent or relatively constant factors from those which are transitory or fluctuating so as to develop a logical way of thinking about the latter, and of understanding the time sequences to which they give rise in particular cases. Good economists are scarce because the gift for using "vigilant observation" to choose good models, although it does not require a highly specialised intellectual technique, appears to be a very rare one. In the second place, [...] economics is essentially a moral science and not a natural*

먼저 여기에서 '모형'이란, '세계'의 관찰자 또는 경험자로서 '문제의식'을 갖고 있는 인간이 '세계'의 속성 중 필수불가결한 요소만 취사선택하는 '추상화(abstraction)'의 과정을 통하여 '실존하는' 세계를 '언어'로 재구성한 축소화된 작은 세계(microcosm)를 의미한다. 즉, 인식의 주체인 모형설계자와 그의 인식이 감지한 '경험세계' 또는 '대타존재'를 '매개'하도록 돕는 것이 바로 '매개체'로서의 '모형'인 것이다. 지금까지의 논의를 도식화하면 아래와 같다.

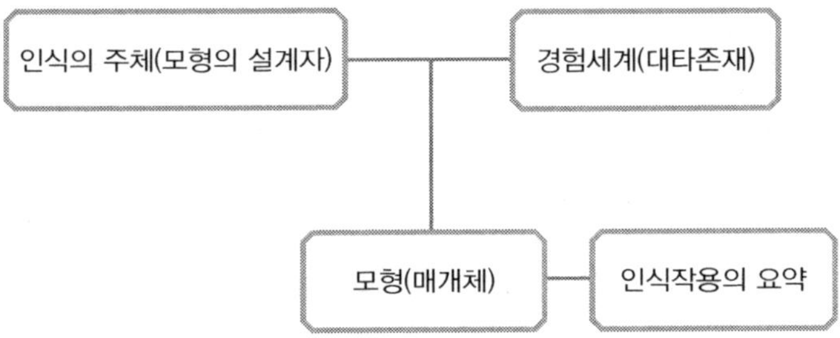

'모형적 사고'란 이 축소화되고 재구성된 작은 세계, 즉 이 매개체를 가지고 실제 경험세계를 이해, 분석하는 것을 의미한다. 또한 '만일 내가 이 축소화된 세계에 살고 있다면, 나는 어떠한 행동을 할까? 또는 나는 어떠한 행운과 불행을 맞이할 수 있을까?' 머릿속으로 상상하는 것을 '사고실험(Das Gedankenexperiment)'이라고 하는데, '모형적 사고'는 이 '사고실험'의 활동도 내포한다.

이 '모형적 사고'의 근저에는 세계의 관측자로서의 인간이 이 '복잡하고 모호한' 세계를 "즉시적"으로 이해하는 것은 불가하지만, 순

science. That is to say, it employs introspection and judgments of value."

차적, 점진적으로 이해하는 것은 가능할 것이라는 믿음을 암묵적으로 전제하고 있다. 사실 이 암묵적 전제의 기원은 역사적으로 데카르트(Rene Descartes)의 '합리주의'적 철학까지 거슬러 올라간다. 데카르트는 그의 책 『방법서설』에서 세 번째 공리를 통해 '모형적 사고'의 기저생각을 구체화했다. 그의 세 번째 공리는 "질서에 따라 내 사고를 이끌어 가는 것, 즉 가장 단순하고 가장 인식하기 쉬운 대상들에서 시작하여 점차로, 즉 단계적으로 가장 복합적인 대상의 인식으로까지 상승하는 것이다. 이때 나 자신은 그러한 대상들 가운데에 자연적인 방식으로는 연속되지 않은 질서가 있다고 전제한다." 20세기를 대표하는 독일의 수학자 힐베르트의 묘비명에 적혀 있는 "우리는 알아야 한다. 그리고 우리는 알 것이다(Wir mussen wissen, Wir werden wissen.)."라는 어구 또한 데카르트의 환원주의 및 합리주의적 전통을 이어받아 '모형적 사고'의 기본적, 암묵적 전제를 함축적으로 표현한 것이라 볼 수 있다.

따라서 '모형적 사고'란 우리의 삶이 '복잡하고 모호한' 색깔인 '회색'인 것은 알지만, '복잡하고 모호한' 색깔이기에 상대적으로 '분명한' 색깔인 '흑색'과 '백색'으로 '일단' 우리의 삶을 이해하는 것을 의미한다. 모호한 회색의 삶을 이해하기 위해, 필수불가결한 요소들의 '형상'인 '흑색' 즉 '모형'을 취사선택하게 되는데, 이러한 '흑색'을 취사선택하는 과정을 '변수화(變數化)' 또는 '변인화'라고 부른다. 즉 취사선택된 필수불가결한 요소는 변수(變數, variable) 또는 변인(factor)로 표현하는 것이다. 반면에 선택받지 못한, 버려지는 삶의 나머지 요소는 상수화(常數化) 처리를 하는데, 상수(常數, constants)라는 말 자체가 의미하듯이, 취사선택되지 못한 나머지 요소는 관찰자의 관찰 유무와는 관계없이 독립적으로 항상 변하지 않는 것, 일정한 속성을 유지하는 것으로 간주한다.

변수는 크게 이분법적으로 '행동변수'와 '매개변수(媒介變數)' 또는 '파라미터(parameter)'로 나누어질 수 있는데, 행동변수란 관찰자의 관찰 기간 동안, 계속 관찰되어야 하는 대상이고, 매개변수(파라미터)란 관찰자의 명백한 관찰대상이지만, 관찰 기간 동안 일정한 속성을 유지하는 것, 즉 관찰 기간 동안은 변하지 않는 '안정성'을 갖는 변수로 이해된다. 즉 관찰자(모형설계자)를 기준으로 대타존재의 출현 또는 관찰 빈도수의 크기에 따라 안정성의 층위가 확정된다. 빈도수가 클수록 행동변수의 범주에 수렴하고 빈도수가 작을수록 가장 안정성이 높은 상수의 범주로 수렴한다. 사실 모든 과학적 모형은 행동변수, 매개변수, 상수 세 가지로 이루어져 있다. (가장 기본적인) '모형적 사고'란 결국 행동변수, 매개변수, 상수, 이 세 가지 성분으로 세상을 이해하는 것이다.

케인즈가 말한 '반영구적이거나 상대적으로 안정적인 요인'과 '일시적이지만 변동이 큰 요인'과의 구분을 강조한 것은 바로 행동변수, 매개변수, 상수를 구분하는 '모형'의 속성을 재확인 한 바 다름없다고 하겠다. 그러나 '케인즈의 푸가양식'을 단순히 일반적 모형구조의 속성으로만 이해할 경우, '케인즈의 푸가양식'을 경제학의 시대정신을 대표하는 양식으로 격상시키기는 어려울 것이다. 케인즈가 주장한 경제학 고유의 모형양식이라는 것이 우리가 이해하는 일반적인 (과학)모형에 불과하다는 결론에 빠질 위험에 있기 때문이다. 즉 '케인즈의 푸가양식'이 아니라, 이미 몇백 년 동안 써먹었던 단지 고리타분한 '푸가양식'일지 모르기 때문이다.

따라서 케인즈가 주장한 경제학 고유의 모형양식이라는 것이 결국은 우리가 이해하는 일반적인 (과학)모형에 불과하다는 결론이 오류임을 입증하기 위해서 오히려 그 정반대편의 사실이 참이라는 '반사실'적 가설에서 출발하고자 한다. 다시 말하면, 케인즈가 주장한 경제학 고유의 모형양식이라는 것이 결국은 우리가 알고 있는 일반적인 모형, 특히 과학모형에 불과하다는 가설에서 출발하는 것이다. 이 '반사실'적 가설이 타당하지 않는 것으로 결론 내릴 수 있다면, 오히려 '케인즈의 푸가양식'은 명확해진다.

이 '반사실'적 가설을 검증하기 위해 먼저 2장 1절의 '슈뢰딩거 방정식'은 과학모형을 대표하면서도 일종의 '준거지점'이 된다. 즉 '슈뢰딩거 방정식'을 비교기준으로 삼아 인류역사를 통틀어 존재했던 다양한 '모형양식'을 비교·검토해 보고자 한다. 즉 경제학이 말하는 행동변수, 매개변수 및 상수로 구성된 모형의 구조를 보다 구체적으로 이해하기 위해, 케인즈가 의미하는 '모형'의 정의에 부합되는 여러 사고양식들을 열거하고자 한다. 다시 말하면 현 세계와의 명백한 관련성을 드러내는 '모형'을 근거로 사유하는 것이 가능한 다양한 분야들의 '모형'들이 있다는 전제하에서 그러한 모형들을 예시하고자 한다. 이러한 예시 및 비교를 통해 '경제학 모형'이 여타 분야의 '모형'들과 구분되는 경제학 특유의 고유사고체계가 만일 존재한다면, '반사실'적 가설은 오류가 있고, '케인즈의 푸가양식'은 확정될 수 있을 것이다.

1. (시간에 무관한) 슈뢰딩거 방정식 (time-independent Schrödinger equation)

모형설계자가 '양자들'의 세계를 이해하려는 '인식의 작용을 요약 및 축소'하여 재구성한 가공의 세계, 즉 '양자들' 세계의 축소판(microcosm)을 형상하는 모형이다. 슈뢰딩거 방정식은 아래와 같이 '편미분 방정식'이라는 '수리적 언어'의 그릇을 활용하여 '양자들'의 세계를 고전역학의 위치, 운동 및 궤적의 개념으로 이해하려는 '모형'이다(〈그림 1〉).[2]

$$E \cdot \psi = \underbrace{\left[-\frac{1}{2m} \left(\frac{h}{2\pi} \right)^2 \Delta + V \right]}_{H \equiv \text{해밀톤 연산자}} \psi$$

〈그림 1〉

2 엄밀히 말하면 여기서 이해하는 슈뢰딩거 방정식은 '골수 물리학자'의 슈뢰딩거 방정식이 아니라 '수학자'가 이해하는 슈뢰딩거 방정식이다. 즉 수학 교과서인 에반스(Lawrence C. Evans)의 『편미분방정식(*Partial Differential Equation*)』으로 이해하는 슈뢰딩거 방정식이다. 또한 수리물리학 교과서인 리브·로스(Lieb and Loss)의 『해석학(*Analysis*)』으로 이해하는 슈뢰딩거 방정식이다. 따라서 슈뢰딩거 방정식의 해(解) 개념은 러시아의 수학자 소볼레프(Sergei L. Sobolev)가 체계화한 '소볼레프 공간론'을 활용한 소위 '약한 해' 개념이다. 여담으로 리브·로스의 리브는 제1장 주석 8에 등장하는 프린스턴의 명망 있는 수리물리학자 엘리어트 리브(Elliot Lieb)이다.

위에서 '모형적 사고'란 우리의 삶이 '회색'인 것은 알지만, '복잡하고 모호한' 색깔이기에 상대적으로 '분명한' 색깔인 '흑색'과 '백색'으로 '일단' 우리의 삶을 이해하는 것을 의미한다고 서술하였다. 물리학자(과학자)들의 삶이란 (우주의 어느 고등생명체에 비해서는 명백히 물리학자의 지능이 떨어지는 관계로) '물리적 세계'를 불완전하게 이해함에 따라 빚어진 그들 스스로의 '인식장애'로 창조해낸 모호한 회색의 물리세계에 매몰되어 있는 삶으로 이해된다. 따라서 그들의 '불행한' 삶을 보다 잘 이해하기 위해, 회색의 물리세계 사이에서 필수불가결한 요소들의 '형상'인 '흑색' 즉 '소립자 세계'를 취사선택하게 되는데, '흑색'의 삶의 저 반대편에 있는 '흰색'의 세계, 아인슈타인의 '거시세계'는 '당분간' 버려지는 삶이다. 이러한 '소립자 세계'를 이해하는 '소립자 모형' 즉 슈뢰딩거 방정식을 취사선택하는 과정에서 아인슈타인의 방정식이 지배하는 '거시세계'는 관찰자의 관찰 유무와는 관계없이 독립적으로 항상 변하지 않는 것, 즉 소립자세계를 관찰하는 모형설계자의 인식작용에 영향을 주지 않는 일정한 속성을 유지하는 것으로 간주한다. 다시 말하면, '소립자모형'에서 아인슈타인의 '거시세계'는 암묵적으로 상수화(常數化) 처리된다. 만일 아인슈타인의 방정식이 '소립자세계'에 주는 영향을 무시할 수 없다면, 소립자모형, 즉 슈뢰딩거 방정식에서 아인슈타인모형의 변인 또는 변수들은 반드시 고려되어야 할 것이다.

그러나 슈뢰딩거 방정식에서 아인슈타인의 세계는 소립자세계의 입장에서는 달이 추락하는 것을 걱정하지 않는 지구인의 입장처럼 매우 안정적으로 지구를 비추고 있기에, 슈뢰딩거 모형(방정식)에서 '소립자'라는 대타 존재(객관적 대상)는 오로지 '파동함수' ψ로 '변수화(變數化)' 또는 '변인화'한다. 이 '파동함수' ψ가 '슈뢰딩거모형'에서 관찰자의 관찰 기간 동안, 계속 관찰되어야 하는 대상인 '행동변수'인 셈이다. 슈뢰딩거방정식은 고전역학의 위치, 운동 및 궤적의 개념으로 관찰자가 행동변수인 '파동함수' ψ의 움직임을 추적하는 인식작용을 축약해서 보여준다. 관찰자가 행동변수인 '파동함수' ψ의 변동을 관찰하는 동안 플랑크 상수 h는 관찰자 인식의 지평선 밖에 있는 것처럼 안정적이기 때문에, 플랑크 상수 h는 이름 그대로 상수화(常數化) 처리된다. 실제 플랑크 상수 h는 슈뢰딩거모형 밖에서든, 슈뢰딩거모형 안에서든 지난 한 세기 동안 '안정적'이었다.

시간에 무관한 슈뢰딩거 방정식에서는 관찰자의 명백한 관찰대상이지만, 관찰 기간 동안 행동변수에 비해 '상대적'으로 안정적인 속성을 유지하는 '변수'가 존재한다. 에너지 E는 에너지 보존법칙에 따라, 관찰자가 관찰 동안 일정한 수준을 유지하는 것이 가능하다. 또는 관찰자(모형 설계자)의 인식과정에서 파동함수 ψ에 비해 상대적으로 일정기간 동안 안정적인 것으로 '가정'할 수 있다. 즉 에너지 E는 본질적으로는 모형설계자의 인식기간 동안 행동변수의 자격을 가짐에도 불구하고, 모형설계자가 의도적으로 매개변수화(파라미터화)하는 것이 가능하다. 모형설계자가 모형 안에서 의도적으로 상대적인 안정성을 주는 것, 즉 매개변수화 과정 자체가 모형적 사고의 중요한 부분을 차지한다. 실제 에너지 E가 일정하다고 가정한 시간에 무관한 슈뢰딩거 방정식에서 에너지 E가 더 이상 '매개변수(파라미터)'가 아닌 경우, 즉 에너지 E는 아래와 같이 시간에 유관한 '행동변수'가 된다. 즉 보다 일반적인 시간에 유관한 슈뢰딩거 방정식이 도출된다(〈그림 2〉).

$$i\hbar\frac{d}{dt}\cdot\psi \underbrace{=}_{\Leftarrow} E\cdot\psi = \underbrace{\left[-\frac{\hbar^2}{2m}\Delta + V\right]}_{H\,\equiv\,\text{해밀톤 연산자}}\cdot\psi$$

'행동변수화'
⇒
'매개변수화'

〈그림 2〉

만일 슈뢰딩거모형 밖에서든, 슈뢰딩거모형 안에서든 지난 한 세기 동안 '안정적'이었던 플랑크 상수 *h*가 슈뢰딩거 방정식이 창조해낸 양자의 세계에서 영으로 수렴하는 '행동변수'라고 상상해 보자. 즉 상수를 변수화하는 '사고실험'의 결과는 놀랍게도 양자계의 지도원리, 즉 모든 것은 '확률적'으로 존재함을 함의하는 슈뢰딩거 방정식은 적어도 '수리적'으로 거시세계를 지배하는 결정론적인 해밀턴 방정식으로 수렴한다는 것이다.[3] 결론적으로 모형적 사고에서 상대적 안정성에 따라, 즉 행동변수, 매개변수, 상수의 층위에 따라, 모형이 드러내는 세계의 형상은 질적으로 다를 수 있다. 실제 시간에 유관한 슈뢰딩거 방정식의 해는 시간에 무관한 슈뢰딩거 방정식이 산출해 낸 유

3 해밀턴 방정식으로의 수렴결과는 수학의 필즈메달 수상자이자 2023년까지 IQ230으로 전 세계 최고 지능지수를 기록했던 테렌스 타오(Terence Tao)가 증명한 버전을 염두에 둔 것이다(Tao, T. *An Epsilon of Room, II*. American Mathematical Society, 2010). 2024년 목사 지망생인 한국의 김영훈 씨가 IQ276으로 전 세계 최고 지능지수 보유자로 등극하였다.

한개의 해, 즉 유한개의 고유함수들의 유한 합이 무한 개수의 고유함수들의 합으로 수렴된 것이다.

그러나 여기에서 주의해야 할 점은 과학적 모형은 모형의 일반적인 상대적인 안정성의 층위, 즉 행동변수, 매개변수, 상수의 계급에 충실할 뿐만 아니라, 그 계급성은 어느 모형보다도 확고하다. 플랑크 상수 h의 변수화는 원칙적으로 '금지'되어 있다. 지난 한 세기 이상 실증적으로 상수이었으므로, 플랑크 상수는 언제나 '상수'이다. 즉 엄격한 실증적 세계관이 슈뢰딩거 방정식의 플랑크 상수 h라는 창(window)을 통하여 슈뢰딩거 방정식이 창조해낸 양자세계의 실존적인 풍경으로 확고히 자리매김하고 있다. 이러한 실증성의 원칙에 관한 집착이 앞으로 다루는 여타 모형과 명확히 구분 짓는 과학적 모형의 '개성'이다. 실증성의 원칙에 의하면 플랑크 상수 h의 변수화는 수학자의 '모형'에서만 일어나는 '사건'이다. 양자세계를 축약하는 슈뢰딩거 방정식이 공허한 '마이센' 그릇으로 지구상에 육화한, 파문당한 지구위의 천사로 격화된 것과 다름없는 셈이다.

2. 새케인즈(학파) 필립스 곡선 (New Keynesian Phillips Curve)

새케인즈학파 경기순환모형

모형설계자가 기업, 노동자, 자본가, 소비자 등으로 구성된 소위 '경제주체들' 간의 경제활동을, 마치 입자들의 세계를 묘사하는 '궁극'의 방정식처럼 이해하려는 인식의 작용을 보여주는 축소판(microcosm)이 바로 새케인즈(학파) 필립스 곡선 (모형)이다. 슈뢰딩거 방정식처럼 아래와 같이 '차분 방정식'이라는 '수리적 언어'의 그릇을 활용하여 '경제주체들' 간의 경제활동의 '역학(mechanics)'을 물리학의 고전역학의 위치, 운동 및 궤적의 개념에 비유하여 이해하려는 '모형'이다(〈그림 3〉).

$$\underbrace{\pi_t}_{\text{인플레이션(율)}} = \beta \cdot \underbrace{\mathbb{E}}_{\text{“기대(심리)”}} [\pi_{t+1} \mid \mathcal{I}_t] + \kappa \cdot \underbrace{y_t}_{\text{산출량(갭)}}$$

〈그림 3〉

슈뢰딩거 모형(방정식)의 경우와 마찬가지로 경제학자들의 삶 또한 '경제주체들'의 세계인 '국민 경제'를 불완전하게 이해할 수밖에 없는 '인식장애'에 고통받고 있으리라 쉽사리 짐작할 수 있다. 따라서 그들 스스로의 '인식장애'로 인해 창조해낸 모호한 회색을 띠는 '국민경제'라는 그들만의 모형에 매몰되는 삶이 경제학자의 삶을 규정한다. 그들의 '불행한' 삶을 보다 잘 이해하기 위해 불가피하게 국민경제의 필수불가결한 요소들 중 하나인 '흑색' 즉 '경기순환 또는 경기변동(business cycle)의 세계'를 취사선택하게 된다. '흑색'의 삶의 저 반대편에 있는 '경제성장(economic growth)'의 세계는 '당분간' 잊고 싶은 '백색'의 삶이다.[4]

4 '경제성장'과 '경기순환'의 세계의 구분에 관해서는 이 책 2장 7절에서 집중적으로 다룬다. 그러나 여러분은 케인즈의 명제를 통해 이미 '경제성장'과

이러한 국민경제의 '경기순환 세계'를 이해하는 '경기순환 모형' 즉 '새케인즈학파 필립스 곡선'을 취사선택하는 과정에서 '솔로우(Solow) · 스완(Swan) · 로머(Romer)의 방정식'이 지배하는 국민경제의 '경제성장에 관한 세계'는 경제학자의 관찰 유무와는 관계없이 독립적으로 항상 안정적인 것, 즉 경기순환의 세계를 관찰하는 모형설계자의 인식작용에 '당분간' 영향을 주지 않는 일정한 속성을 유지하는 것으로 간주한다.[5] 다시 말하면, '경기순환 모형'에서 솔로우 · 스완 · 로머의

'경기변동'이라는 두 세계를 구분할 수 있다. 케인즈가 말한 "반영구적이거나 상대적으로 일정한 요인들"이 '경제성장'의 세계에 해당되고 "일시적이며 변동을 거듭하는 요인들"이 '경기순환'의 세계에 해당된다. 따라서 '새케인즈학파 필립스 곡선 모형'은 "일시적 변동 요인이 특별한 경우에 일으키는 순차적 사건의 경로를 이해"하기 위한 이론인 셈이다.

5 '솔로우(Solow)·스완(Swan)·로머(Romer)의 방정식'은 케인즈의 말을 다시 빌려 말하자면 '경기순환'의 세계에 비해 "반영구적이거나 상대적으로 일정한 요인들"인 '경제성장'의 세계를 연구하는 경제이론이다. 솔로우(Robert Solow)는 경제성장의 요인을 규명한 솔로우·스완 '외생적(exogenous)' 성장모형으로 1987년 노벨경제학상을 단독 수상하였다. 이 책 3장 4절의 〈그림 46〉과 〈그림 47〉이 솔로우·스완 성장모형이 식별한 '경제성장'의 요인이다. 단도직입적으로 말하면 솔로우·스완 성장모형은 '경제성장'의 요인을 '총요소생산성(Total Factor Productivity)'이라고 불리는 '기술진보'로 파악한다. 〈그림 46〉이 바로 이 '총요소생산성'을 데이터에서 실증적으로 추정하는 방법이고 이러한 추정을 통해 '총요소생산성'은 〈그림 47〉로 비로소 식별된다. 그러나 솔로우 · 스완 모형은 '총요소생산성'을 어떻게 '통제' 하고 증진시킬 수 있는지에 관해서는 설명하지 않는다. 이런 의미에서 솔로우·스완 모형을 '외생적' 성장모형이라고 명명하는 이유이다. 반면에 로머(Paul M. Romer)는 경제성장의 요인을 로머 '내생적(endogenous)' 성장모형으로 규명한 공로로 2018년 노벨경제학상을 공동 수상하였다. 로머의 성장 모형을 '내생적' 성장모형으로 부르는 이유는 솔로우·스완 모형과는 달리 로머 모형은 기술진보와 동일시되는 '총요소생산성' 요인을 어떻게 증진시킬 수 있는지에 관해 이론을 제공했기 때문이다. 즉 기업가 또는 연구자가 선택하는 연구·개발 요소가 '총요소생산성'을 증진시킬 수 있음을 이론

'거시적 경제성장의 세계'는 암묵적으로 상수화(常數化) 또는 '그림자 존재'로 처리된다. 만일 솔로우·스완·로머의 '경제성장 방정식'이 '경기순환 세계'에 주는 영향을 무시할 수 없다면, 경기순환 모형, 즉 새케인즈(학파) 필립스 곡선에서 솔로우·스완·로머의 '경제성장 방정식'의 변인 또는 변수들은 반드시 '행동변수'화 해야 할 것이다.

그러나 슈뢰딩거 방정식의 경우와 마찬가지로 솔로우·스완·로머의 '거시적 경제성장의 세계'는 경기순환 세계의 입장에서는 태양이 추락하는 것을 걱정하지 않는 지구인의 입장처럼 매우 안정적으로 지구를 비추고 있다. 따라서 새케인즈 필립스 곡선에서 '경기순환'라는 대타 존재(객관적 대상)는 '인플레이션율(inflation rate)' π, '산출량 갭(output gap)' x, 그리고 모든 경제주체들의 미래에 관한 '기대심리' E—경제학의 정식용어는 미래에 관한 합리적 기대(rational expectation)로 칭한다— 등을 '변수화(變數化)' 또는 '변인화'한다. '인플레이션율(inflation rate)' π, '산출량 갭(output gap)' x, 그리고 모든 경제주체들의 미래에 관한 '기대심리' E는 우리가 슈뢰딩거모형에서 그랬듯이, '새케인즈 경기순환모형'에서는 관찰자의 관찰 기간 동안, 계속 관찰되어야 하는 대상인 '행동변수'들이다. 고전역학의 위치, 운동 및 궤적의 비유

적으로 규명하였다. 호기심 많은 독자라면 왜 솔로우 성장모형이라고 부르지 않고 대신에 솔로우·스완 성장 모형이라고 부르는지 궁금해 할지 모른다. 그렇게 명명한 이유는 오스트레일리아의 명석한 경제학자였던 스완(Trevor W. Swan) 또한 독립적으로 솔로우·스완 모형을 발견하였기 때문이다. 솔로우와 달리 스완이 노벨경제학상을 수상하지 못한 이유는 오스트레일리아의 경제학 학술지인 『*The Economic Record*』에 자신의 논문을 출간했기 때문이다.

개념을 가지고 움직임을 추적해야 하는, 경제학자의 인식작용을 축약해서 보여주는 경제변수들이다.

슈뢰딩거 방정식에서 관찰자가 행동변수인 '파동함수' ψ의 변동을 관찰하는 동안 플랑크 상수 $\hbar$는 관찰자 인식의 지평선 밖에 있듯이 안정적인 것처럼, 새케인즈 필립스 곡선의 '파라미터'(매개변수)인 '할인인자' β, 기업들의 '전략적 보완성(strategic complementarity)'을 의미하는 산출량 갭의 계수 κ는 경제학자가 경기순환의 주기 현상을 관찰·인식하는 한, '파라미터' β와 κ는 '조건부 상수화(常數化)' 처리된다. 여기서 실제 플랑크 상수 $\hbar$는 슈뢰딩거모형 밖에서든, 슈뢰딩거모형 안에서든 지난 한 세기동안 '안정적'이지만, '파라미터' β와 κ는 경제학자의 인식작용이 경기순환 현상에 머무르고 있을 때만 조건부로 안정적이다. 즉 경제학자의 인식작용의 범위 또는 경제학자의 인식이 지정하는 제한된 창문을 통해서만 드러나는 현상을 관찰할 때만, 안정적이라는 점이다. 이러한 경제학자의 인식장애로 인한 스스로 설정된 인식의 한계는 '파라미터(매개변수)'라는 이름의 조건부 상수화로 드러난다. 엄격한 실증적 세계관이 슈뢰딩거 방정식의 플랑크 상수 $\hbar$라는 창(window)을 통하여 슈뢰딩거 방정식이 창조해낸 양자세계의 실존적인 풍경으로 확고히 자리매김하고 있는, 과학모형의 상수화과정과 비교할 때 경제모형의 '조건부 상수화'는 본질적으로 다르다.

이러한 연유로 경제학자들은 '다른 요인이 일정하다는 가정(keeping other things constant, 또는 *ceteris paribus*)'이라는 '노예의 표식' 또는 '낙인(stigma)'을 자발적으로 그들의 모형에 새겨 놓았다. 즉, '파라미터'

를 통해 경제학자의 '인식장애'를 명확하게 자백한 셈이다. 동시에 '파라미터'로 지정된 요인들은 경제학자의 시선이 다른 것을 지향하고 있을 때마다, 이 '파라미터'들은 안정성을 완전히 잃어버리고 끊임없이 변동할 수밖에 없는 '행동변수'가 된다. 다시 말하면 경제학자가 맥락(context)의 물길을 바꿀 때마다, 매개변수는 행동변수로, 행동변수는 매개변수로 '변용(metamorphosis)'을 거듭한다.

그러나 경제모형에서의 '파라미터'의 요란한 변신은 시간에 무관한 슈뢰딩거 방정식에서의 일정한 에너지 수준 E와 같이 본질적으로는 모형설계자의 인식기간 동안 행동변수의 자격을 가짐에도 불구하고, 모형설계자가 모형 안에서 의도적으로 상대적인 안정성을 주는 것과 다름없다. 다시 말해 시간에 유관한 슈뢰딩거 방정식을 시간에 무관한 슈뢰딩거 방정식으로 '격하'·축소시키는 매개 변수화 과정 자체와 사실 큰 차이가 없다. 슈뢰딩거 방정식에서 보여준 동일한 모형적 사고의 모습이다. 〈그림 2〉에서와 같이 일정한 에너지 수준 E에서 '시간연산자'를 추적·복원하는 과정, 즉 그림자처럼 잠재해 있던 매개변수들에게 '운동성(motion)'을 부여하는 과정은 소위 경제모형에서 말하는 '부분균형(partial equilibrium)에서 일반균형(general equilibrium)으로의 전이과정'과 사실상 동일한 논리의 흐름이다.

〈그림 3〉의 새케인즈 필립스 곡선은 '다른 요인이 일정하다는 가정(*ceteris paribus*)'의 조건이 붙은 조건부 필립스 곡선이다. 환언하면 새케인즈 필립스 곡선은 거시경제 경기순환의 현상에서 총수요(aggregate demand)의 요인과 중앙은행의 통화정책의 요인이 '변동 없이 그 존재를

알아차릴 수 없을 정도로 일정하다는 가정' 하에서 혹은 '너무나 안정적이어서 굳이 변동을 고려하지 않더라도 문제가 되지 않는다는 가정' 하에서 서술된 모형이다. 보다 전문적인 경제학용어로 경기순환 주기에서 새케인즈 필립스 곡선은 '다른 요인이 일정하다는 가정' 하에서 오롯이 총공급(aggregate supply)의 요인만 서술한 '부분균형모형'인 셈이다. 이해를 돕기 위해 지금까지의 논의를 아래와 같이 도식화해 보자.

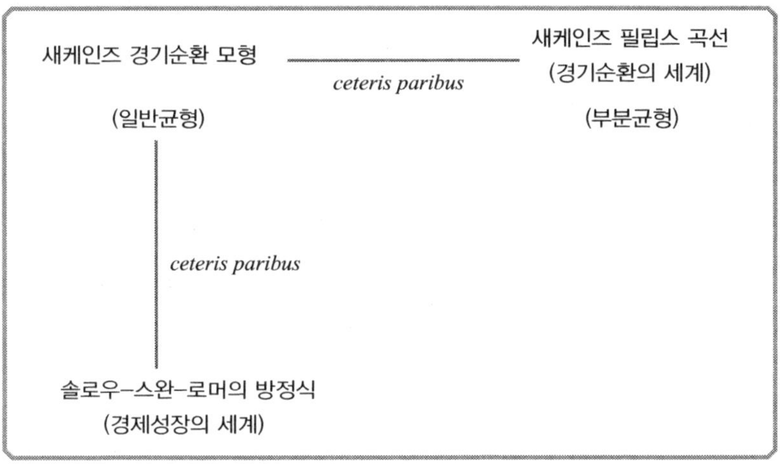

슈뢰딩거방정식에서 일정한 에너지 수준 E에서 '시간연산자'를 통해 잠자고 있는 모든 매개변수들에서 '운동성'을 부여하듯이, 경제모형에서 '다른 요인이 일정하다는 가정'를 하나씩 해제해 나가면, 새케인즈 필립스 곡선은 〈그림 4〉에서와 같이 새케인즈 경기순환 일반균형 모형으로 재탄생하게 된다. 즉 '다른 요인이 일정하다는 가정'을 하나씩 해제해 나가는 것과 슈뢰딩거 방정식에서 매개변수에 '운동성'을 부여해 나가는 것은 동일한 사유과정이다. 이러한 과정을 통해 아래

〈그림 4〉에서의 새케인즈 필립스 곡선의 '일반균형'으로의 전이는 그동안 거의 모형설계자의 무의식에서 존재했던 총수요의 요인, 중앙은행의 통화정책 변수들이 행동변수의 이름으로 부활하여 생동감 있게 움직인다. 즉 '다른 요인이 일정하다는 가정'이 해제됨에 따라 새케인즈 경기순환 모형으로 재탄생하게 된다. 물론 경제성장의 세계로의 이행은 '다른 요인이 일정하다는 가정'이 '프랑스의 마지노선'처럼 가로막는다. 새케인즈 경기순환 모형은 '독일군의 위협 및 침공은 없을 것'이라고 기대 아래 '프랑스'라 불리는 '경기순환의 세계'만을 다룬다.

$$
\begin{aligned}
y_t &= \mathbb{E}[y_{t+1} \mid \mathcal{I}_t] - \left(\tfrac{1}{\sigma}\right)\left(\hat{\imath}_t - \mathbb{E}[\pi_{t+1} \mid \mathcal{I}_t]\right) && \text{(기대 IS 곡선)} \\
\pi_t &= \beta \mathbb{E}[\pi_{t+1} \mid \mathcal{I}_t] + \kappa y_t && \text{(새케인즈 필립스 곡선)} \\
\hat{\imath}_t &= \phi_\pi \pi_t + \phi_y y_t + \epsilon_t && \text{(테일러 준칙)}
\end{aligned}
$$

〈그림 4〉

또한 주목해야 할 것은 〈그림 4〉에서의 '일반균형' 모형은 '총수요' '총공급(새케인즈 필립스 곡선)' '중앙은행 이자율 준칙 통화정책' 등과 같은 각각의 '부분균형' 모형들의 합이라는 점이다. 그렇기에 각각의 '부분균형' 모형은 각자의 '매개변수(파라미터)'를 갖는다.

모수 추정화와 외생적 상태변수,
그리고 합리적 기대 가설

지금까지의 논의에서와 같이 경제모형에서의 '파라미터'의 요란한 변신은 슈뢰딩거 방정식에서 봤던 매개 변수화 과정 자체와 사실 큰 차이가 없다. 그러나 슈뢰딩거 방정식과는 달리 경제모형에서는 슈뢰딩거모형 밖에서든, 슈뢰딩거모형 안에서든 지난 한 세기 동안 '안정적'이었던 플랑크 상수 $\hbar$와 같은 '경제상수'를 '관찰'하기가 사실상 불가능에 가깝다. 플랑크 상수 $\hbar$의 변수화는 원칙적으로 '금기시'되어 있는 과학적 모형의 확고한 상대적인 안정성 층위의 계급성은 경제모형에서 찾기 힘들다. 사실상 경제모형은 '행동변수'와 '파라미터(매개변수)' 두 개만의 계급으로 이루어져 있다고 해도 과언이 아니다. 보다 정확히 서술하자면, 이 두 개의 계급 '행동변수'와 '파라미터(매개변수)'로 구성된 '상부구조(superstructure)'와 이 상부구조를 지탱하는 '하부구조(substructure)'는 '다른 요인이 일정하다는 가정'로 이루어져 있다. 이 '하부구조'가 '상부구조'로 승격할 때, 기존의 '행동변수' 및 '파라미터(매개변수)'에 더해 '행동변수' '행동변수 같은 파라미터' '파라미터' '파리미터 같은 행동변수' 등으로 새로운 계급으로 분화되어 나간다. 이러한 '하부구조'에서 '상부구조'로의 전이를 이미 경제모형의 '부분균형(partial equilibrium)에서 일반균형(general equilibrium)으로의 전이과정'으로 설명하였다.

물론 새로운 계급이 탄생한다 하여서 '하부구조'를 형성하는 '다른 요인이 일정하다는 가정'들이 완전히 해소되지 않는다. 사실 상부구조의 '양'에 비해 하부 구조의 '양'은 비할 바 없어 '무량광천'의 세계에 비할 만 하다. 단 빛이 헤아릴 수 없을 만큼 빛나는 것이 아니라, '다른 요인이 일정하다는 가정'의 이름을 가진 '어둠'이 헤아릴 수 없을 만큼 '빛'의 반대편에서 '빛나고' 있을 뿐이다. 따라서 경제모형에서 '하부구조'에서 '상부구조'로의 전이, 또는 '부분균형'에서 '일반균형'의 전이는 끊임없이 일어나며 역방향의 전이도 끊임없이 일어난다. 편의상 지금까지 논점을 도식화해 보면 아래와 같다.

여기서 '**하부구조** A'는 부분균형 모형에서는 '다른 요인이 일정하다는 가정'이라는 '그림자'이지만, 일반균형 모형에서는 새로운 **상부구조★**를 구성하는 새로운 요소, 요인 '**하부구조** A'들로 재탄생한다. 반대로, 일반균형 모형에서 '**하부구조** A'를 다시 '무량광천(無量光天)'과 같이 헤아릴 수 없는 그림자의 세계로 파문시켜 버리면, 일반균형 모형은 부분균형 모형으로 축소화된다.

결론적으로 경제모형에서 행동변수와 파라미터 간의 분명한 구분이 있음에도 불구하고, '다른 요인이 일정하다는 가정'으로 구성된 하부구조의 변동에 따라 부분균형에서 일반균형 간 양방향의 전이과정에서 오는 '파라미터'의 야단법석한 탄생, 변모 또는 변절이 경제모형 자체의 '정합성'을 끊임없이 위협한다. 20세기 후반기 최고의 거시경제학자 로버트 루카스(Robert E. Lucas Jr.)는 세익스피어가 시저에게 "3월 15일을 주의하라(beware the ides of March)"라고 경고한 것처럼 "임의의 파라미터(free parameter)를 품은 경제(학)이론가를 조심하라"고 이

미 경고하였다.[6]

경제모형에서 맥락에 따른 '파리미터'의 모호성으로 인해 '파라미터'를 '파라미터'답게 만드는 기법의 필요성이 대두되었는데, 이는 '임의의 파라미터를 품은 경제학자를 조심하라'는 루카스의 경고를 (거시)경제학계가 진지하게 받아들인 결과이다. 에드워드 프레스캇(Edward Prescott)과 핀 키드란트(Fin Kydland)를 필두로 한 일련의 '신고전파' 거시경제학자들의 노력으로, '파라미터'의 '모수추정화(calibration)' 즉 '파라미터'를 '파라미터'답게 만드는 기법이 탄생하게 되었는데, 이러한 기법을 기반으로 '실물균형경기변동이론(real business cycle theory)'이라는 새로운 거시경제이론 조류가 1980년대에 풍미하게 되었다. 일부 경제학설사에서는 '실물균형경기변동이론'의 개발 및 발전을 1930년대 거시경제학의 '케인즈 혁명'에 비견할 만한 혁명으로 간주되어야 하고, 따라서 '실물균형경기변동이론 혁명'으로 명명하기도 한다.

'파라미터'의 '모수추정화'란 특정 경제모형이 다루는 경험세계에서 '파라미터'로 지정된 요인 및 요소들과 대응하는 정량적이고 실증적인 증거, 즉 숫자로 구성된 통계적 증거를 슈뢰딩거 방정식의 플랑크 상수처럼 흉내 내어 하나의 숫자로 압축하는 것을 말한다. 여기서 주의해야 할 점은 거듭 강조하지만 이 숫자는 플랑크 상수처럼 모든 모형을 뛰어넘어 독립적으로 존재하는 상수가 아니라는 점이다. 특정 모형에 종속될 때에만 숫자로 압축된다. 그래서 '플랑크 상수(the

6 Lucas, Robert E., "Macroeconomic Priorities," *American Economic Review*, (2003), 1–12.

Planck constant)'가 아니라 '추정치(estimate)'라는 이름이 붙는다.

이제 위 도식의 맥락에서 서술해보자. 부분균형 모형에서의 '다른 요인이 일정하다는 가정'이라는 '그림자' 중 하나였던 **'하부구조 A'**를 일반균형 모형에서의 새로운 **상부구조★**로 전환할 때, 새로운 요소·요인을 '모수추정화'을 통해 '하부구조 A'를 일반균형모형의 **상부구조★**에 '파라미터'로 고정시켜 버린다.

모수추정화 방법과 함께 1980년대 '실물경기변동이론가'들은 부분균형 모형의 '하부구조 A'를 일반균형 모형에서의 새로운 **상부구조★**로 전환하는 '외생적 상태변수화'라는 방법을 개발하였다. '행동변수'의 범주에 속하지만 '파라미터'는 아니고, 속성상 '파라미터'에 가깝지만 모형설계자가 관찰하는 동안 끊임없이 변동하여 '행동변수'의 범주로 분류할 수밖에 없는 존재를 규정하였다. 이러한 변인을 '외생적 상태변수(exogenous state variable)' 명명하였다. 즉 '다른 요인이 일정하다는 가정'에 속하는 '그림자' 요인들(또는 하부구조들 중 하나) 중 하나를 '외생적 상태변수'로 변환시켜, 일반균형 모형의 상부구조에 편입시켜 새로운 **상부구조★**를 만들어 낸다.

이 '외생적 상태 변수'는 '파라미터'같은 '행동변수'라는 매우 독특한 위치를 점하고 있다. 의미상으로는 모형세계에서 '안정적'이지만, 그 육신은 '행동변수'의 '빈도수(frequency)'를 가지고 요동친다. 사실 모형세계에서 '파라미터'라 함은 모형설계자가 모형세계의 주요인(즉 행동변수)을 분석할 때, 모형설계자가 당분간 관심을 갖지 않아도 되는 요인이다. 동시에 통제하지 않아도 되는 요인 혹은 사실상 통제할 수 없어서 통제하는 것을 포기한 요인의 의미도 내포하고 있다. 1980년대 '실물경기변동이론가'들이 '파라미터'의 의미를 곱씹으면서 주목한 점은 바로 '파라미터' 개념이 내포하고 있는 통제할 수 없는 그 무언가의 특성이다. 모형설계자의 입장에서 '통제할 수 없다'함은 바로 '외부'의 그 누군가에 의해 '파라미터'가 '통제되고 있다'는 뜻이다. 영어로 'exogenous(외생적)'라는 낱말의 뜻은 통상적으로 "사람의 신체 또는 인식기능(mind)이나 어떤 체계(system) 밖에서 발생하는, 또는 그러 한 것" 또는 "유기체나 세포 밖에서 생성되거나 발생하는 또는 그러 한 것" 등을 뜻한다. 따라서 '파라미터'의 의미를 인식의 주체, 더 나아가 인식의 주체를 모방한 모형세계의 주인공까지 통제할 수 없는, 불가항력적인 '외부의 힘'에 의한 변동과 그 변동을 인식하는 일체의 것으로 해석하였다.

또한 '상태(state)'라는 '존재'를 명시화함으로써 모형설계자와 모형세계에 거주하는 모형설계자의 대리인 양자 모두 '시간'의 축에 따라 '무엇인가'를 인식할 수 있는 인식의 '통로'를 마련하였다. '상태(state)'라는 말은 통상적으로 '특정 시간에 사물, 현상이 놓여있는 모양이나 형편'을 의미한다. 따라서 인식의 주체가 '상태(state)'를 '인식'한다는 것은 이미 '시간'의 관념에 따라 사물, 현상이 놓여 있는 모양, 형편 등을 다르게 인식할 수 있는 능력이 있다는 것을 의미한다. 사실 동일한 품질의 '바나나'가 오늘과 내일에 따라 품질의 상태는 다룰 수밖에 없다. 이러한 시차에 따른 사물 및 현상이 드러낸 모양 그리고 형편의 다름을 인지하는 능력을 모형의 설계자가 스스로에게 부여하는 것이다.

이에 따라 모형세계에 거주하는 모형설계자의 피조물 또는 '아바타' 또한 동일한 인식능력을 부여받게 된다.

1980년대 '실물경기변동이론가'들의 놀라운 기여는 시간, 시차의 개념을 내포한 '상태(state)'와 통제할 수 없는 외부의 힘에 굴복할 수밖에 없는 인간의 한계를 명시한 'exogenous(외생적)'이라는 개념을 절묘하게 결합한 것에 있다. 1980년대 '실물경기변동이론가'들이 '상태(state)' 군(君)과 'exogenous(외생적)' 양(孃)을 절묘하게 중매 결혼시킨 결과로 탄생한 '외생적 상태변수(exogenous state variable)'는 '외부의 불가항력'의 존재를 공식적으로 인정한, 경제학의 '종교개혁'의 순간과 다름없다. 경제학설사에서 말하는 1980년대 '실물균형경기변동이론' 혁명의 도덕적 의의는 (거시)경제학이 불가항력적 외부의 존재 앞에 겸손해지는 '회개와 참회의 시간'을 맞이했다는 점이다. 단 불가항력적이나 자비로운 '신의 빛'이 주입된 것이 아니라 시간의 축 선상으로 무자비하고 무의미한 '확률(probability)의 어둠'이 펼쳐지는 '확률의 힘'을 '외부의 불가항력'의 존재로 인정했다는 점이 다를 뿐이다. 아인슈타인의 바람과는 달리 경제모형세계에서는 '신은 주사위 놀이를 즐긴다.' 그래서 혹자들은 경제학을 '침울한 학문(dismal science)'이라고 칭할지 모른다. '회개와 참회의 시간'은 '불확실성과 공포의 순간'으로 쉽사리 변질되기 때문이다.

그럼에도 불구하고 '외생적 상태변수'를 통해 '확률의 힘'이 경제모형에서 '주연 같은 조연배우'로 활동하는 것을 허락하는 것은 실제 현실에서 인간이 일상에서 경험하는 '운(運)'의 문제를 경제모형(세계)

에 반영했다는 데 큰 의의가 있다. '행운(幸運)'이든 '불운(不運)'이든 혹은 '트라우마(trauma)의 문제' 즉 외생적 충격에 의한 행동의 장애문제 등의 요소를 경제모형(세계)에 반영했다는 데 큰 의미가 있다. 사실 '보편적 인간'이 일상생활에서 경험하는 '운(運)'의 장난은 종종 '운명(運命)'의 장난으로 '미화'될 정도로 그 빈도수나 중대함의 정도에 비추어 볼 때, 간과할 수 없는 '변수'에 가깝다. 시인 바이런(Lord Gordon Byron)의 '자고 일어나니 유명해져 있었다(I awoke one morning to find myself famous)'라는 자백이 '운의 장난'으로 휘둘리는 보편적 인간의 '운명'을 압축적으로 보여준다. '운'이라는 것이 일상생활의 '파라미터'로 간주하기에는 그 '안정성'이 너무나 떨어질 뿐만 아니라, 그 요사스러움과 변덕을 고려할 때, 거의 '돌발변수'에 가깝다. 시인 서정주는 이러한 '운의 장난'을 나를 키운 건 팔할이 바람이다'라고 1988년에 선언함으로써, 1980년대 '외생적 상태변수'를 도입한 '실물경기변동이론가'들의 관찰력에 대해 "좋은 경제학모형을 선택할 수 있는 '철두철미한 관찰력(vigilant observation)'을 활용할 줄 아는 재능"이 있다는 것을 의도치 않게 '탐미주의'적으로 찬사한 셈이 되었다.

'외생적 상태변수'를 통한 '확률의 힘'의 등장은 현대거시경제학을 '불확실한 상황에서의 선택의 문제'를 탐구하는 학문으로 재확인하고 재탄생시켰다. 또한 시간의 축 선상에서 인식하는 능력이 '상태변수'에 의해 부여됨에 따라, 시간 선상에서 펼쳐지는 '확률의 힘'은 단순히 '운(運)의 장난' 또는 '불확실성'이 아닌 '미래의 불확실성'으로 확정된다. 특히 '앞으로 일어날 일에 관한 불확실한 일련의 사건들의 시간 순차적 진행'으로 '미래의 불확실성'을 이해함에 따라 '외생적 상태변수'는 '확률과정(stochastic process)'의 개념으로 구체화된다. 러시아의 위대한 수학자 콜모고로프(Kolmolgorov)가 이론적 기초를 수립한 확률이론(probability theory)에서 차용된 '확률과정(stochastic process)'이라는 '마이센' 그릇을 차용하게 된 것이다.

수학적 존재로서의 '확률과정(stochastic process)'은 아래 그림에서와 같이 표현할 수 있다. 수평한 시간 축을 따라 다양한 경로의 가능성을 보여주는 것이 '확률과정'의 존재이유(raison d'être)이다. 단 이 다양한 경로는 '확률과정' 자신이 설정한 '확률의 힘'에 관한 운동법칙에 따라 확률적으로 실현된다. 〈그림 5〉에서는 단 3개의 가능한 경로만을 보여준다. 물론 이 각각의 경로는 '확률적'으로 실현될 가능성 있는 경로를 보여준다. 즉 선험적으로 어떤 경로가 실현될지 '확실히' 모른다. 선험적으로 우리가 알 수 있는 것은 〈그림 5〉에서와 같은 3개의 경로가 일어날 가능성에 '확률'을 부여할 수 있다는 점이다. 실현된 경로 또는 관찰된 경로는 '신의 주사위 놀이'에 의해 결정된다. 또한 '상태(state)' 개념의 도입으로 〈그림 5〉에서와 같이 시간 축의 원점 0(숫자 영)을 모형의 설계자를 포함한 '우리'가 이미 관찰한 '상태'로 보는 것이 가능해진다.

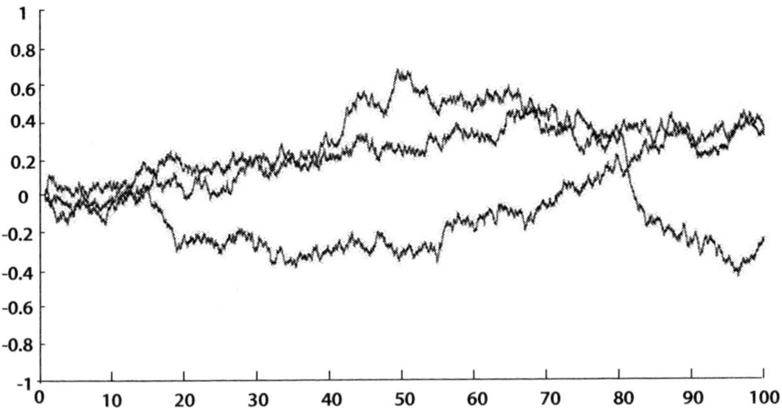

〈그림 5〉

'외생적 상태변수'와 '외생적' 확률과정을 동일시함에 따라 모형의 설계자와 모형세계의 대리인 양자 모두 원점에서 관찰한 '상태'를 기점으로 '미래'의 다양한 경로의 경우수를 고려해야 하는 '인지능력'도 부여받게 된다. 즉 원점에서 관찰한 '상태'는 바로 시간선상 '현재'에 관찰한 '상태'가 된다. 또한 '합리적' 인지능력을 가진 보편적 인간은 인지된 '확률과정'을 통해 '현재'의 상태를 기점으로 '미래'의 다양한 경로를 '확률적'으로 예측할 수 있다. 물론 이러한 '확률과정'을 인지할 수 있는 '지성' 또한 인지능력에 포함된다. '확률적으로 미래의 다양한 경우수의 경로를 예측할 수 있는 것이 최선이다'라는 것이 '미래의 불확실성'에 대처하는 '합리성(rationality)'을 가진 '보편적' 인간의 모습이다.

'미래의 불확실성'을 '확률과정'이 섬세하게 설정한 확률의 세계에서 시간선상에 펼쳐지는 확률의 운동법칙으로 '치환'할 수 있는 '지성'이 있고, 이러한 '확률과정'을 바탕으로 '현재'의 상태를 기점으로 '미래'의 다양한 경로를 '확률적'으로 예측할 있는 '이성'을 가진 존재가 호모 에코노미쿠스(homo economicus)의 진정한 실체이고, 실체이어야 한다고 규정하는 것을 루카스의 '합리적 기대가설(rational expectations hypothesis)'이라고 한다. 물론 모형의 설계자와 그 모형세계에 거주하는 설계자의 대리인 모두 이러한 '합리적' 인지능력을 가진 보편적 인간으로 간주된다. 경제활동을 영위하는 소비자, 노동자, 자본가, 투자가 등을 포함한 모든 경제주체가 이러한 '합리성(rationality)'에 따라 '불확실한 미래'에 관해 '합리적으로' 기대(expectations)를 형성할 것이고 형성해야 한다는 것이 루카스(Lucas)의 '합리적 기대가설(rational expectations hypothesis)'의 핵심논거이다. 여기서 '형성할 것이다'는 '실증주의(positivism)적 예언'이고, '형성해야 한다'는 것은 '규범적 예언'이다. '규범적 예언'은 일종의 공자님 말씀 같은 '도덕적 지침'과도 같아서 경제주체의 여러 가지 행동들, 특히 불확실한 미래에 관한 기대(심리)를 형성할 때조차도 이러한 '도덕적 지침'을 따르도록 '제시'하는 것이다.

만일 경제주체들이 이러한 '도덕적 지침'을 잘 따른다면, 이러한 '규범적 예언'은 말 그대로 과학모형처럼 '정확한' 예언이 된다. 이러한 '규범적 예언'이 '내가 스스로 예언하고 스스로 행동함에 따라 실제로 말 그대로 실현되는 자기실현적 예언(self-fulfilling prophecy)'이 되는 셈이다.[7] '규범적 예언'을 통해 경제모형은 '자기실현적'으로 그 예측

7 '자기실현적 예언(self-fulfilling prophecy)' 및 합리적 기대 가설, 그리고 규범적 예언 간의 상호관계에 관해서 이절의 마지막 부분에서 다시 논할 것이다. 특히 '자기실현적 예언(self-fulfilling prophecy)'의 개념에 관해 보다 상세한 논의가 필요하다.

력을 높인다. 이러한 '규범적 예언'은 다시 경제모형의 '실증주의적 예언'의 예측력을 '자기실현적'으로 높인다. 사실 〈그림 3〉의 새케인즈 필립스 곡선과 〈그림 4〉의 새케인즈 경기순환 모형이 '새케인즈(New Keynesian)'로 불리는 이유는 바로 루카스의 합리적 기대가설을 수용한데 있다. 다시 말하면 〈그림 3〉과 〈그림 4〉의 '기대심리' 항 E가 바로 루카스의 합리적 기대가설을 따르는 '합리적' 기대심리를 대표한다.

이제 '외생적 상태변수'와 '합리적 기대가설'이 경제모형에서 어떻게 활용될 수 있는지 보다 '단순한' 경제모형의 사례들을 통해 예증하고자 한다. 이 사례들로 '외생적 상태변수'와 '합리적 기대가설'이 얼마나 유용한 '발명품'인지 가늠해 볼 수 있을 것이다. 먼저 '현재'의 상태를 기점으로 '미래'의 다양한 경로를 '확률적'으로 예측할 있는 '이성'을 가진 경제인/호모 에코노미쿠스가 실존의 세계에서 관찰한 '사후적인' 주식 가격(stock price) 데이터의 경로는 아래 그림과 같다(〈그림 6〉).

〈그림 5〉는 모형의 설계자와 모형세계의 대리인 양자 모두 원점에서 관찰한 외생적 '상태'를 기점으로 '선험적으로' 확률을 부여한 '미래'의 다양한 경로임을 이미 주지하였다. 그런데 이 '선험적인' 예측 경로는 〈그림 6〉의 '사후적으로' 관찰된 '주식 가격의 경로'와 놀라울 정도로 닮아 있다. '합리적 기대가설'에 의하면 주식시장에 참여하는 투자자들은 주식 가격을 예측함에 있어서 '현재'의 상태를 기점으로 '미래'의 다양한 경로를 '확률적'으로 예측할 수 있다. 즉 '현재'에 활용 가능한 모든 정보를 수집하여 '확률적으로 미래의 다양한 경우수의 경로

를 예측'하는 것이 '미래의 불확실성'에 대처하는 '합리성(rationality)'을 가진 '보편적' 투자자의 모습일 것이다.

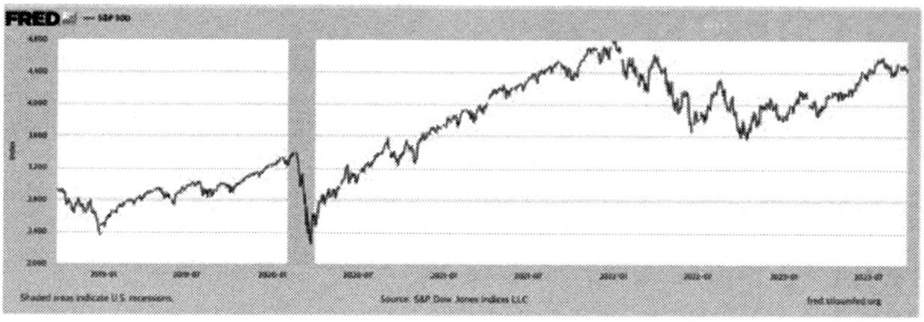

〈그림 6〉

또한 '보편적이고 따라서 합리적'인 투자자라면, 이러한 예측을 모세의 십계명처럼 따라야 한다는 '정언명령'으로 볼 수 있는 것이 '합리적 기대 가설'이다. 주식시장에 참여한 모든 주식투자자가 이 '정언명령'에 따라 '현재'에 활용 가능한 모든 정보를 수집하여 '확률적으로 미래의 다양한 경우수의 경로를 예측'하여 주식을 '사고 팔 것'이다. 다른 투자자가 주식을 '사고 파는 행위' 자체도 '현재'에 활용 가능한 정보이다. 따라서 투자자 '나'는 다른 투자자가 '카이스트' 보유주식을 처분하는 행위를 통해 주식회사 '카이스트'의 '펀더멘탈(funadmental)'에 문제가 생겼을지 모른다는 정보를 유추할 것이다. 그리고 그 정보를 바탕으로 미래의 다양한 경우의 수의 경로를 확률적으로 예측할 것이다. 〈그림 5〉와 같은 '나'의 예측 경로를 근거로 투자자 '나'는 '문제 있는' 주식회사 '카이스트'의 보유주식을 처분할 것이다.

'나'는 합리적인 기대가설의 정언명령에 따라 행동하였으므로, 또 다른 투자자들은 '나'의 보유주식 처분행위를 정보로 삼아 미래의 경로를 확률적으로 예측할 것이고, '문제 있는' 주식회사 '카이스트'의 보유주식을 처분할 것이다. 이 투자자들의 '카이스트' 보유주식 처분행위를 관찰한 '나'는 또다시 보유주식을 처분할 것이고, '나'의 보유주식 처분행위를 관찰한 또 다른 투자자들은 다시 '카이스트' 주식을 처분할 것이다. 이러한 '합리적인 기대가설'을 준수하는 '나'를 포함한 투자자들의 집단적인 투매행위에 따라 '카이스트' 주식 가격은 폭락할 것이다.

그러나 어느 순간 주식회사 '카이스트'의 한 '골칫거리' 회사원이 '우연히' '상온 초전도체'를 발견하였다는 정보가 주식시장에 유입됨에 따라 '나'는 '카이스트' 주식을 대거 매입할 것이다. '나'의 주식매입을 관찰한 다른 투자자들은 설사 '상온 초전도체'가 무엇인지도 모르고, 그 '골칫거리' 회사원이 어떤 품성을 가졌는지 모르더라도 '나'라는 투자자는 합리적 기대를 가진 투자자임을 알기에 '카이스트' 주식을 대거 매입할 것이다. 다른 투자자가 '카이스트' 주식을 매입함에 따라 '나'는 다시 '카이스트' 주식을 추가 매입할 것이다. '나'의 추가매입 행위를 관찰한 다른 투자자들은 다시 '카이스트' 주식을 매입할 것이다.

따라서 주식시장에 참여하는 모든 투자자가 '합리적 기대 가설'에 따라 행동하는 한, 주식 가격은 새로운 정보의 유입에 따라 끊임없이 변동하게 될 것이다. 그리고 이 주식 가격의 변동은 새로 유입되는 정보를 '충분히' 반영하는 것이 된다. 예컨대 주식회사 '카이스트'의 펀더멘탈에 관한 정보가 '카이스트' 주식 가격에 반영되는 순간 주식 가격은 '임의의' 변동을 일으킨다. 역으로 주식회사 '카이스트' 주식 가격은 이미 '카이스트'의 펀데멘탈에 관한 정보를 모두 반영하고 있다. 새로운 정보의 유입과 주식 가격의 변동은 동전의 양면이 되는 셈이다. 그런데 새로운 정보는 초단위로 유입되므로, 주식 가격의 변동 또한 초단위로 변동할 수밖에 없다. 결국 초단위의 주식변동으로 인해 주식 가격은 〈그림 6〉처럼 술 취한 사람의 걸음처럼 예측가능하지 않은 경로를 따르게 된다. 이러한 패턴을 수학적으로 '임의보행(random walk)'이라고 부른다. 물리학자들은 이를 '브라운 운동(brownian motion)'이라고 부른다. 환언하면 주식 가격의 경로는 마치 수학의 '임의보행(random walk)'와 같은 경로를 따른다. 그리고 이러한 '임의보행'은 아래와 같이 수학적으로 표현할 수 있다.

$$\underbrace{S_t}_{\text{'오늘'의 주식 가격}} = \overbrace{\mathbb{E}}^{\text{'투자자'의 합리적 기대}} [\underbrace{S_{t+1}}_{\text{'오늘'의 주식 가격}} \mid \overbrace{I_t}^{\text{'오늘'의 정보(상태)}}]$$

〈그림 7〉

〈그림 7〉의 우변은 '보편적' 투자자의 '내일'의 주식 가격에 대한 기대(심리) 또는 예측치를 의미한다. 만일 '합리적 기대가설'에 따라 주식시장에 참여하는 모든 투자자가 '합리적 기대'를 형성하는 경우, 각 투자자는 '오늘'의 정보 또는 상태변수 I_t를 활용하여 모든 경우수

를 확률적으로 예측하게 된다. 수학적으로 투자자들의 합리적 기대는 '오늘' 활용 가능한 모든 정보 I_t에 따라 조건부로 결정되는 '조건부 기댓값'으로 표현된다. 그런데 '오늘'의 정보에 바탕을 둔 '합리적' 투자자의 '합리적' 기대심리 또는 예측치는 〈그림 7〉의 좌변 '오늘'의 주식 가격과 동일하다. 다시 말하면 '오늘' 유입된 정보를 바탕으로 하는 '합리적' 투자자의 예측치는 '오늘'의 주식 가격에 이미 반영되어 있다.

'동치명제'로 '오늘'의 주식 가격에 관한 정보 외에는 '합리적' 투자자의 예측치를 생성하는 데 도움이 되지 않는다. '역술가'나 '점성술사'가 제공한 정보는 '내일'의 주식 가격을 예측하는 데 전혀 도움이 되지 않는다. 주식시장 참여자들은 '합리적 기대'에 따라 행동하기 때문에 결국 '오늘'의 주식 가격에 '내일'의 주식 가격 예측과 관련된 모든 정보를 반영하고 있기 때문이다. 그리고 실증적으로 주식 가격의 경로는 〈그림 6〉의 형태를 따른다. 따라서 '오늘' 관찰된 주식 가격의 정보를 제외하고는 어떠한 정보도 결과론적으로 미래 주식 가격을 예측하는 데 도움이 되지 않기 때문에 미래의 주식 가격을 예측하는 것은 사실상 불가능하다. 〈그림 7〉에 따라 현재의 주식 가격은 현재 '미래'의 주식 가격 예측에 유용한 모든 정보를 반영하고 있으며, 동시에 '미래'의 주식 가격의 확률적 평균이기 때문이다. 〈그림 7〉의 우변에 나타나는 '합리적 기대'는 결국 수학의 확률적 평균과 동일하기 때문이다.

요약하면 주식시장의 참여하는 투자자들이 '합리적 기대가설'을 준수하는 한 주식 가격은 새로 유입되는 '가치' 있는 정보를 즉시 반영하기 때문에 '나'만이 가진 '가치' 있는 정보를 가지고 주식으로 돈을 버는 것은 불가능하다. '저렴한' 가격으로 '카이스트' 주식을 매입하기 전에 이미 주식시장에 '나'의 가치 있는 정보가 반영되어 '카이스트' 주식은 더 이상 저렴하지 않기 때문이다. '저렴하게 사서 비싸게 판다'라는 '차익거래(arbitrage)'가 성립하지 않기 때문이다.

〈그림 7〉과 같이 재무경제학에서 '차익거래'가 불가능한 이러한 주식시장의 속성을 파마(Eugene Fama)의 '효율적 시장 가설(efficient market hypothesis)' (모형)이라고 부른다.[8] 주식시장의 참여자가 '합리적 기대 가설'이라는 '규범적 예언'을 실천하는 한, 파마의 '효율적 시장 가설'은 성립할 것이고 〈그림 6〉과 같이 '임의보행'의 '실증적 예언'으로 유형화된다. 1980년대 '실물경기변동이론가'들이 '상태(state)' 군(君)과 '외생적(exogenous)' 양(孃)을 절묘하게 중매 결혼시킨 결과로 탄생한 '외생적 상태변수(exogenous state variable)'의 개념이 정보의 '최대한 활용이라는 '합리적 기대가설'의 개념과 절묘하게 결합한 결과 탄생한 경제모형인 셈이다.

파마의 '효율적 시장 가설' 모형의 진정한 매력은 '다른 요인이 일정하다는 가정(*ceteris paribus*)'으로 구성된 '파라미터들'의 하부구조를

---

8 시카고 대학의 유진 파마는 그의 '효율적 시장 가설'로 2013년 노벨경제학상을 수상하였다. 이 책 5장의 '논란의 2013년 노벨경제학상' 절의 주인공이기도 하다. 거시경제학자 입장에서 보면 파마는 '재무경제학의 루카스'로 간주된다. 루카스의 합리적 기대가설을 재무경제학 영역에서 개척한 공로로 노벨경제학상을 수상한 것으로 이해된다. 사실 2장 10절의 실물균형경기변동이론 모형에서 도출된 3장 〈그림 45〉의 오일러 방정식을 활용하여 〈그림 7〉의 '효율적 시장 가설' 모형을 도출할 수 있다.

하나의 외생적 상태변수로 축약했다는 점이다. 즉 '합리적 기대가설'로 말미암아 현재 투자자가 활용 가능한 정보의 집합 I_t가 '파라미터들'의 하부구조를 단일하게 대표한다. 또한 '합리적 기대 가설'에 의해 오직 현재 유용한 상태변수는 현재의 행동변수인 주식 가격으로 다시 환원되었다는 점도 지적되어야 하겠다. 즉 '효율적 시장 가설' 모형의 행동변수인 주식 가격이 '파라미터 같은 행동변수' 또는 '상태변수 같은 행동변수'화 되었다는 점이다. 파마 모형은 결국 '합리적 기대'라는 행동변수와 주식 가격이라는 행동변수이면서 동시에 상태변수 또는 행동변수의 변동성 '주기'를 가진 파라미터로만 구성된 '극도로 효율적인 축약형' 경제모형이다.

파마의 '효율적 시장 가설' 모형의 또 다른 매력은 '합리적 기대가설'하의 주식 가격은 (역으로) 사실상 80년대 '실물경기변동이론가'들이 고안한 '외생적 상태변수'화가 가능하다는 점이다. 〈그림 6〉의 데이터처럼, 파마 모형의 '실증적 예언'이 유형화된 것처럼 보이기에 '주식 가격은 임의보행을 따른다'라고 '매개변수화'를 쉽게 할 수 있다.

파마의 '효율적 시장 가설' 모형을 매개변수화하여 탄생한 대표적 모형이 바로 블랙·숄즈 옵션가격(Black–Scholes option pricing) 모형이다(〈그림 8〉). 〈그림 8〉에서와 같이 '주식 가격' S의 경로를 파마의 '효율적 시장 가설'에 따라 임의보행(random walk)을 따른다고 '가정'한다. 환언하면 '주식 가격' S를 '외생적 상태변수'화 한다. 또한 주식 가격의 변동성 크기는 '진짜' 파라미터 σ, 즉 모형의 설계자가 관찰하는 동안 언제나 '상수'인 σ이다. 미국의 국채와 같은 '무위험 자산'의 이자율 또한 모형의 설계자 관찰하는 동안 언제나 '상수'인 '진짜' 파라미터 r로 가정한다. 요약하면 블랙·숄즈 옵션 가격 모형은 크게 (S, r, σ) 세 개의 '파라미터'들과 '효율적 시장 가설'에 의해 교묘하게 숨겨진, '그림자 파라미터'인 투자자의 '합리적 기대' E가 있다. 이미 '효율적 시장 가설' 모형의 논의에서 보았듯이, '파라미터' 주식 가격 S가 '임의보행(random walk)'을 따르려면 투자자의 '합리적 기대'라는 '규범적 예언'을 준수해야 한다는 일종의 '정언명령'이 블랙·숄즈 옵션 가격 모형의 하부구조를 그림자 영역에서 '파라미터'로 구성하고 있다.

또한 블랙·숄즈 옵션 가격 모형에서는 주식 가격 S와 '무위험 자산'의 이자율 r은 파리미터이지만, 다른 맥락의 경제 모형에서는 '행동변수' 자체일 수 있다는 점도 여기서 지적해야겠다. 이미 파마의 '효율적 시장 가설' 모형에서는 주식 가격 S가 '행동변수'이었다는 것을 지적해왔다. '파라미터'로 지정된 요인들은 경제학자의 시선이 다른 것을 지향하고 있을 때마다, 이 '파라미터'들은 안정성을 완전히 잃어버리고, 끊임없이 변동할 수밖에 없는 '행동변수'가 된다. 경제학자가 맥락(context)의 물길을 바꿀 때마다, 매개변수는 행동변수로 행동변수는 매개변수로 '변용(metamorphosis)'을 거듭한다. 블랙·숄즈 옵션 가격 모형이 경제모형의 이러한 사정을 '시나브로' 예시하고 있다.

$$\frac{\partial V}{\partial t} + \frac{1}{2}\sigma^2 S^2 \frac{\partial^2 V}{\partial S^2} + r \cdot \underbrace{S}_{\text{'오늘'의 주식 가격}} \cdot \frac{\partial V}{\partial S} - r \cdot \underbrace{V}_{\text{'오늘'의 옵션 가격}} = 0$$

〈그림 8〉

더욱이 같은 파라미터라도 주식 가격 S와 '무위험 자산' 수익률 r의 변동주기는 전혀 다르다는 것도 주의 깊게 봐야 한다. 이 또한 "(경제학)모형의 목적은 먼저 반영구적이거나 상대적으로 일정한 요인들과 일시적이며 변동을 거듭하는 요인들을 구분하는 것"이라는 케인즈 명제의 유효성을 명확하게 드러내고 있다. "특히 후자의 요안에 관한 논리적인 사고방식을 개발하여 그러한 일시적 변동 요인이 특별한 경우에 일으키는 순차적 사건의 경로를 이해하려하는 데 이르게 되어야 한다"는 경제모형의 구성에 관한 케인즈 명제에 부합되게 블랙·숄즈 옵션 가격 모형은 설계되어 있다. 상대적으로 일정한 요인(여기서는 r과 σ)과 변동을 거듭하는 요인(주식 가격 S)를 구분하여 '파라미터'한 후, 후자의 요인인 주식 가격 S의 "일시적 변동 요인이 일으키는 사건인" 옵션 가격 V의 순차적 사건의 경로를 이해하려고 노력한 것이 블랙·숄즈 옵션 가격 모형이기 때문이다. 참고로 옵션이란 주식 가격과 같은 기초자산을 바탕으로 설계된 파생 금융 상품이다. 예를 들어 '어떤 시점에 주식회사 '카이스트' 주식을 고정된 가격으로 매입하거나 처분할 수 있는 권리'를 옵션 파생상품이라고 부른다. 블랙·숄즈 옵션가격 모형은 바로 그러한 옵션의 권리가 현재 시점에서 거래되었을 때 매겨지는 옵션 권리의 현재 가격을 결정하는 모형이다.

슈뢰딩거 방정식과 같은 과학모형과 경제모형과의 결정적 차이는 바로 '합리적 기대 가설'과 같은 '규범적 예언'이 경제모형의 수식에 비밀스러운 암호처럼 숨겨져 있다는 점이다. 그리고 대부분의 과학도들은 경제수리모형에 암호화되어 있는 '규범적 예언'을 해독하지 못하는 경향이 있다. 따라서 경제모형에 숨겨져 있는 '규범적 예언'과 '실증주의적 예언'간의 '자기실현적 예언'의 '신비한 고리와 얽힘'을 이해하지 못한다. '실증주의적 예언'은 결국 '규범적 예언'의 '하부구조'에 불과하다는 사실을 이해하지 못한다. 경제모형마다 모형 특유의 어떤 도덕적, 인륜적 목적을 가리키는 '보이지 않는(invisible)' 나침반이 암장되어 있어서 이 보이지 않는 '인륜적' 힘을 파악하지 못할 경우 경제모형은 화려한 '수학기호'로 장식된 '마이센' 그릇에 불과하다. '보편적' 인간에게 응당 헌정되어야 할 '궤향(饋)'에서 '보편적' 인간의 영혼을 살찌울, '인륜적 힘'의 영양분을 가진 '음식'이 없는 '그릇'을 발견한 '보편적' 인간의 심정이란, 유태교신전을 약탈했을 때 유태교신전 안에는 아무것도 없더라고 선언한 로마의 전설적 장군 폼페이우스의 심정과 다를 바 없다. 신전의 보이지 않는 나침반이 가리키는 도덕적 지침, 혹은 인륜적 힘의 존재를 의식하지 못하니, 어떠한 인과관계도 없는 신전의 껍데기만 보인다. 유감스럽게도 수많은 과학도의 얼굴에서 유태교 신전 안에 잠시 머물던 폼페이우스 장군의 공허한 눈빛과 실망으로 일그러진 입 매무새가 보인다.

그렇다고 해서 과학도의 극 반대에 있는 인문사회학도가 경제모형의 이러한 두 예언 간의 '신비한 고리와 얽힘'을 더 잘 이해하는 것도 아니다. 인문사회학도의 전형적인 실수 또한 과학도의 실수와 크게 다르지 않다. 차이가 있다면 과학도의 인지구조에는 '규범적 예언'에 관한 생각 자체가 아예 없는 반면, 인문사회학도의 문제점은 '규범적 예언'과 '실증적 예언'을 '진지하게' 혼동한다는 점이다. 예를 들어,

앞에서 언급되었듯이, '미래'의 다양한 경로를 '확률적'으로 예측할 있는 '이성'을 가진 존재가 경제인/호모 에코노미쿠스(homo economicus)의 진정한 실체이고, 실체이어야 한다고 규정한 루카스의 '합리적 기대가설'이 제안되었을 때, (경제학자를 포함한) 대부분의 인문사회학도들의 반응은 (실증적) 경험에 비추어 볼 때, (본인 자신들을 포함하여) 호모 에코노미쿠스가 그렇게 합리적 일리 없다는 것이다.

적어도 경제활동과 관련된 인간의 의사결정은 합리적 기대가설이 함의한 합리성과는 거리가 먼 '동물정신(animal spirit)'에 의해 지배당할 수밖에 없다는 케인즈(Keynes)의 '동물정신가설(animial spirit hypothesis)'의 '믿음'에서 벗어나길 거부하였다. '동물정신가설'이 자산가격의 버블과 같은 실증적인 경제현상과 더욱 부합된다는 '편견'에서 벗어나길 거부한 것이다.[9] 합리적 기대가설의 '가설(hypothesis)'은 경험적으로나, 실증적으로 '과학적' 근거가 희박하다는 것이다. 그러나 이미 주지했듯이 합리적 기대가설에서의 '가설'의 의미는 '과학적' 즉 '실증적'으로 검증하여 참과 거짓을 이분법적으로 확증하는 의미가 아니다. 이 '가설'의 범주 안에는 '합리적인' 호모 에코노미쿠스라면 따를 수밖에 없고, 따라야 한다는 일종의 도덕적 '정언명령'이 함축되어 있다. 사실 경제학에서 말하는 '가설(hypothesis)' 자체가 '과학적' 가설과는 이런 차원에서 큰 차이를 보인다 하겠다.

합리적 기대 가설의 맥락에서는 미래를 향해 펼쳐지는 불확실성에 직면한 경제인은 경제인 개개인이 '주관적'으로 설정해 놓은 불확실

9 5장에서 본격적으로 논의되는 '흑점이론'에 의하면 케인즈의 '동물정신가설' 또한 합리적 기대의 일종으로 간주될 수 있다.

에 관한 대처법, 즉 개개인 특유의 '주관적 준칙'을 따르는 것이 아니다. '합리적 기대'를 부지불식간에 품은 경제인이라면 합리적 기대 '가설'에서 '살포시' 설치해 놓은 '정언명령'에 따라 반드시 행동할 것이고, '정언명령'을 따르기 때문에 실증적으로 '정언명령'을 따른다는 가설은 입증된다.[10] 즉 '규범적 예언'이 '실증적 예언'으로 거듭나게 된다. '합리적 기대가설'의 실증적 예측력은 고도화된다.

심지어 케인즈의 '동물정신 가설'조차도 '과학적' 가설이 아닌 경제학의 '가설(hypothesis)' 범주에서 벗어나지 않는다. 호모 에코노미쿠스 개개인이 설사 '주관적'이고 '개별적'으로는 '합리적'인 의사결정의 준칙을 고수하더라도, '감당할 수 없는' 불확실성이 발현될 때는 '동물정신'의 '정언명령'에 따라 호모 에코노미쿠스는 행동할 수밖에 없으며 그렇게 행동해야만 한다는 '규범적 예언'을 '시나브로' 함축하고 있다. 동물정신의 '규범적 예언'에 따라 불특정 인문학도들이 '단체로' '동물정신'의 보편법칙을 가지고 행동하기 때문에 케인즈의 '동물정신 가설'의 '실증적 예언'은 실현될 수밖에 없다. 케인즈가 창조해낸 동물정신의 저주에 따라, '동물정신'으로 무장한 호모 에코노미쿠스로 가득한 국민경제 안에 우리 모두 자기실현적으로 갇히게 된다. '시나브로' 우리 모두 '동물정신'에 따라 행동했기에, 케인즈라는 교조의 가르침에 충실했기에 우리 모두 '동물'이 되길 결심하였고 '동물'이 되었다. '규범적 예언'이 '실증적 예언'으로 진화하는 순간이다. 사실 '동물정신의 교조' 케인즈는 '이미 죽은 경제학자의 노예(the slaves of some defunct

10 칸트에 의하면 경제학의 '정언명령'은 가언명령의 범주에 들어간다.

economist)'가 되지 말라고 경고하였다.[11] '실증적 예언'의 가면 속에 숨겨진 '규범적 예언'의 '중독성'에 관한 폐해를 정확히 간파하였고, 본인 스스로가 본인이 경고한 '죽은 경제학자(some defunct economist)'의 화신이 되는 것을 두려워하였다.

자기실현적 예언

제2절을 마무리하기 전에 경제모형에서 '규범적 예언'과 '실증주의적 예언' 사이의 '중개인' 역할을 하는 '자기실현적 예언(self-fulfilling prophecy)'에 관해 보다 상술할 필요가 있다. 〈그림 3〉과 〈그림 4〉의 새 케인즈 경기순환 모형에는 '자기실현적 예언' 개념의 요소가 합리적 기대 가설이 중추 역할을 할 수 있도록 사실상 '필요충분조건'의 역할을 담당한다는 것이 넌지시 제시되어 있다. 반추해 보면 합리적 기대 가설이 제시한 '규범적 예언'이 모형의 '실증주의적 예언'으로 실현되는 통로는 바로 모형 안에 '서식하고' 있는 경제인 각자가 '자기실현적 예언'을 할 수 있는 능력에 있다는 것을 전제로 한다. 즉 '루카스의 합리적 기대 가설'이라고 부르는 '도덕적 믿음'이 모형경제 안에 복음전파되었을 때 경제인 모두가 '총체적'으로 '루카스의 합리적 기대 가설'에 따라 행동하면 각자의 '행복지수'를 최대화할 수 있다고 믿으면 모두가 그 믿음에 따라 행동할 것이고, 결국 모두가 '루카스의 합리적 기

11 원문은 다음과 같다. "Practical men who believe themselves to be quite exempt from any intellectual influence, are usually the slaves of some defunct economist."

대 가설'이 미래의 행동이자 결과로 예측한 것을 경제인 모두 빠짐없이 그대로 실행하게 된다. 경제인의 '자기실현적 예언'이 '루카스의 합리적 기대 가설'이라는 규범적 예언을 작동시키는 사실상의 기제인 것이다.

'루카스의 합리적 기대 가설'이라는 규범적 예언이 실증주의적 예언으로 실현되기 위한 기제 또한 '자기실현적 예언'이다. 이제 모형경제 안에 '서식하고' 있는 경제인뿐만 아니라 모형의 대상이자, 모형 밖에 생존하고 있는 실존적 경제인들도 '자기실현적 예언'을 할 수 있는 능력이 있다는 것을 전제로 해야 한다. 모형 안의 경제인들과 마찬가지로 실존하고 있는 경제인들도 '루카스의 합리적 기대 가설'이라고 부르는 '도덕적 믿음'의 위력을 '총체적'으로 믿고 따른다면 루카스의 합리적 기대 가설'이 미래의 행동이자 결과로 예측한 것이 '자기실현적 예언'에 따라 실존세계에 '자기실현적'으로 실현되는 것이다. 이런 의미에서 '규범적 예언'은 경제모형의 안팎에서 '실증주의적 예언'의 예측력을 '자기실현적'으로 높인다.

따라서 경제인의 '자기실현적 예언'을 할 수 있는 능력의 여부가 결국은 일반적 과학모형과는 달리 경제모형을 '규범적 예언'과 '실증주의적 예언'이라는 두 가지 층위로 구성되게 하는 핵심적인 요소인 것이다. 그렇다면 실존하고 있는 경제인이자 '우리'는 언제나 '자기실현적 예언'을 할 수 있는 능력의 보유자라는 '전제'가 과연 타당한 것이지 자문하지 않을 수 없다. '자기실현적 예언'이라는 개념은 20세기 사회학의 거인 중 하나인 로버트 K 머튼(Robert K. Merton)에 의해 처음 제안된 것으로 알려져 있다. 그러나 머튼의 논문에서 '자기실현적 예언'이라는 개념이 처음 제안되었다고 보기보다는 그동안 인류 역사상 다양한 학문분야와 우리의 체험에 산재해 왔던 '자기실현적 예언'의 양상들을 '자기실현적 예언'이라는 용어로 명명하고 정리한 것이라고 보는 것이 보다 타당해 보인다.[12] 사실 논문의 주된 내용은 그 개념을 1940년대 미국 당시의 흑백차별문제를 '자기실현적 예언'의 개념을 바탕으로 진단한 것이었다. 오히려 머튼은 '자기실현적 예언'의 개념을 처음 체계적으로 파악한 공로를 미국의 사회학자 윌리엄 I 토마스(William I Thomas)에게 돌렸다. '자기실현적 예언'이라는 개념을 '자기실현적 예언'이라는 용어로 최초로 칭한 것이 아니라, '토마스 정리(the Thomas theorem)'로 명명되기를 선호하였다.

머튼에 의하면 '토마스 정리'는 아래와 같이 서술된다(〈그림 9〉). 물론 머튼은 '토마스 정리'가 정리(定理, theorem)라는 이름에 걸맞은 뉴튼 물리학의 여느 정리와 같은 적용범위와 정밀함을 가지는 것은 아니라고 고백하였다. 그럼에도 불구하고 뉴튼의 정리가 다양한 물리현상의 과정과 연관성을 '매개'할 수 있는 '재능(gift)'이 있는 것처럼, '토마스 정리' 또한 다양한 사회현상의 과정과 '매개'될 수 있는 동일한 '재능'이 있음을 주장하였다. 만일 '토마스 정리'가 보다 널리 알려지고 기억되었더라면, 우리 사회의 작동 기제에 관해 보다 심도 높은 이해가 가능했을 것이라고 '한탄'하였다.

12 Merton, R. K. "Unanticipated Consequences of Social Action," in P. Sztompka ed., *On Social Structure and Science*, The University of Chicago Press, 1996 참조.

토마스 정리(the Thomas theorem):

만일 사람들이 어떤 상황들을 실재적인 그 무언인가로 의미를 정해 버리면, 그러한 상황들은 결과론적으로 실존하는 것들이다(If men define situations as real, they are real in their consequences).

〈그림 9〉

일상생활에서 쉽사리 발견할 수 있는 '토마스 정리' 혹은 '자기실현적 예언'의 비견한 예로 우리 모두가 다음 주에 있을 '미적분학' 시험이 우리에게 선사하는 끔찍한 공포의 감정에서 찾을 수 있다. 다음 주에 치를 '미적분학' 시험을 통과하지 못할 것이라는 공포에 사로잡혀 '미적분학'을 공부하는 것에 시간을 할애하기보다는 공포에 사로잡혀 걱정하는 데 시간을 낭비하느라 결국은 재앙적인 '미적분학' 시험의 결과를 손에 들게 된다. 애당초 '부정확했던' 근심거리가 전적으로 정당화된 공포로 실현되는 경험을 맛보게 되는 것이다.

보다 진지하게 고찰된 '토마스 정리' 혹은 '자기실현적 예언'에 비견되는 사례는 2022년 다이어몬드(Douglas Diamond) 교수, 디비그(Phillip Dybvig) 교수, 그리고 전 연방준비제도이사회 의장 버냉키(Ben Bernanke)에 노벨 경제학상을 안겨다 준, '뱅크런(Bank Run)' 또는 '은행의 대규모 인출사태'라는 실제 빈번히 일어나는 현상들을 들 수 있다. '뱅크런' 또는 '은행의 대규모 인출사태'란 은행의 예금자들이 '어느 순간' 해당 은행에 예금해 둔 본인들의 예금을 돌려받지 못할 것이라는 '공포'에 사로잡혀 예금자들 '모두가' 동시에 예금을 인출한 결과, '뱅크런' 또는 '은행의 대규모 인출사태'가 일어나지 않았다면 파산하지 않았을 은행이 파산하는 실존적인 결과로 귀결되는 현상을 말한다. '토마스 정리'에 의하면 '예금자들'이 '뱅크런' 또는 '은행의 대규모 인출사태'라는 상황을 실재적인 그 무언인가로 의미를 정함에 따라, '뱅크런' 또는 '은행의 대규모 인출사태'라는 상황은 결과론적으로 실존하는 것이 되어버린 것이다. 즉 '토마스 정리'가 그대로 응용된 사례라 볼 수 있다.

사실 은행이란 기관의 본질은 예금자들의 예금을 받아 투자금이 필요한 투자자들에게 충분한 대출기간과 투자자가 감당할 수 있는 금리를 매겨 대출해 주는 대부업자이다. 여기서 주목해야 할 점은 은행은 예금자들의 예금이 은행에 저축되자 말자 보다 높은 금리를 받을 수 있는 투자대출을 위해 바로 그 예금액을 대출해 버린다는 점이다. 따라서 '이상형' 은행의 경우 '오늘' 내가 비치한 나의 돈은 '오늘' 은행금고 안에 존재하지 않는다. 내 돈은 통상적으로 일 년 뒤에 보잘 것 없는 금리수익과 함께 은행금고 안에 물리적으로 존재한다. 대부업자로서의 '이상형' 은행은 역설적으로 '오늘' 어떠한 돈도 물리적으로 가지고 있지 않다. 그런데 일 년 뒤에 금리수익과 함께 나의 예금원금을 받기로 한 약속을 어기고 어떤 불가피한 이유로 '오늘' 급전이 필요한 나는 금리수익을 포기하고 나의 예금 원금을 요구할 수 있다. 우리의 상식과는 달리 '이태리 장인이 한 뜸 한 뜸 바느질한 듯한' 정장을 입은 은행의 은행가들은 식은땀을 흘릴 수밖에 없다.

그럼에도 불구하고 '합리성'을 가진 은행가는 '오늘' 나의 변심에 크게 개의치 않는다. '당황하지 않고' 차분히 합리적으로 생각해 보면, '오늘' 나의 변심은 지극히 개인적이며 단발성으로 임의적인 것이다. 그리고 '오늘'의 또 다른 나는 오히려 어떤 불가피한 이유로 변심하여 은행에 돈을 예금하려한다. 은행의 입장에서 후자의 경우 또한 느닷없이 길에서 주운 복권 당첨권과 같다. 일회적이고 지극히 임의적이며 개별적인 사건이기 때문이다. 또한 '합리성'을 가진 은행가는 '오늘' 나의 급전 요구(즉 인출)의 사건과 '오늘' 또 다른 나의 예금의 사건 사이에 어떤 연관성도 찾을 수 없으며 이런 이유로 은행가는 '두 사건은 확률적으로 독립적인 사건이다'라고 우아하게 선언한다. 또한 '오늘' 나의 인출액과 '오늘' 또 다른 나의 예금액은 서로 상쇄되는 관계이다. 은행이 물리적으로 어떤 돈도 갖고 있지 않지만, '오늘'의 나의 인출액은 또 다른 나의 예금액으로 메꿀 수 있으므로 은행이 물리적으로 돈을 가지고 있지 않은 상황에 어떤 영향도 없다.

한 발 더 나아가 '영민한' 은행가는 인출을 요구하는 '오늘의 나'가 출현할 확률이 2분의 1이고, 느닷없이 예금을 요구하는 '오늘의 또 다른 나' 또한 출현할 확률이 2분의 1이라는 것을 알게 된다. 이제 예금하는 '오늘의 또 다른 나'는 은행에게는 증가액이므로 편의상 +1이라는 숫자를 부여하고 인출하는 '오늘의 나'는 은행에게는 감소분이므로 -1이라는 숫자를 부여하면, '영민한' 은행가는 동전의 앞면에 +1라는 숫자가 표기되고, 동전의 뒷면에 -1이라는 숫자가 표기된 동전을 반복적으로 '동전 던지기'하는 것과 동일한 사태라는 것을 유추한다. 느닷없이 인출을 요구하는 '오늘의 나'를 걱정하는 대신 책상에 앉아 반복적으로 '동전 던지기' 실험을 해보면, 다음과 같은 임의의 숫자의 열을 얻는다.

+1, −1, −1, −1, +1, −1, +1, +1, −1, −1, −1, +1, +1, −1, +1, −1, +1, +1, ⋯..

이 임의의 숫자 열을 보는 순간 은행가는 더 이상 '오늘의 나'의 변심에 의한 '인출사태'를 더 이상 걱정할 필요가 없다는 것을 깨닫게 된다. '대수의 법칙(the Law of Large Numbers)'에 따라 이 숫자 열의 합은 0으로 수렴하기 때문이다. 더욱이 예금의 행위와 인출의 행위 모두 천차만별의 개인적 변덕에 의한 동기로 예금하는 변덕의 빈도수와 인출하는 변덕의 빈도수가 대칭적으로 균일하게 일어나면 '대수의 법칙'에 의해 '인출사태'를 걱정할 어떤 이유도 없다. '개인의 돌발적 변심'은 '뱅크런'이나 '대규모인출사태'와는 관련이 없는 것이다. 즉 '미적분학 시험'의 사례처럼 은행이 '뱅크런'에 처할지 모른다는 한 개인의 '자기실현적 예언'은 '자기실현적 예언'이 될 수 없다. 한 개인의 '자기실현적 예언'은 '대수의 법칙'이 적용될 수 있는 개인적 돌발변심에 의한 동기에 불과하기 때문이다.

이 지점에서 '토마스 정리'에 관해 보다 섬세하고 진지한 고찰이 필요해 보인다. '토마스 정리'에는 두 가지 핵심 요소가 내재되어 있는데, '총체성'의 요소와 '자기 언급(self−reference)'의 요소라 명명할 수 있겠다. 먼저 '토마스 정리'의 '총체성'은 '토마스 정리'의 기술에서 '사람'

이라는 단수형이 아니라 '사람들'이라는 복수형이라는 점을 보면 실마리를 찾을 수 있다. 즉 '토마스 정리'가 성립하기 위해서는 '사람들'이 '총체적'으로 동시에 어떤 상황에 관해 의미를 규정하는 것이 중요하다. 또는 천차만별적인 개인적 돌발변심에 의한 동기가 아닌 '지금 돈을 인출하지 아니하면 내 돈을 잃을지 모른다는 공포감'에 개인 모두가 동시다발적으로 '총체적'으로 사로잡힐 때, '토마스 정리'에 의한 '자기실현적 예언'인 '뱅크런'이 실현되는 것이다. 환기하면 '토마스 정리'와 '대수의 법칙'의 차이는 바로 공포감의 동기를 개인 모두 '총체적'으로 공유하는 것이다. 공포감의 공조가 이루어지는 셈이다. 이 결과로 은행의 본질에 충실한 '이상형' 은행조차도 '뱅크런'의 위험에 항상 노출되어 있다.

'자기 언급(self-reference)'이란 어떤 체계 안에 객체로 있는 요소가 '체계 안에 객체로 존재하는' 자기 자신을 언급하는 사태를 말한다. '자기언급'의 가장 중요한 사례로 괴델(Kurt Gödel)의 불완전성 정리(incompleteness theorem)를 들 수 있다. 수학명제란 유한개의 공리들의 모임에서 출발하여 유한개의 추론을 통해 도출된 참 또는 거짓인 명제를 뜻한다. 만일 유한개의 공리들의 모임에서 출발하여 유한개의 추론을 통해 도출된 모든 수학 명제가 참 아닌 거짓으로 판명될 수 있으면 이러한 유한개의 공리모임을 '무모순성'을 가진 공리체계라 부른다. 예컨대 '무모순성'을 가진 공리체계에서는 참이면서 동시에 거짓인 수학명제는 도출될 수 없다. 수학정리란 참인 수학명제의 '총합'으로 표현된 것이다. 그리고 이런 의미에서는 수학정리는 참이고 '증명가능'한 수학 명제이다. 이제 '무모순성'을 가진 공리체계에서 존재하는 어떠한 수학정리도 참인 수학명제의 '총합'으로 표현될 수 있는 것을 '완전성'을 만족하는 공리체계라고 부른다. 괴델의 불완전성 정리란 '무모순성'과 '완전성'을 만족하는 공리체계에서 '증명가능'하거나 '증명불가능'하다는 것을 결정할 수 없는 참인 명제가 항상 존재함을 의미한다. 이러한 괴델의 불완전성 정리의 핵심은 바로 수학명제가 자기 자신에게 공리체계 안에서 스스로 '자기언급'을 할 수 있는 명제를 만들어 내는 데 있다. 우리가 통상적으로 이해하는 수학명제는 자기 스스로에 대해 언급하지 않는다. 예컨대 통상적인 수학명제는 'A=B이다'라고 서술될 뿐이다. 그러나 어떤 수학 명제가 'A=B인데, 이 명제는 증명가능하지 않다'라고 수학명제가 자신의 증명가능 여부에 대해 '자기언급'을 할 수 있는 능력이 있으면, 괴델의 불완전성 정리가 성립할 수 있게 된다. 'A=B인데, 이 명제는 증명가능하지 않다'라는 명제가 거짓이라 하면, 이 명제는 '증명가능'한 것인데 이는 참인 명제들의 총합으로 표현될 수 있음을 의미한다. 'A=B인데, 이 명제는 증명가능하지 않다'라는 명제는 '증명가능'한 수학정리가 되는 셈이다. 따라서 참인 명제이다. 따라서 어떤 수학적 형식체계의 '객체'인 수학명제가 그 자신이 속해 있는 체계 안에 존재하는 자신에 대해 '자기언급'을 하는 것이 가능할 경우 그 체계는 '결정불가능성(indeterminacy)'의 상황을 내포할 수 있다.

다시 '토마스 정리'를 돌아가 살펴보면 '사람들'이 어떤 상황들의 의미를 정할 때, 그 어떤 상황들이란 '사람들'이 속해 있는 체계에서 자기 자신의 위치와 상황에 대해 '자기언급'을 하는 것이다. '은행체계'라는 체계 안에 대수의 법칙이 적용되는 객체로 존재했던 은행의 예금자가 체계 안의 자기의 위치에 관해 '자기언급' 및 '체계 속의 자기인식'이 뱅크런이 발생하는 핵심요소 중 하나이자 '토마스정리'가 적용가능한 지점인 것이다. '은행체계'가 "지급불이행에 빠져 은행에 저축한 내 돈을 한 푼도 돌려받지 못할 것"이라는 '은행체계'의 객체였던 내가 체계 속의 나의 위치를 평가하는 '자기언급'이 뱅크런의 촉발점인 것이다.

결국 '토마스 정리'를 경제현상과 관련하여 보다 섬세하게 진술한다면, "사람들이 **총체적으로** 사람들 자신이 속해 있는 체계에서 자기자신의 **자기언급**과 관련된 상황을 실재적인 그 무엇인가로 정해 버리면, 그러한 상황들은 결과론적으로 존재하는 것이다."

로버트 K 머튼 논문의 주된 관심사는 미국의 1940년대 인종차별적 관념 배후에 서식하는 '자기실현적 예언'의 작동기제를 조명하는 것임에도 불구하고, 은행의 '뱅크런' 또는 '대규모 인출사태'를 '자기실현적 예언'의 사례로 '가볍게' 언급한 것이 머튼의 논문을 경제학 분야에서 가장 유명한 사회학 논문으로서의 명성을 가져오게 하였다. 사실상 2022년 노벨 경제학상 수상을 '예언'한 논문이 된 셈이다. 〈그림 8〉의 파마의 '효율적 시장 가설' 모형을 '매개변수화'하여 탄생한 블랙·숄즈 옵션가격 모형으로 1997년 노벨경제학상을 수상한 로버트 C 머튼의 '생물학적' 아버지가 바로 로버트 K 머튼이라는 사실 또한 환기할 필요가 있다. 로버트 K 머튼은 '생물학적'으로 '이론적'으로 차기 노벨경제학상들을 예언한 셈이다. 어떤 방식으로든 자신의 기여가 노벨경제학상으로 열매를 맺을 것이라 '자기실현적 예언'을 한 것이지도 모른다.

마지막으로 로버트 C 머튼은 1998년 미국의 헤지펀드 회사 LTCM (Long Term Capital Managment)의 극적인 파산에 '기여'한 것으로 또한 유명하다. 로버트 C 머튼은 LTCM의 이사회 멤버로 적극적으로 관여한 것으로 알려져 있다. 파마의 '효율적 시장 가설' 모형을 '매개변수화'하여 고안된 블랙·숄즈 옵션가격 모형 류의 파생상품 모형들이 적극적으로 활용된 것으로 알려진 LTCM의 파산으로 인해 경제모형의 실증성에 관해 다양한 맥락 속에서 의문이 제기되었고 경제모형의 유용성에 관한 수많은 담화가 작성되었다. 대표적인 담화로 '블랙스완'을 들 수 있을 것이다. 그러나 〈그림 8〉의 블랙·숄즈 옵션가격 모형의 실증성 문제는 이미 지적했듯이 경제수리모형에 암호화되어 있는 '규범적 예언'을 해독하지 못하는 과학도들의 실패와 크게 다르지 않다. 경제모형에 숨겨져 있는 '규범적 예언'과 '실증주의적 예언'간의 '자기실현적 예언'의 '신비한 고리와 얽힘'을 이해하지 못한 대가로 이해하는 것이 보다 타당하다.

"모든 모형은 빠짐없이 오류투성이이다(All models are wrong)"라는 통계학자들의 금언은 '규범적 예언'과 '자기실현적 예언'의 개념을 망각하는 한 영원히 통계학자의 금언이자 동시에 통계학자의 야만성으로 기억될 것이다. 블랙·숄즈 옵션가격 모형이 투사하는 시장의 참여자들은 파마의 '효율적 시장 가설'을 따를 수밖에 없다는 합리적 기대의

'정언명령' 즉 '규범적 예언'을 따를 때 모형의 실증적 예언과 일치하는 것이다. 만일 블랙·숄즈 옵션가격 모형이 투사하는 시장의 참여자들이 '뱅크런'과 같은 합리적 기대와는 명확히 구분되는 '임의의' 총체적, 자기언급적인 '공포감'에 사로잡히면 그들 스스로 '자기실현적 예언'을 촉발하여 블랙·숄즈 옵션가격 모형이 예언하는 결과와는 전혀 다른 '공포감'의 악순환을 이끌게 된다. 블랙·숄즈 옵션가격 모형의 실증적 예언은 나선형의 오차항으로 발산해 버린다. 요약하자면 블랙·숄즈 옵션가격 모형은 파마의 '효율적 시장 가설' 모형을 '매개변수화'한 것이라는 기본적인 사실조차 망각한 결과이다. 시장참여자의 '합리적 기대'를 (합리적으로) 기대하며 규범적으로 제안된 모형이 블랙·숄즈 옵션가격 모형이다.

만일 로버트 C 머튼이 아버지의 말씀을 귀 담아 듣는 아들이었더라면, LTCM의 몰락과 블랙·숄즈 옵션가격 모형의 오명을 미연에 방지했을지도 모른다. 만일 로버트 C 머튼이 아버지에게 조언을 구했더라면, 로버트 K 머튼은 로머트 C 머튼에게 아래와 같이 충고했을 것이다.

> "어떤 값어치를 지향하는 활동으로 인해 값어치 자체의 규모를 변화시킬 정도로 반응하는 여러 가지 과정들을 형성하는데, 그렇게 형성된 과정들은 이미 지향하는 활동을 촉발시킨 것이다. (…) 미래 사회 발전에 관한 일반대중의 예측은 종종 벗어나는 경우가 많은데, 그 이유는 일반대중의 예측 자체가 구체적인 상황에서 예측해야 할 사회발전의 새로운 요소가 되기 때문이다. (…) 사회과학자들은 새로운 '다른 요인'—즉 사회과학자들의 새로운 예측—

을 발견해 왔기 때문에 다른 요인들은 결코 일정하지 않다."[13]

사실 로버트 K 머튼은 "핼리 혜성의 귀환을 예측하는 모형과 같이 물리학을 기반으로 고안된 모형은 혜성 자체가 이론을 학습하고 그에 따라 혜성의 행동을 바꿀 가능성을 고려할 필요가 없다"고 생각했다. 이러한 가능성 때문에 사회과학이 실증 사회과학으로 거듭나는 것이 궁극적으로 불가능하다고 믿었음에 틀림없다.

3. 시(詩)

우리가 우리의 '굴곡진' 삶을 논할 때, 우리의 삶은 우리 스스로 '모호'하다 '단언'한다. 국립국어원 표준국어사전의 정의에 의하면, '모호하다'라고 하는 것은 "말이나 태도가 흐리터분하여 분명하지 않다"는 것을 의미한다. 결국 우리의 삶이 '모호하다'라고 규정짓는 것은 우리의 삶이 흐리터분하여 분명하지 않고, 이런 이유로 그러한 삶을 '분명한 말'이나 '분명한 태도'라는 매개체(媒介體)로 표현한다 한들, '모

---

13 Merton, R. K. "Unanticipated Consequences of Social Action," in P. Sztompka ed., *On Social Structure and Science*, The University of Chicago Press, 1996. 참조. 원문은 다음과 같다. "activities oriented toward certain values release processes which so react as to change the very scale of values that precipitated them…. Public predictions of future social developments are frequently not sustained precisely because the prediction has become a new element in the concrete situation…. Other things will not be equal just because the scientists have introduced a new 'other thing'—their predictions."

호함'의 무게가 너무나 무거워 그 무게에 짓눌린 우리의 말·언어·태도 또한 흐리터분하여 분명함과는 '분명히' 거리가 멀 수밖에 없다. 결국 모호한 우리의 삶을 분명한 언어·말로 이해한다는 것은 '모호함'의 코끼리를 '분명함'이라는 부처님의 손가락으로 지탱하려는 위태로운 곡예처럼 보인다. 가끔 찾아오는 위태로운 곡예는 권태로운 우리 삶에 신선한 자극과 생기를 북돋아 주지만, 그러한 곡예가 우리의 반복되는 일상이라면 그 곡예는 우리 삶의 안정적인 '일상'이 될 수 없다. 즉 위태로운 곡예는 예외적일 때만 가치가 있다. 따라서 '모호'한 삶을 '분명한' 언어로 이해하다는 것은 우리의 삶을 이해하는 전통적인 '언어방식'이 아니다. 오히려 '모호한' 언어로 점철된 '언어모형'이 이율배반적으로 우리의 '모호한' 삶을 '분명히' 전달한다는 것이 전통적인 '인문학'의 견해이다. 그렇기에 우리의 '모호한' 삶을 이해하는 전통적인 접근방식의 정점에는 바로 '모호한' 언어로 구성된 '언어모형'의 일종인 '시(詩)'가 시나브로 그 자리를 점유하고 있다.

사실 우리가 우리의 삶을 표현하기 위해 마구잡이식으로 구사하는, 그렇기 때문에 모호할 수밖에 없는 '일상 언어' 자체가 '세계'의 속성 중 필수불가결한 요소만 취사선택하는 '추상화(abstraction)'의 과정을 통하여 재창조된 가공의 세계인 '모형'인 것이다. 예를 들어 '사랑'이란 언어 자체가 태초 이래로 수없이 자행되었던 남녀의 애정사, 모성애, 전우애, 그리고 메시아들의 '빛의 메시지'조차도 '사랑'이라는 문자 하나로 극단적이고 무자비하게 '폭력적인' 방식으로 압축시켜버린 '모형'의 일종인 셈이다. 감히 나의 '사랑'과 '철수'의 '사랑'이 '사랑'이라는 문자 아래 무차별적으로 동일시되고 일반화된다. 나의 '풋사랑'과 '철수'의 변태적인 것과는 '흐리터분하지 않고 분명한' 차이가 있음에도 불구하고 말이다. 수천 년 전에 이미 부처가 견지망월(見指忘月), 즉 달을 가리키는 손가락에 집착하지 말라고 경고했음에도 불구하고, '사랑'이란 문자손가락은 '사랑'한다는 말 한마디로 선사 이래로 관측된 온 광범위한 '사랑' 현상들을 압축적으로 요약해 버린다. 그리고 '사랑'을 논하는 화자만의 가공의 세계로 재현한다. '사랑놀이'란 결국 각자의 '사랑'모형을 가지고 상상의 나래를 펼치는 것이다.

남녀의 '사랑놀이'란 '사랑'이라는 각자의 모형을 기반으로 한, 누구의 모형이 더 좋은가에 대한 '인정투쟁(Kampf um Anerkennung)'이다. 즉 '사랑현상'을 고도로 압축한 '사랑'이란 문자모형을 가지고, 각자만의 모형적 사고로 각자의 '사랑'모형의 우월함을 인정받기 위한 진검승부를 펼치는 것이 '사랑투쟁'의 탈을 쓴 '인정투쟁'이다. 결국 개개인의 '사랑'은 '사랑 모형'이기 때문에 언제나 현실과는 다소 차이가 있기 마련이다. '영희'가 문자 '사랑'을 근거로 생각하는 님과의 시간이란 통영까지 열정적으로 밤새 달려서 레가토 주법에 미묘한 색채감을 주는 주법을 구사하는 조성진이 들려주는 쇼팽 바르카롤(뱃노래)의 3단 구성 선율과 님의 어깨에 몸을 의탁하는 것이다. 반면에 '철수'가 생각하는 님과의 시간은 낭만적인 피아노곡의 "생얼"을 목탁소리와 같은 점묘법을 통해 가차 없이 지어버리는 굴렌 굴드의 골드베르크 변주곡을, 올드머니룩 복장으로 청담동 카페에서 님과 함께 마이센 잔에 담긴 '마리아쥬(marriage freres)' 한 모금을 섭취하는 것이기 때문이다.

결국 '사랑'이란 모호한 단어 하나로 구성된 언어모형으로는 남녀의 '인정투쟁'에서 결정적인 승부수로 상대방을 궤멸시킬 수 없다. '사랑'모형보다 모호한 언어들의 합으로 구성되어 보다 거대해진 시(詩)라고 불리는 모형이 모호한 '사랑'의 삶을 이해하는 보다 구체적인 '모형'으로 탄생할 수밖에 없는 필연적인 연유가 있는 셈이다. '사랑'처럼 모호한 의미를 품은 수많은 언어들로 구성된 보다 '거대모형'인 시가 우리의 일상 속에서 '우연한 시선'으로 경험적으로 포착하는 모호한 '사랑현상'을 모호한 방식으로, 그러나 흐리터분하지 않고 분명한 시의 형식 틀 안에서 이해한다. 김소월의 「산유화」를 통해 우리가 우리의 모호한 삶을 '모호한' 언어의 합인 시로 어떻게 이해하는지 알아보자.

산에
산에
피는 꽃은
저만치 혼자서 피어 있네.

슈뢰딩거 방정식과 마찬가지로 「산유화」와 같은 시에도 '안정성'을 기준으로 한 행동변수와 매개변수(상수)의 차이가 존재한다. 「산유화」에서 구사된 낱말 하나하나가 운동성(motion)을 가진 '행동변수'이다. 모호한 의미를 품은 각각의 낱말은 '의미(meaning)'의 차원에서 끊임없이 변동함으로써, 「산유화」 전체 모형세계에 예기치 못한 생동감의 순환주기를 창조해 낸다. 즉 우리가 '안정적'으로 알고 있던 낱말의 일상적 의미에 신선한 '의미'를 모형설계자 시인이 '압축적'으로 부여한다. 낱말의 평범한 의미가 시모형의 '매개변수'에 해당하고 물리적으로 동일한 그 낱말에 부여되는 새로운 '의미'가 시모형의 '행동변수'에 해당된다. 부연하자면 '시모형'에서 안정성이라는 기준은 낱말이 주는 의미의 안정성 주기에 있다는 점이다. 일상적 낱말은 그 낱말의 의미가 그 낱말을 사용하는 언중 안에서 광범위하고 비교적 '오랫동안' 안정적으로 '일상적' 의미를 의미했다는 점에서 안정적이다. 그렇게 때문에 의미차원에서 '매개변수'가 되는 셈이다. 반면에 그 똑같은 일상적 낱말에 시인이 부여하는 새로운 의미는 언중에게 처음 소개되었으므로, 그 의미의 '안정성' 또는 '보편타당성'은 끊임없이 도전받기 마련이다. 그 새로운 의미는 변동을 거듭하는 '행동변수'가 되는 셈이다. 따라서 시라는 모형구조에는 '매개변수'와 '행동변수'가 물리적으로는 같은 문자(낱말)의 몸에 의미차원의 상대적 안정성 차이로 서로 '대칭' 형태로 서로 마주보며 동거하고 있다. 지금까지의 논의를 도식화하면 아래와 같다.

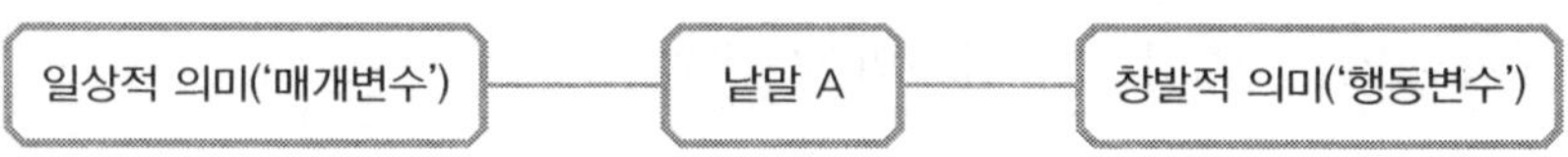

비유하자면 시에서는 파동함수 ψ와 플랑크 상수 h가 동일한 형태(문자) A에 동거하나, 다른 의미로만 존재하는 것이다. 육신은 하나이나 두 개의 영혼이 그 육신을 차지하려고 투쟁하는 '악귀'의 빙의과정 혹은 '악귀'의 퇴마과정과 같다. '악귀'는 평범성에서 존재하므로—한

나 아렌트의 악의 평범성을 기억하라—시인은 육신 안에 깃든 '악귀'를 퇴치하려는 퇴마사에 더 가깝다.

또 다른 시모형의 '특이점'은 매개변수로서의 일상적 낱말은 음율의 규칙에 따라 언중에게 익숙한 낱말의 음들로 구성된, 음악적으로 일정하고도 안정적인 주기를 제공한다. 일상적 낱말이 음차원에서 '안정적'인 베이스 선율의 역할을 하면서, 시모형의 설계자가 '변칙'운동성을 부여한 새로운 의미는 주선율의 멜로디처럼 작용한다. 즉 일상적 낱말의 '음'과 그 일상적 낱말에 부여된 '새 의미'를 대비시킴으로써 '음'차원의 안정성을 가진 매개변수와 '의미'차원의 변동성을 품은 행동변수를 식별해낸다. 지금까지의 담론을 아래와 같이 도식화할 수 있다.

일상적 음('매개변수') — 낱말 A — 창발적 의미('행동변수')

매개변수는 일상적인 '음'과 '의미'차원으로 입체화시키는 반면, 그 입체화된 뻔한 낱말에 창발적 의미의 변동성, 모호함의 변동성을 극대화시키는 과정이 '행동변수'의 모습이다.

다시 「산유화」로 돌아가서 '시모형'의 행동변수와 매개변수(파라미터)의 역할에 관해 구체적으로 살펴보도록 하자. 낱말 '저만치'는 '일상적'으로 '저쯤 떨어진 곳'을 의미하는 것으로 '거리' 및 '정도'와 같은 물리적 차원의 무엇인가를 '측정'하는 데 쓰는 낱말이다. 언중 속에서 '일상적으로 쓰여 왔던' 낱말이므로 '의미'차원에서 안정적이다. 따라서 '저만치'의 낱말이 「산유화」에 등장하는 순간, 시모형의 '매개변수' 또는 '파라미터'란 이름을 가진 존재가 되어버린다. '너'의 이름을 부르는 순간 「산유화」 모형설계자의 '파라미터 꽃'이 되어버린 것이다. 「산유화」의 모형설계자에게 간택 받지 못한 모든 일상적 낱말은 '상수화' 처리된다. 그래서 시는 인문학모형의 정점이라고 부르고, 시인은 인문학의 여왕이라 칭할 만할 권위를 가지고 있다. 시인이 속한 언중의 모든 낱말을 통제하고, 상수화하고, 매개변수화하고 행동변수화하기 때문이다.

그러나 시인이 부여한 시어 '저만치'가 의미하는 거리는 예를 들어 물리적 수치로 치환(置換) 가능한 물리적 거리를 '파라미터'로 삼은, 물리적 거리가 아닌 그 무엇인가를 의미하는 '행동변수'이다. 이 시의 화자와 꽃 사이의 거리 '저만치'를 1미터, 5미터, 10미터, 200미터로만 이해하는 것은 시모형의 파리미터 손가락에만 집착하여 '저만치'가 가리키는 '모호한' 달의 세계는 차마 도전해 볼 용기도 없는 3류 과학자, 공학자의 파라미터 타령과 같다. 삶의 '모호함'이라는 무게에 짓눌려 압사해 버릴 것 같아 '분명한 언어'란 이름을 가진 모래알만 세고 있는, 모래밭에 머리 박은 타조와도 같다.

「산유화」의 모형입안자가 불러낸 낱말 '저만치'는 '모호함의 천공(天空)'을 완연(完然)히 짊어질 수 있을 만큼 모호한 존재(신화적 존재)였던 거인족(巨人族) 아틀라스처럼, 모호함의 무게를 원망 없이 그리고 속절없이 감내하는 행동변수화한 '저만치'의 '모호한' 의미의 극치를 보여준다. '모호한 의미'는 '일상적, 물리적 의미'의 안정성을 끊임없이 흔들어 댐으로써 행동변수와 매개변수간의 정신분열증에 가까운 극적인 대비효과를 끌어낸다. 시어 '저만치'의 거리는 그냥 지나치기는 아쉬운 거리, 그러나 내 손길을 뻗친다 한들, 인연의 끈을 잡을 수 없는 거리, 아련히 다가오는 그러나 이내 시나브로 멀어져가는 '복학생 오빠'와의 거리, 그래서 가슴 설레는, 한(恨)이 이슬처럼 망울지는, '마음'의 '모호함'을 드러내는 거리이다. '마음' 및 '감성'의 요소가 '저만치'가 뜻하는 모호한 의미를 더욱 더 가속화시킨다. 화자와 꽃 사이에 벌어지는 삶의 모호한 만상(萬象)을 1미터, 5미터, 10미터, 200미터 등과 같은 '정확한 언어'로 이해하는 것은 일상적 언어가 갖는 일상적 의미의 폭력성을 대비시킨다. 모호한 언어야말로 모호한 삶을 '분명히' 전달할 수 있는 언어임을 김소월의 시어 '저만치'가 오히려 '정확히' 보여준다. 그렇기에 '모호한' 삶을 '모호한' 언어로 행동변수화해서 '정확히' 전달하는 시라는 이해방식이야말로 인문학의 가장 세련된 '모형'인 것이다.

4. 쇼팽의 발라드 4번

모형의 관점에서 시는 소리차원에서 음률의 규칙에 따라 '안정적'인 베이스 선율의 역할을 통해 안정적인 주기를 제공하는 일상적 낱말(매개변수)과 그리고 이와 대비하여 변칙'운동성이 부여된 주선율의 멜로디처럼 작용하는 일상 낱말의 새로운 의미(행동변수)로 구성되어 있음을 설명하였다. 일상적인 '음'과 '의미'차원으로 이원적인 안정성 주기를 재현하는 가운데, 그 안정화된 뻔한 낱말에 창발적 의미의 변동성과 모호함의 변동성을 극대화시키는 것이 시에서 '행동변수'의 주요기능임을 강조하였다.

아래 그림(〈그림 10-1〉)은 쇼팽의 피아노곡 발라드 4번 작품번호 op.52 F단조의 175-176 마디를 옮겨놓은 것이다. 먼저 쇼팽 발라드 4번의 175-176 마디는 쇼팽의 전매특허나 다름없는 헤미올리아(hemiolia) 기법으로 구성되어 있다. 헤미올리아 기법이란 3개 묶음의 음표를 2개 묶음의 음표로 대립시킴으로써 리듬의 모호성을 극대화하고, 동시에 바로크시대의 각각의 성부가 독립적인 '주제(theme)'를 전개하는 대위법의 효과를 '미니멀'하게 모방하는 기법을 말한다.

〈그림 10-1〉

쇼팽 헤미올리아 기법의 보다 전형적인 예는 아래 그림(〈그림 11〉) 쇼팽 피아노 소나타 3번 작품번호 op.58 마디 44부터 시작하는 주제부의 제 2주제에서 더욱 명확히 드러난다. 먼저 주목해야 할 점은 쇼팽의 음악은 고전파음악의 작곡기법에 충실하게 작성되었다는 점이다. b 단조의 관계조 중 하나인 나란한 조인 d 장조로 조바꿈함으로써 엄격한 조성의 언어로 구성된 소나타 형식의 존중을 드러낸다. 같은 맥락에서 기본적으로 소프라노 성부의 주선율과 엄격한 화성의 규칙의 틀 안에서 화성의 화음만을 반주하는 베이스 '반주'로 구성되어 있다. 〈그림 11〉의 제 2주제 소프라노 선율의 전개와 베이스의 규칙적인 화음의 전개를 보면 이러한 점을 명확히 하고 있다.

그러나 〈그림 11〉의 44마디 베이스 성부의 숫자 3이 표시하듯이 음표 3개를 묶어 소프라노 성부의 주선율 8분음표 2개와 대치하도록 하고 있다. 46마디에서 보다 명확하게 헤미올리아 기법이 드러난다. 짝수 2와 홀수 3의 기묘한 짝짓기가 짝수 4와 짝수 6의 짝짓기로 확장된다. '노래'와 '반주'의 가장 기본적인 고전파 음악 구조에서 짝수 2와 홀수 3의 비대칭적 짝짓기가 모형의 언어에서 보자면, 어떤 의미를 가질까?

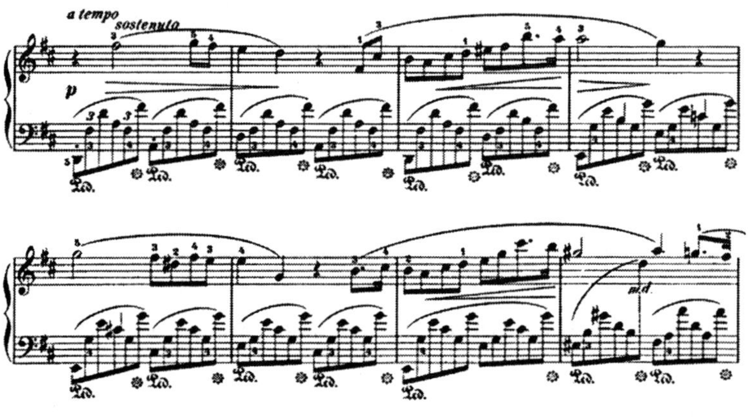

〈그림 11〉

사실 (바로크 음악에 비해) '노래' 성부와 '반주' 성부의 단순한 구조로 구성되어 있는 고전파 음악 양식 자체가 케인즈가 말한 (경제학)모형의 목적과 다르지 않다. 즉 '반영구적이거나 상대적으로 일정한 요인들'인 '반주' 성부와 '일시적이며 변동을 거듭하는 요인들'인 '노래' 성부를 구분하는 것이 고전파 음악 양식의 목적 그 자체와 다를 바 없다. 후자의 '일시적 변동 요인이 특별한 경우에 일으키는 순차적 사건의 경로'를 박자와 결부된 명확한 셈여림의 부여, 조바꿈의 엄격한 제한이라는 '논리적인 사고방식'을 개발하여, 인간의 감정이 불러오는 특별한 경우의 순차적 사건조차도 고전파 (음악) 양식의 '논리적인 사고방식'인 화성의 법칙 틀 안에서 '선율'로 식별된 순차적 사건의 경로로 이해한다는 점에서 고전파 양식은 경제학모형이 성취하고자 하는 바와 다르지 않다.

헤미올리아 기법의 모형적 의미에 관해 답을 구하기 전에 조바꿈의 엄격한 제한을 통한 조성의 안정성과 '셈여림'의 음악적 의미에 대해 잠깐 알아보자. 먼저 고전파 음악 양식의 '조성적 안정성'과 대비되는 바로크 음악 양식의 예를 보면 그 의미를 '찰나적'으로 파악할 수 있다. 바로크 음악의 경우, 가장 '명석한' 피아니스트이자 음악이론가 중 하나인 찰스 로젠(Chales Rosen)의 말을 빌리자면 조성의 바꿈 현상이 확고한 바탕 없이 '만화경'처럼 이리저리 방황하듯이 흘러간다.[14]

14 고전파 음악 양식의 '셈여림'과 '조성의 안정성'에 관한 예들은 찰스 로젠의 『고전파 양식(*classical style*)』을 참조하였다. 음악학 박사학위를 소지하지 않고 있음에도 불구하고 피아니스트로서, 또한 주옥같은 글솜씨를 가진 품격있는 달변가로서, 군계일학의 음악이론가로서 찰스 로젠의 명석함은 아무리 강조해도 지나치지 않다. 놀랍지 않게 그의 『고전파 양식』은 음악학 분야 최고의 역작으로 간주되고 있다. 찰스 로젠의 명석함에 대한 '오마쥬'로서 여기에서는 바흐의 「푸가의 기법」과 하이든의 4중주 '농담' 두 가지 예들을 인용하여 '분석'하였다. 물론 찰스 로젠이 어느 순간에서나 명

석했던 것은 아니다. 그는 베토벤 후기 소나타 31번 A 플랫 장조 작품번호 op. 110의 3악장의 '지시사항' "*poi a poi di nuovo vivente*"를 잘못 해석하여(Rosen, C. "Beethoven's Triumph," *The New York Review*, September 21, 1995 issue), 뛰어난 피아니스트이자 명망 있는 작가인 알프레드 브렌델(Alfred Brendel)과의 '해석논쟁'에서 참패하였다(Brendel, A. "Beethoven's Triumph: Reply by Rosen," The New York Review, November 16, 1995 issue). 베토벤 후기 소나타의 특징 중 하나는 바흐의 대위법을 적극적으로 차용한 것에 있는데, 소나타 31번의 3악장은 특히 푸가양식을 중심으로 전개된다. 구조상 고전파의 화성적 구조로 표현된 '비탄'에서 출발하여 이성의 힘으로 극복하려는 의지의 순간을 '푸가'로 표현한다. 그러나 그 '푸가'의 힘은 서서히 '시나브로' 사라져 어느 순간 '비탄' 속에 다시 잠겨 버린 귀머거리 '나'를 발견한다. '나'에게는 이 상황을 타개할 어떠한 의지도 희망도 없다. 아무것도 없는 '진공'의 상태—악보에서 우나 코르다(una corda)의 상태로 표시된다—에 도달 했을 때, 또 다른 이성의 힘이 푸가의 형태로, 그러나 앞서 나타난 푸가의 완벽한 대칭인 '전회(inversion)' 형태로 천상에서 지상으로 하행하며 도달한다. '절처봉생' 즉 절멸의 순간에 또 다른 이성의 태어남을 만끽한 것이다. 전회(inversion)란 푸가에서 특정적인 주제를 수직적을 축으로 대칭적으로 음의 높낮이를 자리바꾸는 것을 말한다. 예를 들어 「푸가의 기법」에서 주제선율은 'D(레)–A(라)–F(파)–D(레)'로 상행(上行)했다 하행(下行)하는데, 이 주제의 전회는 'A(라)–D(레)–F(파)–A(라)'로 하행했다 상행하는 자리바꿈한다. 따라서 '지시사항' "*poi a poi di nuovo vivente*"는 '천천히 속도를 올리는 것(찰스 로젠의 해석)'이 아니라, 베토벤 특유의 격렬함과 생동감을 끌어올려야 한다(알프레도 브렌델의 해석)는 것을 뜻해야 한다. 더욱 놀라운 것은 이 베토벤의 격렬함과 생동감은 놀랍게도 푸가의 형식을 해체하고 고전파의 화성적 구조로 다시 회귀한다. '비탄'에 빠지게 했던, 고전파의 화성적 구조에서 '절대의지'를 재발견한 것이다. 색불이공 공불이색, 색즉시공 공즉시색의 진리를 재확인하면서 긴 여정을 끝낸다. '푸가'는 깨달음을 얻기 위한 나룻배이기에 깨달음을 얻는 순간 즉각적으로 버려진다. 이 놀라운 베토벤의 후기 소나타는 쇼팽의 발라드 4번의 구조에도 영향을 주었음에 틀림없다. 발라드 4번 안의 작은 '전주곡'이 다시 변용되어 재탄생한 후, 느닷없이 푸가가 나타난다. 이때 푸가는 이성의 진공상태를 지향하는 도구이다. 그러나 그 푸가는 서서히 해체되며 발라드 4번의 주제로 다시 태어난다. 그리고 그 주제는 여러 단계의 변주을 거쳐 '절정'으로 달려간다. 그리고 코다로 모든 것을 불태워 버린다. 색에서 공으 바흐의 「푸가의 기법」 푸가 11번의 144마디에서 147마디의 조성의 움직임을 보면 '만화경'과 같은 '조성의 방황'을 알 수 있다(〈그림 12〉).[15] 먼저 144마디의 첫 2박(beat)은 E단조의 단음계로 시작하여 D단조로 조바꿈한다. 145마디는 다시 C단조로 조성의 전환이 이루어지다가, 146마디에는 C장조 장음계로 순간 '반전'을 이룬다. 그러나 단음계 구름속의 한줄기 빛과 같은 그 순간적인 장음계 '색(色)'의 등장은 146마디를 넘지 못하고 다시 A단조로 회귀한다. 이러한 회귀는 147마디까

로 돌아가 버린다. 그리고 멈추어 버린다. 색–공–색–공의 구조를 제시한 것이다. 다시 찰스 로젠의 '명석하지 못했던' 순간으로 돌아가자. 비록 찰스 로젠의 해석은 명백한 실패이었음에도 불구하고, 알프레도 브렌델에게 보낸 그의 반박 글에서 선보인 '프루스트의 할머니(Proust's grandmother)' 비유는 가장 우아한 영문문장으로 손꼽힌다.

15 1장 주석 1에서 인용했듯이 바흐의 푸가는 "하나의 성부가 하나의 주제를 '조율'한다. 악곡 시작부의 특징적인 멜로디를 우리는 그렇게 부른다. 첫 번째 주제가 끝나면 두 번째 성부가 등장하여 다른 음 높이로 역시 이 주제를 노래 부른다. 그렇게 하는 동안 첫 번째 성부는 동반음으로 덧붙여진다. 두 번째 성부는 '반대 주제'로, 첫 번째 주제와 대조를 이룬다. 계속하여 다른 성부가 이런 식으로 하나의 주제를 노래 부른다. 이와 동시에 다른 성부는 작곡가가 삽입한 변덕스러운 착상을 노래한다. 모든 성부가 종결될 때까지, 이런 식으로 음악이 계속 변주된다. 그리하여 작품 전체는 마치 모든 성부가 시계의 부속품이라도 되는 듯이 서로 간섭하는 효과를 자아낸다." 보다 교과서적으로 서술하자면 악곡 시작부의 특정적인 멜로디를 주제(subject)라고 부르며, 보통 4마디(소절)에서 8마디(소절) 길이로 제시된다. 두 번째 성부에서 주제가 5도 위나 4도 아래에서 되풀이되는 것을 응답(answer)이라고 부른다. 두 번째 성부에서 응답을 할 때, 첫 번째 성부는 응답에서 되풀이되는 주제와 상반되면서도 조화되는 새로운 주제를 도입하는데 이러한 주제를 대주제(counter–subject)라 하고 이러한 기법을 대위법이라 한다. 위에서 '반대 주제'로 번역된 부분은 응답이라 한다. '반대 주제'라 번역할 경우 '대주제'와 혼동되는 '위험'이 있다. 푸가를 완벽하게 이해하고 싶은 독자라면, Higgs 저/공석준 옮김의 『푸가』를 참조하기 바란다.

지 확장되다가 다시 144마디의 E단조로 '재회귀'한다. 색채 없는 '공(空)'을 표상하는 단음계에서 장음계로의 전이는 '찰나적'이다. 즉 공-공-공-색-공-공의 순환이 조성의 방황으로 나타난다.

〈그림 12〉

반면에 〈그림 11〉의 쇼팽의 소나타 3번에서 보듯이, 고전파 양식의 조성체계는 주 조성체계인 b 단조에서 관계조 중 하나인 나란한 조인 d 장조로의 조바꿈만 허용함으로써 조성변환이 극히 한정되어 사실상 조성의 '안정성'을 추구하고 있음을 알 수 있다. 뒤에 나올 〈그림 14〉의 모차르트 소나타는 이러한 조성의 '안정성'을 더욱 명확히 보여준다. 즉 고전파 양식에서 '조성(tonality)'은 철저히 '파라미터'이다. 일반적으로 곡 전체에서 으뜸조-딸림조-으뜸조의 단 2번의 조바꿈만 허용하여 수평적 '선율' 성부라는 '행동변수'의 운동법칙을 명확히 보여주는 것이 고전파양식의 목적이다. 〈그림 12〉의 바흐의 「푸가의 기법」 푸가 11번은 단 4마디 안에서조차도 조성의 요란한 변신을 드러낸다. 조성조차도 '파라미터'가 아니라, 거의 1980년대 거시경제학의 실물균형경기변동이론가들이 확립한 외생적 상태변수이거나 사실상 경제모형의 '행동변수'와 다름없는 '내생적 행동변수'에 가깝다.

바흐의 「푸가의 기법」 푸가 11번의 조성적 순환의 내적 의미를 보다 잘 이해하기 위해 불교의 반야심경의 색불이공 공불이색, 색즉시공 공즉시색(色不異空 空不異色 色卽是空 空卽是色)의 개념을 차용할 수 있다. 반야심경에서 말하는 '공(空)'의 상태란 것은 색(色)의 상태와 다르지 않고, 본질적으로 같다는 의미로 해석된다. 반야심경의 이 구절은 여전히 모호하게 이해되고 있다. 보통 공(空)을 '허무'로 이해하는 경향이 있다. 색(色)은 오감이 느끼는 삶으로 해석한다면, 삶은 곧 허무이다. 그러나 공(空)을 불교에서 말하는 탐(탐욕) · 진(분노) · 치(어리석음)이 없는 세 가지 독이 없는 상태 또는 세상으로 해석한다면, 우리의 삶은 그러한 세 가지 먼지가 없는 상태로 가야 한다는 규범적 주장에 더 가깝다. 그렇다면 바흐가 '조성적 방황'을 통해 나타내려고 했던 것은 '허무'의 상태에서 한줄기 희망의 빛 색(色)을 보았으나, 다시 '허무'의 상태로 잠입하는 것이 아니다. 한줄기 색(色)의 유혹을 거부하고, 공(空)의 상태 탐(탐욕) · 진(분노) · 치(어리석음)가 없는 상태, 즉 세 가지 독이 없는 상태를 유지하기 위해 끊임없이 '자기성찰'의 운동과정을 표현한 것이라 할 수 있다. 그 공의 자기성찰과정은 E단조–D단조–C단조–C 장조(유혹)–A단조–E단조로 드러난다. 불교의 돈오돈수(頓悟頓修), 즉 단박에 깨우쳐 더 이상 수행이 필요 없다는 이념과 득도했더라도 계속 수행해야한다는 돈오점수(頓悟漸修)의 이념논쟁에서 바흐는 명확히 답을 한 셈이다. 공(空)의 상태조차도 색(色)의 유혹을 기준삼아 꾸준히 자기성찰을 통한 수행의 상태에 있어야 한다는 돈오점수의 경지를 보여준다.

이제 다시 고전파 양식의 '셈여림'의 음악적 의미에 관해 성찰해 보자. '셈여림'이란 기본적으로 개별 음표의 음량의 크기를 조절하는 것을 의미한다. 즉 임의적인 숫자로 온도의 낮음과 높음을 구분하듯이, 음량의 크기를 임의적인 기호, f(포르테, 음량을 크게)와 p(피아니시모, 음량을 작게)로 구분하는 것을 말한다. 고전파 양식 음악의 대표격인 하이든의 4중주 '농담'의 3악장에서 보듯이 각 음표마다 거의 셈여림의 기호가 표시되어 있다(〈그림 13〉). 고전파 양식의 '조성의 안정성'을 정의하기 위해 '모형적 사고'의 흑백 비교법을 활용했듯이, 고전파의 '셈여림' 논법을 파악하기 위해 먼저 바로크 양식의 대표격인 〈그림 12〉의 「푸가의 기법」 푸가 11번에서의 '셈여림' 의미를 성찰해 보자. 부연하자면, '무리수'를 '유리수' 아닌 것으로 정의하는 방식으로 고전파 양식의 '셈여림'의 의미를 정의하고자 한다.

'셈여림'의 존재는 음악의 보다 기본적인 '주기(cycle)'인 '박자'의 움직임이 활성화될 때 그 존재이유를 갖는다. 〈그림 12〉의 「푸가의 기법」 푸가 11번은 '4분의 4박자' 즉 4분음표가 한 마디에 4개의 박(beat)으로 구성된다. '4분의 4박자'는 자연스럽게 '강–약–중강–약'의 박자를 구성하고, 매 마디마다 '박자'의 규칙적인 '주기'가 부여되므로, 음악 한 곡은 결국 '반복적이고 기계적인' '주기'들로 구성되어 있는 일종의 '기계장치'인 셈이다. 따라서 「푸가의 기법」 푸가 11번은 각 마디마다 강–약–중강–약의 '박자감' 또는 '주기감'이 부여되어야 한다. 그러나 실제 바로크 양식의 음악은 그러한 강–약–중강–약이라는 '무게'를 음표에 부여하는 데 관심이 없었다. 「푸가의 기법」 푸가 11번의 예에서 144마디의 첫 2박(beat)이 E단조의 단음계로 시작하여 D단조로 조바꿈할 때, E단조의 영역은 강–약의 '무게감'을 부여하고, D단조로 조바꿈한 나머지 2박에 중강–양의 '무게감'을 부여할 어떤 '논리적' 근거도 없기 때문이다. 오히려 조성의 요란한 방황을 극적으로 연출하기 위해서는 동등한 무게감, 즉, 강–강–강–강의 일정한 박자감을 부여하여, 조성의 미묘한 변화를 청자와 연주자가 동시에 만끽하게끔 하는 것이 바흐라는 모형설계자의 '규범적 기대'에 더 부합된다.

이미 고전파 양식의 '조성의 안정성' 논의에서 시사했듯이, 모형적 관점에서 고전파 양식의 '조성(tonality)'은 '파라미터의 안정성 (주기)'에 준하기에, '행동변수'인 각 음표에 '강–약–중강–약'의 박자를 부여하는 것은 '파리미터'보다는 불안정한 '행동변수' 자체의 변화무쌍한 '주기'를 정의하는 것이다. 모형의 규칙과 보다 유사한 이러한 고전파 양식의 규칙에서 비추어 볼 때, 「푸가의 기법」 푸가 11번은 '행동변수'의 주기인 '박자감'은 사실상 '안정화'시켜버리고, '파라미터'인 조성을 방랑하게 만드는 '파라미터'와 '행동변수'가 표현하는 주기의 안정성 층위를 '전도'시켜버린 것이다. 슈뢰딩거 방정식으로 비유하자면, '파동함수'를 고정해버리고 '플랑크 상수'를 변화시켜 버린 모형의 금기를 깬 '파격적인' 행위인 셈이다. 사실 '박자감'이란 '무게' 또는 '질량'같이 측정될 수 있는 양적개념이 아니고, '궁예의 관심법'으로만 볼 수 있는 일종의 '맥박' 또는 일정한 '파동'과 같다. 한마디로 말하자면 인간의 '맥박주기'와도 같다. 「푸가의 기법」 푸가 11번에서 명확한 '박자감'이 없다는 것은 '맥박주기'가 없다는 것과 다름없기에 '셈여림' 또한 존재해야 할 어떤 근거도 없다. 맥박이 뛰지 않는다는 것은 욕망, 소망,

공포, 슬픔, 기쁨, 분노, 비애 등 인간 감정의 다양한 색채를 드러내는 기반 자체(마르크스 경제학에 의하면, 물적 토대, 즉 인간 감정의 하부구조)가 존재하지 않기 때문에, 인간 감정의 다양한 색채를 음량의 크기로 드러내는 '양적 수단'인 '셈여림'의 존재 이유도 사라진다.

〈그림 13〉

물론 바흐의 「푸가의 기법」 푸가 11번에서 드러나는 '박자감'의 모호함 또는 부재, 이에 기반한 '셈여림'의 부재가 바흐 개인 자신의 창의적 발상이었던 것은 아니다. 바로크 시대에는 '셈여림'을 표현할 '악기'자체가 사실상 존재하지 않았다. 바로크 시대의 대표적 건반악기 '하프시코드' 자체가 '셈여림' 자체를 표현할 수단이 없는 악기였다. 하프시코드 위에서 표현되는 모든 음표의 음량은 '민주주의적'으로 동일하다. 포르테 또는 피아니시모로 음을 표현할 수 없기 때문에, 인간 감정의 색채(주기)를 표현하는 방식은 바로 하프시코드가 생성하는 '울림(sonority)'의 차이와 대위법의 '주제' 선율과 '대주제' 선율 간의 명확한 '비교'였다. 반면에 '피아노'라는 건반악기는 '셈여림'의 완벽한 재현을 위해 탄생한 악기이므로 고전파 양식 음악가 입장에서는 '신의

선물'과 다름없다. 사실 '피아노'의 원이름이 '피아노 포르테'였다.[16]

'20세기 최고의 바흐 건반음악 연주자'로 추앙받는 캐나다의 괴짜 피아니스트—물론 자신은 괴짜가 아니다라고 주장했다— 글렌 굴드(Glenn Gould)의 바흐의 연주를 들으면, 바흐 건반 음악에서 드러나는 '박자감'의 모호함과 '셈여림'의 부재를 명확히 파악할 수 있다.[17] 굴드는 전자의 부재를 대체하는 대위법의 '민주주의적' 선율간 비교, 하프시코드의 '울림' 효과를 모방한 끊어 치는 주법, 즉 논레가토(non-legato) 주법을 도입함으로써 현대악기 '피아노'에서 '하프시코드'에 종속된 바흐 음악을 거의 완벽히 재현하였다. 끊어 치는 정도의 층위를 섬세하게 설정하여 '셈여림' 없이도 곡 자체의 '색채감'을 구현하였다. 특히 그의 끊어 치는 주법은 어느 고적한 산사의 목탁소리처럼 탁탁 피아노를 때린다. 실제 20세기 위대한 바흐 건반음악 연주가 글렌 굴드는 음악의 정수를 불교의 선禪 상태 또는 무성無性 상태로 유추했다.[18] 연주회용 피아노, 슈타인웨이가 선사하는 페달, 셈여림, 루바

16 프리드리히 대왕이 바흐 말년에 궁전에 초대했을 때, 피아노의 선조인 피아노 포르테를 프리드리히 대왕의 요청(요구)에 의해 시범으로 연주했다는 기록이 전해져 내려오고 있다. 바흐의 피아노 포르테에 대한 첫 인상은 '건반이 무겁다'는 것이었다.

17 에드워드 사이드(Edward W. Said)는 그의 책 『음악은 사회적이다』(박홍규·최유준 옮김)에서 연주자로서의 굴드의 권능을 작곡가 바흐의 권능과 필적하는 것으로 파악했다. 굴드의 연주를 통해 작곡가 바흐의 진면모를 볼 수 있기 때문이다.

18 아이자코프(Stuart Isacoff)는 그의 책 『피아노의 역사』(임선근 옮김)에서 굴드에 대한 짧은 전기를 수록했는데, 굴드 전기의 첫 시작 문장은 "그는 살짝 미쳤다"였다. 또한 독일의 저명한 음악비평가 요아킴 카이저(Joachim Kaiser)는 그의 책 『그가 사랑한 클래식』(홍은정 옮김)에서 글렌 굴드를 "지나치게 똑똑한 이 피아니스트는 필요 이상의 말과 글 때문에 자신을

토라는 이름의 화장품으로 범벅이가 되어 버린 피아노곡의 얼굴을 목탁소리와 같은 점묘법을 통해 가차 없이 지워버린다. 곡의 "생얼"을 여과 없이 까발린다. 남겨지는 것은 회색빛 불교의 승려복 그리고 머리카락 하나 없는 두상뿐이다. 그래서 굴드의 곡은 색채가 없다. 색채가 없기 때문에 여성과 남성 구분도 없다. 햇빛에 반사되는 승려복의 회색이 때로 보여주는 회색의 착시현상만 있을 뿐이다. 또한 산사의 목탁소리로 인해 두상의 이미지만 곡에서 전달된다. 사실 그는 본인 자신이 피아니스트로 불리는 것 자체도 불쾌하게 여겼다. 굴드의 목표는 피아노곡 연주가 아니라, 일반적인 건반악기의 음성을 추구했다. 하프시코드도 피아노도 아닌 그 중간 어딘가의 소리를 추구했다. 그 중간 어딘가의 음성을 낼 때 바흐의 대위법이 무엇보다도 중요했다.[19] 목탁소리의 기본은 그 목탁 음 하나하나가 명확히 들려야 한다는 점이다. 음 하나하나 모두 독립성을 가져야 한다. 그러한 면에서 바흐의 푸가는 그 목적에 너무나도 부합되는 음악이었다. 각 음의 독립성이 보장되면서도, 대위법의 원리에 의해 놀라운 조화를 선사하기 때문이다. 따라서 굴드야 말로 바로크 양식에서의 '박자감'과 '셈여림'의 관계를 정확히 파악했던 거의 유일한 피아니스트이었던 셈이다. 굴드의 바

더 망친다."라고 평했다. 실제 "모차르트는 더 일찍 죽었어야 했다."라는 글렌 굴드의 평은 널리 알려져 있다.

19 굴드는 어느 피아니스트보다도 큰 엄지손가락을 가지고 있었다. 바흐 연주에서 엄지손가락은 매우 중요한 역할을 한다. 나머지 손가락이 전개되는 동안 엄지손가락이 깊은 음을 유지해야 대위법의 효과를 낼 수 있기 때문이다. 그는 또한 왼손잡이였다. 그 때문에 베이스와 테너의 성부를 연주하는 데 누구보다도 유리했다.

흐 연주는 '괴짜연주'가 아니라, '정격연주'에 더 가깝다.

반면에 성악화(聲樂化)가 중요한 비중을 차지하는 낭만파 음악에서는 각 개별적인 곡은 성악을 위해 독립성을 유보해야 했다. 어느 한 순간 각 음의 독립성이 들려야 하는 바흐의 푸가에 비하면 낭만파 음악은 숨겨진 욕망을 가면 뒤에 숨긴 가면무도회(mascarade)와도 같았다. 그렇기에 굴드는 낭만파 작곡가의 곡을 거의 연주하지 않았을 뿐만 아니라, 노골적으로 적대감을 표시하곤 했다. 피아노의 시인이라 불리는 쇼팽의 곡도 단 한곡만 녹음한 것이 남아 있다. 사실 20세기 연주회용 피아노 슈타인웨이(Steinway and Son)의 효과를 가장 크게 본 곡은 쇼팽의 곡이다. "성악화" 및 "반음계" 그리고 "가짜 대위법"을 절묘하게 결합한 쇼팽의 곡은 슈타인웨이가 선사하는 페달, 셈여림, 루바토에 의해 곡의 완벽한 화장을 극대화한다. 굴드는 목탁소리로 이 쇼팽의 곡을 언제나 해체하고 싶은 시체 해부자의 본능에 시달렸다. 굴드의 결론은 해체하고 나니, 아무것도 없다는 것이었다. 색즉시공, 공즉시색을 발견하는 순간이었다. 색깔은 애당초 존재하지 않았다. 실제 글드의 쇼팽 피아노 소나타 3번 〈그림 10〉의 악절을 들어보면 루바토는 엄격히 금지되며, 페달의 사용은 청빈한 불교 승려의 삶처럼 최소화되었고, 주로 반주를 담당하는 베이스 성부와 노래를 담당하는 소프라노 성부를 바흐의 대위법처럼 대결시킨 연주이다. 작가 오스왈드(Peter F. Ostwald)는 그의 책 『글렌 굴드: 피아니즘의 황홀경』에서 굴드의 쇼팽 소나타 3번 연주를 "자기가 경멸하는 남자에게 강제로 키스 당한 냉정한 여자가 떠오른다"라고 평했다.

지금까지 바로크 양식에서의 '셈여림'을 '무리수'처럼 정의했기에, 고전파 양식의 '셈여림'은 '무리수가 아닌 유리수'로 정의될 수 있다. 〈그림 13〉 하이든의 4중주 '농담'은 '8분의 6박자' 즉 8분음표가 한 마디에 6개의 박(beat)으로 구성된다. '8분의 6박자'는 자연스럽게 '강–약–약–중강–약–약'의 박자를 구성하고, 매 마디마다 '박자'의 규칙적인 '주기'가 '맥박주기'라는 생명력을 부여한다. 고전파 양식에서는 「푸가의 기법」 푸가 11번에서와 같이 만화경 같은 조성의 방랑을 금지한다. 이제 '박자감'이라는 '맥박주기'를 명확히 인식해야 하고, '보이지 않는' 맥박주기를 음량의 크기로 '현시화'함으로써 곡의 색채와 '동력(dynamics)'을 극대화한다. 특히 고전파양식에서 '행동변수'는 '주선율' 하나인 '단선율 음악(homophony)'이기 때문에, 셈여림의 역할은 '행동변수'의 변동법칙을 부여하는 '규칙' 또는 '연산자'가 된다. 특히 '박자감'이라는 '맥박주기'는 인간의 다양한 감정색채를 구성하는 하부구조이고 '셈여림'은 '맥박주기' 위에 군림하는 '상부구조'라는 정신세계이므로, 셈여림은 단순히 '강–약–약–중강–약–약'의 맥박주기를 그대로 양적으로 표현하는 것 이상의 변동을 가져올 수 있다. 하이든의 '농담' 88마디에서 그 차이를 보다 명확히 파악할 수 있다.

박자(맥박주기)	강—약—약 — — — 중강—약—약
셈여림	포르테–스포르찬도–스포르찬도–스포르찬도

즉 맥박주기의 약에서 셈여림의 피아니시모를 부여하는 것이 아니라, 처음 맥박주기 강에서 오는 감정의 흥분상태가 맥박주기 약에

서도 지속됨을 표시하기 위해 스포르찬도(갑자스럽게 세게)를 오히려 부여하는 것이다. 맥박주기에서 약으로 가는 생리적 전이에서도 인간의 감정은 그 생리적 법칙을 거스르는 감정의 흥분상태로 역주행하는 것이다. 하이든의 생리의 법칙을 거스르는 감정의 반전 기법은 바흐의 아들 CPE 바흐의 '질풍노도(Stum und Drang)'의 작곡기법에서 유래한다.[20] '셈여림'의 효과가 「푸가의 기법」 푸가 11번의 '조성의 방랑'을 대치한 셈이다. 또한 '셈여림'의 존재이유는 오직 '조성의 안정성'과 '단선율 구조'에서 기인한다는 것도 지적할 필요가 있다.

이제 '조성의 안정성'과 '셈여림'이 고전파 음악 양식에서 차지하는 역할에 관해 어느 정도 논의가 되었기 때문에, 고전파 음악 양식의 모형적 구조를 아래와 같이 요약할 수 있다.

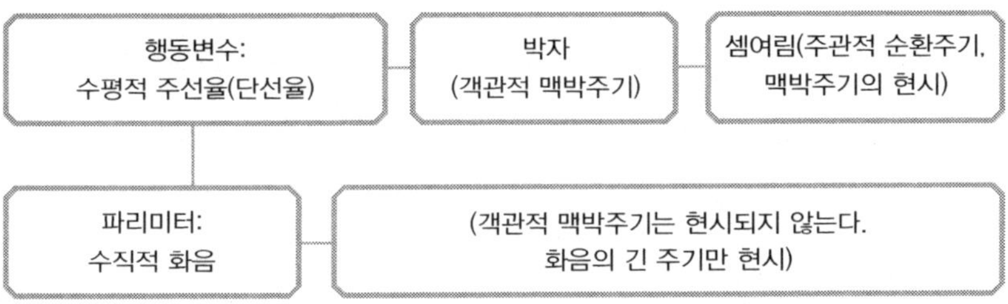

즉 수직적 화음은 '행동변수'보다 상대적인 안정적인 주기를 갖는 '파라미터'의 역할을 해야 하므로 '조성의 안정성'은 필수불가결한 요소인 셈이다. 즉 으뜸조에서 출발하여 딸림조 또는 관계조의 전이를

20 모차르트가 '바흐는 아버지이고, 우리 (음악가)는 단지 그의 자식들이다'라고 선언했을 때, 모차르트의 '바흐'는 「푸가의 기법」의 'JS 바흐'가 아니라, 'JS(Johann Sebastian) 바흐'의 아들 'CPE(Carl Philipp Emanuel) 바흐'였다.

최소화하고 다시 으뜸조로 회귀하는 소나타 형식이야 말로 고전파 음악 양식 모형에서 '행동변수'와 '파라미터'를 안정주기에 따라 명확히 확정하는 기본요소인 셈이다. 아래 모차르트의 소나타 16번이 지금까지 논한 고전파음악 양식의 모범을 보여준다(〈그림 14〉).

〈그림 14〉

첫마디 소프라노 성부의 단선적인 주선율이 객관적이고 기계적인 박자주기(맥박주기)에 맞추어 인간의 감정색채를 표현하는 주관적인 수평적으로 펼쳐지는 주기를 생성해낸다. 그럼에도 주관적인 주기는 기본적으로 기계적인 박자주기에 종속되어 있으며, 따라서 행동변수의 주기를 정의한다. 반면에 반주성부는 사실 '도미솔'이라는 '3도 화음'의 수직적 음형으로만 주선율을 지지할 뿐이다. 그리고 이 3도 화음은 으뜸조 C장조에 종속되어 있다. 4분의 4박자라는 박자주기(맥박주기)가 한 마디에 한 번 완성되는 동안, 3도 화음 '도미솔'의 수직적 음형은 수평적으로 계속 고정되어 있다. 이것이 고전파 양식이 수평적 '행동변수'와 수직적 '파라미터'의 주기를 엄격히 구분함으로써 케인즈가 말하는 "(경제학)모형의 목적은 먼저 반영구적이거나 상대적으로 일정한 요인들과 일시적이며 변동을 거듭하는 요인들을 구분하는 것이며, 특히 후자의 요인에 관한 논리적인 사고방식을 개발하여 그러한 일시적 변동 요인이 특별한 경우에 일으키는 순차적 사건의 경로를 이해하는 것"과 다를 바 없다는 것을 보여준다.

특히 '인간정서'의 표현을 담당하는 고전파 양식의 주선율은 고전파 양식의 논리적 사고방식에 의해 엄격히 규율되어 있다는 것을 주목해야 한다. 조성의 안정성, 박자주기의 명확한 인식 및 그에 따른 셈여림에 의에 '인간정서'의 표현은 '품위' 있게 절제되어야 한다. 1970년 쇼팽 콩쿠르 우승자인 미국의 저명 피아니스트 게릭 올슨(Garrick Ohlsson)은 클래식 음악계의 위대한 선율작곡가 또는 선율주의자(melodist)로 바흐와 쇼팽 그리고 슈베르트를 꼽는다. 반면에 베토벤과 하이든 그리고 모차르트와 같은 고전파 양식의 거장은 위대한 선율작곡가 또는 선율주의자로 선택하지는 않는다. 그러나 이는 후자의 작곡가들이 고전파 양식의 규칙을 특히 주선율과 관련해서 엄격하게 준수했다는 사실을 오히려 반증하는 것이다. 또한 고전파 양식 작곡가들이 고전파 양식이라는 '모형적 사고'를 충실히 준수했다는 점을 보여주기도 한다.

그렇다고 해서 고전파 양식 작곡가들이 슈뢰딩거 방정식에 보여준 것처럼 실증성 원칙에 의해 행동변수, 파라미터, 상수의 엄격한 안정성 층위를 언제나 준수하는 것은 아니다. 오히려 경제모형의 예에서와 같이 '파라미터'의 끊임없이 '요란한 변신'을 도모해 왔다. 파라미터의 만화경 같은 방랑을 추구했다. 그럼에도「푸가의 기법」푸가 11번에서 보여준, 조성의 안정성을 붕괴시킬 만큼 극단적이지는 않다. 고전파 양식의 행동변수, 파라미터, 상수의 안정성 층위를 어느 정도

준수하면서 다채로운 안정성 주기를 재현하려고 노력하였다. 다시 말하면, 2장 2절에서 지적한 대로 1980년대 '실물경기변동이론가'들이 '상태' 군(君)과 '외생적' 양(孃)을 절묘하게 중매 결혼시킨 결과로 탄생한 '파리미터'의 '외생적 상태변수'화에 더 가깝다. 그러한 고전파 음악 양식의 '파라미터'의 '외생적 상태변수화'의 대표적 예가 바로 〈그림 14〉의 '알베르티 베이스(Alberti bass) 반주음형'이다.

〈그림 14〉의 첫마디에서 보듯이, '도미솔' 3도화음이 지속되는 것이 아니라, 그 3도화음이 도솔미솔 도솔미솔로 펼쳐져 전개되고 있다. 즉 반주 3도화음이라는 수직적 음형을 수평적 음형으로 전환시켜 버린 것이다. 이러한 수직적 화음의 수평적 음형으로의 전환을 알베르티 베이스(Alberti bass) 반주음형이라고 부른다. 모차르트의 천재성은 바로 이 알베르티 베이스 반주음형을 적극적으로 차용함으로써 반주성부의 '파라미터' 주기를 '행동변수'의 반주주기(맥박주기)와 일치시켜버린데 있다. 이미 지적했듯이 1980년대 실물균형경기변동 이론가들이 도입한 '파라미터'의 외생적 상태변수화 기법과 유사하게 고전파음악 양식틀 안에서 모차르트가 일치감치 예시한 셈이다.[21] 이것은 또한 시(모형)에서 낱말의 '일상적 의미'가 의미적 차원에서는 '파라미터'이지만, '창발적 의미'로 '행동변수'의 기능을 하는 모형적 구조를 되새김해 본다면, '도미솔' 3도 화음이라는 '파리미터'의 '일상적 의미'에 '행동변수의 맥박주기'라는 '창발적 의미'를 부여한 것이 된다. 3도화음이라는 파라미터의 동일한 육신에 '행동변수의 맥박주기'를 '외생

21 그러나 '괴짜 피아니스트' 글렌 굴드는 이 알베르티 베이스 반주음형을 극도로 혐오한 것으로 알려져 있다.

적'으로 주입하여, '도미솔' 3도화음의 일상적 의미와 동거하게 한 것이다. 즉 시모형의 기법을 적용한 예시도 되는 셈이다.

이러한 수직적 화음의 수평적 음형으로의 전환을 이루는 알베르티 베이스(Alberti bass) 반주음형의 효과는 바로 '대위법'의 효과를 미니멀리즘의 정신으로 흉내 내는 것이라 할 수 있다. '도미솔' 3도 화음으로 고정되어야 할 것이 도솔미솔 도솔미솔 펼쳐지면서 마치 바로크 음악 푸가 양식의 주제선율과 대주제 선율간의 '경쟁' 효과를 흉내 내는 일종의 '가짜 대위법' 기법인 것이다. 이러한 알베르티 베이스(Alberti bass) 반주음형의 도입은 수평적 단선율과 수직적 화음(반주)라는 고전파 양식의 화성적 또는 호모포니적 '안정성' 층위를 모호하게 만드는 것이다. 그럼에도 알베르티 베이스 반주음형이 고전파 양식의 전체 '안정성' 층위를 붕괴시키는 것은 아니다. 그 이유는 알베르티 베이스 반주음형이 보여주는 '가짜 선율'이 지극히 '외생적'인 본성을 가지고 있기 때문이다. 알베르티 반주음형은 여전히 3도 화음에 종속되어 있고, 수평적 단선율과 직접적인 관계가 없다. 바로크 음악의 푸가 양식에서 주제선율과 대주제 선율간의 관계성과 비교한다면, 알베르티 반주음형이 만들어 내는 '가짜선율'은 '외생적'이다. 따라서 고전파 음악 양식의 '파라미터'의 '외생적 상태변수화'가 바로 알베르티 베이스 반주음형인 것이다. 이미 우리는 '파라미터'의 변수화를 통한 '안정성' 층위의 모호함이 경제모형의 주된 속성 중 하나임을 인지해 왔다. 모차르트는 이미 그 경제모형의 속성을 고전파 음악 양식에서 예시한 것이다.

이제 〈그림 11〉의 '노래'와 '반주'의 가장 기본적인 고전파 음악 구조에서 짝수 2와 홀수 3의 비대칭적 짝짓기인 헤미올리아 기법의 모형적 의미에 대해 보다 명확한 답을 구할 수 있다. 쇼팽의 헤미올리아 기법은 바로 모차르트의 알베르티 베이스 반주음형 기법을 더욱 더 과감하게 '가짜 대위법'화 한 것이다. 마치 바로크 음악 양식의 독립적인 선율이 베이스 성부에 들려오는 듯한 착각을 일으키게 할 뿐만 아니라, 행동변수의 맥박주기(박자주기)의 큰 틀을 벗어나지 않으면서, 즉 2박의 주기에 3박을 부여함으로써 마치 '반주'의 주기가 '주선율'과 다른 듯한 '착시현상'을 불러일으킨다. 그러나 1980년대 실물균형경기변동 이론가들이 도입한 '파라미터'의 외생적 상태변수화를, 고전파음악 양식틀 안에서 예시한 모차르트의 기법과 크게 다르지는 않다. 또한 3도 화음이라는 파라미터의 동일한 육신에 '행동변수의 맥박주기'를 '외생적'으로 주입하여, '도미솔' 3도화음의 일상적 의미와 동거하게 한 시모형의 기법도 모차르트와 본질적으로 차이가 없다.

쇼팽의 천재성은 바로 〈그림 11〉 쇼팽의 피아노 소나타 3번에서 구사한 '파리미터의 외생적 상태변수화'인 헤미올리아 기법을 〈그림 10-1〉 쇼팽 발라드 4번의 175-176 마디에서는 행동변수인 '주선율'에 활용한 것이다. 결국 간접적으로 베이스 반주성부인 파라미터의 '외생적 상태변수화'를 달성했을 뿐만 아니라, 주선율에서도 〈그림 9〉에서와 같이 또 다른 '그림자 선율'을 만들어 낸다(〈그림 10-1〉의 "부드럽게 도드라지게 노래하기" 지시사항 참조). 따라서 수평적 단선율(행동변수)와 수직적 화음(파라미터)라는 고전파 음악 양식의 틀에서 마치 3성 이상의 독자적인 성부가 동시에 연주되는 듯한 '착시효과'를 이끌어 낸다. '가짜 대위법'의 효과를 더욱 발전시킨 것이다. 종종 쇼팽을 설득력 없는 작곡가라고 폄하한 글렌 굴드조차도 쇼팽음악에서 나타나는 이러한 '가짜 대위법'을 두고, 쇼팽의 '대위법적 축소모형(miniature)'은 존경할 만하다고 인정하였다.[22] 먼저 반주음형에 적용되던 헤미올리아 기법을 주선율 음형에 적용했기에, '파라미터의 상태변수화'가 아니다. 오히려 행동변수인 주선율 음형에서 기존의 맥박주기(박자주기)와 헤미올리아 기법으로 변칙적인 주기를 만들어 내어, 행동변수가 복수의 주기를 가진다는 '기대효과'를 만들어 낸다. 그러나 발라드 앞의 악절로부터 이어지는 주제선율을 '그림자 선율'로 변주함으로써, 헤미올리아 기법이 만들어낸 변칙주기는 행동변수의 '내생적' 상태변수화로 구분 지어야 한다.

〈그림 10-1〉으로 다시 돌아가 주선율의 음형전개를 보면 아래와 같이 전개된다.

(솔b)솔b시b　　시b(시b)미b　　솔b시b(도)　………

여기서 헤미올리아 기법에 의해 2박의 음자리에 각각 3개의 음이 한 묶음이 된다. 헤미올리아 기법에 의해 주선율의 통상적인 박자주

22 "바흐는 어떤 의미에서 가장 경이로운 별들을 발견하고자 한 천문학자와 같다. (반면에) 베토벤은 우주의 본질에 관해 끊임없이 의문을 품는다. 나는 단지 한 사람의 영혼과 가슴을 표현하고자 할뿐이다"이라는 쇼팽의 말이 전해오고 있다. 따라서 쇼팽의 음악을 '대위법적 축소모형'으로 이해하는 굴드의 평가는 어떻게 보면 '동어반복'으로 들린다.

기(8분의 6박자)에서 순간적으로 '이탈'한다. 눈에 보이지 않는 8분의 6박자 맥박주기와 함께 순간 '헤미올리아 기법'이라는 인위적인 장치를 주입하여 8분의 9박자의 또 다른 '인위적인' 주기가 재현된다. 실제 위에서 괄호로 표시된 '그림자 선율'을 의식 없이 연주할 경우 위의 선율은 거의 '인위적인' 기계음 같다. '헤미올리아 기법'이라는 기계장치가 만들어 내는 기계적이고 따라서 인위적인 순환주기음형에 불과하다. 따라서 비록 주선율이라는 행동변수의 주기를 '복수화(plurality)'하기에 '내생적(endogenous)'이기는 하지만, 그 '내생적'인 주기는 '헤미올리아 기법'이라는 '외부'의 인위적인 장치에 의해 재현되었다. 결국 쇼팽이 발라드 4번에서 구사한 행동변수의 '내생적' 상태변수화는 '내생적'이면서도 '외부의 힘'에 의존하는 '외생적'이기도 한 것이다.

모형의 기본적인 행동변수, 파라미터, 상수라는 안정성의 층위 관점에서도, 경제모형에서 부분균형모형과 일반균형모형 사이에서 벌어지는 다양한 파라미터의 변신의 관점에서도, 쇼팽이 구사한 '내생적'이면서도 '외부의 힘'에 의존하는 그 무언가를 규정하기에 어려운 점이 있다. 사실 그 비견한 예를 여타 모형양식에서 찾아보기 어려울 뿐더러 소위 과학모형 류에서 그 예를 찾으려 하는 수고를 할수록 망양지탄(亡羊之嘆)의 탄식을 자아내게 한다. 그러나 그 비견한 예를 굳이 찾으라고 하면, 5장에서 집중적으로 논의될 거시경제학의 '흑점이론(sunspot theory)'을 들 수 있을 것이다.[23]

23 '흑점이론'에 관해 보다 상세한 설명을 원하는 독자는 이 책 5장을 참고하기 바란다. 사실 '흑점이론'이야말로 경제학을 자연과학·공학과 대비되는 '변증법적 과학'임을 규정하는 핵심 단서라는 것이 5장에서 집중적으로 조

흑점이론이란 실제 거시경제의 성장과 경기변동은 자본량, 노동투입, 기술의 발전 등과 같은 거시경제의 기초경제요인에 의해서 결정된다고 기대하는 것이 '합리적 기대'임에도 불구하고, 기초경제요인과 무관한 '외부적인' 힘에 거시경제가 좌우될 수 있다는 믿음에 근거하여 경제주체들이 행동하는 것을 말한다. 극단적인 예로 '태양 흑점'의 크기변동에 따라 경제의 성장과 변동주기가 결정될 수 있다는 믿음을 가지고 경제적으로 중요한 의사결정을 하는 것을 말한다. 혹은 '주술'에 근거해서 경제활동을 결정하는 사태를 지칭한다. 그리고 이러한 '믿음'의 결과는 자기실현적 예언 또는 자기실현적 기대로 '실현'된다. '흑점'에 관한 믿음이 실제 실현되는 것이다.

쇼팽이 발라드 4번에서 구사한 헤미올리아 기법은 '흑점'처럼 주제선율과 무관한 듯한 '외부적인 힘'에 대한 어떤 막연한 믿음으로 실현된 음의 움직임이자 새로운 주기로 볼 수 있다. 그러나 '흑점이론'의 놀라운 점은 '태양의 흑점'의 관찰로 비롯된 막연한 믿음으로 실현되는 자기실현적 예언 또는 자기실현적 기대 또한 경제주체의 '합리적 기대' 범주에 속한다는 점이다. 즉 지극히 합리성을 가진 경제인이 '흑점'이나 '주술'에 의존하여 경제의 의사결정을 내리는 것이 지극히 '합리적'인 경제행동임을 함의한다.

따라서 '합리적 기대'에 속하기에 '흑점'에 의한 자기실현적 기대로 인한 경제의 변동성 증가는 우리가 피할 수 없는 공존해야 할 '경제요인'인 것이다. 또한 '합리적 기대'로 인한 변동이기에 '내생적'이기도 한

명된다.

것이다. 결국 쇼팽의 '내생적'이면서도 '외부적인' 그 무언가에 의해 발동되는 과정은 '흑점'에 의한 자기실현적 기대, 그러나 합리적 기대이므로 내생적인 것과 흡사하다. 마지막으로 흑점이론이 함의하는 바는 경제의 순환주기가 다양한 주기로 나타날 수 있다는 점이다. 경제기초 요인과 무관한 수많은 흑점 같은 '외부적인 무언가'가 존재하기 때문이다. 예를 들어 '흑점' 대신 '튤립'에 대한 믿음으로 자기실현적 경기순환이 일어날 수도 있다.[24] 따라서 수많은 복수의 순환주기가 '흑점'에 의한 순환주기의 특성이다.

그런데 여기서 주목해야할 점은 수많은 '흑점'에 의해 순환주기가 만연할 수밖에 없는 경제에서는 경제의 중요의사결정이 결국 과거의 경험으로부터 비롯된 임기응변식 '적응 규칙(adaptive rule)'을 설정하여 그 규칙에 따라 결정하는 방식으로 귀결될 수밖에 없다는 것이다.[25] 예를 들어 미국 월가의 기라성 같은 금융투자자들은 언제나 자신만의 주관적인 '투자규칙'을 뽐내곤 한다. 이러한 '투자규칙'을 살펴보면 전적으로 금융투자자 자신의 과거 경험에서 학습된 무엇인가가 투영된 것이다. 그렇다면 수많은 '흑점'으로 인해 순환주기가 만연한 경제에서는 왜 과거의 경험에 의존하는 '적응 규칙'이 동조적으로 만

---

24 실제 17세기 네덜란드에서 일어났던 '튤립' 투기로 인한 버블의 형성 및 버블의 붕괴 사건을 뜻한다.

25 '흑점'으로 인해 순환주기가 만연한 경제에서 합리적 기대의 일환으로서 '적응 규칙'의 존재여부와 그 함의에 관해서 심도 높은 분석을 원하는 독자라면 Evans et al.(1998)을 참조하기 바란다(Evans, G. W., Honkapohja, S., and Romer, P. "Growth Cycles," American Economic Review 93 (1998): 495–515).

연할 수밖에 없을까? 동어반복으로 들리겠지만 바로 수많은 '흑점'으로 인해서 수많은 순환주기가 미래에 '합리적'으로 기대되고 있기 때문이다. 따라서 '합리적'인 경제인이나 금융투자자들은 사실상 도박사들처럼 어떤 미래에 돈을 걸어야 할지 고뇌하는 '결정 장애'에 빠질 수밖에 없다. 그런데 '흑점'으로 인한 다원성으로 규정되는 미래와는 달리 과거는 이미 실현되었고 '합리적' 경제인 모두가 공유할 수 있는 과거의 경로와 경험은 유일하다. 결국 불확실한 미래의 가능성을 이미 '보석'의 분류표처럼 확정적인 과거의 유일무이한 '지혜'와 대응시켜 의사결정을 내리는 궁여지책이 오히려 '합리적'일 수 있다. 예컨대 산전수전 겪은 정책당국자가 국가위기 시 내놓은 과거의 경험에서 비롯된 '지혜'야말로 진정한 '합리적' 의사결정에 해당된다. 이런 의미에서 '흑점'으로 인해 경기순환주기가 만연한 경제에서는 '과거의 지혜'에 바탕을 둔 '적응 규칙'에 따라 행동하는 것이 '합리적'인 기대인 셈이다. 이미 경제체제가 겪었던 과거 경험담이 반영되었기에 '적응 규칙'은 '내재적'이기도 하다.

쇼팽의 진정한 천재성을 이 점에서 다시 지적하지 않을 수 없다. 〈그림 10-1〉의 발라드 4번에서 보여준 (솔b)(시b)(도)의 '그림자 선율'은 '헤미올리아 기법'으로 인한 주선율의 '내생적' 맥박주기는 '복수(plurality)'의 자기분열적인 또 다른 선율을 내포해야 함을 명시한 것이다. 거시경제의 흑점이론의 논리전개와 정확히 일치한다. 그리고 이러한 자기분열성은 '합리적인 기대'에 부합되므로 '그림자 선율'은 결국 내재하고 있는 경험을 바탕으로 한 '적응 규칙'에 따라 결정될 수밖에 없다. 아래 〈그림 10–2〉는 발라드 4번 91–92마디에 살포시 숨겨진 하나의 선율이다.

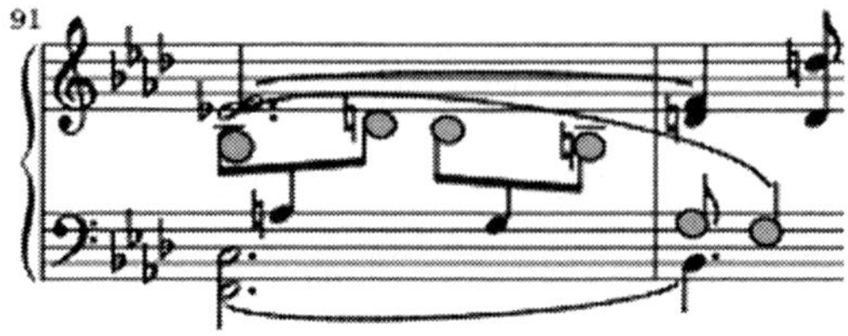

〈그림 10–2〉

〈그림 10–1〉의 발라드 4번에서 보여준 (솔b)(시b)(도)의 '그림자 선율'은 바로 〈그림 10–2〉에서 연주가 진행됨에 따라 이미 과거지사가 되어버린 (시b)(레)(도)(라)(솔)(파)라는 선율을 지혜 삼아 '복수(plurality)'의 자기분열적인 상황을 타개하는 '적응 규칙'의 일종인 셈이다. 그리고 과거지사를 모방하여 분열적 상황을 타개했기에 '내생적'이다. 동시에 단선율의 한 육신에서 '그림자 선율'이라는 또 다른 의미를 뽑아내는 것은 바로 시모형의 전형적인 기법이다. 그래서 우리는 쇼팽을 '음악의 시인'이라고 부를지 모른다.

5. 빅데이터/인공지능 모형: OK 큐피드의 사례[26]

바야흐로 '빅데이터/인공지능' 시대이다. 소위 '빅데이터/인공지능 전문가'라고 불리는 일군의 무리가 중세 시대 사제의 엄숙하고 무시무시한 복음 방식으로 설파한다는 의미에서 '빅데이터/인공지능' 시대이다. 그들의 '복음서'에 어떠한 토라도 달 의향이 있다면 '마녀'로 낙인찍혀 화형대의 불쏘시개가 될지도 모른다는 공포감을, '엄중한 예언'의 형태로 전달한다는 의미에서 '빅데이터/인공지능' 시대이다. '구글신'을 못 박은 'G형 십자가'를 앞세우며, 구글신은 알고 있다면서 '구글신' '구글신' '구글신' 염불하며 이교도의 군대 앞으로 무모하게 행군해 나가는 '구글'교 기사단들의 환영을 재현한다는 의미에서 '빅데이터/인공지능' 시대이다. 전쟁터이건, 유태인수용소이건, 베를린의 음악당에서건, '바그너(Wagner)'를 합창하는 나치의 순례자들처럼, 인문학자의 학술지이건, 회장님의 집무실이건, 회장사모님들의 미술관 '포럼'에서건, '빅데이터/인공지능'를 MSG 조미료 뿌리듯이 뿌리는 '포스트모던'한 '세프'의 감각과도 같다는 의미에서의 '빅데이터/인공지능' 시대이다.

물론 나치처럼 유태인의 목숨이 아닌 기업가의 돈주머니와 학생

26 이 절과 6절 구글 독감 프로그램은 필자의 논문인 「빅데이터의 정확한 언어와 모호한 언어」(김형석, 『새국어생활』. 26권 2호, 31–55, 2016)의 내용을 발췌한 것이다. 사실 이 책은 상기 논문에서 제기되었던 문제의식을 '변증법적 논리'로 대폭 확대한 것이라 볼 수 있다.

들의 돈주머니를 노린다는 점에서 '인본주의적' 면모가 없는 것은 아니다. 그러나 미국 명문 M대학의 권위를 업은 명망가들이 작성한 '자연(Nature)방법서'와 '과학(Science)방법서'를 중심으로 대물주의(大物主義) 광기를 수출한다는 관점에서 보면, '스와스티카'와 '나의 투쟁'를 중심으로 광신적 국가사회주의를 수출했던 히틀러의 나치당과 별반 다름이 없다. 물론 이글을 작성하는 필자의 직업을 뺏을지언정 목숨에는 지장을 주지 않는다는 점에서 '빅데이터/인공지능' 시대는 여전히 '인간적'인 면모를 보여준다. 그렇다고 1945년 5월 4일 베를린 함락 전의 나치처럼, '빅데이터/인공지능' 광신도들이 미약한 존재로 간주하기에는 여전히 너무 위험하다. '구글교'의 순례자들이 '극악무도'하게 불쑥 내민 '빅데이터/인공지능'이라는 G형 십자가 앞에서 '뱀파이어'라고 낙인당할 수 있다는 두려움을, 적어도 인문학자는 체감할 수 있을 뿐만 아니라 실제 그들의 직장 자체를 없애 버릴 권능이 엄연히 존재하기 때문이다. 따라서 이 절에서는 '빅데이터/인공지능' 시대를 살고 있는 인문학자가 느끼는 막연한 '그 두려움'의 실체를 빅데이터/인공지능 모형을 개괄함으로써 밝히고자 한다. 특히 '빅데이터'이란 무엇인가라는 가장 기본적인 의문에 답하는 것으로 그 두려움을 해체하고자 한다.

'인문학'이라는 우상의 숭배를 타파하자고 외치는 '빅데이터' 홍위병들은 늘 돈주머니와 영혼주머니를 항상 동시에 노리지만, 모택동의 홍위병들이 그랬듯이 그들이 외치는 구호 '빅데이터' 자체의 의미는 가늠하지 못하는 듯하다. '빅데이터'란 단어 자체가 주는 '사전적' 의미는 단순히 말해 "데이터가 크다!"라고 외치는 감탄사의 범주를 벗어나지 않는다. '남모를 열등감의 원인'이 '크기'에서 비롯될 때, "so big!"이라는 외침은 모택동의 홍위병이건, '빅데이터'의 홍위병이건, '인공지능'의 홍위병이건 집단 광기를 일깨우기 마련이다.[27] 전통적으로 왜소 콤플렉스의 악몽을 겪어왔던 한국적 상황에서 특히 '과학 소시오패스 홍위병들'이 외치는 '빅데이터'는 자생적인 재구조화 및 재맥락화 없이, 대물주의(大物主義)와의 야합(野合)을 통하여 시대의 총아, 새로운 패러다임의 재래로 위치가 격상되었다. '인공지능'의 '하부구조(substructure)'가 '빅데이터'이고, '빅데이터'의 상부구조가 '인공지능'이므로, 결국 '빅데이터/인공지능'은 자생적인 재구조화 없이 대물주의(大物主義)와의 야합(野合)을 통하여 시대의 총아, 새로운 패러다임으로 자리매김했다 말해도 과언이 아니다.

그렇다면 실제 '빅데이터'란 무엇을 의미하는가? '빅데이터'의 사전적 의미는 정보 수집기법의 발전에 따라 관찰할 수 있는 정보량의 비약적 증가, 그로 인해 관찰된 정보량의 저장 기술의 '비약적' 확대를 의미한다. 특히 여기에서의 정보량이란 '디지털'화한 정보량, 표준 국어사전의 순화된 말로 표현한다면, 0과 1 두 개의 수치로 '환원'된 '수치적' 정보량을 말한다. 환언하여 관찰횟수 및 저장규모 두 개의 차원에서 '빅데이터'라 불리는 정보량의 물리적 크기는 말 그대로 감탄사 "so big!"이다. 예를 들어 한사람의 사회적 경험에 대한 정보량을 얻기 위해 '빅데이터' 연구에서는 보통 한 사람에 관한 '사회적 행동변

27 '남모를 열등감의 원인'이라는 표현은 한강의 『채식주의자』에서 발췌한 것이다.

수' 30개를 정하고, 그 30개 변수를 6분마다 18개월 동안 관찰한다. 즉 한 사람에서는 얻는 정보량 또는 데이터는 대략 30×240×30×18 = 3,888,000이다.[28] 이때 주의해야 할 것은 이 데이터 수는 한 사람에게서만 얻어낸 것이라는 점이다. 따라서 '빅데이터'를 정의할 때 무엇보다도 주목해야 할 것은 그 정보량이 무엇에 관한 정보량인지, 즉 데이터가 지향하고 있는 지점이 어디인가를 파악해야 한다는 것이다. 사실 3,888,000이라는 숫자가 원자 또는 소립자에 대한 데이터 숫자라면 "so big!"이라는 감탄사는 '위선적'인 감탄사에 가깝다. "외계인이 크다"라고 말하는 것은 큰 것은 알지만 우리의 크기와 상관없기에 냉소적으로 말하는 "커요"에 가깝다. 우리의 감탄사가 머무는 지점이 바로 인간의 삶에 관한 정보를 담고 있는 '크기'에 있기에, 우리는 비로소 위선의 가면을 내려놓고 "정말로 커요"라고 말한다.

'빅데이터'는 인간의 삶에 대한 수치화된 정보량이다. 인간의 개인적인 삶에 관한 수치화된 정보량이 '너무나도' 크기에, 우리는 '빅데이터'라고 부른다. 또한 30개의 '행동변수'가 선사하는 3,888,000개의 숫자가 한 개인의 삶을 이해할 수 있다는 '믿음'도 '빅데이터'라는 언어에 내면화되어 있다. '양으로 승부에서 질로 승화될 수 있다'는 '소박하지만 지극히 공대스럽고, 우직한 공대생'의 믿음을 '빅데이터'이라는 세련된 용어를 차용하여 '시적'으로 순화시킨 것이라고도 볼 수 있다. 결국 정보기술의 발전에 의한 방대한 양의 정보량을 수집하고 저장할

28 2014년을 기준으로 한 빅데이터 분석의 통상적 데이터 수이므로 그동안의 비약적인 기술수준 진화를 고려할 때 2024년 현재 빅데이터 분석이 다루는 데이터 수는 가늠하기 어려울 것이다.

수 있는 물리적 기술력이라는 '하부구조' 위에 '인간의 삶조차도 양으로 승부하면 그 삶의 질을 이해할 수 있다'는 믿음이라는 '상부구조'를 가진 믿음체계로 볼 수도 있겠다. 부지불식간에 지극히 마르크스의 유물론적인 발상인 셈이다.

'빅데이터' 방식으로 삶을 이해한다는 것은 기본적으로 인간의 (개인적인) 삶을 '분석(分析)'한다는 것이다. 표준국어사전에 의하면, 분석(分析)이란 '얽혀 있거나 복잡한 것을 풀어서 개별적인 요소나 성질로 나눔'을 뜻한다. 즉 분석이란 분석의 주체가 '분석의 대상인 객체란 얽혀 있거나 복잡한 그 무엇이다'라고 전제한 후, 대상의 복잡함과 명백히 대비되는 '단순함'을 표상하는 개별 요소 및 성분으로 분해하여, 결국에는 대상의 실체를 여과 없이 까발리는 '까발림'의 경지를 달성한다는 것을 의미한다. 따라서 '빅데이터'가 이해하는 인간의 삶은 분석의 대상이기에 얽혀 있고 복잡한 것, 즉 '난잡한 것'이다. 인간의 모호한 삶은 '모호한' 시어로만 이해되는 신비로운 천공(天空)이 아닌 단순히 얽혀 있어 복잡한, 그래서 우리가 풀어내 까발려야 하는 '실타래'일 뿐이다. 그 '실타래'를 풀기 위한 '가위'를 성분 또는 요소라 말할 수 있는데, '빅데이터 분석'에서는 그 '가위'를 '행동 변수'라 부른다. 다시 말해서 인간의 '모호한' 삶을 '행동변수'라는 '명확한 언어'로 분해하는 것이다. 결국 '빅데이터 분석'이란 단순히 '빅데이터'의 사전적 의미를 가리키기도 하고, 그 사전적 의미에서 파생된 신념체계를 뜻하기도 한다. 또한 그 신념체계에서 파생한 삶을 이해하는 방식과 그리고 그 이해하는 방식이 보편적 분석의 범주와 결합된 것을 의미하기도 한다.

빅데이터 분석에서의 '행동변수'란 크게 두 가지 범주의 '반복적으로 관찰 가능한' 그 무언인가로 이해될 수 있다. 첫째, 반복적으로 관찰 가능한 '보편적'인 인간의 직접적 행동 및 행위의 범주가 있다. 두 번째 범주로는 '보편적' 인간의 의도, 선호, 등과 같은 직접적으로는 관찰 불가능한 주관적 요인을 간접적이고 반복적으로 관찰할 수 있는 신호들(signals)이 있다. 반복적으로 관찰가능하기에 '행동변수'는 사전적 의미에서 '빅데이터'화 할 수 있다. 즉 인간의 특정 행동 및 선호를 나타내는 '행동변수'는 '수리 언어화' 또는 '수치화'된 후 '빅데이터'란 이름의 정보량으로 기억되는 것이다. 더 나아가, '행동변수'와 '행동변수' 간에 인과율을 확정할 수 있다면, 우리는 '행동변수'를 통해 인간의 특정 행동이 '예측가능하다' 말할 수 있다.

여기까지 논의한 '빅데이터 분석'은 사실 보편적 과학 분석의 속성에서 크게 벗어나지 않는다는 점이 지적되어야겠다. 그렇다면 '빅데이터 분석'이 보편적 과학 분석과 구분될 수 있는 차이점은 무엇일까? '빅데이터 분석'에서는 보편적 과학모형과 달리 우리가 관찰한 '행동변수'를 조종하는 '우리의 그림자'가 존재한다는 것에 있다. 다시 말해서, '행동변수'는 '보편적' 인간의 '어떤' 선택의 결과로 파생된다는 점을 잊어서는 안 된다.

굳이 비유하자면 '빅데이터 분석'은 무대 커튼 뒤에 숨어 있는 피아니스트의 피아노 연주를 감상하고 비평하는 음악평론가의 '평론(critique)'과 같다. 분석의 주체가 관찰하는 하나의 '행동 변수'는 '어떤 무명의 피아니스트'가 '이름 모르는 작곡가'의 악보에서 반복적으로 뽑아 오는 특정한 음높이에 위치해 있는 특정한 '미' 음을 듣는 것과 같다. '분명히' 피아니스트가 '미치광이가 아닌 사람'인 것은 알지만, '빅데이터 분석가'라는 명함을 가진 음악 평론가는 오직 특정한 높이의 '미' 음만을 관찰하는 것과 같다. 여러 높이의 '미' 음을 반복적으로 듣고, 또한 여러 높이의 '도' '솔' 음을 파악해서 그 무명의 '피아니스트'가 들려주는 '미지(未知)의 곡'의 전체상을 유추, 파악하는 음악 평론가의 작업을 '빅데이터 분석'이라 부를 수도 있겠다. 관찰된 데이터 또는 수치화된 정보량에서는 '행동변수'로 명명된 '도' '미' '솔' 또는 '도' '파' '라'만 기록될 뿐, 그 '행동 변수' '미'를 어느 시점에서 선택한 피아니스트의 의도, 목적 등은 데이터에 기록되지 않는다. 데이터에서 기록되지 않는다고 해서, '피아니스트'의 존재가 무시될 수는 없다. '분명히' 피아니스트가 피아노 건반을 '감촉'함으로써 피아니스트의 '행동변수'를 체계적으로 선택하고 있다는 것을 '상식적'으로 알고 있기 때문이다. 특히 이 피아니스트가 들려주는 곡의 악보를 사전적(事前的, *ex ante*)으로, 또는 선험적(先驗的, *a priori*)으로 알지 못할 때, '행동 변수'를 조종하는 '우리의 그림자'로서의 '피아니스트'의 존재는 '빅데이터 분석'에서 절대로 무시해서는 안 된다.

과학 분석에서의 '행동변수'는 행위의 시작이자 끝이지, 그 행위를 조종하는 '그림자'를 논하지 않는다. '원자의 속도'는 바로 관찰 행위의 시작이면서 끝에 불과하다. 그 '원자의 속도'를 조종하는 것이 있다면, 그것은 또 다른 '행동변수'이어야 하지, '행동변수'가 아닌 '그림자'일 수는 없다. 칸트의 인과율 형식에 관한 논쟁에서 "방사성 원자

라듐 B가 전자를 방출하고 라듐 C로 변하는 과정에는 어떠한 원인도 없다"는 하이젠베르크(Werner Karl Heisenberg)의 주장은 자연과학의 분석은 인간의 삶을 대상으로 삼는 '빅데이터 분석'과 정확히 180도 반대되는 지점에 위치하고 있다. '빅데이터'의 분석대상이 인간의 삶이기에, '행동변수' 수립 시 항상 그 '행동변수'를 선택하는, 그러나 '행동변수'는 아닌, 그렇기에 직접적으로 관찰가능하지 않은, '우리의 그림자'이자 '막후의 피아니스트'를 염두에 두어야 한다.

일단 믿음체계가 형성되면, 특히 그 믿음체계가 사람을 향해 있는 것이라면, 그 믿음체계 특유의 삶을 이해하는 방식이 '시나브로' 드러나기 마련이다. 믿음체계로서 '빅데이터' 또한 특유의 이해방식을 선사할 수 있다. 물론 이 특유의 이해방식은 삶을 이해하는 전통적인 방식과는 확연한 대척점에 있다. 삶의 이해방식으로서의 '빅데이터'는 바로 이 전통적인 견해가 선험적으로 배제해 왔던, '분명하고 정확한' 언어방식으로 「산유화」의 화자와 꽃 사이의 거리를 '정확한 잣대'로 재고자 하는 시도이다. 화자와 꽃 사이에 벌어지는 삶의 모호한 만상(萬象)을 1미터, 5미터, 10미터, 200미터 등과 같은 '정확한 언어'로 재단하는 것이 삶의 민낯을 들쳐 낼 수 있고, 그러한 몸짓이 의미 있음을 보이고자 하는 시도이다. '양으로 승부하여 질로 승화될 수 있음'을 보이고자 하는 공대생의 재도전이기도 하고 숨길 수 없는 그들의 본성이기도 하다. 즉 '시'가 추구하는 방식과는 달리, '정확하고 양적인' 언어로 '모호한' 삶을 이해하고자 하는 시도이다. '모호한 우리의 천공(天空)'을 수많은 숫자로 조합하고 빚어낸, 인공족(人工族) 아틀라스로 지탱하고자 하는 시도인 셈이다.

그렇다면 '시'의 화자와 꽃 사이의 거리를 어떻게 '정확한 언어' 즉 수치화된 정보량을 활용하여 이해할 수 있는지, '모호한 언어'을 대표하는 시어 '저만치'를 어떻게 '정확한 언어'로 대체가능한지, '빅데이터' 방식으로 연습해 보자. 먼저 '빅데이터 분석'에서 가장 중요한 시발점은 관찰 가능한 '행동변수'의 존재 여부를 파악하는 것이다라고 이미 누누이 강조해 왔다. 무엇보다도 먼저, '맥락'에 맞는 수치화 가능한 '행동변수'를 설정할 수 있어야 하고, 그 '행동변수'에 대응하는 반복 관찰 가능한 데이터가 존재해야 한다. '행동변수'란 반복적으로 관찰 가능한 '보편적' 인간의 직접적 행동 및 행위와 '보편적' 인간의 의도, 선호, 등 직접적으로 관찰 불가능한 주관적 요인을 간접적으로 반복적으로 관찰할 수 있는 신호들(signals)을 포함한다고 지적하였다. 이런 맥락에서 '행동변수'는 '보편적' 인간의 의도, 선호, 동기에 의한 제 행위를 포괄하기 때문에, 김소월의 시 「산유화」에서 꽃과 화자의 심적 거리 '저만치'를 '행동변수'화하는 것이 결코 불가능하지는 않다.

먼저 '저만치' 거리에 있는 대상 '꽃'은 '화자'의 연모(戀慕)의 대상이다. '전통적'으로 연모의 대상은 이성상대이기에, '저만치'에 피어 있는 '꽃'은 화자인 '내'가 연모의 감정을 느끼는 이성상대로 분석할 수 있다. 연모의 감정이란 결국 수많은 이성상대에서 '꽃'을 선호하는 것이다. 여기서 우리는 '보편적 화자인 나'를 분석하는 것이지, 카사노바를 분석하는 것이 아니기 때문에 '보편적 화자인 나'는 수많은 상대에서 오로지 하나의 '꽃'을 선호하고 선택할 수 있다는 행동강령의 '제1

원리(the first principle)'를 부여할 수 있을 것이다. 만일 '수많은 상대', '꽃', 화자인 '나'를 숫자로 표현할 수 있다면, 또한 그러한 숫자를 모을 수만 있다면, 우리는 '빅데이터 분석'을 통해 성공적으로 '저만치'를 명확한 언어로 대체할 수 있을 것이다. 따라서 '빅데이터 분석가'라면 먼저 '수많은 이성상대'를 어떻게 수치화하는 것이 가능한지에 관해 따져 봐야 할 것이다. 만일 반대편에 있는 선택 가능한 이성상대를 숫자로 표현할 수 있다면, '내'가 선택하는 '꽃'도 선택 가능할 것이고, '꽃' 입장에서 보면, 화자인 '나'도 '수많은 이성상대' 중 하나인 수치로 표현 가능할 것이다. 물론 '꽃' 또한 반대편 성(性)을 대표하는 '카사노바'라면 그 숫자에서 배제한다. 다시 말하면, '모호한' 언어 '저만치'는 '명확한' 언어 '선호도'로 대체 가능할 것이다. 물론 '저만치'의 상대를 어떤 숫자로 대표해야 할지 결정하는 것도 쉬운 문제가 아닐 뿐더러, 설사 대표하는 숫자를 찾았다 한들, 그 숫자를 기록한 데이터를 모으는 것도 쉬운 문제는 아니다. '양으로 승부하여 질로 승화'하려는 공대생의 재도전은 여전히 험난한 길인 것처럼 보인다.

그러나 미국의 'OK 큐피드'라는 데이트 사이트를 운영하는 크리스티안 러더(Christian Rudder)는 '데이터 과학자'의 입장에서 놀라운 발상으로 '양으로 승부하여 질로 승화'하는 돌파구를 찾아냈다.[29] 일단 매년 1,000만 이상이 방문하는 사이트를 운영하기 때문에, 적절한 행동변수만 정해진다면, 5년간 자료 5,500만 개를 생성하는 것이 가능했다. 또한 남녀 간의 데이트를 성사시키는 사이트를 운영하기 때문

29 Rudder, C. 저, 이가영 옮김. 『빅데이터 인간을 해석하다』, 다른, 2015.

에 남녀 간 선호에 관한 정보를 비교적 쉽게 수집할 수 있었다. 크리스천 러더가 고안해 낸 '행동변수'는 아래와 같다.

1) 여성은 어떤 나이의 남성을 가장 매력적으로 생각하는가?
2) 남성은 어떤 나이의 여성을 가장 매력적으로 생각하는가?

〈그림 15〉는 OK 큐피드 자료를 활용하여 조사한 특정 나이 여성의 상대방 남성에 선호도를 표로 나타낸 것이다. 예를 들어, 연령이 20세인 여성이 가장 매력적으로 느끼는 남성의 연령은 23세인 것을 의미한다. 또는 20세인 여성은 23세인 남성을 '선호'한다. 시어 '저만치'는 여성의 남성 '연령 선호도'로 대체된다. 표에서 보듯이, 21세인 여성은 23세의 남성을, 22세인 여성은 24세의 남성을, 23세의 여성은 25세의 남성을 가장 선호하는 것을 알 수 있다. 시어 '저만치'의 거리는 그냥 지나치기는 아쉬운 거리, 그러나 내 손길을 뻗친다 한들, 인연의 끈을 잡을 수 없는 거리, 아련히 다가오는, 그러나 이내 시나브로 멀어져가는 '복학생 오빠'와의 거리, 그래서 가슴 설레는, 한(恨)이 이슬처럼 망울지는, '마음'의 '모호함'을 드러내는 거리이거만, 이 연령선호도는 왜 '복학생 오빠'와의 거리가 그토록 한(恨)이 이슬처럼 망울지는 거리인지, 숫자로 정확히 보여준다. '정확한' 언어로 말하자면, 20세 초반의 여성은 2–3살 많은 남성을 '체계적'으로 선호하는 경향이 있기에, '복학생 오빠'가 '저만치' 거리에 자리를 차지할 가능성이 매우 높다.

또한 〈그림 15〉는 여성의 나이가 증가함에 따라, 선호하는 남성도 비교적 '비례적'으로 올라간다는 것을 알 수 있다. 예를 들어 29세의 여성은 29세 남성을, 30세 여성은 30세 남성을, 31세 여성은 31세 남성을 선호함을 알 수 있다. 그러나 여성의 나이가 32세를 넘어감에 따라, 연하의 남성을 선호하는 경향이 강해지고 있음을 알 수 있다. '복학생 오빠'의 매력은 더 이상 통하지 않는다. 지금까지의 논의를, 크리스천 러더가 명명한 '나이 비교선'을 가지고 재구성할 수 있다. 〈그림 16〉은 〈그림 15〉를 여성의 나이와 남성의 나이가 같은 '나이 비교선'으로 재구성한 것이다.

여서의 연령 VS. 가장 잘생겨 보이는 남성의 나이	
20	23
21	23
22	24
23	25
24	25
25	26
26	27
27	28
28	29
29	29
30	30
31	31
32	31
33	32
34	32
35	34
36	35
37	36
38	37
39	38
40	38
41	38
42	39
43	39
44	39
45	40
46	38
47	39
48	40
49	45
50	46

〈그림 15〉

이제 여성의 반대편에 있는 남성의 연령 선호도를 알아보고자 한다(〈그림 17〉). 대각선의 실선은 '나이 비교선'을 나타낸 것이다. 남성의 경우, '나이 비교선'은 의미가 없다. 남성은 오로지 20대 초반의 여성만이 '저만치' 거리에 피어 있는 '꽃'이기 때문이다. 저만치의 '꽃'이 20대 초반으로 고정되어 있다면, 과연 그 거리를 내 손길이 뻗친다 한들, 인연의 끈을 잡을 수 없는, 아련히 다가오는, 한이 이슬처럼 몽을 지는 모호하고, 미묘한 거리라고 말할 수 있을까? 남성에게 애당초 같이 늙어가는 원숙미에 대한 존경은 있지도 않다. 남성의 '꽃'에 대한 반응은 지극히 생화학적 반응처럼 보인다. 20세와 21세의 남성은 '저만치' 한이 이슬처럼 몽을 지는 '시감(詩感)'을 만끽할 수도 있을 것이다. '빅데이터 분석'에 의하면, 20세, 21세의 남성이 한이 맺힐 정도로 아끼는 20세의 여인은 오직 23세 '복학생 오빠'의 시선으로 고정되어 있다는 것을 '빅데이터 분석'이 보여주기 때문이다. 크리스천 러더가 지적했듯이, 이런 연구결과는 "진실의 이면에 가려져 있는 우리의 허영심과 취약점을 공공연히 드러낸다." '모호한 천공(天空)'을 수많은 숫자로 조합하고 빚어낸, 인공족(人工族) 아틀라스로 지탱했을 때, 우리는 까발려진다. 이런 의미에서 '명확한 언어'는 '폭력적'이다.

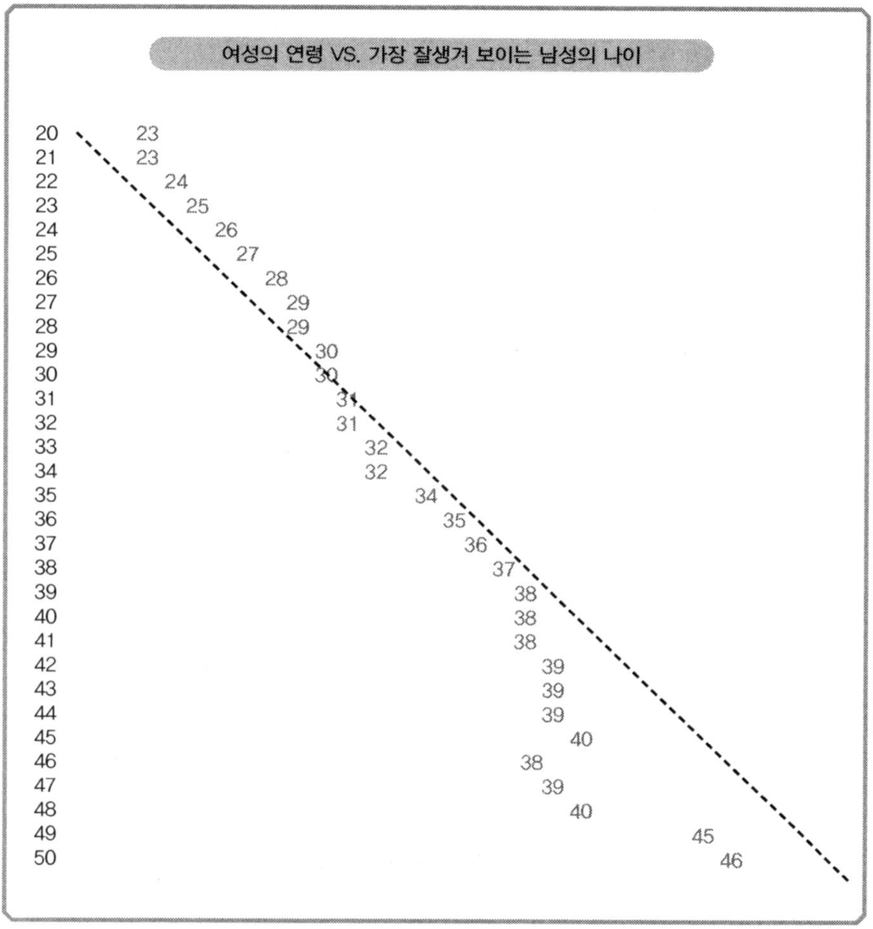
여성의 연령 VS. 가장 잘생겨 보이는 남성의 나이
20 23
21 23
22 24
23 25
24 26
25 27
26 28
27 29
28 29
29 30
30 30
31 31
32 31
33 32
34 32
35 34
36 35
37 36
38 37
39 38
40 38
41 38
42 39
43 39
44 39
45 40
46 38
47 39
48 40
49 45
50 46

〈그림 16〉

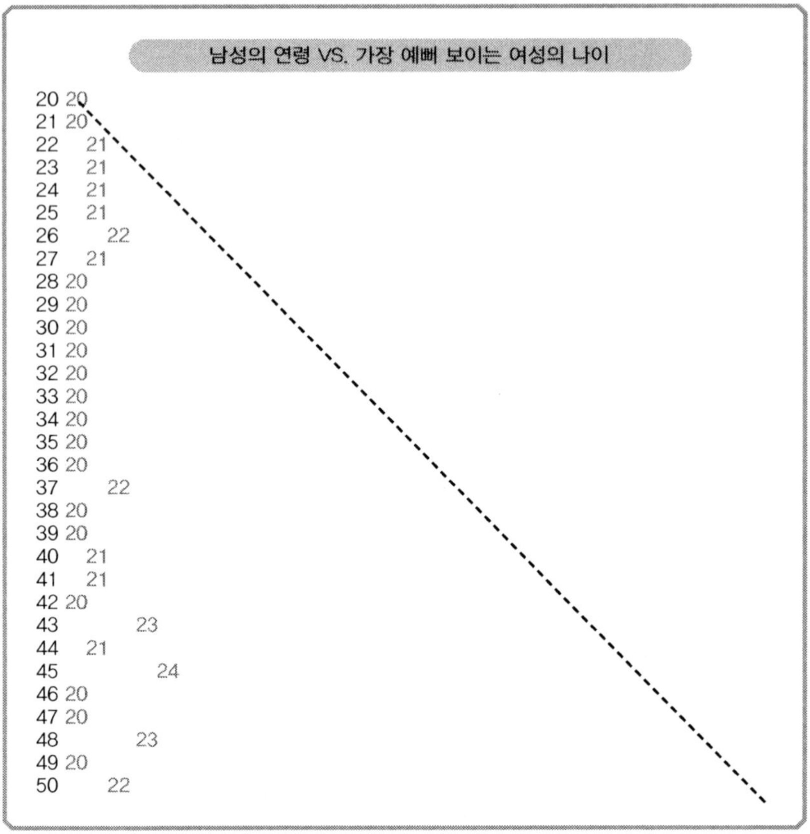

〈그림 17〉

6. 구글 독감 예측 프로그램

OK 큐피드 사례에서 보여주듯이, 인간의 모호한 삶은 '모호한' 시어로만 이해되는 신비로운 천공(天空)이 아니라, 단순히 얽혀 있어 복잡한, 그래서 우리가 풀어내 까발려야 하는 '실타래'일 뿐이다. '양으로 승부하여 질로 승화한다'는 공대생의 무모한 재도전은 성공적인 것처럼 보인다. 인공족(人工族) 아틀라스의 사촌뻘인 구글(Google) 신(神)은 여기서 더 나아가, '빅데이터 기법'을 활용하여 전 세계의 독감 환자수를 예측할 수 있(다고 주장하)는 '빅데이터 분석'을 예시하였다.

◆구글 독감 트렌드 : 검색에 근거한 구글의 예측과 실제 독감 환자 데이터 비교
(출처: Ginsberg et al. "Detecting influenza epidemics using search engine query data," Nature, 457, 2009)

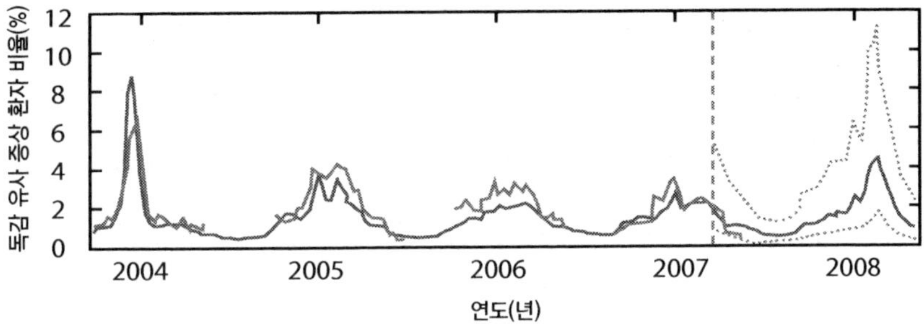

OK 큐피드 사례에서와 같이, 독감환자수를 예측하기 위해서는 독감환자를 식별하는 '행동변수'를 찾아내는 것이 중요하다. 특히 '우리의 그림자'가 조종하는 '행동변수'의 모습을 보여주는 것이 중요하다. 구글이 고안해 낸 '행동변수'는 아래와 같다.

> "사람들은 독감증상이 있는 경우, '기침', '고열', '해열제' 등과 같은 독감증상 관련 용어를 검색엔진을 통해 검색할 것이다."

구글 자체가 검색 엔진을 운용하기 때문에, 어느 시점, 어느 지역에서 독감증상 관련 검색어가 '증폭'하는지 구글 서버를 통해 파악할 수 있고, 또한 데이터로 기록할 수 있다. 실제 구글은 독감환자수

와 가장 연관성이 높은 검색어 50개를 선정하고, 2003년에서 2007년 사이의 데이터를 수집, 분석한 후, 2008년 환자 예측치를 발표하였다. 〈그림 18〉은 구글의 2008년 예측치를 실제 독감환자 집계수와 비교한 것이다. 〈그림 18〉에서 보듯이, 구글 예방 프로그램은 거의 완벽하게 독감환자수를 예측했다. '모호한 천공(天空)'을 수많은 숫자로 조합하고 빚어낸, 인공족(人工族) 구글로 지탱했을 때, '모호한 천공(天空)'은 더 이상 그렇게 무거워 보이지는 않는다. 구글 신을 숭배하기만 한다면, '저만치' 거리에 있는 20세 여인에 가슴 설레였던, 그러나 그 감정을 시어 '저만치'로 세련되게 표현할 방도가 없었던 공대생조차도 '모호한 천공(天空)'을 지탱할 수 있음을 보여주는 사건인 셈이다.

7. 호드릭·프레스캇(Hodrick-Prescott) 경기순환주기 필터 모형

$$\min_{\{\log(y_t^{Trend})\}} \sum_{t=1}^{T} \underbrace{\left[\log(y_t) - \log\left(y_t^{Trend}\right)\right]^2}_{\text{경기 순환 변동 성분}} + \underbrace{\lambda}_{\text{"평활화 파라미터"}} \cdot \sum_{t=2}^{T-1} \underbrace{\left[\Delta\log\left(y_{t+1}^{Trend}\right) - \Delta\log\left(y_t^{Trend}\right)\right]^2}_{\text{(평활화한) 잠재성장률}}$$

〈그림 19〉

경제학 모형의 특성에 관한 케인즈의 규정을 다시 한번 환기하는 것으로 이 절을 시작하고자 한다. 아래의 '케인즈 말씀'이 7절의 주요

관심사인 〈그림 19〉의 모형을 해독하는 해독제가 된다.

> "결국 (경제학)모형의 목적은 먼저 반영구적이거나 상대적으로 일정한 요인들과 일시적이며 변동을 거듭하는 요인들을 구분하는 것이며, 특히 후자의 요안에 관한 논리적인 사고방식을 개발하여 그러한 일시적 변동 요인이 특별한 경우에 일으키는 순차적 사건의 경로를 이해하려 하는 데 이르게 됩니다."

〈그림 19〉의 '호드릭·프레스캇(Hodrick–Prescott) 경기순환주기 필터 모형'이라고 불리는 '경제모형'을 이해하기 위해 어떤 '사고실험(das Gedankenexperiment)'을 고안하는 것이 도움이 된다. 이 사고실험의 주인공은 전파·진동수 개념에 철저한 '전자공학도'이고, 사고실험의 촉매제는 이 '전자공학자'가 위의 케인즈 말씀을 발견한 순간이다. 또한 첫 번째 모형 슈뢰딩거 방정식을 과학모형의 백미로 철두철미하게 이해하고 있는 한 '전자공학자'의 우연한 시선이 위의 케인즈 말씀에 머무는 순간이기도 하다.

행동변수, 파라미터, 상수 등의 과학모형의 안정성 층위를 명확하게 인식하고 있는 이 '전자공학자'의 입장에서는 "(경제학)모형의 목적은 먼저 반영구적이거나 상대적으로 일정한 요인들과 일시적이며 변동을 거듭하는 요인들을 구분"하는 것이라는 케인즈 선생의 말씀은 거의 상투적인 문구에 가깝다. 특히 '전파주기' 개념에 특성화 되어 있는 전자공학자의 입장에서는 "반영구적이거나 상대적으로 일정한 요인들과 일시적이며 변동을 거듭하는 요인들을 구분"하는 것은 '전파

주기'의 상대적 주기 빈도수(frequency)에 따라 요인들을 구분 짓는 것으로 쉽게 이해할 수 있다. 즉 어떤 한 변수—편의상 변수 y라고 부르자—의 관측치가 접근 가능할 때, '전자공학도'는 이 관측된 변수 y를 상대적 주기 빈도수들이 다른 여러 요인들의 합으로 나타나는 결과, 즉 여러 요인들의 함수인 '종속변수' y로 쉽게 이해할 수 있다. 이 관계를 도식화 하면 아래와 같다.

y = 여러 요인들의 함수

= f(상대적 주기 빈도수에 따른 여러 요인들)

이제 '전자공학자'의 우연한 시선이 미국연방은행의 1인당 GDP(Gross Domestic Product), 다시 말하면 1인당 국민총생산 또는 국민소득이라고 불리는 관측된 변수 y에 집중되었다고 가정하자. 1인당 국민총생산 또는 국민소득이라고 불리는 관측된 변수 y는 아래와 같이 숫자의 수열, 즉 '시계열'로 실현된다(〈그림 20〉). 여기서 1인당 국민소득이라 불리는 변수 y는 사실 여러 가지 가능한 숫자의 수열, 다시 말하면 시계열로 실현될 수 있으나, 〈그림 20〉와 같이 특정한 시간대에 특정한 하나의 시계열로 '확률적'으로 실현되는 일종의 '확률변수'로 암묵적으로 간주된다. 또한 〈그림 20〉의 시계열은 과학모형의 사고방식으로 무장된 '공평무사한 계량경제학자'의 우연한 시선이 머무는 지점에서 '반복적'으로 관측되었기에 '확률적'으로 상당한 개연성이 있어 보인다. 실제 '공평무사한 계량경제학자'는 〈그림 20〉의 1인당 국민소득의 시계열은 '확률적으로 항상 상승추세(increasing trend)'에 있다고 결론 내린다.

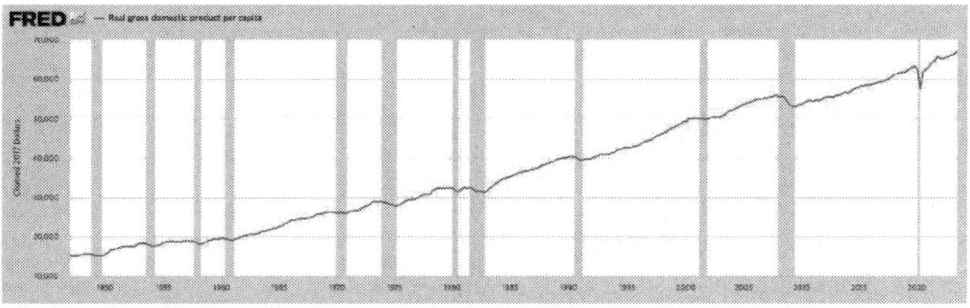

〈그림 20〉

과학모형의 사고방식으로 무장된 '공평무사한 계량경제학자'의 사촌격인 '전자공학자' 또한 1인당 국민소득의 시계열은 '확률적으로 항상 상승추세(increasing trend)'에 있다고 결론 내린다. 명석한 '전자공학자'는 여기서 한발 더 나아가, 그들의 '전파주기' 개념과 케인즈의 "반영구적이거나 상대적으로 일정한 요인들과 일시적이며 변동을 거듭하는 요인들"이 의미하는 바를 '통섭(通涉, consilience)'하여 〈그림 20〉의 시계열에서 우선 '거의 주기가 없는 주기'인 '상승추세'를 추출해 낸다. 그 다음 이 '상승추세'를 〈그림 20〉의 실제 시계열에서 제거한 '나머지 주기'를 생성해낸다. 명석한 '전자공학자'의 주기 기법을 '직관적'으로 도식화하면 아래와 같다(〈그림 21〉).

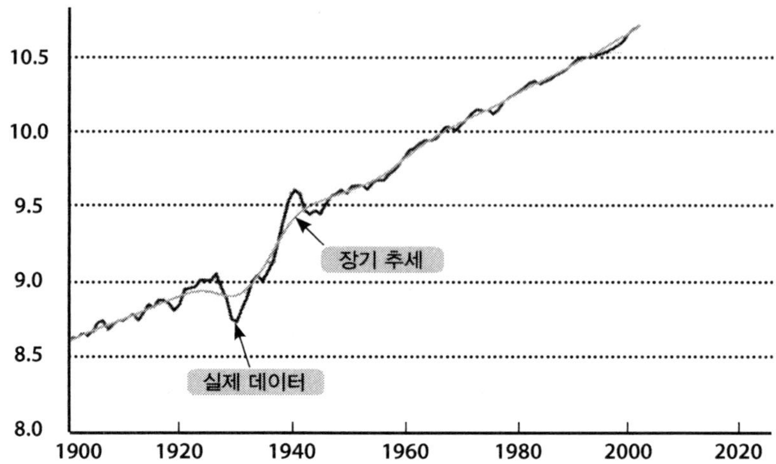

〈그림 21〉

〈그림 21〉에서 실제 1인당 국민소득 시계열과 구분되는 '부드러운' 곡선이 바로 양심적이고 공평무사한 '전자공학자'의 눈에는 지난 100년 동안 '주기가 없는 주기'이다. 환언하면 극단적 저빈도수(low frequency)를 가진 장기 주기의 정점(peak)에 아직 도달하지 않아 '상승하는 부드러운 곡선'으로만 관측되는, 반영구적이거나 상대적으로 '안정적으로 상승하는 요인'인 것이다.[30] 이 상대적으로 안정적이고 상승하는 곡선이 바로 100년 동안 1인당 국민소득의 상승추세를 이끄는 '요인'인 셈이다. 반면에 실제 시계열에서 단순히 이 상승추세를 제거한 '나머지' 변량을 다른 그림에 투사하면 아래와 같다(〈그림 22〉).

30 〈그림 21〉에서 y축은 1인당 국민소득 y가 아니라 log(y), 즉 로그 1인당 국민소득이다.

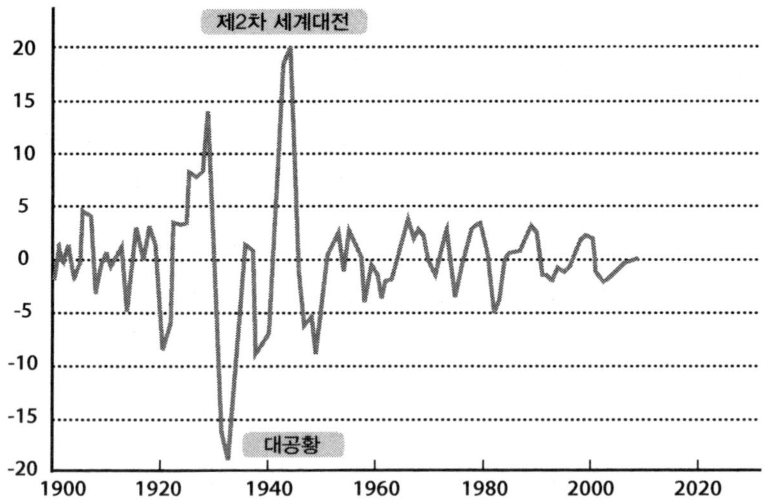

〈그림 22〉

〈그림 22〉에서 투사된 나머지 변량들의 움직임을 보면 우리가 상상 속에서 기대하는 매끈한 저점(peak)과 정점(trough)을 가진 주기(cycle)는 아니지만, '근사적'으로 주기의 형태를 띠고 있음을 육안으로 확인할 수 있다. 또한 〈그림 22〉에서 한 주기의 시간단위(duration), 즉 정점–저점–정점 또는 저점–정점–저점 사이를 보내는 시간은 '평균적'으로 3년에서 7년으로 계산된다. '전자공학자'의 눈에는 이 3년에서 7년 사이의 순환주기가 바로 케인즈가 말하는 '일시적이고 변동을 거듭하는 요인들'인 셈이다. 이제 〈그림 22〉에서 주기의 '진폭(amplitude)' 축의 양(陽)의 영역에 나타나는 주기의 정점들을 '경기호황(boom)'이라고 명명하자. 대칭적으로 주기의 진폭 축의 음(陰)의 영역에 나타나는 주기의 저점들을 '경기불황(recession)'이라고 명명하기로 하자. 명석한 '전자공학자'가 식별한 케인즈의 '일시적이고 변동을 거듭하는 요인들'

은 '주기 없는 주기'인 상승추세가 제거된 상태에서 바로 경기호황과 경기불황을 끊임없이 반복하는 '경기순환주기(business cycle)'로 환원된다.

그렇다면 '전자공학자'가 데이터에서 식별한 경기호황이라 불리는 주기의 정점과 경기불황이라 불리는 주기의 저점이 자본주의 사회에서 일상에서 먹고 사는 문제를 걱정하는 카페사장, 노동자, 주부, 사업가 등과 같은 시장참여자가 경험하고 인식하는 실제 '경기호황'과 '경기불황'은 일치할까? 다시 말하면 '전자공학자'가 데이터에서 추정한 '경기순환주기' 모형이 케인즈가 말하는 '현세계와 명백한 관련성을 드러내는 모형인가?'라는 질문으로 귀결된다. 놀랍게도 〈그림 22〉에서 이미 전자의 질문에 대한 답을 발견할 수 있다. 〈그림 22〉에서 나타난 경기순환주기의 저점 중에서 저점이 바로 1930년대의 '대공황(Great Depression)'이다. 마찬가지로 경기순환주기의 정점 중 정점이 바로 1940년대 '제 2차 세계대전'이다. 즉 〈그림 22〉의 정점들은 모두 역사적으로 '경기호황'의 경험으로 확인되고, 저점들은 모두 '경기불황'의 잔인함과 고통으로 기억된다. '전자공학자'의 주기관념이 역사적으로 경험하고 인식했던 '경기순환주기' 관념과 일치하는 '별의 순간'을 맞이한 셈이다.

이제 '경기순환주기'와 관련하여 마지막으로 〈그림 22〉에서 나타나는 주기의 '진폭' 축에 관해 보다 상세히 알아보자. '전자공학자'가 구사한 주기별 식별의 결과인 〈그림 21〉을 수식으로 표현하면 아래와 같다(〈그림 23〉).

$$\underbrace{y^{bc}}_{\text{〈그림 22〉의 경기순환 진폭}} \equiv \underbrace{\left[\log(y_t) - \log\left(y_t^{Trend}\right)\right]}_{\text{〈그림 19〉의 경기순환 변동 성분}} \qquad (1)$$

$$\approx \underbrace{\frac{y_t - y_t^{Trend}}{y_t^{Trend}}}_{\text{실제 1인당 국민소득과 〈그림 21〉의 상승추세 간의 편차율(백분율)}} (\times 100) \qquad (2)$$

〈그림 23〉[31]

〈그림 23〉의 수식의 결과는 그동안 경제학자들이 미처 간파하지 못한 '경기순환의 양적 단위' 개념을 제공한다. 〈그림 23〉에 의하면, 〈그림 22〉에서 정의된 경기순환주기의 진폭의 단위는 실제 1인당 국민소득과 〈그림 21〉에서 명석한 '전자공학자'가 식별해낸 부드러운 상승 곡선인 상승추세 간의 편차 백분율이다. 예를 들어, 〈그림 21〉에서 '세계 제2차 대전이라고 표시된 경기호황(정점)의 진폭이 20이다'라고 하는 것은 실제 세계 제2차 대전 당시 미국의 1인당 국민소득과 상승추세 간의 편차 백분율이 20%이라는 뜻이다. 명석한 '전자공학자' 덕분에, 이제 경제학자들은 경기호황 또는 경기불황의 크기라는 양적 개념을 갖는 것이 가능해졌다. 〈그림 19〉의 '호드릭·프레스캇 경기순환주기 필터 모형'이 1980년에 정식으로 소개되었다는 사실을 감안할

31 〈그림 23〉의 식 (1)에서 식 (2)로 넘어가는 과정에서 기초 미적분학에서 다루는 테일러 전개 공식의 이해가 필요하다. 즉 로그 함수 log(1+x) (0〈x〈1)를 임의의 x 근방에서 테일러 근사 다항식을 전개하여 2차 이상의 오차를 무시하면, 식 (2)를 도출할 수 있다.

때, 더군다나 〈그림 23〉의 식 (1)에서 정의된 경기순환주기의 진폭의 단위는 〈그림 19〉의 '호드릭·프레스캇 경기순환주기 필터 모형'의 해와 동일하다. 먼저 '호드릭·프레스캇 경기순환주기 필터 모형'은 일종의 최적화 문제라는 것을 이해하자. 식 (1)의 우변은 바로 이 최적화 문제의 해와 같다.

또한 '주기 없는 주기'인 상승추세를 '장기 경제성장 경로(long-term economic growth path)'라는 이름으로 불러주면, 경기순환주기의 진폭의 단위는 실제 1인당 국민소득과 '장기 경제성장 경로' 간의 편차 백분율이다. '장기 경제성장 경로'라는 이름을 '잠재성장 경로'라는 애칭으로 불러주면, 경기순환주기의 진폭의 단위는 실제 1인당 국민소득과 '잠재성장 경로'간의 편차 백분율이다. '세계 제 2차 대전이라는 경기호황은 실제 1인당 국민소득과 잠재성장 경로 또는 장기성장 경로 간의 편차 백분율이 20% 이상인 대호황이다'라고 '전자공학자'는 이제 자신 있게 말할 수 있다. 경제학 용어를 활용하여 재미삼아 몇 가지 '이름 짓기' 놀이를 통해 '전자공학자'는 어느덧 가장 현대적인 '경제학자'로 거듭나게 된다.

여기서 더 나아가 '전자공학자'는 케인즈의 말씀을 보다 과학적으로 규명한 최초의 '경제학자' 자격도 얻게 된다. '반영구적이거나 상대적으로 일정한 요인'은 '장기 경제성장 경로(long-term economic growth path)'로 식별하였고, '일시적이고 변동을 거듭하는 요인'은 '비가역적이고 검증 가능한' '경기순환주기(business cycle)'로 투사하였다. '현세계와 관련성을 갖는' 1인당 국민소득이라는 거시경제의 대표적인 경제변수 또는 경제지수는 경기순환주기의 진폭과 장기 경제성장 경로라는 두 개의 요인으로 '과학적'으로 규명된다. 케인즈가 말한 경제학 모형의 1차 목적인 반영구적이거나 상대적으로 일정한 요인과 일시적이고 변동을 거듭하는 요인의 구분을 완전무결하게 달성한 셈이다. 심지어 경제의 장기성장과 경기순환주기는 '상호 배타적이면서도 상호의존적인' 두 가지 요인으로 파악해야 한다는 통합적 사고의 방식도 보여준다. 상대적으로 고빈도수의 주기를 가진 경기순환은 장기 성장경로의 편차 백분율로 정의되기 때문이다. 장기성장 경로가 결정됨에 따라 경기순환의 진폭이 결정되고, 역으로 경기순환의 진폭이 장기성장 경로에 영향을 미친다.

'전자공학자'의 우연한 시선이 창조해낸 '경기순환주기' 개념을 아래와 같이 다소 과장된 방식으로 도식화 해보면, 지금까지 〈그림 21〉, 〈그림 22〉, 〈그림 23〉을 통해 식별했던 단기 경기순환주기와 장기 경제성장 경로간의 관계를 보다 명확히 인지할 수 있다(〈그림 24〉).

케인즈가 (거시)경제모형의 목적을 일시적이고 변동적인 요인이 특별한 경우에 일으키는 순차적 사건의 경로를 이해하는 것으로 한정한 것에 비해, '공학자'의 단순한 '전파주기 모형'이 오히려 (거시)경제모형의 목적을 보다 통섭적인 시선을 갖도록 승격시킨다. 사실 케인즈의 가장 유명한 격언 중 하나인 "장기적으로 우리는 모두 이미 죽음의 상태이다(In the long run, we are all dead)"라는 격언이 함축하듯이, 케인즈는 장기성장경로에 관해 별다른 의미를 부여하고 싶어하지는 않은 것으로 보인다. 실제 케인즈는 (거시)경제모형의 목적을 일시적이고 변동적인 경기순환주기 현상만을 논리적으로 이해하는 데 할애하고, 경제의 장기성장경로는 경기순환주기와는 독립적으로, 반영구적으로, 별도로 이해할 수 있는 경제현상으로 간주하였다.[32]

---

32 20세기 케인즈 경제학의 지향점과 정확히 180도 반대편에 있는 신고전학파 경제학을 대표하는 루카스는 장기성장경로를 무시한 채 일시적인 변동요인에만 몰입하는 케인즈의 견해를 사실상 '정신분열증(schizophrenia)' 증상으로 진단하였다. '대공황(Great Depression)'과 같은 예측불허의 일시적 사건이 발생할 때마다, 기존의 경제학 법칙을 '신에 대한 믿음을 부정하는 방식'으로 과격하고 임시적(ad hoc) 방편으로 편집하는 경제학자의 변덕스러운 성향을 꼬집은 것이다. 보편적 경제학 법칙에 의하면 '상품'의 수요와 공급이 일치하는 지점에서 '상품'의 가격은 결정되는 법이다. 수요 및 공급과 관계없이 '상품'의 가격이 상당기간동안 고정되어 있어야 한다는 케인즈의 '가격의 경직성(price rigidity)' 개념은 정체도 없고, 형체도 없으며, 근거도 없는 임시적 방편이다. 대공황과 같은 극단적인 사고가 일어날 때마다 자애롭고 관용의 화신인 신의 존재를 기꺼이 부정해버리는 '인간의 나약함'이 바로 '가격의 경직성'으로 상징적으로 나타남을 지적한 것이다. 아인슈타인이 '우주 상수'를 가정하고 그의 우주연립방정식 해답을 얻은 것을 '일생 최대의 실수'라고 회개했듯이, '가격경직성'이라는 '가격상수'를 가정하여 경제학의 일반균형 연립방정식의 해답을 얻은 것은 경제학의 획기적인 혁신이라 볼 수 없다. 이런 연유로 루카스는 경제학의 일반균형 연립방정식 중 가격방정식을 고정시키는 방식으로 방정식 하나를 망가트린 케인즈 경제학을 왜 경제학설사에서 케인즈 혁명(Keynesian revolution) 시대로 명명하는지 모르겠다는 견해를 피력하였다(Lucas, R. E., Jr., "Review: *John Maynard Keynes* Volumes 1 and 2," *Jounral of Modern History* 67 (1995): 914–917). '이미 죽은 경제학자의 노예(the slaves of some defunct economist)'가 되지 말라는 케인즈의 경고가 여전히 유효한 명제이며 그 명제가 유효하다는 것을 증명하는 산 증인이 바로 케인즈 자신에게 해당됨을 루카스는 넌지시 시사한 셈이다.

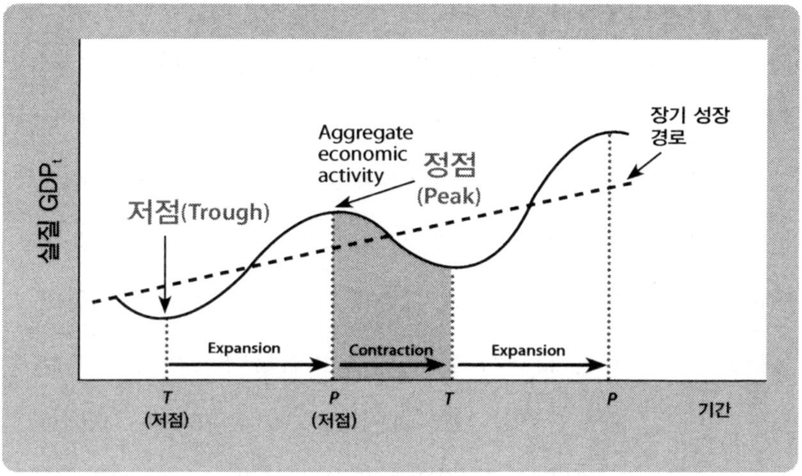

〈그림 24〉

더욱 놀라운 것은 1980년대에 들어서서야 비로소 소위 주류 거시경제학계가 〈그림 24〉에서 도식화된 경기순환주기 개념을, 경기순환주기의 '과학적인' 정의로 받아들였다는 점이다. 사실 〈그림 19〉의 '호드릭·프레스캇 경기순환주기 필터 모형'을 활용하여 순환주기와 장기추세라는 두 가지 주기만을 분해하는 것은 전파주기에 익숙한 '전자공학자'의 입장에서는 학부과목 연습문제와도 같다. 애덤 스미스의 『국부론』 이래로 수많은 '경기순환'에 관한 담론과 이론이 전개되었음에도 불구하고, 실제 '경기순환'의 양적단위에 대해서 오랜 기간 동안 경제학자 모두가 무지했다는 점은 거의 스캔들에 가깝다.[33]

33 사실 애덤 스미스의 『국부론』을 근대 경제학의 시작 시점으로 설정한 것조차도 임의로 설정한 것임을 감안할 때, '오랜 기간 동안'의 오랜 기간은 로마제국까지도 거슬러 올라갈 수 있다.

심지어 1936년에 발표한 케인즈의 대표적 저작 『고용·이자 및 화폐의 일반 이론』에서 '경기순환주기(business cycle)'을 뜻하는 '거래순환주기(trade cycle)'에 관해 수없이 논의되었음에도 불구하고, 〈그림 24〉와 같이 명확한 양적 개념으로 '거래순환주기'를 확정하지는 못했다. 더군다나 20세기 러시아의 위대한 수학자 안드레이 콜모고로프(Andrei Kolmogorov)가 1933년 저작 『확률론의 기초』에서[34] 수학 해석학의 측도론(measure theory)를 활용하여 현대 확률론의 수학적 기초를 확립한 이래로, 괄목할 만한 진보를 이룬 통계학(statistics)·계량경제학(econometrics)의 영역에서 '전자공학자'라고 불리는 아이들의 장난과 같은 〈그림 24〉의 경기순환주기를 명확하게 식별하지 못했다는 점 또한 스캔들을 넘어서 거의 미스터리에 가깝다. 물론 '호드릭·프레스캇 경기순환주기 필터 모형'은 전자공학부 학생들이 아니라, 계량경제학에 관한 상당한 수준의 전문성을 가지고 있던 재무경제학자 호드릭과 2004년 실물경기변동이론으로 노벨경제학상을 수상한 거시경제학자 프레스캇에 의해 '발견'되었다. 우리가 왜 '호드릭·프레스캇 경기순환주기 필터 모형'이라고 부르는 이유이다.[35]

이제 다시 〈그림 19〉의 '호드릭·프레스캇 경기순환주기 필터 모형'

---

34 Kolmogorov, A. N. *Foundations of The Theory of Probability*. Isha Books, 2013.

35 Hodrick, R. J., and Prescott, E. C. "Postwar U.S. Business Cycles: An Empirical Investigation," *Journal of Money, Credit and Banking*, 29 (1997): 1–16. 호드릭·프레스캇 경기순환주기 필터 모형이 실제 발표된 시기는 1980년 미국 카네기 멜론 대학 조사·연구 보고서(working paper)를 통해서이다.

으로 돌아가서 앞서 논의해 왔던 여타 모형들과 비교해 보고자 한다. 이러한 비교를 보다 용이하도록 하기 위해 '협의의 의미'에서의 모형개념을 먼저 살펴보는 것이 도움이 된다. '협의의 의미'에서의 모형개념은 아래와 같이 도식화될 수 있다(〈그림 25〉).

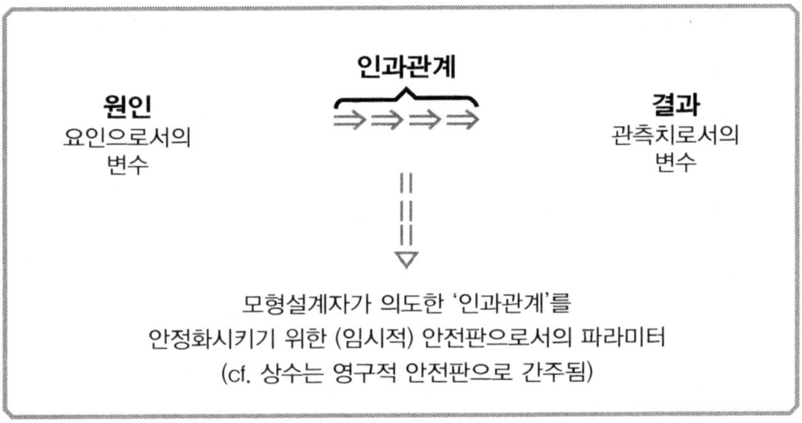

〈그림 25〉

'협의의 의미'에서의 모형개념은 무엇보다도 '인과관계 규명'이라는 명확한 목적을 가지고 있다. 즉 모형설계자가 의도한 '인과관계'를 규명하기 위한 목적을 위해, 행동변수군을 크게 두 개의 층위로 구분하는데, '원인'을 대표하는 변수군과 '결과'를 대표하는 변수군으로 구분한다. 이때 '결과'를 대표하는 변수군은 보통 관측 가능한 변수군으로 구성된다. 반면에 '원인'을 대표하는 변수군의 경우 관측 가능한 변수들과 소위 '잠재 변수(latent variable)'라 불리우는 관측 불가능한 변수들이 혼재되어 있다. 또한 원인과 결과의 관계를 매개하는 매개변수,

즉 파라미터는 인과관계를 안정화시켜 주는 '임시적인' 안전판 역할을 한다. 모형의 일반적 안정성 층위와 부합되게 파라미터는 변수들에 비해 보다 안정적인 주기를 가지고 있으나, 이는 모형설계자가 추구하고자 하는 특정 맥락 속의 인과관계를 안정화시킬 때만 '파라미터'로 간주되는 임시적 파라미터이다. 다른 맥락 속에서는 '파라미터'는 파라미터가 아니라, 원인과 결과를 구성하는 행동변수일 수도 있다. 그렇기에 우리는 파라미터를 인과관계를 안정화시키기 위한 '임시적인' 안전판이라 부른다. 반면에 슈뢰딩거 방정식의 플랑크 상수와 같은 상수는 인과관계를 안정화시키는 '영구적인' 안전판이라 불릴 수 있겠다.

'협의의 의미'에서의 모형을 설계한 모형설계자의 입장에서는 원인을 구성하는 변수들조차도 '잠재 변수'가 아니라, 관측 가능한 변수들로 구성되길 원한다. 관측 가능한 변수들로 인과관계를 구성할 때, 진정으로 실증적인 모형, 또는 과학적인 모형으로 격상될 수 있기 때문이다. 따라서 '원인'의 층위를 구성하는 변수들 중에서 관측 불가능한 '잠재변수'는 여하튼 관측 가능한 변수들로 '환원'되거나 또는 파라미터 중 하나로 '환원 격하'되어야 한다. 이때 관측 불가능한 '잠재변수'가 관측 가능한 변수들 또는 파라미터로 '환원' 가능하다는 것을 보여주는 지침서의 역할을 하는 모형을 '구조적 모형(structual model)'이라고 부른다. 결론적으로 '협의의 의미'에서의 모형을 설계한 모형설계자는 존재하는 '구조적 모형'의 지침에 따라 관측 불가능한 '잠재변수'가 관측 가능한 변수들 또는 파라미터로 '환원'시키려 '노력'한다.

이러한 '노력'의 결과로 관측 가능한 변수들로만 구성된 인과관계를 규명하는 '협의의 의미'에서의 모형이자, 실증성 높은 모형을 '발견'할 수 있는데 그 결과물을 '축약형 계량모형(reduced-form econometric model)'이라고 부른다.[36] 특히 구조적 모형에 의해 '잠재 (행동)변수'가 '환원 격하'된 파라미터를 '행동 파라미터(behavioral parameter)'라고 부른다. 〈그림 25〉의 '협의의 의미'에서의 모형은 만일 원인과 결과의 범주에 드는 변수들이 모두 관측 가능한 변수들로 환원된다면, 사실상 '축약형 계량모형'인 셈이다. 물론 '협의의 의미'에서의 모형을 설계한 모형설계자가 운이 없어 본인의 모형을 관측 가능한 그 무엇인가로 환원해 줄 수 있는 구조적 모형이 존재하지 않을 경우, 모형설계자가 '축약형 계량모형'을 함의할 수 있는 '구조적 모형'도 스스로 설계해야 한다.

사실 2장 2절 '새케인즈학파 필립스 곡선'에서 논했던 일반균형모형과 부분균형모형 간의 관계가 바로 광의의 의미에서의 '구조적 모형'과 '축약형 모형(reduced-form model)' 간의 관계를 보여준다. 일반균형모형에서 부분균형모형으로 전이될 때, 일반균형모형의 정의상 일반균형모형의 행동변수 중 일부는 파라미터로 '환원 격하'된 것으로 볼 수 있기 때문이다. 또한 2장 2절에서 소개되었던 '새케인즈학파 필립스 곡선'(〈그림 4〉), 파마의 효율적 시장가설 모형(〈그림 7〉), 그리고 블랙·숄즈 파생상품가격 결정식 모형(〈그림 8〉)은 대표적 부분균형 모형

---

36 '축약형 모형'이라고 명명하기보다는 '환원형 모형'이라 불리는 것이 보다 타당해 보이나, 한국의 대부분의 문헌에서 '축약형 모형'이라 부르기에 여기서 그 관행을 따르기로 한다.

이나, 관측 가능한 변수들로만 구성된 '축약형 계량모형'에 비하면 상대적으로는 구조적 모형에 해당한다. 2장 2절의 부분균형모형들은 모두 '합리적 기대'라는 관측 불가능한 '잠재 변수'를 포함하고 있기 때문이다. 따라서 실증적인 '축약형 계량모형'이 되기 위해서는 '합리적 기대'라는 '잠재변수'는 관측 가능한 변수들로 환원되거나, '행동 파라미터'로 환원되어야 한다. '합리적 기대' 항을 가진 부분균형모형과 '축약형 계량모형' 간에 다시 '구조적 모형'과 '축약형 모형' 관계가 형성된다.

2장 2절에서 이미 논의했듯이, '합리적 기대'라는 변수는 경제모형의 속성이 '규범적 예언'에 있음을 가리키는 표식이다. 따라서 '합리적 기대'를 핵심 요인으로 간주하는 일반균형 또는 부분균형 모형은 '규범적 예언'을 위한 모형이고, 이런 의미에서 구조적 모형의 본질은 '규범적 예언'을 일차적 목적을 갖는다고 추론할 수 있다. 반면에 축약형 계량모형은 관측 가능한 인과관계를 통해 오로지 '실증적 예언'을 위한 목적을 갖는다고 말할 수 있으므로, 구조적 모형과 축약형 계량모형의 차이는 '규범적 예언'과 '실증적 예언'이라는 예언의 두 개의 층위를 구분하는 것으로 볼 수 있을 것이다.[37]

물론 예언에서 두 개의 구분되는 층위를 갖는다고 해서 '구조적 모형'과 '축약형 계량모형'이 독립적으로 분리되어 존재할 수는 없다. 정의상 '구조적 모형'은 '축약형 계량모형'을 내포해야 하기 때문이다. 만일 '구조적 모형'을 무시하고 '축약형 계량모형'을 독립적으로 설계

37 제3장에서 일반적 경제모형에서 '규범적 예언'과 '실증적 예언' 층위 간의 관계에 대해 보다 심도 있게 논의한다.

가능한 그 무엇인가로 파악해 버리면, '여자의 치마길이가 짧으면, 거시경제는 불황국면에 진입한다'는 '축약형 계량모형'의 오류를 범하고 만다. 반면에 '축약형 계량모형'으로 환원 불가능한 '구조적 모형'은 공허한 수학자의 '그릇 모형'으로 환원될 위험에 처하게 된다.

'구조적 모형'에서 '축약형 계량모형'으로의 전이가 명확한 상호관계를 드러낼 때, '경제학은 현 세계와의 명백한 관련성을 드러내는 모형을 근거로 사유하는 학문이며 또한 그러한 모형을 선택해야 하는 기예'라고 선언한 '케인즈의 푸가양식'은 완성된다. 바흐의 평균율 클라비어 곡집과는 다르게 케인즈는 '구조적 모형'이라 불리는 '푸가양식'을 확립한 후, '축약형 계량모형'이라는 '전주곡'을 작성하는 방식을 보여준다. 즉 실험성을 대표하는 '전주곡'과 바로크시대의 규범성을 보여주는 '푸가'가 역방향으로 진행된 것이 바로 케인즈의 푸가양식인 셈이다.

만일 제1장에서 경제 역학 체계의 균형은 수학적으로 고정점 정리를 만족하는 고정점 $\hat{x}$와 함수 f를 '경제 동학 체계' 안에서 내재적으로 동시에 결정해야만 균형을 의미한다는 것을 기억하는 독자가 있다면(1장 주석 6 참조), '구조적 모형'은 고정점 정리 관계를 만족하는 균형점이 존재하는 '균형모형'이라고 칭할 수 있다. 따라서 '구조적 모형'은 '경제 동학 체계' 안에서 고정점 정리 관계로 내재적으로 동시에 결정되는 균형의 성질로 기술되기에 '구조적 모형'의 속성은 바로 '동시성'에 있다. 반면에 '축약형 계량모형'은 원인과 결과라는 '순차성'에 의해 규정된다. 케인즈가 말한 "일시적 변동 요인이 특별한 경우에 일으키는 순차적 사건의 경로"는 바로 '축약형 계량모형'의 '순차성'을 의미한 것인지 모른다.

이제 〈그림 25〉의 협의의 의미에서의 모형이라는 개념, '구조적 모형'과 '축약형 계량모형'과의 차이 등을 염두에 두고 〈그림 19〉의 호드릭·프레스캇 경기순환주기 필터모형을 재검토해 보자. 〈그림 19〉의 '평활화 파라미터(smoothing parameter)' λ는 바로 앞서 서술한 인과관계를 안정화시키는 임시적 안전판이라고 할 수 있다. '평활화 파라미터'는 인과관계를 '임시적'으로 안정화시킨다는 목적에 부합되게 평활화 파라미터 λ가 변함에 따라 '경제 성장 추세' 곡선의 부드러움(평활화) 정도는 '자의적'으로 결정될 수 있다. 예를 들어, 〈그림 19〉에서 파라미터 λ가 '무한대'라는 숫자 ∞를 취할 경우 〈그림 19〉의 목적함수는 '무한대'가 되어 버린다. 그런데 〈그림 19〉의 문제는 목적함수의 값을 최소화하는 것이 목적이므로 최소화할 수 있는 유일한 방법은 '무한대'를 담고 있는 항을 제거해야만 한다. 그렇다면 목적함수의 두 번째 제곱 항이 영이 되는 '추세선'을 선택해야 한다. 이는 추세선이 직선이어야 한다는 것을 의미한다. 즉 파라미터가 무한대 값을 취할 때 '경제 성장 추세'는 가장 매끄러운 직선이 된다. 반면에 파라미터 λ가 0의 값을 취할 경우 목적함수의 두 번째 제곱 항은 자동적으로 0이 된다. 〈그림 19〉의 문제는 목적함수의 값을 최소화하는 것이 목적이므로 최소화할 수 있는 유일한 방법은 첫 번째 제곱항이 0이 되도록 하는 것이다. 다시 말하면, 선택해야 할 추세선이 데이터에서 나타나는 실제 1인당 국민소득선과 일치해야 한다. 1인당 국민소득은 비록 상향 추세를 가지지만 '경기변동'으로 인해 굴곡이 발생하므로 가장 굴곡이 많은 추세선이다. 즉 평활화 파라미터 λ가 0 또는 무한대를 취함에 따라 가장 굴곡이 많은 추세선에서 가장 매끄러운 추세선을 선택하게 된다. 따라서 평활화 파라미터 λ가 0과 무한대 사이 어떤 유한한 값을 취함에 따라 '경제 성장 주기' 곡선의 부드러움은 '자의적'으로 결정될 수 있다. 따라서 우리가 '구조적 모형'을 통하여 식별한 '경기 순환 주기'와 '경제 성장 추세'의 개념을 '안정화'시킬 수 있도록 평활화 파라미터 λ는 '임시적'으로 고정되어야 하고, 따라서 '파라미터'의 의미를 갖는다.

여기서 덧붙여 주목해야 할 점은 호드릭·프레스캇 경기순환주기 필터모형의 평활화 파라미터 λ는 '구조적 모형'에서 파생되거나 환원의 과정 거친 '행동 파라미터'가 아니라는 점이다. 즉 '구조적 모형'에서 유한 수의 추론 과정을 거쳐 식별된 파라미터가 아니다. 순전히 '축약형 계량모형'의 원인과 결과로 순서 놓아진 '순차성'을 안정화시키기 위한 '이유 없는' '통계적' 파라미터라는 점이다. 〈그림 22〉에서와 같이 한 경기순환 주기의 시간단위(duration), 즉 정점–저점–정점 또는 저점–정점–저점 사이를 보내는 시간이 '평균적'으로 3년에서 7년이었다는 '과거'의 사실을 확증하고 '안정화'시키기 위한, 또는 '과거'의 사실을 '안정화'시키기 위해 (통계학자에 의해 인위적으로) 최적화된 '과거지향적인(backward–looking)' 파라미터이다. 다시 말하면 '과거의 사실'을 반복적으로 재확인하는 것이 '언제나' 가능하게 한다는 의미에서의 '과거지향적인' 파라미터이며 이 '과거지향적인' 파라미터가 안정화시킨 인과 관계를 '언제나' 예측가능하게 함으로써 실증적 예언을 극대화시킨다는 의미에서의 파라미터이기도 하다.

만일 '호드릭·프레스캇 경기순환주기 필터모형의 평활화 파라미터 λ는 어떤 '구조적 모형'에서 식별된 파라미터이다'라는 '반사실적' 가설로부터 출발한다면, 파라미터 λ는 '과거지향적인' 파라미터가 아니라, '행동 파라미터'이며 '미래지향적인(forward-looking)' 파라미터이어야 한다. 즉 어떤 '구조적 모형'의 '잠재변수' 중 하나 또는 여러 개의 '잠재변수'들의 모임이 압축되어 파라미터 λ로 환원되어야 할 것이다.

보통 '구조적 모형'의 '잠재변수'는 직접적으로 관찰될 수 없는 '행동변수'로 구성되어 있다. 또는 사후적(事後的, *ex post*)이나 또는 경험적(經驗的, *a posteriori*)으로 관찰할 수도 있으나, 사전적(事前的, *ex ante*)으로, 또는 선험적(先驗的, *a priori*)으로 관찰할 수 없는 '행동변수'로 구성되어 있다. 특히 경제학의 '구조적 모형'의 대상은 경제활동을 영위하는 '사람'이므로 여기에서 '구조적 모형'의 '행동변수'는 사람의 행동을 결정하는 원인의 인자들을 추적하기 마련이다. 그 인자들은 결국 사람이 의사결정을 하기에 앞서 축적하는 정보의 양, 어떤 외부 신호에 대한 해석 및 대응, 사람의 선호, 어떤 특정한 의사결정이 미래의 상태에 어떠한 영향을 미칠 것인가에 관한 전망, 그 전망에 따른 사전 계획 등을 포함한다. 이러한 인자들은 직접적으로 관찰 불가능하거나, 적어도 사전적으로 관찰 가능하지 않다. 특히 이러한 입자들은 압축적으로 사람의 '사전적(事前的, *ex ante*) 기대심리'로 요약 또는 환원될 수 있을 것이다. 파라미터 λ가 이러한 '행동변수'들로부터 압축,

파생된 '행동 파라미터'라면, 파라미터 λ는 사람의 '사전적 기대심리'에 관한 '어느 정도의 정보'가 반영되어 있을 수밖에 없을 것이다. 그런데 사람의 '사전적 기대심리'라는 영역이야말로 현대경제학이 식별한 '미래지향적인' 규범적 예언이 생명력을 얻어 성립될 수 있는 활동의 장이자 고리가 된다. 따라서 이러한 '사전적 기대심리'의 정보가 반영되어 있는 행동 파라미터는 '미래지향적인' 속성을 내포할 수밖에 없고, 그렇기에 '미래지향적인' 파라미터일 수밖에 없다.

다시 호드릭·프레스캇 경기순환주기 필터모형의 평활화 파라미터 λ는 '미래지향적인' 파라미터일 수밖에 없다라는 '반사실적' 가설로 돌아가서 추론해 본다면, 파라미터 λ는 어떠한 '구조적 모형'에서 파생된 '규범적 예언'에 관한 적어도 '신호'가 축약되어 있어야 할 것이다. 그러나 파라미터 λ에서 경제활동을 영위하는 '사람'에게 '십계명' 같은 지침의 증거를 찾기란 거의 불가능해 보인다. 만일 파라미터 λ가 굳이 '규범적 예언'의 자취가 있다고 굳이 말한다면, 〈그림 22〉에서와 같이 한 경기순환 주기의 시간단위(duration)가 '평균적'으로 3년에서 7년이고 이러한 호황과 불황의 반복적인 경기순환을 안정화시키는 파라미터 λ는 경제활동을 영위하는 사람들을 '도덕적인 이유'로 훈육시키기 위해 또는 경제의 '효율적인' 배분을 위해 반드시 겪도록 해야 한다는 '규범적 예언'을 위해서 설정되었다고 말하는 것과 같다. 오히려 파라미터 λ에서 '규범적 예언'은 흔적도 없이 사라져버렸다고 보는 것이 보다 설득력 있어 보인다. 그렇기에 미래를 지향하는 규범적 예언이 완전히 사라졌거나 제거된 상태, 즉 과거를 지향하기만 되는 상태를 의미한다는 점에서 파라미터 λ는 '과거지향적인' 파라미터이다.

이제 보다 섬세한 감각을 가진 독자라면 〈그림 19〉의 호드릭·프레스캇 경기순환주기 필터 모형과 제2장 2절에서 논의했던 경제모형과의 본질적 차이는 바로 '축약형 계량모형'과 '구조적 모형'과의 차이라고 선언해도 과언이 아니다. 무엇보다도 호드릭·프레스캇 경기순환주기 필터 모형은 관측 가능한 변수 '실질 1인당 국민 총생산(GDP)'에서 출발하여 '경기 순환 주기'와 '경제 성장 추세'라는 요인들을 관측 가능하게 환원한 모형으로 결국은 '경기 순환 주기'와 '경제 성장 추세'라는 원인과 '실질 1인당 국민 총생산'이라는 결과를 매개한 인과관계를 조명한 '축약형 계량모형'인 셈이다. 그러나 동시에 평활화 파라미터 λ는 '과거의 사실'을 반복적으로 재생하는, 즉 실증적 예언을 극대화하고 안정화시키는 과거지향적인 파라미터이며, 경제모형의 핵심적 속성인 '규범적 예언'을 담을 미래지향적인 파라미터와는 '분절화'가 이루어져 있다. 이는 예언이 규범적 예언과 실증적 예언 두 개의 구분되는 층위를 갖는다고 해서 '구조적 모형'과 '축약형 계량모형'이 독립적으로 분리되어 존재할 수는 없다는 주장과 배치되는 것이다. 이미 강조했듯이 '구조적 모형'을 무시하고 '축약형 계량모형'을 독립적으로 설계 가능한 그 무엇인가로 파악해 버리면, '여자의 치마길이가 짧으면, 거시경제는 불황국면에 진입한다'는 '축약형 계량모형'의 오류에서 결코 벗어날 수 없다.

사실 호드릭·프레스캇 경기순환주기 필터 모형의 파라미터 류의 과거지향적인 파라미터를 활용하여 경제학의 '구조적 모형'과 '분절화'

해버린 채 한 국민경제의 여러 가지 '총계 변수(aggregate variable)'들을 활용하여 우리가 실세계에서 경험하는 경제의 호황과 불황 국면 사이의 반복적이고 주기적인 순환은 우리가 자본주의 체제 안에서 경제활동을 영위하는 한 '감기처럼' 항상 겪고 살아야할 '체계적 위험(systematic risk)'임을 최초로 확정한 이들은 번스(Arthur F. Burns)와 미첼(George W. Mitchell)이었다(Burns, A., and Mitchell, W. C. *Measuring Business Cycles*. National Bureau of Economic Research, New York, 1946). 여기서 '총계 변수(aggregate variable)'란 국민 총생산, 국민 총소비, 국민 총투자와 같이 국민경제의 경제인 각자가 경제활동을 영위하면서 선택한 개별적인 경제변수, 즉 개인의 투자, 생산, 소비 등과 관련된 가격과 물품의 양을 국민경제 전체의 입장에서 총합한 것을 말한다. 따라서 번스·미첼의 '경기순환' 모형 또한 호드릭·프레스캇 경기순환주기 필터 모형처럼 '구조적 모형'과 '축약형 계량모형'이 독립적으로 분리되어 존재할 수는 없다는 경제학의 소위 '예언의 쌍대성 원리'를 전적으로 위배하는 것이 된다.

실제 1946년 번스·미첼의 저작이 발표되었을 때, 1980년에 "계량경제 모형의 개발과 그 모형을 경제변동과 경제정책의 분석에 응용한 기여"로 노벨경제학상을 수상한 로렌스 클라인(Lawrence Klein)은 번스·미첼의 '경기순환' 모형을 경제학과 괴리된 통계학의 아류로 폄하하였다. '케인즈의 규범'을 '축약형 계량모형'에 이식시키고 접목시켜 소위 케인즈 규범을 가진 '구조적 계량모형'의 개발로 노벨상을 수상한 로렌스 클라인의 비판적 입장은 번스·미첼의 '경기순환' 모형은 '구조적 모형'과 '축약형 계량모형'이 분절화 될 수는 없다는 경제학의 '예언의 쌍대성 원리'를 위배한 것이라고 지적한 것을 재확인한 것에 불과한 것이다. 이러한 클라인의 비판으로 번스·미첼의 '경기순환' 모형은 1946년에 탄생하자마자 사실상 용도 폐기되었다.

그러나 번스·미첼의 '경기순환'에 관한 중요한 저작은 1980년대 실물경기변동이론가들에 의해 재평가되었고, 제10절에서 다룰 '실물균형경기변동이론(real business cycle theory)'이라는 이름하에 부활하였다. 역설적으로 번스·미첼의 '경기순환' 모형에 관한 가장 중요한 비판자였던 로렌스 클라인은 1980년대 실물경기변동이론가들에 의해 그의 '구조적 계량모형'은 우리 용어에 의하면 '구조적 모형'과 '축약형 계량모형'이 분절화한 모형에 불과한 것으로 비판받았다. '케인즈의 규범'이 이식된 '구조적 계량모형'이라는 클라인의 바람과는 달리, 실물경기변동이론가 입장에서는 클라인의 '구조적 계량모형'은 '구조적 모형'이 아니라 케인즈의 규범적 예언이 반영될 수 없는 '과거지향적' 파라미터로 점철되어 있는 분절화된 '축약형 계량모형'에 불과하였다.[38] 번스·미첼의 '경기순환' 모형이 1946년에 분절화된 '축약형 계량모형'으로 사실상 용도 폐기된 것처럼, 클라인의 '구조적 계량모형'은 1980년대에 분절화된 '축약형 계량모형'으로 사실상 용도 폐기의 절차를 밟게 된다. 역사의 역설적 순환과 변증법적 발전을 보여준 사례인 셈이다.

---

38 제3장에 등장하는 '루카스 비판(Lucas's critique)'의 개념에 의하면, 클라인의 '구조적 계량모형'은 '루카스 비판'이 단도직입적으로 적용되는 결정적 사례이다.

그렇다면 호드릭·프레스캇 경기순환주기 필터 모형을 포함한 적어도 표면상으로 보여주고 있는 '규범적 예언'과 '실증적 예언'이 분절화된 '축약형 계량모형'을 어떻게 경제모형의 주요 속성인 '예언의 쌍대성 원리'를 준수하는 방식으로 극복할 수 있을까? 이러한 기본적인 의문에 대해 진지하게 고민했던 경제학자가 바로 로렌스 클라인이었고, 1980년대 실물경기변동이론가들이었던 것이다. 이제 1980년대 실물경기변동이론가들이 어떻게 호드릭·프레스캇 경기순환주기 필터 모형을 '구조적 모형'의 맥락 속에 편입시켰는지 간단히 살펴보고자 한다.

먼저 호드릭·프레스캇 경기순환주기 필터 모형의 직접적 대상인 총계변수의 의미를 다시 살펴볼 필요가 있다. 총계변수란 각 경제활동을 영위한 각 경제주체가 이미 의사결정을 내린 결과, 그 결과물들을 관찰하여 총합한 상태, 즉 사후적이며 실증적인 변수이다. 따라서 이 총계변수에는 경제주체의 사전적 기대심리가 공룡의 화석 자취처럼, 총계변수의 데이터에 산재되어 있다. 다시 말하면, 사전적으로는 관측하기 어려운, 어떤 규범적 예언에 따라 행동했던 경제 주체의 규범적 예언의 흔적이 총계변수에 내재되어 있다. 결국 호드릭·프레스캇 경기순환주기 필터모형이 다루는 경기순환 주기, 경제 성장 추세, 그리고 직접 관찰한 1인당 국민소득이라는 총계변수에는 이미 '규범적 예언'이 내재되어 있는 것이다.

따라서 1980년대의 실물경기변동이론가들이 '구조적 모형'과 '축약형 계량모형'의 분절화를 극복하기 위한 방법은 호드릭·프레스캇 경기순환주기 필터모형이 1인당 국민 총생산 데이터에서 식별한 〈그림 22〉의 '경기 순환 주기'의 '관측치'가 '정말로' 우리가 경험하고 인식하고 있는 '경기 순환 주기'임을 확증하기 위해, 사전적이고 규범적 예언을 담은 '잠재변수'들로 구성된 '구조적 모형'의 경제인들이 이미 의사결정을 내린 결과 그 결과물들이 관찰 가능한 총계변수에 반영되어 있다는 '대전제'하에 '역설계공학(reverse-engineering)'적으로 총계변수에서 '규범적 예언'의 자취를 추적해 가는 것이다. 이러한 '역설계공학'적 추론을 통해 〈그림 21〉의 '경기 순환 주기'가 '규범적 예언'을 따른 경제인들의 결과이며 따라서 '실증적 예언'으로 환원된 것이라고 결론내리는 것이다. 제10절 '실물균형경기변동이론'에서 〈그림 21〉의 '경기 순환 주기'의 '관측치'가 어떻게 다수의 '잠재변수'들로 구성된 '구조적 모형'인 '실물균형경기변동이론'에서 식별된 '경기 순환 주기'로 추론, 환원될 수 있는지 볼 수 있을 것이다. 〈그림 20〉에서 추정된 '경제 성장 추세' 요인 또한 불가피하게 '잠재변수'들로 구성된 '구조적 모형'의 지침에 따라 '경제 성장 추세'임이 추론되거나 또는 관측 가능한 그 무언인가로 환원되어야 하는 과정을 거쳐야 할 것이다. 즉 '경제 성장이론'이라는 '구조적 모형'을 통해 식별된 '경제 성장 추세'로 추론 및 환원될 수 있어야 한다. 실제 칼도(Kaldor)의 '균형성장경로(balanced growth path)'를 내포하고 있는 어떠한 '경제성장이론'도 '경제 성장 추세'라는 관측치로 환원할 수 있는 '구조적 모형'의 자격이 있다.[39] 결론

39 균형성장경로(balanced growth path)란 이상적인 경제성장의 조건을 지칭하는 것이다. 임의의 경제가 균형성장경로에 있다면 경제의 국민총소득과 총 자본량은 동일한 성장률로 성장하고 따라서 자본소득배분과 노동소득

적으로 특정한 '규범적 예언'을 담은 배후의 '구조적 모형'의 규범적 예언이 실제 호드릭·프레스캇 경기순환주기 필터모형이 보여주는 '실증적 예언'과 일치함을 보여주는 방식으로 '구조적 모형'과 '축약형 계량모형'의 분절화를 극복하는 것이 1980년대 실물경기변동이론가의 방식이다.

8. 변증법

> 변증법은 그 신비로운 형태로 독일에서 유행했다. 왜냐하면 변증법이 현존하는 것을 찬미하는 것 같았기 때문이다. 그러나 변증법은 그 합리적인 형태에서는 부르주아지와 그 이론적 대변인들에게 분노와 공포를 줄 뿐이다. 왜냐하면 변증법은 현존하는 것을 긍정적으로 이해하면서도 동시에 그것의 부정, 즉 그것의 불가피한 파멸을 인정하기 때문이며, 또 변증법은 역사적으로 전개되는 모든 형태들을 유동상태·운동상태에 있다고 여김으로써 그것들의 일시적 측면을 동시에 파악하기 때문이며, 또한 변증법은 본질상 비판적·혁명적이어서 어떤 것에 의해서도 제약을 받지 않기 때문이다.
>
> —마르크스의 『자본론』 독일어판(1867) 서문에서

모형의 관점에서 '철학'의 의미를 정한다면, '철학'이란 존재하는 우리의 사유에 관한 모형, 즉 '사유모형'이라 볼 수 있다. 그렇다면 특정한 '사유모형'은 우리로 하여금 그 '사유모형'이 제시하는 '사유모형'

배분이 항상 일정한 비율을 유지하게 된다. 호사가들의 말하는 '잠재성장률'은 바로 균형 성장 경로 선상에 있는 경제의 성장률을 부지불식간에 지칭한다.

특유의 사유방식을 채택하도록 촉구하기 마련이다. 따라서 '헤겔철학'을 '사유모형'의 일종으로 간주할 때, '헤겔철학'은 우리로 하여금 '헤겔철학'이 제시하는 특유의 사유방식인 '변증법적 사유' 방식을 채택하도록 촉구하는 것이 된다. 이 절에서는 '변증법적 사유' 방식을 일종의 '사유모형'으로 예시하여 케인즈가 주장한 경제학 고유의 모형양식이라는 것이 결국은 우리가 알고 있는 일반적인 모형과 다름없다는 '반사실'적 가설의 타당성 여부를 검토하고자 한다.

'변증법적 사유방식'이란 '통속적'으로 명제·반명제·합명제 또는 테제·안티테제·진테제의 삼중의 도식으로 표현된다. 그러나 헤겔 자신이 누구보다도 이러한 삼중의 도식의 의미로서의 변증법 개념이 활용되는 것에 대해 격렬히 반대하였다.[40] 『정신현상학』에서 헤겔은 "그러한 지혜의 요령은 그것을 사용하기 쉬운 것과 마찬가지로 곧 습득할 수 있다. 그것이 알려질 경우 그것을 반복하는 것은 간파된 마술을 반복하는 것처럼 견딜 수 없게 된다"고 선언함으로써 사유방식으로서의 변증법이 기계적인 무언가로 타락하는 것을 극히 경계하였다. 정·반·합이라는 삼중의 도식이 마치 '보편적인' 제일의 절대원리로 간주되는 것에 그 스스로가 '참을 수 없는 가벼운 존재'임을 느꼈기 때문이다.

변증법 사유의 '핵심'은 바로 '보편적인' 제일의 절대원리를 부정하는 것이다. 모든 개념은 '부정(aufheben)'의 계기를 통한 '개념의 운동' 상태이고, 사유의 주체와 객체 사이에서도 주체가 '부정(aufheben)'의

40 테오도르 아도르노(Theodor W. Adorno)의 『변증법 입문』(홍승용 옮김).

힘을 통해 객체의 규율 및 힘과 무게에 스스로 복종하기를 거부하는 '개념의 노동' 상태에 있기 때문이다. 이런 의미에서 모든 명제는 반명제를 동시에 내포하고 있다. 따라서 '부정(aufheben)'의 계기는 개념 외부의 초월적 힘에 의한 계기가 아닌 내재적인 것이다. 즉 변증법에서의 비판은 내재적 비판이다. '이상적인' 사회주의를 상정하고 비판하는 것이 아니라, 자본주의 사회가 자유롭고 정의로운 사회라는 사고를 '부여된 바', 즉 '소여(所與, datum)'로 일단 받아들이고 비판을 수행하는 마르크스의 자본주의 비판이 바로 변증법적 사유에 철저한 내재적 비판의 사례로 간주될 수 있다.

마르크스의 저작인『자본론』의 서술형식을 살펴보면 일관성 있는 어떤 '규칙'을 발견할 수 있는데, 이 '규칙'이 바로 변증법의 내재적 비판을 그대로 드러낸 것이라 하겠다. 마르크스는 항상 기존 고전파 경제학자나 당시 현존하는 경제사상가의 견해를 명제 혹은 태제로 삼아 논증한다. 예컨대 은행자본을 조명할 때, 기존사상가의 이론을 아래와 같이 검토하는 것으로 출발한다.

> "방금 본 바와 같이 풀라턴(John Fullarton) 등은 유통수단으로서 화폐와 지불수단으로서 화폐(또한 금의 유출이 관련되는 경우에는 세계화폐로서 화폐) 사이의 구별을 유통수단('통화')과 자본 사이의 구별로 전환시키고 있다. 계몽적인 경제학이 화폐는 자본이 아니라고 열렬히 주장한 것과는 반대로, 이 은행업자의 경제학은 화폐가 실제로 가장 뛰어난 자본이라는 것을 열렬히 주장하고 있는데, 이것은 자본이 수행하는 색다른 기능 때문이다."

또한 자본 축적의 일반 법칙을 논할 때, 스미스의 『국부론』의 일부를 인용하는 것으로 출발한다.

> "자본주의체계의 일반적 토대가 일단 주어지면, 축적과정에서 사회적 노동의 생산성 발전이 축적의 가장 강력한 지렛대로 되는 하나의 시기가 온다. 스미스는 이렇게 말한다. '노동임금을 상승시킨 바로 그 원인, 즉 자본의 증가는 노동생산력을 증가시켜 더 적은 노동량으로 더 많은 생산물을 만들게 하는 경향이 있다'(『국부론』(상): 113~114)."

마르크스의 내재적 비판은 단순히 자본주의가 주장하는 자유와 정의의 이념을 철저하게 부정하여 용도 폐기하는 것이 아니라, 자유와 정의의 이념 자체가 현실의 '특수'와 '매개(mediation)'될 때, '부정(aufheben)'의 과정을 통하여 자유 및 정의 개념 자체들을 수정하는 것, 즉 '대비(entgegensetzung)'의 상태로 승화시키는 것을 말한다.

여기서 변증법 사유의 '부정(aufheben)'은 단순한 부정이 아니라는 것을 주지할 필요가 있다. 사실 독일어 'aufheben'은 '부정하다' 또는 '부인하다'는 의미와 더불어 '어떤 상태를 보존하다'라는 뜻을 동시에 가지고 있다. 따라서 변증법의 '부정'은 개념 또는 사태의 모순을 지적하는 것에 그치는 것이 아니라 그 개념 및 사태 자체가 자체의 모순점과 (내재적으로) '매개(mediation)'되어 있고 그 '매개'의 관계를 조명함으로써 기존 개념 및 사태가 새로운 상태로 전이 및 변용해 가는 것을 인식하는 것을 말한다. 이러한 '부정'을 통해 '대비(entgegensetzung)'

라는 합명제로 승화하는 것이 변증법 사유라 할 수 있다. '대비'를 뜻하는 독일어 'entgegensetzung' 또한 단순한 대비를 의미하지 않는다. 먼저 'setzung'은 영어의 'posit'라는 단어의 뜻에 가까운 말이다. 즉 '어떤 것을 원리 및 기본사실로 제안함으로써 또 다른 사고가 진행될 수 있도록 한다'는 것을 의미한다. 반면에 'gegen'은 무엇인가에 반대하는 또는 대항하는 의미를 가지고 있으며, 접두사 'ent'는 새로운 상태로 전이해 감을 뜻한다. 따라서 합명제 자체가 이미 '부정'의 계기이자 결과인 셈이다. 즉 합명제는 단순히 명제와 반명제 사이의 적당한 타협 또는 평균을 의미하는 것이 아니다.

이런 의미에서 개념을 포함한 모든 사태는 이미 '부정(aufheben)'의 계기로 '매개(mediation)'되어 있다. 모든 사태는 서로 상호의존적으로, 짜임관계로 '매개'되어 있다. 아도르노의 말을 빌리자면, "헤겔의 경우 '매개'라는 표현은 언제나 우리가 한 개념 자체를 알게 되는 순간, 그 개념에 요구될 수밖에 없는 변경 같은 것을 의미"하고, "어떤 존재를 존재로 규정하고자 시도할 때 동시에 그것이 일종의 형성과정으로 되지 않는 존재란 실제로 아무것도 없다는 것"을 의미한다. 사실 '매개'의 개념이야말로 변증법 사유의 '시작점'이자 다른 사유모형과의 '차이점'이라 볼 수 있다. 따라서 변증법에서는 '보편'과 '특수'는 매개되어 있을 뿐이지, '특수'는 '보편'이라는 제일원칙으로 환원될 수 없다. 이는 데카르트가 그의 『방법서설』에서 요구한 두 번째 공리인 "내가 탐구하게 될 모든 난관들을 가장 훌륭히 풀기 위해 가능하고 필요한 만큼 여러 부분들로 분해하라"와 같은 요소분석의 규칙은 변증법적 사유에서 즉시적으로 의문시되는 규칙인 것이다. 분해된 부분즉 '특수'는 '보편'으로 환원될 수 없기 때문이다. '전체(체계)'와 '전체(체계)'에 속하는 '부분' 또한 매개된 것이지 환원될 수 있는 관계가 아니다.

변증법적 사유가 진정한 자유를 만끽할 수 있는 '안식처'이자 변증법적 사유 자체가 그대로 투사된 '투영체'로서의 '사례'로 '바흐 파르티타 1번 프렐루드를 현대 피아노에서 어떻게 연주해야 할 것인가?'에 대한 원칙에 관한 논쟁을 들 수 있을 것이다(〈그림 26〉).[41] 바흐의 파르티타 곡은 사실 일반적인 '건반악기'에서 연주 가능한 목적으로 작곡된 것으로 알려져 있다. 물론 그 일반적 '건반악기' 중 하프시코드가 대표적 악기였다는 것은 부인할 수 없을 것이다. 그렇다면 현대의 피아니스트로서 바흐 파르티타 1번 프렐루드를 바흐 당시에 존재하지 않았던 건반악기인 현대 피아노에서는 어떻게 연주해야 할까?

41 사실 헤겔은 사례라는 개념에 지극히 "회의적"이었다(아도르노『변증법 입문』, p. 125). 왜냐하면 "사례라는 것은 언제나 사례라는 것은 언제나 어떤 보편 개념적 범위가 있고 이것이 어떤 확실한 것, 실증적으로 주어진 것, 결과적인 것, 사물적인 것이며, 또 그것으로 파악된 특수한 것을 통해 예시되어야 하는 것임을 전제하기 때문이다." 따라서 변증법적 사유의 '사례'라는 개념 자체가 변증법적 사유 자체를 '부정(aufheben)'하는 것이 된다.

〈그림 26〉

일단 바흐 파르티타 1번 프렐루드의 피아노 연주법이라는 절대적 제1원리는 존재하지 않는다. 따라서 보편적인 제1원리에서 연역적으로 추론된 '특수'의 피아노 연주는 존재할 수 없다. 그럼에도 불구하고 바흐가 의도한 것은 포괄적인 건반악기이므로 피아노 연주에 관한 어떤 '보편적인' 원칙이 있었으리라는 상상하는 것은 가능하다. 그러나 바흐시대에 대부분 하프시코드로 연주되었을 개연성이 보다 확실하므로 하프시코드에서 연주되는 파르티타 1번 프렐루드를 무시할 수는 없을 것이다. 결국 '파르티타 1번 프렐루드의 피아노 연주법'이라는 '보편'은 다양한 '특수'의 계기들로, 그리고 '부정(aufheben)'의 계기들로 매개되어 있을 뿐이다. 〈그림 26〉의 악보를 보는 순간, 현대의 피아노 연주가들이 느끼는 기본적 당혹감은 바로 피아니시모, 포르테 등과 같은 셈여림도 없고 페달 지시도 없다는 것이다. 더욱이 3성으로 구성된 폴리포니의 구조로 각 성부는 모두 독립적인 자치권이 부여되어야 한다. 20세기 바흐의 피아노 연주법에 지대한 영향을 미친 글렌 굴드(Glen Gould)와 로잘린 투렉(Rosalyn Tureck)은 아티큘레이션이라는 음과 음 사이의 분절화 정도로 셈여림을 대체하였고, 페달을 불능화시켜 버렸다.[42] 반면에 우리 시대의 명석한 피아니스트 중 하나인 머레이 퍼라이어(Murray Perahia)는 페달과 셈여림을 적어도 부분적으로는 바흐의 피아노 연주에서 부인할 어떤 사유도 찾지 못한다고 주장한다.[43] '바흐의 피아노 연주법'이라는 명제 자체가 이미 모순의 계기인 반명제를 내포하고 있을 뿐만 아니라, '바흐의 피아노 연주법'이라는 '전체' 또는 '보편'도 여러 방면의 '특수'의 계기들과 '부정'으로 매개되어 있다.

변증법적 사유의 두 번째 사례로 제2장 2절에서 수학의 공리적 형식체계에서 괴델의 불완전성 정리는 변증법적 사유에서는 이미 예견된 '사태'이다. 체계 자신에 관해 '자기언급'이 가능한 체계 내의 수학명제의 존재는 바로 '체계'는 정의되는 순간 '체계'의 부정의 계기, 모순의 계기와 매개되어 있다는 변증법적 사유 그대로 자체를 투사하는 것이나 다름없다. 사실 괴델의 불완전성 정리에서 주된 초점인 수학의 공리적 '체계'라는 개념은 『방법서설』의 네 번째 공리인 "어디서

42 바흐를 연주할 때, 등장하는 글렌 굴드 특유의 끊어치기 주법은 사실 로잘린 투렉이 바흐의 피아노 연주법에서 먼저 주창한 주법이었다. 실제 글렌 굴드는 자신에게 가장 영향을 많이 준 피아니스트는 로잘린 투렉과 슈나벨(Arthur Schnabel)뿐이라고 선언하였다.

43 머레이 퍼라히어의 골드베르크 연주곡을 굴드의 그것과 비교해 보면 쉽게 그 차이를 알 수 있다. 특히 머레이 퍼라히어의 골드베르크 변주곡 4번을 들어보면 페달의 효과와 싱크페이션에서의 피아니시모 적용을 통해 굴드의 변주곡 4번과는 '대비(entgegensetzung)'됨을 파악할 수 있다.

나 완전히 다 열거하고 보편적으로 개관하도록 하여, 내가 아무것도 빼먹지 않았다고 확신하도록 하라"로부터 비롯된 것이다. 데카르트의 공리가 말하는 '체계'라는 것은 '체계' 개념이 존재하는 순간 그 '체계'의 반명제가 그대로 들어난다는 변증법적 사유에서 보면, 모든 특수를 한 '보편체제'로 구성가능하다는 '맹목적인 실증주의 독단'에 불과하다. 다시 말해서 괴델의 불완전성 정리는 운명적인 귀결이다.

〈그림 9〉의 토마스 정리 또는 자기실현적 예언 또한 변증법적 사유가 생명의 빛을 발휘할 수 있는 하나의 안식처이다. 즉 체계 속의 '객체'로 파악되는 '경제인'들이 '전체'의 '전망제시적'인 기대에 따라 체제 속의 자기 자신에 관해 '자기 언급' 또는 '자기 인식'으로 체계와 체계의 부분 관계에서 체계 자체를 변형시키거나 파괴하는 '체계변동위험'으로 체계 자체를 재정의하는 무언인가로 '부정'된다. 은행체계가 자기실현적 예언에 따른 뱅크런으로 은행체계 자체를 재정의하는 것이다(여기서는 붕괴된 은행 체계로 재정의된다). 따라서 경제인을 요소로 하는 '체계'라는 것은 언제나 부정과 모순의 계기로 매개되어 있는 것이다. 이미 로버트 K 머튼은 그의 1948년 논문에서 마르크스의 변증법에서 토마스 정리를 발견하였다.

제2장 7절의 축약형 계량모형에서 미래지향적 파라미터의 존재이유 또한 변증법적 사유의 편리함을 볼 수 있는 사례라 하겠다. 〈그림 25〉에서 보듯이 파라미터는 원인과 결과를 안정화시키는 일종의 '매개(mediation)'인데 변증법적 사유에 의하면 이 '매개(mediation)' 속에 부정의 계기는 어느 곳에도 존재하지 않는다 확정할 수 없으며, 결과

를 보다 '보편적이자 일차원리'적인 원인으로 환원된다는 명제 자체 또한 이미 반명제로 '매개(mediation)'되어 있다. '결과'라는 '특수'는 다양하게 '원인'이라는 '보편'과 '전망제시적'으로만 매개되어 있다. 철저하게 변증법적 사유를 적용하면 축약형 계량모형에서 미래지향적 파라미터의 존재는 불가피하다라는 결론에 이르게 된다. 또한 이러한 미래지향적 파라미터 또는 행동 파라미터는 '전망제시적'인 구조적 모형과 매개되어야 한다. 미래지향적 파라미터는 구조적 모형에서 '환원'되는 것이 아니라 구조적 모형으로 '대비(entgegensetzung)'되는 것이다. 즉 구조적 모형으로 변증법적 진화를 이루는 것이다.

사실 인간이 '세계'의 속성 중 필수불가결한 요소만 취사선택하는 '추상화(abstraction)'의 과정을 통하여 '실존하는' 세계를 '언어'로 재구성한 축소화된 작은 세계(microcosm)인 '모형' 개념 자체 또한 변증법적 사유에 의하면 데카르트의 실증주의 철학에 근거한 '환원주의'의 망상에 불과한 것이다. 모형이 존재하는 순간 반모형은 이미 매개되어 있다. 케인즈가 주장한 경제학 고유의 모형양식이라는 것이 결국은 우리가 알고 있는 일반적인 모형, 특히 과학모형에 불과하다는 가설에서 출발해서 이 '반사실'적 가설의 타당여부를 묻고자 하는 제2장의 의도도 변증법적 사유에 의하면 이미 허위진술이 되버린다. 변증법적 사유에서 반가설의 부정을 통해서 가설의 참을 주장하는 귀류법(reductio ad absurdum)은 참이 아니기 때문이다. 반가설에 대한 '부정(aufheben)'의 계기들은 다채롭게 매개되어 있을 뿐이기 때문이다.

9. 불교

고적한 산사(山寺)이건, '야단법석(野壇法席)'의 원뜻을 재현하는 서울시 한 가운데의 '산사(山寺)'이건 간에 이질적인 두 종류의 산사(山寺)를 '매개'하는 것은 중생의 기복(祈福)의 소망을 대리하는 승려들의 「신묘장구대다라리」 독송이다. 「신묘장구대다라리」는 일정한 음 높이와 '빠른' 박자의 목탁소리를 '반주'로 삼아 승려의 독송 또는 승려들의 합송으로 신도들에게 전달된다. 실제 산사(山寺)에서 들려지는 「신묘장구대다라리」(의 일부)는 아래와 같다.

> 나모라 다나다라 야야 나막알약 바로기제 새바라야
> 【목탁소리: 딱 딱 딱 딱 딱 딱 딱 딱 딱 딱 딱 딱 딱 딱 딱 딱 딱 딱】
>
> 모지사다바야 마하사다바야 마하가로 니가야
> 【목탁소리: 딱 딱 딱 딱 딱 딱 딱 딱 딱 딱 딱 딱 딱 딱】
>
> 옴 살바 바예수 다라나 가라야 다사명 나막 가리다바 이맘알야
> 【목탁소리: 딱딱딱딱딱딱딱딱딱딱딱딱딱딱딱딱딱딱딱딱딱딱】
>
> 바로기제 새바라 다바 니라간타 나막하리나야 마발다……..
> 【목탁소리: 딱딱딱딱딱딱딱딱딱딱딱딱딱딱딱딱딱딱딱】

「신묘장구대다라리」의 원뜻이 무엇이든 간에 신도들이 「신묘장구대다라리」를 통해 소망하는 것은 일상에서 벌어지는 행운과 불운

의 순환주기에 맞서서 행운의 주기에서는 그들의 복덕을 극대화하기를 소망하고 반면에 불운의 순환주기에서는 '부처님'의 광명을 빌려 불운의 불가항력을 상쇄하기를 간절히 소망하는 것이다. 물론 행운의 주기에서 '보편적' 인간은 그의 행운과 그의 능력을 구분하지 못하거나 행운 그 자체를 순전히 자신의 능력으로 착각하는 경향이 있으므로 불운의 사유로 「신묘장구대다라리」로 염하는 경향이 '보편적'일 수밖에 없다. 그러나 불교야말로 사성제, 12연기의 '원칙'에 따라 수·상·행·식의 업보로 인한 윤회전생으로 인해 끝없이 직면해야 하는 생·노·병·사와 악연의 고리로 짜인 욕계(欲界)이자 색계(色界)의 밑에서 두 번째로 낮은 인간계의 '상대성'을 벗어나지 못함을 자각하고 색계로부터의 해탈을 이루어 색계가 곧 공계(空界)임을 각성하는 열반의 경지에 이루는 것이 그 목적 아닌가? 「신묘장구대다라리」 또한 그러한 목적성에 부합하는 염원을 담아야 하는 것이지, 욕계의 행운과 불운의 순환주기에 부합하는 '부적'으로 변질되는 '부정'의 계기로 매개될 수는 없다.

그러나 욕계(欲界)의 '변증법적 사유'에 의하면 「신묘장구대다라리」라는 '명제'는 이미 '부정'의 계기인 '반명제'와 즉시적으로 매개되어 있으므로 '해탈'의 선언에서 '부적'의 위력으로 변증법적 진화는 불가피해 보인다. 변증법적 사고에서 '부정'은 단순히 부정이 아니고 '명제'의 상태 또한 '유지 보존해야 한다'는 뜻을 담고 있다고 8절의 변증법에서 이미 강조한 바 있다. 그렇다면 「신묘장구대다라리」의 정언은 '부적'이라는 '부정'의 계기에서 어떻게 '대비(entgegensetzung)'로 진화하기 위한 진정한 의미의 '부정(aufheben)'의 계기로 안착할 수 있을까? 「산유화」 시에서와 마찬가지로 모형의 '안정성' 개념을 기준으로 「신묘장구대다라리」를 행동변수와 매개변수(상수)의 차이로 가늠해 보면 '부정(aufheben)'의 계기는 그 모습을 드러낼 수 있다. 「산유화」에서 모호한 의미를 품은 각각의 낱말은 '의미(meaning)'의 차원에서 끊임없이 변동함으로써, 「산유화」 전체 모형세계에 예기치 못한 생동감의 순환주기를 창조해 내는 '행동변수'로 파악했듯이, 「신묘장구대다라리」의 원뜻이 무엇이든 간에 「신묘장구대다라리」의 독송은 행운과 불운의 주기로 점철되어 있는 욕계의 운동성을 대표할 뿐만 아니라, 욕계 속에서 생·노·병·사에 처해 있는 '객체'로서의 인간의 '유약함'을 그대로 드러내는 의미차원에서의 '행동변수'이다. 객체로서의 인간의 '유약함'과 부적으로서의 「신묘장구대다라리」의 독송은 동일한 의미를 갖는다. 따라서 「신묘장구대다라리」의 진정한 참뜻은 신도의 간절한 바람이 담겨 있는 독송에 있는 것이 아니라, 「신묘장구대다라리」의 매개변수(파라미터)인 목탁소리에 있다. 일정한 음 높이와 '빠른' 박자의 목탁소리는 「신묘장구대다라리」에서 '반주'처럼 겸손히 자리 잡고 있지만, 빠른 진동수를 가진 변함없는 그 무언인가를 내뿜고 있다. 그것 자체로 '태양'의 빛처럼 「신묘장구대다라리」의 모형에서 안정적인 매개변수의 역할을 하는 것이다. 중생의 생·노·병·사 주기에서 오는 희노애락을 대표하는 변질된 「신묘장구대다라리」의 독송과 달리 목탁소리는 우리의 불평과 관계없이 언제나 태양의 빛처럼 우리를 비춘다. 목탁소리 자체가 불교에서는 말하는 공계(空界)를 상징하는 것이다. 불교의 세계관을 굳이 도식화하자면 아래와 같다.

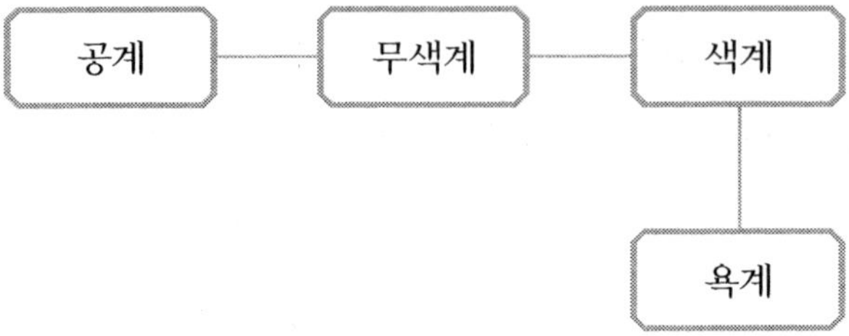

공계는 비어 있음을 의미하는 것이 아니라 불성(佛性) 그 자체이다. 따라서 이미 모든 것이 불성인 '절대적인' 세계이다. 모든 것이 불성이므로 '불성이 아닌 것'이 없다. '불성이 아닌 것'이 없으므로 '불성이 아닌 것'이 무엇인지 모른다. 결국 '불성' 자체도 무엇인지 모른다. 이런 의미에서 공계인 것이다. 따라서 그 불성을 실체화하기 위해 욕계를 포함한 색계가 창조되었고 그 색계는 불성과 불성이 아닌 것을 명확하게 '체험'할 수 있는 '상대적인' 세계인 것이다. 즉 음과 양, 참과 거짓, 어둠과 밝음 등과 같은 모든 상대성이 불성의 체험을 위해 창조된 세계가 색계이다. 불성 아닌 것을 체험함으로써 우리는 불성을 명확하게 실체화한다. 색계는 불성 아닌 것을 체험하기 위한 '모형세계'에 불과한 것이다(무색계는 공계와 색계를 이어주는 애매한 중간지대이다). 진짜세계가 아닌 임시적인 모형세계가 우리가 물질로 존재하고 있는 이 세계의 진실인 것이다. 불교의 해탈 및 열반은 바로 색계의 실체를 알고 불성의 세계 공계로 돌아가는 것이다. 그런데 불교에서 우리 모두가 불성을 가진 존재이므로 결국 색계는 우리가 창조한 것이다.

다시 「신묘장구대다라리」의 모형으로 돌아가서 중생의 기복(祈福)의 소망을 대리하는 '행동변수'인 독송이 이 모형의 핵심이 아니라, 공계를 '태양'으로 은유한 '매개변수(파라미터)'인 목탁소리가 이 모형의 핵심이다. 또한 「신묘장구대다라리」의 정언이 '부적'이라는 '부정'의 계기에서 '대비(entgegensetzung)'로 진화하기 위한 진정한 의미의 '부정(aufheben)'의 계기는 목탁소리에서 발견되고 변증법적으로 진화한 것이다. 비록 독송은 '기복'으로 변질되었지만, 배후에 있는 목탁소리는 끊임없이 불성의 고향인 공계로부터의 메시지를 전달하는 것이다. 우아하게 심어놓은 '목탁소리'의 반주가 변증법적 진화를 대표하게 된다. 욕계를 대표하는 대부분 모형들의 핵심은 행동변수의 운동성이 핵심이지만, 불교의 「신묘장구대다라리」 '모형'의 핵심은 욕계의 변화무쌍을 표상하는 '행동변수'가 아니라 그 배후에 있는 '매개변수'가 주인공이다. 즉 불교의 모형은 지금까지 논했던 모형들과 정확히 180도 반대의 시각으로 모형의 '가치'를 평가한다. 사실 종교의 사고방식은 모형의 매개변수를 중시하는 모형적 사고일 것이다. 변하지 않는 것이 불성과 신성(神性)의 '품질'에 더 부합되기 때문이다. 이러한 의미에서 신성(神性)에 충실했던 바흐의 음악에서 불교적 모형의 원형을 찾는 것은 어렵지 않다. 아래는 바흐의 골드베르크 변주곡의 첫 번째 곡 아리아이다(〈그림 27〉).

〈그림 27〉

골드베르크 변주곡은 변주곡이므로 주제선율의 변주로 구성되어 있음을 의미한다. 그렇다면 〈그림 27〉에서 변주되어야 할 주제선율은 어디에 있을까? 변주곡의 주제선율 개념을 무엇인지 명확하게 파악하기 위해 아래의 곡이 도움이 될 수 있다. 아래 곡은 바흐의 아들 요한 크리스토퍼 프리드리히 바흐(Johann Christoph Friedrich Bach)가 작곡한 '작은별 변주곡'이다(〈그림 28〉). 대부분의 음악애호가들은 모차르트의 '작은별 변주곡'을 기억한다.

〈그림 28〉에서 변주곡의 주제선율은 물론 '반짝반짝 작은별'이며 소프라노 성부에서 쉽게 파악할 수 있다. 그렇다면 바흐의 골드베르크 변주곡에서도 아리아의 소프라노 선율 '솔 솔 라 시 라 파# 레'일 것이라 유추할 수 있을 것이다. 그러나 골드베르크 변주곡의 주제 선율은 소프라노가 아니라 '반주'처럼 들리는, 그리고 천천히 하강하는 베이스 성부의 '솔 파# 미 레'에 있다. 변화무쌍한 삶의 희로애락으로 점철되어 있는 욕계를 대표하는 '행동변수'인 소프라노 성부의 아리아의 노래가 아니라 그 저변에 있는 항상 공계이자 신성으로 향해 있

는 '매개변수(파라미터)' 같은 베이스 성부의 하강하는 선율이 바로 골드베르크 변주곡의 주제선율이다. 바흐는 이미 그의 음악에 종교적인 모형의 원리를 심어 놓은 셈이다.

〈그림 28〉

10. 실물균형 경기변동 이론

> 일정한 부분에 국한시키거나 유보시키는 것은 변증법의 서술 방법이 아니다. 오히려 변증법은 극단을 통해 나아가며, 사유를 한정시켜 거기에 일정한 특성을 부여하기보다는 그 논리의 극단까지 몰고 가 반전을 시도한다. 일거에 너무 멀리 나가는 모험을 금하는 '신중함'이란 대개 사회적 통제의 대리인, 나아가 우민화의 도구이다.
>
> – 아도르노의 『미니마 모랄리아』에서

애덤 스미스(Adam Smith)는 그의 역작 『국부론』에서 기층민(基層民)의 일상의 분투에서 필연적으로 목격될 수밖에 없는 '물건을 사고

파는 행위'를 통해, 그들의 소위 '동네시장을 통한 교환' 행위의 배후에는 그들의 이기적 동기가 도사리고 있다는 것을 아래가 같이 '압축된' 명문으로 간파하였다.

> "우리가 식사할 수 있는 것은 정육점 주인, 양조장 주인, 빵집 주인의 자비심 때문이 아니라 그들이 자기 이익에 쏟는 그들의 관심 덕분이다. 우리는 그들의 인류애가 아닌 그들의 자기애에 우리의 생각을 집중하고 그들의 편익에 관해 이야기하지 우리의 필수불가결한 것에 관해 절대로 언급하지 않는다(It is not from the benevolence of the butcher, the brewer, or the baker, that we expect our dinner, but from their regard to their own interest. We address ourselves, not to their humanity but to their self-love, and never talk to them of our own necessities but of their advantages)."

'동네시장을 통한 교환' 행위로 대표되는 기층민의 경제활동의 원동력을 "정육점 주인, 양조장 주인, 빵집 주인의 자비심"이 아닌, 기층민 각자의 '자기애(self-love)'로 환원시켜 버렸다. 기층민 삶에서 다채롭게 펼쳐지는 '내재적 분투'의 사태에 주목하는 것이 아니라, 그들의 삶이 어떠한 사태에 놓여있든 기층민 또한 '경제인(economic agent)'이라는 규범적(normative) 인간형 중 하나로 일률적으로 격상, 환원시켜 버린 후, '경제인'의 '자기애(self-love)'를 기층민의 경제활동을 설명하는 제일 원인이자 보편적 경제인의 경제활동의 제일 원인으로 동일시하였다. 기층민이 일상적으로 경험하는 삶의 분투에서 비롯되는 그들만의 '동병상련'과 '공감'이 아닌, 계급, 계층을 초월하는 규범적 인간형인 '경제인(economic agent)'으로서의 '자기애(self-love)'를 강조했다는 점을 또한 주목할 필요가 있다. 즉 단순히 '기층민'의 '자기애'가 아닌, 특정 계층 및 계급의 범주를 넘어 규범적이자 '보편적인' 인간형인 '경제인'의 '자기애'가 경제 행위의 '미시적(microeconomic)' 동기로 파악한 것이다. 이 보편적 '경제인'은 자연인뿐만 아니라, 기업과 같은 법인 또한 포함한다. 여기서 '미시적'이라 함은 '국가경제'라는 거대 체계의 테두리 안에서 경제 활동을 영위하는 자연인과 법인(예를 들어 기업체)이라는 개별 '원소(element)'들의 행동지침과 관련된 것을 뜻한다. 즉 '미시적'이라는 것은 '거시적'이라는 체계 안의 한 원소로 '매개(vermittlung, mediation)'되어 있어 '거시적'이라는 것의 존재 없이는 존재할 수 없고 상호의존적 관계에서만 그 존재의 이유를 찾을 수 있다는 것을 의미한다. 따라서 자연인과 법인의 개별적인 행동지침은 국가경제와의 관계 속에서 결정되어야 한다. 애덤 스미스는 바로 (국가경제와의 관계 속에서) '경제인'의 '미시적' 동기는 '자기애'라고 주장한 것이다. 결국 '경제인'이라는 이상적 인간형도 '국가경제'와 '매개(vermittlung, mediation)'된 개념으로 거듭나게 된다.

'경제인의 자기애'를 본격적으로 논의하기에 앞서, '경제인'이라는 '특수'와 반드시 '매개(vermittlung, mediation)'되어 있지 않은 '자기애'의 일반적인 의미에 관해 고찰해 볼 필요가 있다. '자기애(self-love)'라는 의미는 중의적인데, 여하튼 '이기심(selfishness)'이라는 말과는 분명히 구분되는 의미를 담고 있다. 사실 '자기애'의 의미는 '자기성찰(introspection)'의 범주에 속하는 것으로 자기만이 가지고 있는 미덕이나 가치를 스스로 발견하고 평가함으로써 자기 자신에 대한 자긍심을 불러일으키는 것을 의미한다. 이런 맥락에서 오히려 '자기애'는 종교적인 입장에서 타자로 향하는 사랑 또는 자비심의 기초가 되기도 한다. '자기애'가 있어야 남도 나처럼 소중하게 여기기 때문이다. 여하튼 이러한 내적 성찰의 과정을 거쳐 자기 자신이야말로 자기 자신에게 사랑받아야 할 가장 소중한 존재이므로 자신의 안위와 안녕을 우선적으로 고려해야 하고 자신의 행위 및 활동 또한 자신의 안녕과 안위를 목적으로 향해 있어야 한다. 자신의 안녕과 안위가 최우선의 목표이므로 이 목표를 수행하다 보면 결국 자신의 편익을 추구하는 행위까지 확대하게 된다. 그런데 자신의 편익을 추구하다 보면 남의 이익을 무시하거나 침해할 수 있기 때문에, '이기심(selfishness)'으로 언제든지 치달을 위험성을 내포할 수밖에 없다. 이것이 '자기애'의 일반적인 의미라 하겠다.

그렇다면 애덤 스미스가 암묵적으로 의도했던 '경제인의 자기애'는 무엇을 의미하는 것일까? '경제인의 자기애'에 관한 진면목을 파악하기 위해 애덤 스미스의 『국부론』 중 일부를 다시 인용해 보자.

> "개인은 공공 이익을 추진하려는 의도가 없고 또 자신이 그런 이익을 얼마나 많이 추진하는지도 알지 못한다. 해외 산업보다 국내 산업을 선호하는 것은 자신의 안전을 지키려는 의도이고, 또 국내 산업이 최대 가치를 올리도록 유도하여 자기 이익을 올리려는 목적에서 그렇게 한다. 다른 많은 경우에도 그러하지만, 그는 이 경우에도 보이지 않는 손(an invisible hand)에 인도되어 자기가

> 전혀 의도하지 않은 목적을 추구한다. 개인이 그런 공공 이익에 매진하려는 의도로 하지 않는다는 사실이 언제나 사회를 위해 나쁘기만 한 것은 아니다. 개인은 자기 이익을 추구함으로써, 사회 이익을 일부러 추구했을 때보다 더 효과적으로 사회를 위한 이익을 따르기 때문이다."

여기서 '개인'은 특정 계급, 계층을 대표하는 것이 아닌, 자연인과 법인을 포함한 '경제인'이라는 이상적 인간형이며, '국가경제'와 '매개(vermittlung, mediation)'된 개념으로 파악해야 한다. 따라서 "개인은 자기 이익을 추구함으로써, 사회 이익을 일부러 추구했을 때보다 더 효과적으로 사회를 위한 이익을 따르기 때문이다"라고 애덤 스미스가 선언했을 때의 '개인'은 어느 계층에 속하는 기층민(基層民)과 같은 실존적 존재가 아니라 '경제인'이라는 이상적이고 규범적인 존재이다. 따라서 애덤 스미스의 앞선 '명제'의 진정한 의미는 '자연인과 법인 모두 자기 이익을 **추구해야** 하고, 그렇게 해야만 사회 이익을 일부러 추구했을 때보다 더 효과적으로 사회를 위한 이익이 수반된다'라는 '규범성'이 강조된 명제이다. 결국 '경제인의 자기애'라는 개념은 '국가경제'와 '매개(vermittlung, mediation)'된 '경제인'이 '자기애'를 바탕으로 남의 이익이나 공익에 관해 괜한 관심을 두지 말고 오롯이 자기 이익을 추구하는 것을 최우선함으로써 '자기애'를 실현해야 하되, 과도한 '이기심(selfishness)'을 발휘하는 것은 곤란하다는 것을 뜻한다.

애덤 스미스의 '경제인의 자기애'에 관한 명제가 흥미로운 것은 '경제인의 자기애'가 '국가경제'와 분명히 매개된 것임에도 불구하고, '국가경제'와 직접적으로 연결되는 공익에 관해 각 '경제인'은 '의도적으로 모른 체 해야 한다'는 입장이다. 즉 '국가경제'와의 매개가 '국가경제'를 인식하지 아니하는 '자기애'로 귀결되는 것으로 매개되어 있다. '국가경제'와 매개되어 있지만 매개되어 있다는 것을 '거부'하는 방식으로 매개되어 있는 셈이다. 환언하면 '국가경제'라는 체계 안에 속하는 '원소'라는 위치를 인지하면서도 '국가경제'에 속하는 '원소'이라는 '자기인식' 또는 '자기언급'의 기회를 애당초 차단하는 방식을 '규범적'으로 요구하는 것이다.

그렇다면 애덤 스미스는 왜 '국가경제'와 매개된 '국가경제'의 원소인 '경제인'을 그토록 분리된 매개, 그러나 규범적으로 규정된 매개로 정의하려 했던 것일까? 애덤 스미스의 '매개되어 있되 매개되어 있지 않다'라는 개념을 이해하기 위해 통사적인 관점이 도움이 될지 모른다. 아래 인용문은 헤겔의 『법철학』에서 일부 발췌한 것이다.

> "사회 성원에게 필요하다고 여겨지는 일정한 생계의 규모는 저절로 정해지게 마련인데, 많은 대중이 그 정도의 생활수준을 밑도는 상태로 영락함으로써 정의감이나 준법정신이나 스스로의 활동과 노동으로 생활을 유지한다는 데 대한 자긍심을 상실하기에 이를 때 —이것이 '천민'의 출현을 가져오게 된다. 이것은 동시에 소수인의 수중에 과도한 부가 집중되는 것을 더욱 용이하게 한다 … 빈곤 그 자체가 사람을 천민화하지는 않는다. 천민은 빈곤에 결부된 마음의 자세에 따라, 즉 부자나 사회 또는 정부 등에 대한 내심으로부터의 분노 여하에 따라 비로소 그렇게 규정된다. 게다가 이런 마음가짐을

갖게 되면 인간은 우연에만 의존하게 되고 경박해지며 노동을 기피하게 되는데 이를테면 나폴리의 걸인들이 그런 경우이다."

헤겔은 『법철학』에서 한 국가경제에서 부의 집중화로 인한 불평등의 심화의 이유를 '천민'의 출현으로 진단한다. 흥미로운 것은 바로 '천민'의 정의인데 '천민'을 빈곤이라는 사태에 처한 계급 또는 계층민으로 규정하는 것이 아니다. 천민은 '국가경제'라는 체계 안에서 자기 자신을 '자기실현적'으로 '천민'이라고 예언할 때 비로소 '천민'으로 규정된다. 헤겔은 이렇게 규정된 천민을 '나폴리의 걸인'이라고 명명하였다.

다시 말하면, 국가경제 체계 속에서 객체인 '경제인'이 '천민'이라는 '자기언급'을 통해 '천민'으로 자기 인식하게 되고 이러한 '천민'의 위치를 계속 자각하게 됨에 따라 자기 자신에 대한 '자긍심' 또는 '자기애'를 잃어버리고 '자기애'를 잃어버린 이상 자포자기하는 마음에서 요행을 바라는 심정을 형성하게 되고 그렇게 때문에 자신의 노동에 관한 가치도 폄하하게 된다. 따라서 '나폴리의 걸인'처럼 행동하기에 '나폴리의 걸인'으로 현실화된다. 이러한 천민의 증가는 '총체적'으로 국가경제 전체의 노동력의 기피 및 감소를 가지고 오고, 따라서 국가의 생산력은 후퇴하기 때문에 '천민'의 출현은 다시 증가하게 된다. 이러한 '천민'의 급증은 다시 자기실현적으로 스스로 '천민'을 정의하고 따라서 '천민'의 증가라는 예언이 '자기실현적'으로 현실화된다.

놀랍게도 부의 집중화로 인한 부의 불평등 문제에 관한 헤겔의 견해는 '자기실현적 예언'이라는 통찰력에 기반하고 있다. '토마스 정리'의 원형은 이미 헤겔의 『법철학』에 예시되어 있던 것이다.

이제 애덤 스미스가 그토록 바라던 '경제인의 자기애'라는 경지는 보다 명확해 보인다. 애덤 스미스가 원하는 바는 '국가경제'의 '경제인'들이 '국가경제'의 객체로서의 역할만을 충실히 수행하기를 바랐던 것으로 보인다. '국가경제'의 '경제인'들이 '국가경제'의 객체로만 남는다는 의미는 바로 그 '객체'가 '국가경제' 안에서 '자기언급'을 통한 자기실현적 예언의 동학을 미연에 방지하겠다는 의미인 것이다. '천민'을 포함하는 모든 실존하는 경제인들이 '자기애'로 가득 찬 규범적이고 이상형인 '경제인'을 모범으로 삼을 경우, '빈곤'을 포함한 어떤 사태에 처하더라도 헤겔이 말하는 '천민'을 자기실현적 예언으로 그 예언이 실현되는 일은 없도록 하자는 것이다. 또한 공익을 고려하는 행위야말로 '국가경제'의 체계 안에서 '객체'인 나의 역할과 가치를 평가하고 인식하는 '자기언급'의 과정이므로 '자기실현적 예언'이 촉발되기 위한 기폭점이 된다. 따라서 공익을 의도하는 것은 바람직하지 않을 뿐더러 오히려 방해가 될 수 있다. 국가경제 안의 '객체'로서의 '경제인'은 오로지 '경제인의 자기애'에만 집중할 때, '보이지 않는 손'이 자율적으로 국가경제에 공익을 가져다준다. 결국 '국가경제' 안에서 자기실현적 예언을 통한 자본집중화 및 불평등 극대화를 방지하는 방어책이 바로 '경제인의 자기애'이고 '보이지 않는 손'이 '경제인의 자기애'를 '국가경제'를 매개하는 그러나 '매개의 부재를 통한 매개'를 말하는 것이다.

실물균형경기변동이론(real business cycle theory, equilibrium business

cycle theory)은 애덤 스미스가 주창한 '경제인의 자기애'를 이론의 시초선으로 삼는다. 단지 '경제인'을 '대표적 경제주체(representative agent)'라고 달리 부르고 '자기애(self-love)'를 '기대평생효용(expected life-time utility)의 극대화'로 보다 '과학적'으로 들리는 용어로 대체했을 뿐이다. 따라서 '대표적 경제주체(representative agent)'는 우리가 경제활동을 영위함에 있어 모범으로 삼을 만할 경제활동의 이상형을 보여주는 '대표성'을 가지는 자연인 또는 법인을 의미하게 된다. 그리고 '경제인의 자기애'는 대표적 경제주체가 자신의 '기대평생효용(expected life-time utility)'을 극대화하기 위한 경제활동으로 규정된다. 즉 대표적 경제주체의 '기대평생효용'을 극대화할 수 있는 것과 '매개'되어 있는 가능한 모든 선택을 고려하고 동시에 행사하겠다는 것을 의미한다. '경제인의 자기애'를 대체하는 '대표적 경제주체의 기대평생효용 극대화'를 보다 '효과적'으로 전달하기 위해 실물균형경기변동이론가들이 그러했듯이, 이제 수학이라는 불리는 '마이센' 그릇을 활용하여 표현된다. 〈그림 29〉는 '대표적 경제주체의 기대평생효용 극대화'를 '수학모형'으로 재규정한 것이다.

$$\overbrace{\max_{\underbrace{\{k^j_{t+1}, c^j_t, i^j_t, y^j_t, h^j_t\}_{t=0}^{\infty}}_{\text{“선택변수”들의 집합}}}}^{\text{“극대화”}} \overbrace{\underbrace{\mathbb{E}}_{\text{합리적 기대(심리)}} \left[\sum_{t=0}^{\infty} \beta^t u(c^j_t, \underbrace{1 - h^j_t}_{\text{j번째 대표적 경제주체의 ‘여가’}}) \mid \underbrace{\mathcal{I}^j_0}_{\text{j번째 대표적 경제주체의 정보집합}} \right]}^{\text{j번째 대표적 경제주체(농부)의 기대평생효용(함수)}}$$

s.t.

$$c^j_t + i^j_t \leq y^j_t$$

$$y^j_t = \underbrace{e^{z_t} s^j \left(k^j_t\right)^{\alpha} \left(h^j_t\right)^{1-\alpha}}_{\text{농부의 생산기술}}$$

$$k^j_{t+1} = (1-\delta) k^j_t + i^j_t$$

$$z_{t+1} \equiv \text{(총소요(기술)생산성)} = \rho \cdot z_t + \underbrace{\epsilon_{t+1}}_{\text{예기치 못한 생산기술 충격}}$$

$$k^j_0 \equiv \text{농부의 초기 자본량 } (j = 1, 2, \ldots N)$$

〈그림 29〉

우선 〈그림 29〉의 '수학모형'을 통해 '대표적 경제주체의 기대평생효용 극대화'는 '대표적 경제주체' 자신의 '기대평생효용(함수)'를 극대화하기 위해 '대표적 경제주체'가 선택할 수 있는 가능한 모든 '선택변수'의 집합에서 '최적선택변수'를 선택하는 수학의 최적화 문제의 일종으로 '환원'된다는 것을 지적해야겠다. '대표적 경제주체'의 '자기애' 실현은 선택변수를 '얼마나 잘 선택하는가'의 문제로 귀결된다. 여기서 주의해야 할 것은 자신의 '자기애' 실현을 위해 자신에게 부여된 선택변수들 중에서 '얼마나 잘 선택하는가'의 자기 자신의 문제에 국한되는 것이지, '남보다 얼마나 더 잘 선택해야 하는가'라는 '경쟁심'의 발로는 〈그림 29〉의 문제에서 예견되어 있지 않다. 문자 그대로 '자기애'

의 뜻만 규정하는 것이 〈그림 29〉의 수학모형인 셈이다.

두 번째로 〈그림 29〉의 '대표적 경제주체의 기대평생효용 극대화'라는 '경제모형'은 사실 맨더빌의 저작 『꿀벌의 우화』에서 선보인 '은유(metaphor)'를 활용한 우화(parable)를 경제모형의 대안으로 쓰는 기법과 다를 바 없다는 것이 지적되어야겠다. 즉 〈그림 29〉의 '경제모형'은 수학의 최적화 문제로 환원되어 있을 뿐만 아니라, '은유를 활용한 우아한 우화'의 기법 또한 이중적으로 내재되어 있다. 경제학에서 '우화'의 기법이 자주 활용될 수밖에 없는 것이 '우화' 자체가 이미 어떤 도덕적이거나 규범적인 의의를 전달하는 서사의 기법이기 때문이다. 경제모형의 본질이 '실증적 과학모형'이 아닌, '규범적 사회모형'이라는 점을 기억한다면 '우화'라는 서사는 지극히 자연스러운 서사로 구성된 '경제모형'의 일종일 수밖에 없다. 그렇다면 〈그림 29〉에서 어떤 우화가 내포되어 있을까?

〈그림 29〉의 경제모형을 단도직입적으로 표현하자면, '농부의 우화'로 볼 수 있다. '대표적 경제주체'를 외부와 단절된 어느 공기 좋은 마을에 모여 사는 '이기심'이 아닌, '자기애'로 가득 찬 마음씨 좋은 '농부'로 은유하여 '농부'의 기대평생효용을 극대화하는 우화의 의미가 담겨있다. 다시 말하면 〈그림 29〉는 '농부'의 기대평생효용 극대화 문제이다. 맨더빌의 '꿀벌'이 그러하듯이, 실물균형경기변동이론에서는 '농부'가 '대표적 경제주체'의 규범성을 규정하는 주인공이 된다. '농부'가 실물균형경기변동이론이라는 '우화'에서 주인공이 되는 주된 이유는 바로 〈그림 29〉에서 보듯이, 모든 '농부'는 무엇보다도 농지의 생산

력 가치를 의미하는 '자본'(〈그림 29〉에서 변수 $k_t^j(t=0,1,2,\cdots)$과 자신의 '노동'(〈그림 29〉에서 변수 $h_t^j(t=0,1,2,\cdots)$)을 동시에 투입하여 '농산물'이라는 '산출량'(〈그림 29〉에서 변수 $y_t^j(t=0,1,2,\cdots)$)을 생산하는 생산기술을 보유하고 있기 때문이다(〈그림 29〉에서 $e^{zt}s^j(k_t^j)^\alpha(h_{tt}^j)^{1-\alpha}$). 또한 '농부'의 생산기술은 '날씨'라는 '외부충격'에 의해 좌우될 수밖에 없다. 더욱이 '날씨'라는 '외부충격'은 확률적 임의성이라는 성격과 더불어 이 마을의 모든 농부가 영향을 받는 '거시적' 특성을 동시에 가지고 있다. '날씨'로 은유화한 이 외부충격은 〈그림 29〉에서 확률변수의 수열, 즉 확률과정 $z_t(t=0,1,2,\cdots)$로 표현된다.

그리고 '농부'의 '산출량'은 바로 '농부'의 소득이 된다. 외부와 단절되고 '자기애'로 가득 찬 마음씨 좋은 농부들이 모여 사는 마을에서는 정부가 필요 없다. 따라서 '지폐'도 존재하지 않는다. 물물교환은 '쌀 한 가마니' 단위를 기준으로 거래될 수 있다. 동네 장터에서 거래되는 모든 물물은 '쌀 몇 가마니'로 불리는 상품단위 화폐로 거래된다. 정부가 찍어내는 '종이돈'이 아닌, 실생활에서 소비될 수 있는 상품의 단위가 교환가치를 대신하기 때문에, 이 마을에서는 '명목경제'가 아닌 '실물경제'만 존재한다. 이 마을의 j번째 농부는 매 기간마다 y_t^j양의 농산물을 생산하는데, 이 농산물의 범주에는 쌀, 쌀의 종자, 거름(비료) 등이 포함되어 있다. 그중 c_t^j 양만큼의 쌀은 본인이 '소비'하고 나머지는 '투자'라는 이름으로 i_t^j 쌀 양만큼의 가치를 가진 쌀의 종자 및 거름(비료) 등은 자신의 기존 토지의 생산력 가치인 $(1-\delta)k_t^j$에 재투자되어 다음 계절의 농지의 생산력 가치를 k_{t+1}^j 로 높이려고 노력한다. '농사'라는 생산을 통해 토지의 비옥함은 감소되기 마련이기 때문에 여기서 '파라미터' δ는 토지의 비옥함이 감소하는 정도를 나타내는 '감가상각률'을 나타낸다.

이제 농부의 소박한 행복은 바로 매일 식사 제대로 하고, 일과 노동 후 잠자고 뜨거운 물에 목욕하고, 바흐의 골드베르크 변주곡을 연습하고, 필자의 『현대경제학 비판: 변증법적 성찰』을 읽어 보는 것이다. 전자의 활동은 c_t^j라는 소비의 가치로 측정되고, 후자의 활동은 $(1-k_t^j)$라는 '여가(leisure)'의 가치로 측정되며 이 두 가지 활동은 농부의 하루의 행복 '$u(c_{t,}^j 1-h_t^j)$'를 극대화하는 데 초점이 맞추어져 있다. 그러나 농부의 미덕은 하루살이에 열중하는 메뚜기의 미덕에 있지 않다. '날씨'라는 불가항력의 힘의 변덕으로 인한 계절의 순환을 누구보다도 잘 이해하는 개미의 미덕이야말로 농부가 항상 품고 있는 삶의 지혜이자 삶의 행복을 정의하는 준거지점이 된다. 따라서 '하루살이의 행복'인 $u(c_{t,}^j 1-h_t^j)$가 아닌, 오늘의 행복, 내일의 행복, 그 다음날의 행복, 더 나아가 내년의 행복, 그 다다음해의 행복 등을 모두 한꺼번에 고려하는 평생효용(life−time utility)이라고 불리는 $\sum_{(t=0)}^{\infty}\beta^t u(c_{t,}^j 1-h_t^j)$를 극대화하는 것이 농부의 미덕이 된다. 미래에 다가올 계절의 순환을 항상 기대하고 자신의 행복을 고려하는 것이 바로 농부의 '자기애' 실현이 된다.

또한 농부의 생산물이라는 것이 '날씨'라는 불확실성(z_t)과 농부 개인의 예기치 않은 사정(s^j)에 의해 확률적으로 불확실한 $e^{zt}s^j(k_t^j)^{\alpha}(h_{tt}^j)^{1-\alpha}$ 양의 생산물이 실현되므로, 나의 소비 c_t^j, 나의 여가 $(1-h_t^j)$ 또한 확률적으로 불확실하다. 따라서 농부의 평생효용 또한 확률적으로 불확실하다. 결국 농부는 모든 가능한 날씨를 비롯한 확률적 사건을 '객관적'으로 평가하여 비교적 '객관적'인 확률을 부여하여 평생효용의 기댓값을 극대화하는 것이 '합리적'일 것이다. 확률적으로 기대되는 평생효용의 평균값, 즉 '기대평생효용'인 $E\sum_{(t=0)}^{\infty}\beta^{t}u(c_{t,}^{j}1-h_{t}^{j})$를 극대화하는 것이 합리적이고 이런 의미에서 농부의 기대(심리)는 '합리적 기대(심리)'이다.

마지막으로 〈그림 29〉에서 농부의 초기 자본량과 초기 정보 집합 '변수'들을 제외하고는 임의의 j번째 농부의 기대평생효용 극대화 문제의 수리적 구조는 동일하다. 따라서 애덤 스미스가 강조하는 계급, 계층을 초월하는 규범적 인간형인 '경제인(economic agent)'으로서의 '자기애(self-love)'는 〈그림 29〉에서 정확히 규정된다. 계급, 계층을 결정하는 가장 중요한 변수인 초기 자본량과 무관하게 모든 농부의 '자기애'를 구현하는 선택변수들을 선택하는 방식은 모두 동일하기 때문이다.

〈그림 29〉에서 보여준 '농부의 우화'에서 무엇보다도 강조되는 것은 날씨의 변덕과 계절의 순환에 시달리면서도 본인의 일을 묵묵히 수행해 가는 농부의 우직함, 성실함, 그리고 침착함과 같은 농부의 미덕이다. 자연의 확률적 폭력에 시달리면서도 자연을 탓하지 않는다. 자연의 사전적 의미가 그러하듯이, 사람의 힘이 더해지지 아니하고 세상에 스스로 존재하거나 우주에 저절로 이루어지는 모든 존재나 상태 그 자체로 받아들인다. 날씨로 인한 '나'의 생산물 증감, 경제용어로 '나'의 소득의 증감은 자연의 아들인 날씨 탓이므로 정부 탓을 할 이유도 없고, 정치인 탓을 할 필요도 없으며 심지어 나의 잠재

적 경쟁자인 다른 농부도 탓하지 않는다. 날씨의 본질이 '우리 모두'에게 영향을 미치는 '거시적 현상(macroeconomic phenomenon)'인 것을 알기에, 날씨로 인한 우리 마을의 흉작이라는 확률적 사건은 오히려 서로에 대한 공감의 시작이지, 나의 이익을 침해하게 만든 그 누군가를 탓하는 '분노'의 시작이 아니다. 오히려 미래에 도착할 마을의 풍작을 '기대'하며 나의 여가시간 동안 『현대경제학 비판: 변증법적 성찰』을 읽는다. '지금'은 나의 노동시간이 불가피하게 감소하고 나의 여가시간은 늘어나는 기간이고 나의 비료와 종자를 아끼는 '휴식과 검약의 시간'이다. 자연이라는 외생적 사건에 맞서지 않는 삶의 자세, 자연의 '주사위 놀이'의 박자에 맞추어 흥겹게 춤을 출 뿐이다. 햇빛이 있는 날 농부는 씨를 뿌릴 뿐이고, 비 오는 날 벼의 성숙함을 촉진하는 하늘의 축복에 감사할 뿐이고, 폭풍우가 몰아치는 날 집에서 바흐의 골드베르크 변주곡을 연습할 기회를 준 하늘의 주사위 놀이에 감사할 뿐이다. 그리고 이러한 감사의 태도는 철저하게 노동하는 나, 여가를 즐기는 나에서 비롯된다는 것을 주시해야겠다. '주사위 놀이'에 중독된 자연에 감사할 줄 아는 나를 인식한다는 것이야말로 농부의 '자기애'가 가장 높은 차원으로 실현되고 있는 것이다. 이러한 감사의 태도에서는 자연의 '주사위 놀이'라고 칭하는 것조차 불경스럽다. 따라서 농부는 자연의 '주사위 놀이'를 '총요소(기술)생산성 z_t'이라고 부른다. 나의 노력이 뒷받침된다면 '총요소(기술)생산성 z_t'는 나에게 풍작을 가져다 주기도 하고 또한 흉작을 통해 나에게 검약의 미덕, 여가를 통한 교양의 축적, '미래'를 계획하고 창조할 기회를 준다.

'총요소(기술)생산성 z_t'이라고 불리는 자연과 매개되어 있고, 그 매개 관계를 철저히 자신의 '자기애'로 파악하는 농부는 더 나아가 우리 마을의 다른 농부도 나와 같이 '총요소(기술)생산성 z_t'과 매개된 '자기애'로 가득 찬 또 다른 나라는 것을 각성하게 된다. '총요소(기술)생산성 z_t'과 매개된 '자기애'는 '나를 사랑하는 만큼 남을 사랑하게 된다'라는 공감의 태도로 귀결된다. 이러한 공감의 태도에서 이제 우리 마을의 '거시경제(macroeconomy)'도 아래와 같이 마침내 인식하게 된다(〈그림 30〉).

$$\underbrace{\text{거시변수}}_{\text{'거시경제학'}} \overset{\text{거시 경제학의 미시적 기초}}{\overbrace{=}} \underbrace{\text{개별 경제주체의 최적화된 개별선택변수들의 총합}}_{\text{'미시경제학'}}$$

$$\underbrace{K_t}_{\text{총자본량}} = \sum_{j=1}^{N} \underbrace{k_t^j}_{\text{개별경제주체의 최적 선택 자본량}}$$

$$\underbrace{Y_t}_{\text{총국민생산}} = \sum_{j=1}^{N} \underbrace{y_t^j}_{\text{개별경제주체의 최적 선택 생산량}}$$

$$\underbrace{C_t}_{\text{총소비}} = \sum_{j=1}^{N} \underbrace{c_t^j}_{\text{개별경제주체의 최적 선택 소비량}}$$

$$\underbrace{I_t}_{\text{총투자}} = \sum_{j=1}^{N} \underbrace{i_t^j}_{\text{개별경제주체의 최적 선택 투자량}}$$

$$\underbrace{H_t}_{\text{총노동시간}} = \sum_{j=1}^{N} \underbrace{h_t^j}_{\text{개별경제주체의 최적 선택 노동시간}}$$

〈그림 30〉

우리 마을의 '거시변수(aggregate variable, macroeconomic variable)'는 '자기애'로 충만한 개별 농부가 최선을 다해 선택한 개별선택변수들의 총합임을 자각하게 된다. 〈그림 30〉에서 명시했듯이, 거시변수와 개별최적선택변수와의 관계를 자각한 상태를 '거시경제학의 미시적 기초(micro-foundation of macroeconomics)'라고 부른다. 다른 농부 또한 '총요소(기술)생산성 z_t'이란 자연과 매개되어 나와 동일한 '자기애'로 충만하여 최선을 다하기에 나의 이익이 창출되는 곳에 그들의 이익이 창출되고 나의 이익을 창출하는 방법이 곧 그들의 이익이 창출되는 법과 동일하다. 따라서 전체 이익의 크기가 커져야 나의 이익 또한 커지고 그들의 이익 또한 커진다. 전체 이익이 줄면 나의 이익도 줄고 남의 이익도 준다. 농부에게 거시변수란 '남의 이익이 곧 나의 이익이다'라는 공감대를 형성하는 지표이다. 그럼에도 불구하고 그 지표에 영향을 미치는 유일한 방법은 남들이 그들의 '자기애'에 충실하듯이 나 또한 나의 '자기애'에 충실한 나의 선택변수를 최선을 다해 선택하는 것이다. 전체 마을의 거시변수가 나의 노력의 결과임을 자각하면서도 여느 우직한 농부의 삶의 지혜처럼 내 일만 묵묵히 하는 것이 결국 우리 마을에게 좋은 일이다. "개인이 그런 공공 이익에 매진하려는 의도로 하지 않는다는 사실이 언제나 사회를 위해 나쁘기만 한 것은 아니며, 개인은 자기 이익을 추구함으로써, 사회 이익을 일부러 추구했을 때보다 더 효과적으로 사회를 위한 이익을 도모할 수 있다"라는 애덤 스미스의 '정언명령'은 '총요소(기술)생산성 z_t'와 매개되어 있는 농부들의 마을에서는 거의 상식에 가깝다.

결과론적으로 애덤 스미스의 상식이 통하는 농부들의 마을에서는 정부도 필요 없고, 정부가 발행한 화폐도 필요 없으며 '총요소(기술)생산성 z_t'이라는 자연과 매개되어 있는 농부의 우직한 경제생활만 있을 뿐이다. 이런 의미에서 '실물균형경기변동이론(real business cycle theory)'을 '실물경기변동이론'이라고 부르는 연유이다. '실물'은 바로 명목상 가치를 나타내는 정부의 화폐가 필요 없다는 의미에서 '실물'을 뜻하고 '균형'이라는 의미는 대표적 경제주체가 거시변수는 개별경제주체의 최적선택변수의 총합이라는 '거시경제학의 미시적 기초'를 잘 이해하고 있다는 의미에서, 경기변동은 자연의 불가항력적인 힘에 의한 삶의 행복(이익)과 불행(손실)의 순환주기를 농부처럼 '관조적 태도'로 받아들인다는 의미에서 '실물균형경기변동이론'인 셈이다.

이제 '총요소(기술)생산성 z_t'이라고 불리는 자연의 불가항력적인 힘에 의해 삶의 행복(이익)과 불행(손실)의 순환주기를 '관조적 태도'로 받아들이는 농부의 미덕에 다시 초점을 맞추어 보자. '총요소(기술)생산성 z_t' 부류의 자연, 약어로 'z_t 자연' 앞에서 한없이 미약한 존재라는 것을 스스로 인식하고 있는 농부는 'z_t 자연'과 매개된 마을이라는 체계 안에서도 철저히 '객체'의 존재일 수밖에 없다는 '자기언급(self-reference)'의 상태에 있다. 그러면서도 자신과 동일한 '자기애'의 실현의지가 있는 동료 농부들 또한 자신과 동일하게 'z_t 자연'의 위력에 굴복할 수밖에 없는 미약한 객체의 존재라는 '공감'을 느낀다. 동료 농부들 또한 동일하게 '나'의 미약한 객체로서의 입장을 이해하고 '공감'한다. 결국 'z_t 자연'과 매개된 마을이라는 체계 안에서 '우리 모두' 미약한 객체일 수밖에 없고, 그럼에도 각자의 '자기애'의 실현에 충실할 수밖에 없다는 농부들의 '관조적 공감대'가 총체적으로 형성된다. 다시 말하면 농부들의 이러한 '관조적 공감대'는 '총체적'이면서도 체계 안의 객체로서 '자기언급적'이다. 영민한 독자라면 〈그림 9〉의 '토마스 정리'와의 관계를 즉시적으로 연상할 수 있을지 모른다. 즉 'z_t자연'과 매개된 마을에 사는 농부들의 '관조적 공감대' 또한 '자기실현적 예언'의 일종인 셈이다.

그러나 농부들의 '관조적 공감대'라는 '자기실현적 예언'은 제2절에서 논의되었던 '뱅크런'의 자기실현적 예언, 그리고 헤겔이 그의 책 『법철학』에서 경고했던 '천민'의 자기실현적 출현으로 인한 부의 집중화 등과는 사뭇 다른 점이 있다. 후자의 자기실현적 예언이 체계 안의 객체가 '자기언급'을 통해 총체적으로 체계의 역학을 좌우할 수 있는 주체로서의 변용이 전제되어 있는 반면, 전자의 '관조적 공감대'에서는 농부들이 여전히 'z_t 자연'를 경외할 수밖에 없는 미약한 객체이어야 한다는 '객체가 객체로 온전히 존재할 뿐'이라는 '자기실현적 예언'을 기술하고 있기 때문이다. 단도직입적으로 '관조적 공감대'에서는 객체가 체계의 역학을 좌우하는 주체로서의 변용이 일어나지 않는다. "산은 산이요 물은 물이다"라는 한국 불교의 한 고승의 진술을 재확인하는 셈이다. "산은 산이요 물은 물이다"라는 진술의 힘 아래에서 미약한 개별 대타존재인 농부는 '자기애'에 충실할 뿐이다.

따라서 "산은 산이요 물은 물이다"라는 진술에 의존하는 농부의 '자기실현적 예언'을 자기실현적 예언이라고 주장하는 것은 역설적일 수밖에 없다. 제2절 뱅크런(bank run, 대규모 인출사태)의 예에서 주장했듯이, 토마스 정리의 맥락에서의 자기실현적 예언은 '대수의 법칙(the law of large numbers)'이 함의하는 '세계관'과는 지축의 극(極) 반대편에 있다는 것을 설명하였다. 체제 안의 객체가 객체로만 존재한다는 것은 전체의 입장에서 '개인적인 변심'으로 대표되는 '전체 중의 한 일부분'에 불과하므로 '대수의 법칙'에 따라 '평균'으로 수렴할 수밖에 없는 존재로 거듭남을 의미한다. 동시에 '평균' 주위에 산재해 분포하고 있는 작은 오차항(error term)과 같은 것으로 '격하'됨을 의미한다. 현대 사회학의 거인인 로버트 K 머튼의 비유를 빌리자면, 객체가 객체로 존재한다는 것은 태양계를 중심으로 돌고 있는 "핼리 혜성"과 다를 바 없으며, 따라서 핼리 혜성의 귀환을 예측하는 물리학을 기반으로 고안된 모형의 한 대상에 불과하므로, "혜성 자체가 이론을 학습하고 그에 따라 혜성의 행동을 바꿀 가능성을 고려할 필요가 없게 된다." 즉 로버트 K 머튼의 "핼리 혜성"과 같은 존재라면, 토마스 정리의 자기실현적 예언의 개념과 정면으로 위배되는 것이다.

그러나 바로 이 지점에서 '실물균형경기변동이론'가들의 기발한 발상이 등장한다. 농부들의 "산은 산이요 물은 물이다"라는 진술을 규범적인 진술로 변용시킴으로써 '자기실현적 예언'이 될 수 없는 농부들의 '기대(심리)' 또는 '예언'을 역설적인 '자기실현적 예언'으로 재규정해버렸다. 오히려 '우리 모두가 핼리 혜성처럼 자연의 한 부분으로 살아야 한다'라고 반어법적인 규범을 강조한다. '객체는 객체로 온전히 존재할 뿐'이고 "산은 산이요 물은 물이다"라는 진술을 믿는 농부들의 이 역설적인 자기실현적 예언 또는 기대를 '실물균형경기변동이론'에서는 '합리적 기대(신리)'라 칭한다. 〈그림 29〉의 '합리적 기대(심리)'는 농부들의 '관조적 공감대'로 진화할 수밖에 없다는 당위성, 그리고 '합리적 기대'라는 용어가 이미 암시하듯이, 이러한 '관조적 공감대'야말로 우리가 배워야 할 '합리적'인 농부들의 자기실현적 예언이라는 규범성을 재규정하는 것이다.

이런 의미에서 '실물균형경기변동이론'은 규범적 경제모형이다. 환언하여 '실물균형경기변동이론'은 실존하는 경제인(자연인이든 법인이든)으로 하여금 농부들의 '합리적 기대'를 따르도록 촉구하는 것이며 '합리적 기대'로 현현하는 농부의 겸손한 '자기실현적 예언'이야말로 경제인 '우리 모두'가 본받아야 할 도덕적, 윤리적 규범임을 선언한다. 한 가지 부언하자면 '실물균형경기변동이론'의 함의는 놀랍게도 조선 사대부의 이념적 자부심과 예기치 않게 연결되어 있다. 조선 사대부의 사농공상의 이상적인 계급에서 중심이 되는 것은 '농부'이기 때문이다.

소결하면 'z_t 자연'과 매개된 마을의 한 일원으로서 'z_t 자연'의 불확실성과 '관조적 체념의 경지와 공감대'로 매개된 농부들의 '합리적 기대'는 '실물균형경기변동이론' 덕분에 일종의 도덕적 '정언명령'이기도 하면서 토마스 정리 맥락에서의 자기실현적 예언이며 동시에 '대수의 법칙'이 적용될 수 있는 이율배반적 자기실현적 예언이다. '실물균형경기변동이론'에서 '농부의 우화'를 바탕으로 한 '합리적 기대' 가설은 실존적 경제인이 '국가경제'라는 체계 안에 속하는 '원소'라는 위치를 인지하면서도 '국가경제'에 속하는 '원소'라는 '자기인식' 또는 '자기언급'의 기회를 애당초 차단하는 방식을 '규범적'으로 요구하는, '매개되어 있되 매개되어 있지 않아야 한다'는 애덤 스미스의 주장을 재확인한 것에 불과하다.

그럼에도 불구하고 '실물균형경기변동이론'이 애덤 스미스의 경제학의 아류의 범주를 넘어서는 비범함을 발휘하는 지점은 바로 농부들의 '합리적 기대'가 함의하는 '대수의 법칙'이 성립하는 자기실현적 예언에 있다. 이미 지적했듯이, "산은 산이요 물은 물이다"라는 자기실현적 기대의 세계에서는 '객체'인 나는 '평균'의 힘으로 귀속될 수밖에 없는, '평균으로의 회귀본능'이 발휘되는 존재임을 선언하는 것이다. 다시 한번 강조하지만, 이러한 선언은 규범적 선언이다. '평균으로의 회귀본능'이 체제의 '평균'으로 실현될 것이며, 이렇게 예언된 '평균'이 바로 '실물균형경기변동이론'이 식별한 애덤 스미스의 "보이지 않는 손(an invisible hand)"이다. 바로 이 지점이 '실물균형경기변동이론'이 시나브로 자부하는 "보이지 않는 손"의 '과학적' 이해이자 진화이다. 특히 '평균으로의 회귀본능'을 가진 체계의 객체는 체제의 '평균'으로 실현될 수밖에 없다는 논리적 근거가 20세기 초반에 폰 노이만·버코프·힌친 에르고딕 정리(the Von-Neumann-Birkoff-Khintchin ergordic theorem)라는 이름으로 발견된 덕분에 "보이지 않는 손"은 농부들의 '합리적 기대'가 지속되는 한 '평균'으로 확고히 실존한다(〈그림 31〉).[44]

44 유럽연합주의자는 에르고딕 정리를 폰 노이만·버코프 에르고딕 정리라 부르고, 미연방주의자는 버코프 에르고딕 정리라고 칭하며, 소비에트 연방주의자는 버코프·힌친 에르고딕 정리라고 명명하였다. 따라서 이 책에

• **대수의 법칙**(the Law of Large Numbers):

임의로 추출된 표본의 크기가 크면 클수록, 표본 평균은 모집단의 평균으로 확률적으로 수렴한다.

• **폰 노이만·버코프·크히친 에르고딕 정리:**

T를 임의의 측도 가능한 공간 $(\Omega, \mathcal{F}, \mathbb{P})$에서 잘 정의된 '측도보존변환자(measure-preserving transformation)'라고 하자. T의 변환에 대해 불변의 사건들, 즉 거시적 사건들 $\mathcal{S}$ 의 집합을 $\mathcal{I}$ 라고 하고 $f \in L^1(\Omega, \mathcal{F}, \mathbb{P})$ 이라 하자. 임의의 $\omega \in \Omega$ 에 대하여 거의 $\mathbb{P}$ 확실하게 아래와 같은 수렴식이 성립한다.

$$\lim_{N\to\infty} \frac{1}{N}\sum_{k=1}^{N} f(T^k\omega) = \mathbb{E}^{\mathbb{P}}[f|\mathbf{s} \in \mathcal{S} \in \mathcal{I}](\omega).$$

〈그림 31〉

대수의 법칙이란 일반적으로 어떤 '모집단(population)'에서 임의로 '표본평균(sample mean)'을 추출했을 때, 표본의 크기가 크면 클수록 '표본평균'은 '모집단'의 '진짜 평균'으로 수렴한다는 것을 의미한다(〈그림 31〉). 폰 노이만·버코프·힌친 에르고딕 정리는 여기서 더 나아가 배후에 불변인 확률의 법칙이 있다는 믿음이 있는 한 '표본평균'은 '모집단' 전체의 특성을 '대표'할 수 있는 '통계량'이 된다. 배후에 불변인 확률의 법칙이 있다는 믿음의 전제조건은 폰 노이만·버코프·힌친 에르고딕 정리에서 '측도보존변환자(measure–preserving transformation)'라

서는 화해의 제스처로 폰 노이만·버코프·힌친 에르고딕 정리라고 부르기로 한다. 여기서 시도된 화해의 제스처는 에르고딕 정리를 둘러싼 역사적 스캔들을 종결하기 위함이다. 버코프의 에르고딕 정리는 폰 노이만과의 대화이후 발표되었음에도 불구하고, 종종 버코프 에르고딕 정리로 불린다.

고 불리는 함수 T로 표현된다. 실물균형변동이론에서는 애덤 스미스의 계층과 계급을 넘어서는 '자기애'를 가진 보편적인 경제인은 이제 '측도보존변환자' T에 의해 고안된 '태양계의 우화'에서 하나의 '행성'으로 인격화된다. 즉 '자기애'에 충만한 농부들의 이야기인 '농부의 우화'가 '측도보존변환자' T에 의해 '태양계의 우화'로 '변주'된다.

〈그림 29〉로 돌아가서 초기 자본량의 크기에 따라 농부들에게 순번을 정하여 초기 자본량이 가장 낮은 농부를 첫 번째 농부로 정하기로 한다(즉 $j=1$이 초기 자본량이 가장 낮은 농부를 뜻하며, 그 다음으로 초기 자본량이 낮은 농부는 $j=2$로 정한다). 다음으로 우리가 〈그림 29〉의 최적화 문제의 풀이기법을 알던 모르던 간에 특정 시간이 지난 어느 시점 t에서의 $j=1$번째 농부의 '상태'를 ω라고 하자. 여기서 '상태' ω는 농부인 '나'의 시점 t에서의 최적 선택과 그 시점에 농부에게 발생한 모든 외생적인 충격에 관한 정보, 그리고 마을 전체의 자본의 분포에 관한 정보 등을 포함한다. 즉 ω는

ω = ('나'의 최적소비, '나'의 최적투자, '나'의 최적생산, '나'의 최적 노동투입…;
마을 전체의 자본 분포, '나'의 건강문제에 관한 정보, 'z_t 자연'의 충격에 관한 정보…)

로 이해될 수 있겠다. 이제 어느 시점 t에서 $j > 1$번째 농부의 상태를 $\tilde{\omega}$라 하자. 실물균형경기변동이론이 '요구'하는 것은 '나'와 다른 농부

의 상태 $\tilde{\omega}$에 관해 '측도보존변환자' T에 의해 다음과 같은 명제가 성립되어야만 한다.

$\tilde{\omega} = T^k\omega$가 성립하는 어떤 양의 정수 k가 존재한다.

이 명제의 의미는 미지의 행성에서 '자기애'에 충실한 농부 '자기애' 실현상태 $\tilde{\omega}$는 지구를 대표하는 나의 '자기애' 실현상태 $\tilde{\omega}$와 '다를 바 없어야 한다'는 것을 뜻한다. 역으로 지구의 농부인 '나'가 '측도보존변환자' T로 불리는 '순간이동' 매개체를 타고 '옴니'라고 불리는 행성을 이주하더라도 '나'는 지구에서처럼 '자기애'에 충실한 농부의 천직을 유지할 것이며 단지 '옴니' 행성에서 주어진 초기 자본량이 다를 뿐 나의 최적선택의 방법 및 기준, 나의 최적 선택에 영향을 주는 외부의 정보를 처리하는 방식은 항상 동일함을 의미한다.

따라서 '옴니'행성에서 거주하는 여느 농부의 실현상태 $\tilde{\omega}$는 '나'의 '자기애' 실현방식으로 복원이 가능한 '자기애' 실현상태인 것이다. 심지어 자고 일어나 보니, '옴니' 행성의 상태 $\tilde{\omega}$는 '나'의 '자기애'가 자기 복제한 '자기애' 실현상태와 다를 바 없다는 것을 발견한다. 미지의 '옴니' 행성에서 상태 $\tilde{\omega}$를 실현한 그 농부는 사실 '나'의 k번째 환생한 '나'의 분신인 셈이다. 다시 말하면, 그 농부의 이러한 나의 영적 대오 각성을 통해 '나'는 이제 태양계 행성의 어떤 농부도 '나'의 분신과 다를 바 없으며, 그들이 어떤 상태 $\tilde{\omega}$를 만들어 내던 나'의 '자기애' 실현상태의 자기 복제일 뿐이다. '측도보존변환자' T로 불리는 '순간이동' 매개체를 통해 모두가 '나'와 다를 바 없는 분신이자 동료이며 나의 '자기애'가 곧 그들의 '자기애'였으며 나의 '자기애'가 소중하듯이 그들의 '자기애' 또한 소중한 것임을 각성하게 되고 또한 그러한 '사해동포'적 믿음을 형성하게 된다.

돌이켜 생각해 보면 '나'를 물리적으로 행성 어디엔가 이동시키는 물리적 매개체(medium)이었던 '측도보존변환자' T 자체가 '자기애'로 매개된 '사해동포'적 믿음의 메시지였던 것이다. 결국 '측도보존변환자' T는 태양계의 모든 농부는 '자기애'에 충실해야 한다는 애덤 스미스의 '가르침'을 전달하는 거대한 매스 미디어였던 셈이다. 따라서 애덤 스미스식 '사해동포'적 믿음의 메시지를 전파하는 강력한 미디어(medium)의 존재를 '측도보존변환자' T로 볼 수 있으며, 이 미디어가 전달하는 메시지(message)는 캐나다의 사회학자 맥루한(Marshall McLuhan)이 종종 '오독'하듯이, 매스(mess를 mass로 읽는다) 세대(age), 즉 대중미디어의 세대에 우리가 '진입해야함'을 의미한다. '측도보존변환자' T가 단순한 매개체(medium)가 아닌, 대중(mass-age) 미디어(medium)임을 자백하는 순간이다.

요컨대 실물균형변동이론에서는 애덤 스미스의 계층과 계급을 넘어서는 '자기애'를 가진 보편적인 경제인은 '자기애'의 보편성을 태양계 곳곳에 전파할 수 있는 '측도보존변환자' T라는 강력한 '매스 미디어'의 존재가 있어야 한다는 것을 함의한다. 애덤 스미스의 '자기애' 이념을 전파할 T는 이름을 가진 강력한 전도사(evangelist)의 활동이 있어야만 '평균으로의 회귀본능'이 작동할 것이고, 결국 체제의 '평균'으로 실현되는 것이다. “산은 산이요 물은 물이다”라는 자기실현적 기대의 세계를 창조할 수 있도록 그 배후에는 T라는 이름을 가진 공평무사한 전도사 또는 매스 미디어라는 또 다른 ‘보이지 않는 손(an invisible hand)’이 움직이고 있음을 은연히 주장한다. “산은 산이요 물은 물이다”이라는 농부의 자기실현적 기대는 결국 눈에 보이지 않는 것처럼 움직이는 매스 미디어 또는 전도사에 의해 철저하게 학습된 기대인 것이다.

실물균형경기변동이론이 지적하는 것은 애덤 스미스의 ‘자기애’ 이념 또한 마르크스주의 독일 나치당의 국가사회주의 못지않게 철저히 이념적이라는 것을 넌지시 시사한다. 태양계 전체 주민이 애덤 스미스의 ‘자기애’ 이념으로 전도된 ‘지구촌(global village)’의 일원이 되어야 한다는 것이 애덤 스미스의 경제학에 내재되어 있는 것이다.

따라서 지구에서 내가 어떤 ω 상태에 도달하던 나의 상태는 다른 행성에 전파될 것이며 동시에 그 전파된 상태는 나의 ‘아바타’들에게 ‘자기애’의 방식으로 복제될 것이다. 즉 지구의 임의의 상태 ω에 대하여 태양계 전체로 전파된 상태들, 즉 $T\omega, T^2\omega, T^3\omega, \ldots, T^k\omega, \ldots$들은 실제로 미지의 행성들에서 이미 실현된 상태가 되며 ‘태양계의 우화’에서 하나의 ‘궤도’를 형성하게 된다. 무엇보다도 중요한 것은 이제 학습된 ‘자기애’로 인해 태양계에 거주하는 모든 농부들은 마치 1리터 용기에 담긴 동질성을 가진 공기의 분자들과 같아서 〈그림 30〉의 (태양계) 거시경제를 물리학자들이 1리터의 기체를 탐구하듯이 조사가능하다. 따라서 여느 과학자처럼 지구에서 ‘태양계 전체의 거시적 상태’를 탐색하기 위해 탐사 위성을 보내 이 궤도에 있는 행성들에 산재되어 있는 농부들의 '개별소비'라고 불리는 '온도'를 측정하려 한다. 이 탐사 위성의 '개별소비'라고 불리는 '온도' 측정기는 함수 f(•)로 표시되는데 각 행성에 거주하는 '자기애'에 충만한 농부의 상태는 ω라는 '양적 상태'로 표현될 수 있으므로 f(ω)의 의미는 즉시적으로 농부의 개별소비가 측정됨을 의미한다.

그러나 이러한 방식으로 '태양계 전체의 거시적 상태'를 탐색하는 것은 이미 물리학자들이 한 세기 전에 자각하고 있듯이 '물리적'으로나 '본질적'으로 '미션 임파서블'에 가깝다. 예컨대 1리터의 공기를 구성하는 공기 분자의 수는 10^{23}이므로 공기 분자간 상호작용을 뉴턴 역학을 적용하여 3개의 행성간의 힘의 작용문제를 계산하듯이 계산하는 것은 거의 불가능에 가깝다. 뉴튼의 고전역학을 대신하는 '통계역학(statistical mechanics)'이 등장할 수밖에 없는 이유가 여기에 있다. 10^{23}개의 분자 간 상호작용을 삼체문제처럼 다루지 않고 분자 전체의 분포를 통계적으로 이해하는 방식을 택한다. 개별입자 대신 개별입자 상태의 분포와 같은 거시적 사건을 이해하는 데 유용한 정보량인 평균온도, 기압 및 부피 또는 엔트로피(entropy)와 같은 '거시지표'에 집중하게 된다. 이러한 통계역학의 통찰력에 따라 이 '개별소비' 종류의 '온도' 측정량 대신 '평균소비' 또는 '평균온도'라는 '태양계 전체의 거시적 상태'에 관한 정보를 제공하기 위한 '거시변량'에 집중할 수밖에 없다. 그러나 '평균소비'라는 거시지표가 거시경제를 대표할 수 있는 유용한 지표임을 입증해야 할 뿐만 아니라, '평균소비'를 계산하기 위해서는 태양계 전체에 거주하는 농부들의 개별소비를 여하튼 모두 조사해야 한다는 '동어반복(tautology)'적인 상황에 처하게 된다.

이때 우리의 구세주처럼 등장하는 것이 바로 폰 노이만 · 버코프 · 크히친 에르고딕 정리이다. 먼저 폰 노이만 · 버코프 · 크히친 에르고딕 정리가 말하는 것은 태양계에서 임의로 선택한 궤도상에 있는 의 모든 행성들에서의 '소비'라 불리는 '온도'의 측정값들, 즉 f(Tω), f(T2ω), f(T3ω), …., f(Tkω), …은 항상 '1인당 평균 소비변량'이라고 불리는 태양계 전체의 '평균온도' $E\sum\infty(t=0)\beta tu(ct,j1-htj)$로 항상 회귀할 수밖에 없음을 뜻한다. 특히 유한개수의 실증적 평균치인 $\frac{1}{N}\sum N(k=1)$ f(Tkω)가 진짜 '평균온도'로 수렴된다는 것이 핵심이다. 다시 말하면 태양계 전체에 거주하는 농부들의 개별소비를 여하튼 모두 조사해야 하는 수고를 덜어준다.

두 번째로 이 평균 소비변량은 자의적으로 임의의 궤도 Tω, T2ω, T3ω,…, Tkω,…를 선택하더라도 항상 태양계 전체의 농부들의 소비분포, 태양계 전체의 투자분포, 태양계의 자본 분포, 그리고 태양계 전체에 영향을 미치는 'zt 태양 흑점'과 같은 '거시변량'으로 구성된 공공 정보량이 반영되어 있는 '거시지표'임을 확정해 준다. 환언하면 '1인당 평균 소비변량'은 태양계 전체 농부에 영향을 미치는 거시적 사건을 분석함에 있어서 '가공의 관찰자'가 앞 문장에서 나열한 '거시변량'으로 구성된 공공 정보량을 s라고 할 때, 특정한 거시적 사건을 발생시키는 모든 공공 정보량 s를 일일이 추적할 필요 없이 유한개수의 실증적 평균치인 $\frac{1}{N}\sum N(k=1)$f(Tkω)의 동태만 살피는 것만으로 충분하다는 것을 의미한다. 또한 개별소비뿐만 아니라, 태양계 전체의 개별투자, 개별 산출량, 개별 노동 투입량 등에도 폰 노이만·버코프·힌친 에르고딕 정리가 적용될 수 있기 때문에 이제 개별변량이 아닌 1인당 평균변량이 거시경제를 대표하는 '거시지표' 또는 '거시변량'으로 부상하게 된다(〈그림 32〉). 즉 〈그림 30〉의 좌변의 거시 총계 변량보다 1인당 평균 거시변량이 보다 유용한 거시지표로 활용된다.

$$\underbrace{k_t}_{\text{1인당 평균 자본량}} \simeq \frac{1}{N}\sum_{j=1}^{N} \underbrace{k_t^j}_{\text{개별경제주체의 최적선택 자본량}}$$

$$\underbrace{y_t}_{\text{1인당 평균 생산량}} = \frac{1}{N}\sum_{j=1}^{N} \underbrace{y_t^j}_{\text{개별경제주체의 최적선택 생산량}}$$

$$\underbrace{c_t}_{\text{1인당 평균 소비량}} = \frac{1}{N}\sum_{j=1}^{N} \underbrace{c_t^j}_{\text{개별경제주체의 최적선택 소비량}}$$

$$\underbrace{i_t}_{\text{1인당 평균 투자량}} = \frac{1}{N}\sum_{j=1}^{N} \underbrace{i_t^j}_{\text{개별경제주체의 최적선택 투자량}}$$

$$\underbrace{h_t}_{\text{1인당 평균 노동시간}} = \frac{1}{N}\sum_{j=1}^{N} \underbrace{h_t^j}_{\text{개별경제주체의 최적선택 노동시간}}$$

〈그림 32〉

지금까지 논의를 요약하면 실물균형경기변동이론가들이 이해하는 애덤 스미스의 '자기애'는 거시경제를 구성하는 경제인들을 동질적 분자 또는 원자들로 환원시키는 장치에 지나지 않는다. 실존적인 경제인을 분자 및 원자로의 '사물화'를 통하여 '1인당 평균거시변량'이라는 거시경제를 건강상태를 진단할 수 있는 거시지표를 생성해낸다. 물론 실물균형경기변동이론이 경제인의 사물화를 통한 '1인당 평균거시변량' 개발로 이해된다면, 결코 '실물균형경기변동 혁명'이라고 명명될 수 없는 별 볼 일 없는 이론이거나, 혹은 이론 자체를 잘못 이해했거나 또는 적의를 가진 실물균형경기변동이론 학파의 반대자들이 진술한 폄하에 지나지 않을 것이다. 실물균형경기변동이론의 진정한 혁신은 바로 '자기애'가 모두가 따라야 할 덕목이자 규범이라면 애덤 스미스의 '보이지 않는 손'은 자연발생적으로 존재할 수밖에 없는 것이라는 것을 폰 노이만·버코프·힌친 에르고딕 정리라는 '과학의 언어'를 빌려 규명했다는 점이다. 여기서 '자기애'의 규범으로 인한 인간의 '분자 사물화'가 반드시 경제학의 여러 비평가들(특히 인문학자들)이 우려하는 부정적 의미로서의 인간의 '사물화'를 의미하는 것이 아니라는 것이 거듭 강조되어야겠다. '자기애'를 바탕으로 하는 경제인의 '분자 사물화'는 오히려 '자기 본연의 일만 열심히 하면 된다'는 어느 늙은 농부의 지혜나 겸양의 덕목이 물질화된 것에 가깝다. 이러한 류의 지혜나 덕목은 헤겔이 『법철학』에서 경고한 파괴적인 자기실현적 예언의 부작용을 막기 위한 자연발생적 안전장치 또는 정화작용으로 이해되어야 한다. 이러한 함의가 실물균형경기변동이론이 결코 과소평가되어서는 안 되는 면모라는 것이 지적되어야 하겠다.

뿐만 아니라 실물균형경기변동이론은 더 나아가 '보이지 않는 손'을 명확하게 공식화한 기여가 있다. 애덤 스미스가 말하는 '보이지 않는 손'은 늙은 농부의 겸양의 덕이 내면화된 '평균적 인간'의 '보이지 않는 손'으로 규정한다. 즉 경제인의 사물화를 통한 '1인당 평균 거시변량'을 자신의 '자기애' 실현을 위해 선택하는 최적변량으로 삼는 평균적 경제인이 바로 '보이지 않는 손'의 실체로 식별하였다. 1인당 평균 자본량을 소유하고 1인당 평균 노동시간을 투입하여 1인당 평균 국민 산출량을 생산해서 1인당 평균 국민 소득을 얻고 이를 기반으로 1인당 소비와 투자를 하는 '평균적 농부'가 농부의 우화와 그리고 행성의 우화에서, 따라서 실물균형경기변동이론의 진정한 주인공이 된다. 이러한 '평균적인 농부'를 실물균형경기변동이론에서 '대표적 소비자' 또는 '대표적 경제주체'로 명명하는데, 실물균형경기변동이론에서 이러한 '대표적 경제주체'가 존재함을 증명하였다(〈그림 33〉).

실물균형경기변동이론에서 이러한 '대표적 경제주체'의 존재는 먼저 규범적 존재라는 것이 거듭 강조되어야겠다. 즉 규범적, 모범적 존재이므로 해당 마을, 해당 경제, 해당 태양계의 경제인 모두 '대표적 경제 주체'를 롤 모델로 삼아 그녀의 경제 활동을 기준으로 닮으려고 노력하게 된다. '대표적 경제 주체'보다 덜 생산하고, 덜 투자하고, 덜 소비하고, 덜 일하는 농부는 더 일하고 더 생산하고 더 투자하고 더

소비하려고 노력할 것이다. 반면에 '대표적 경제 주체'보다 더 많이 일하고 더 많이 생산하고 더 많이 소비하는 농부는 '대표적 경제주체'의 겸양의 덕을 내면적으로 자각하는 순간, 자신이 과로와 과잉소비의 사치로 점철된 삶으로 재규정하게 되고, '대표적 경제 주체'만큼 소비하고 생산하고 일하는 소박한 삶으로 돌아가려 한다. 공동체 구성원 간 팽배하는 이러한 규범적 삶의 흠모가 '충분한' 시간이 지나감에 따라 공동체 구성원이 '대표적 경제 주체'를 닮아 가게 되고 '대표적 경제 주체'가 대다수가 되는 거시경제로 거듭나게 된다.

대표적 경제주체의 기대평생효용(함수)

"극대화"

$$\max_{\{k_{t+1}, c_t, i_t, y_t, h_t\}_{t=0}^{\infty}} \mathbb{E}\left[\sum_{t=0}^{\infty} \beta^t (1+n)^t u(c_t,\ 1-h_t) \mid \mathcal{I}_0\right]$$

"선택변수"들의 집합 / 합리적 기대(심리) / 대표적 경제주체의 '여가' / 대표적 경제주체의 정보집합

s.t.

$$c_t + i_t \leq y_t$$

$$y_t = e^{z_t}(1+a)^{t(1-\alpha)}(k_t)^{\alpha}(h_t)^{1-\alpha}$$

대표적 경제주체의 생산기술

$$(1+a)(1+n)k_{t+1} = (1-\delta)k_t + i_t$$

z_{t+1} (≡ (총소요(기술)생산성)≡ $\rho \cdot z_t +$ ϵ_{t+1}

≡ 농부의 초기 자본량

예기치 못한 생산기술 충격

k_0 ≡ 대표적 경제주체의 초기 자본량

n = 장기평균 (순)인구증가율

a = 장기평균 (순)생산성증가율

〈그림 33〉

따라서 '대표적 경제주체'가 진정으로 이 거시경제를 '대표'하는 '대표적' 경제주체(경제인)이 된다. 정치적 구호로 치부되었던 '보통 사람'의 시대가 여기에서는 농담이 아닌, 진지한 정언명령과도 같다. '충분한' 시간이 되면 '대표적 경제 주체'의 시대가 될 것이라는 '예측'은 '대표적 경제 주체'를 중심으로 정규 분포로 수렴한다는 가우스의 중심 극한 정리와 정규분포는 '대표적 경제 주체' 중심 주위로 경제인들이 집중되어 분포될 수밖에 없다는 텔레망스(Michel Talagrand)의 '집중화 부등식(concentration inequality)' 정리에[45] 의해 이성적으로 확증되는 '합리적 예측'이다. 또한 '대표적 경제주체'가 결국 대다수를 형성할 것이라는 이러한 '합리적 예측'을 거시 경제 구성원 모두가 자기실현적으로 기대하는 '합리적 기대' 류의 자기실현적 예언으로 귀결된다. 결론적으로 실물균형경기변동이론이 이해하는 애덤 스미스의 '보이지 않는 손'은 '대표적 경제 주체'의 '보이지 않는 손'이며 동시에 이러한 규범적 존재가 구성원 모두에게 '대표적 경제 주체'가 되기를 희망하는 촉구하는 '보이지 않는 손'이기도 하다.

실물균형경기변동이론의 '보이지 않는 손' 버전인 '대표적 경제주'의 존재는 몇 가지 중요한 규범적 함의를 담고 있다. 실물균형경기변동이론의 '대표적 경제주체' 주도의 거시경제에서 이 거시경제의 '성장'과 '안정'에 진지하게 고민하는 '가공의 정책당국자'를 고려해 보자. '가공의 정책당국자' 입장에서 거시경제의 '성장'과 '안정' 그리고 전체 구성원의 후생을 위해 관심을 쏟아야 할 정책 대상은 바로 1인당 평

45 Talagrand, M. "Sharper Bounds for Gaussian and Empirical Processes," *Annals of Probability* 22 (1994): 28–76.

균 거시변량을 선택하는 '대표적 경제주체'이어야 한다는 것이다. 예를 들어, 1인당 평균 소비량을 소비하는 '대표적 경제주체'의 평생기대효용을 극대화할 수 있도록 시장제도를 마련하는 것이 '가공의 정책당국자'가 거시경제 전체 구성원의 후생을 극대화하는 '효율적' 방법이며 또한 이러한 '대표적 경제 주체'가 〈그림 33〉과 같이 그녀의 '자기애'에 충실하여 자기 선택을 최적화하고 성장하도록 돕는 것이 '가공의 정책당국자'가 수행해야할 정책의 목표가 된다. 따라서 이 '가공의 정책당국자'는 현재 실존하는 여느 정부와는 달리 세금도 부여해서는 안 되고 제 2절의 새케인즈학파 모형처럼 통화정책도 수행하지 않으며 종이지폐를 발행하지도 않는다. 이미 지적했듯이, 이 '대표적 경제주체'는 '농부의 우화'에서의 여느 평범한 농부의 삶을 살기 때문이다. 그렇다고 해서 이 '가공의 정책당국자'는 어떤 정책도 수행하지 않는다는 의미는 아니다.

이 '가공의 정책당국자'가 수행할 수 있는 유일한 정책은 여느 평화로운 농촌의 마을에서 종종 발견되는 '품앗이' 제도를 도입하는 것이다. 실물균형경기변동이론에서는 이 '품앗이' 제도를 거창하게 "애로우·드브루(Arrow–Debreu)식 우발채권의 거래로 경제주체의 개별적 위험에 대한 100% 보험을 제공하는 금융시장의 완비성(market completeness)"이라고 명명한다. 어떤 현학적인 언어로 표현하든 간에 기본적인 원리는 '대표적 경제주체'를 기준으로 예기치 않게 개인적인 경제적 불행을 맞은 거시경제 내의 한 경제인은 다시 '대표적 경제주체'를 기준으로 예기치 않게 경제적 행운을 맞은 또 다른 경제주체로부터 언제든지 융자 받을 수 있도록 하는 '품앗이' 금융경제를 마련하는 것이 이 '가공의 정책당국자'가 실현해야 할 정책목표이다. 실물균형경기변동이론의 용어로는 '금융시장의 완비성(market completeness)'을 실현하는 것이 정책목표인 셈이다. 이러한 '품앗이' 금융경제를 통해 놀랍게도 개인적으로 불행한 사람과 행운이 있는 사람은 '대표적 경제주체'를 기준으로 서로 상쇄된다. 폰 노이만·버코프·크히친 에르고딕 정리에서 이미 논의된 것을 다시 여기서 환기하자면, '대표적 경제주체'가 선택하는 1인당 평균 거시변량은 오직 거시적 사건만 반영되어 있는 '거시지표'이다. 따라서 이 '대표적 경제주체'는 개인적인 불행과 행운의 순환과는 무관한 존재이며, 따라서 어떠한 개인적인 불행과 행운의 기준점이 될 수 있다. 물론 후자의 성질은 이 '가공의 정책당국자'가 '품앗이' 제도를 얼마나 잘 설계할 수 있는가에 달려 있다. 요컨대 실물균형경기변동이론에서 요구되는 진정한 정책은 재정정책도 아니고, 조세정책이나 통화정책도 아닌 바로 '품앗이' 금융정책이다. 이런 맥락에서 실물균형경기변동이론은 '농부의 우화' 모형임을 거듭 환기할 필요가 있다.

일단 '품앗이' 제도가 마련되었다고 하면 '가공의 정책당국자'가 할 수 있는 최적의 정책은 본인이 마치 '대표적 경제 주체'인 것처럼, 또는 '대표적 경제 주체'에 빙의된 것처럼, 〈그림 33〉의 최적화 문제만 풀면 된다. 이런 현상을 실물균형경기변동이론에서는 '대표적 경제주체 정리(representative agent theorem)'이라고 부른다. 따라서 '가공의 정책당국자'가 하는 일이라곤 이 '대표적 경제 주체'가 〈그림 33〉의 최적화 문제를 제대로 풀고 있는지 감시만 하면 된다. 또한 〈그림 33〉에서 말하는 '대표적 경제 주체'의 합리적 기대(심리)라는 것이 결국 자기실현적인 예언과 규범적 예언이 결합된 '자기실현적인 규범적 예언'이므로 '가공의 정책당국자'는 이러한 '자기실현적인 규범적 예언'에 영향을 줄 수 있는 어떠한 일도 하면 된다. 즉 '대표적 경제 주체'의 합리적 기대(심리)에 반하는 어떠한 정책의 개입이 있어서는 안 된다. 오히려 '대표적 경제 주체'의 합리적 기대(심리)와 항상 부합하도록 막후에서만 활동해야 한다. 즉 '가공의 정책당국자'의 '보이지 않는 손'이 할 수 있는 것은 '대표적 경제 주체'의 합리적 기대(심리)에서 벗어나지 않도록 거시경제를 관찰하는 임무로 그친다. '대표적 경제주체 정리'의 논리에 의해 '대표적 경제주체'는 '가공의 정책 당국자'와 동일하므로 '가공의 정책 당국자'의 '보이지 않는 손'이 바로 실물균형변동이론 버전의 '보이지 않는 손'으로 식별될 수 있다.

지금까지 애덤 스미스의 '보이지 않는 손'의 의미를 현대경제학 이론 중 하나인 실물균형경기변동이론 입장에서 재해석하였다. 특히 이러한 재해석의 핵심은 바로 애덤 스미스의 '자기애'를 '자기실현적인 규범적 예언'의 일종으로 이해하는 것이 중요하다는 것을, 특히 헤겔의 불평등 경제에 관한 통찰력과 비교하여 강조하였다. '보이지 않는 손'의 교과서적인 해석과는 다소 다르다는 점도 미리 지적해야겠다.[46]

---

46 교과서적인 '보이지 않는 손'은 모든 시장의 수요와 공급을 일치시키는 시장청산가격을 뜻한다. 이때 노동·자본·상품 시장을 포함하는 '모든' 시장은 '완전경쟁적'일 것을 요구한다.

미루어 짐작하건대 실물균형경기변동이론의 가장 중요한 기여는 바로 애덤 스미스의 '자기애'를 '대표적 경제주체'라는 규범적 존재로 전환하는 데 있고 따라서 경제모형은 규범적 모형임을 명시적으로 선언한 것으로 볼 수 있다. 그러나 실물균형경기변동이론에 여기에 그치지 않는다. 실물균형경기변동이론의 진정한 기여는 이미 7절의 호드릭·프레스캇 경기순환주기 필터모형에서 지적했듯이, 특정한 '규범적 예언'을 담은 배후의 '구조적 모형'의 규범적 예언이 실제 호드릭·프레스캇 경기순환주기 필터모형이 보여주는 '실증적 예언'과 일치함을 보여주는 방식으로 '구조적 모형'과 '축약형 계량모형'의 분절화를 극복한 것에 있다. 물론 여기서 말하는 특정한 '규범적 예언'을 담은 배후의 '구조적 모형'은 바로 '농부의 우화'이자 '행성의 우화'인 실물균형경기변동이론모형이고 특정한 '규범적 예언'은 바로 '농부의 자기애'가 승화된 '대표적 경제주체'의 존재이다. 그렇다면 1980년대 실물경기변동이론가들은 '구조적 모형'의 규범적 예언과 '실증적 예언'이 일치하는 것을 구체적으로 어떻게 보였을까?

〈그림 34〉는 실물경기변동이론의 '대표적' 이론가이자 2004년 노벨 경제학상을 수상한 프레스캇의 1986년 논문에서 발췌한 것이다.[47] 제7절의 호드릭·프레스캇 경기순환주기 필터모형을 이용하여 2차 세계대전 이후에서 1980년대 미국 경제의 경기순환주기를 〈그림 22〉처럼 '계산'한 것이다.

---

47 Prescott, E. "Theory Ahead of Business-Cycle Measurement," *Carnegie-Rochester Conference Series on Public Policy* 25 (1986) 11-44.

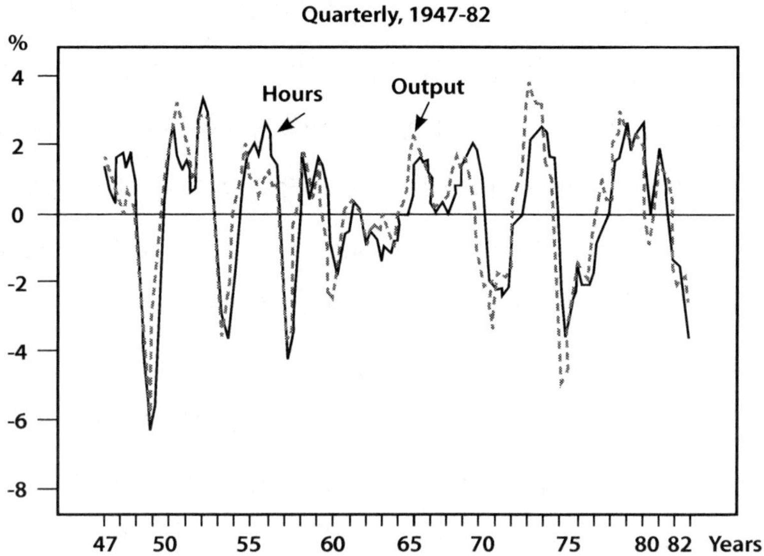
Quarterly, 1947-82
%
4
2
0
-2
-4
-6
-8
Hours
Output
47
50
55
60
65
70
75
80
82
Years

〈그림 34〉

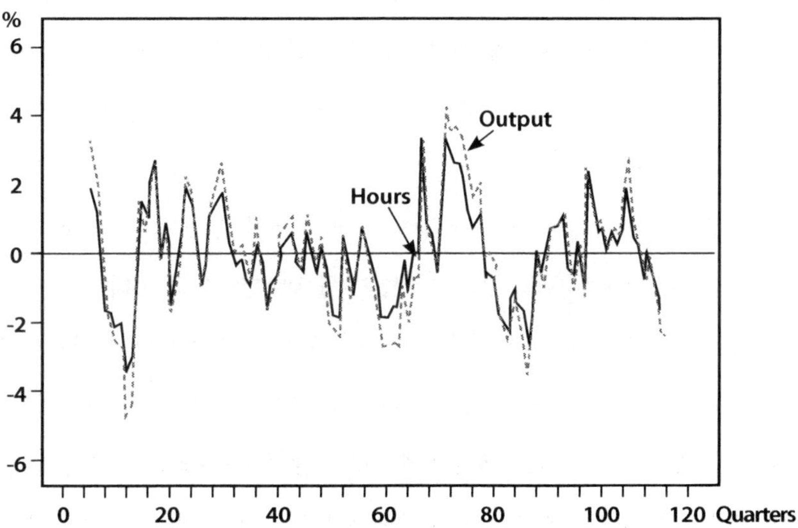
%
6
4
2
0
-2
-4
-6
Output
Hours
0
20
40
60
80
100
120
Quarters

〈그림 35〉

반면에 〈그림 35〉는 〈그림 33〉의 '대표적 경제주체' 모형을 컴퓨터를 활용한 수치해석 방법으로 풀어 재현한 그림이다. 〈그림 34〉와 〈그림 35〉와의 유사성이 바로 '규범적 예언'과 '실증적 예언' 간의 일치를 확인하는 잣대가 된다. 또한 7절에서 논의되었던 축약형 계량경제모형을 어떻게 극복할 것인가는 문제에 대한 답으로 바로 '구조적 모형'의 컴퓨터 시뮬레이션을 통해 데이터에서 관찰된 패턴을 재현한다는 방식으로 해결한 셈이다.

실물균형경기변동이론의 진정한 혁신은 규범성의 속성으로 인해 지난 수백 년 동안 '우화의 이야기' 형태로 머물렀던 경제학을 〈그림 35〉의 '보여주기' 형태의 경제학으로 전환시킨 데 있다. 모형의 규범성을 컴퓨터 시뮬레이션을 통해 직접 시각적으로 투사 가능할 뿐만 아니라 과거의 데이터가 보여주는 시각적 패턴과도 비교할 수 있다. 즉 시각적으로 투사된 경제의 패턴은 모형이 주장하는 규범적인 당위성, 즉 경제구성원의 후생을 위해 경제현상의 양태는 이런 것이어야 한다는 미래지향적인 '십계명'을 제시할 수도 있고, 과거의 데이터에서 보여주는 경제현상의 양태와 비교하여 실제 그러한 '십계명'이 얼마큼 실존적 경제인들에 의해 준수되고 있는가를 확인할 수도 있다.

컴퓨터 시뮬레이션과 실증적 데이터의 양상이 일치하면 경제모형이 내포하고 있는 규범성의 승리이지 실증성의 승리가 아니다. 이 점이 바로 거듭 강조하지만 과학모형과의 결정적 차이이다. 따라서 규범적 예언이 생성해낸 컴퓨터 시뮬레이션의 양상과 데이터 양상이 일치하지 않더라도 규범적 예언을 담은 경제모형을 반드시 기각해야 하는 것은 아니다. 실존적인 경제인이 규범을 따르지 않는다고 해서 그 규범이 반드시 쓸모없는 것은 아니기 때문이다. 미래의 실존할 누군가를 위해서는 그 규범적 가치가 매우 소중한 나침반이자 희망의 등불일 수 있기 때문이다.

마지막으로 주목해야 할 점으로 1980년대 실물균형경기변동이론이 가져온 또 다른 혁신은 컴퓨터 시뮬레이션 기법이 거시경제학의 주류가 되는데 기여했다는 점이다. 〈그림 36〉은 〈그림 33〉의 '대표적 경제주체' 모형을 컴퓨터를 활용하여 풀기 위해 동태 계획법(dynamic programming) 모형으로 전환한 것이다.

동태계획법이란 〈그림 29〉나 〈그림 33〉와 같은 동태적(dynamic) 최적화 문제를 푸는 기법으로서 미국의 응용수학자 벨만(Richard E. Bellman)이 체계화하였다(Bellman, R. Dynamic Programming, Dover Publications, 2013). 상술하면 동태적 최적화 문제를 〈그림 36〉과 같은 '벨만 방정식(the Bellman equation)'으로 명명된 '함수방정식' 문제로 변환하여 푸는 것이 가능하다는 것이 동태계획법의 핵심논거이다. 2차 다항식의 근의 공식을 활용하면 실수 또는 복수수의 해를 얻는 것과는 달리, '함수방정식'은 방정식의 해가 수학의 함수(function)일 것을 요구하는 것을 말한다. 더욱 흥미로운 것은 이 '함수방정식'의 일종인 '벨만 방정식'은 1장 주석 6에서 소개된 고정점을 찾는 문제와 동일하다는 점이다. 물론 이 고정점은 함수들의 집합으로 구성된 '함수공간'에서 미지의 고정점인 함수를 찾는 문제이다. 만일 〈그림 36〉에서 좌변의 함수 V에 관해 '벨만 방정식'이 수학적으로 V=TV의 관계와 동일하다는 것을 파악할 수 있다면 여러분은 상당한 수학적 재능이 있다고 봐도 무방하다. 따라서 이러한 고정점을 찾기 위해서는 1장 주석 6에서와 같이 '고정점 정리'가 필요하다. 다행히도 폴란드의 명석한 수학자 바나흐(Stefan Banach)가 1930년대 '함수공간'에서의 '바나흐 고정점 정리(Banach's fixed point theorem)'를 발견하여 〈그림 36〉의 '벨만 방정식'의 해는 사실상 '바나흐 고정점 정리'의 고정점과 동일하다.[48] '바나흐 고정점 정리'의 또 다른 매력은 정리의 증명이 '존재론적 증명(existential proof)'가 아닌 '귀납적으로 구축 가능한 증명(constructive proof)'이라는 점이다. 예컨대 전자의 증명은 '당신의 영혼의 동반자는 적어도 지구에 존재한다'고 말할 뿐, 영혼의 동반자를 어떻게 찾는지에 관해서는 묵묵부답이다. 반면에 후자의 증명은 지구에 존재하는 당신의 영혼의 동반자를 찾는 구체적인 방법을 제시한다. 따라서 '바나흐 고정점 정리'는 실제 수치해석의 문제에서 매우 유용하다.[49] 〈그림 35〉와 같이 컴퓨터 시뮬레이션에 의존하는 현대거시경제학의 입장에서는 '바나흐 고정점 정리'는 생존을 위해 매일 먹어야 할 주식과 다를 바 없다. '바나흐 고정점 정리'는 여느 거시경제

48 여담이지만 현대 '함수 해석학(functional analysis)'의 중요한 개척자로 간주되는 바나흐는 1932년 프랑스어로 발간한 그의 기념비적 책의 말미에서 자신의 고정점 정리가 최적화 문제를 푸는 핵심방법이 될 수 있을 것이라 예상했다(참고문헌의 Banach, S. *Theory of Linear Operations*, Dover Publications, 2009 참조). 2차 세계대전의 포화가 '바나흐·벨만 방정식'이 아닌, '벨만 방정식'으로 우리의 뇌리 속에 자리매김하게 했을지 모른다.

49 '바나흐 고정점 정리'를 활용한 컴퓨터 시뮬레이션이 현대거시경제학계에 공식적으로 데뷔한 해는 1981년이다(Danthine, J–P, and Donaldson, J. B. "Stochastic Properties of Fast vs. Slow Growing Economies," *Econometrica* 49 (1981): 1007–1033).

학 교과서에서 쉽게 찾아 볼 수 있다(예컨대, Stokey, N. L., and Lucas, R. E., Jr., *Recursive Methods in Economic Dynamics*. Harvard University Press, 1989).

이 간단한 동태 계획법 모형이 바로 최근 인공지능기법의 총아로 떠 오른 강화학습의 일종이기도 하다. 1980년 실물균형경기변동이론가들은 알파고가 전 세계에 큰 충격을 주기에 앞서 이미 강화학습의 원시적 형태를 다루고 있던 셈이다. '인공지능 시대'의 호들갑에 경제학자들, 특히 거시경제학자들이 냉소적인 눈빛과 미소로 '인공지능 시대'를 바라보는 이유가 바로 여기에 있다.

• 벨만 방정식:

$$V(k_t, z_t) = \max_{\{k_{t+1}, h_t\}} \left[\begin{array}{c} u(e^{z_t}(1+a)^{t(1-\alpha)}(k_t)^{\alpha}(h_t)^{1-\alpha} + (1-\delta)k_t - (1+a)(1+n)k_{t+1}, 1-h_t) \\ +\beta(1+n)\mathbb{E}(V(k_{t+1}, z_{t+1}) \mid \mathcal{I}_t). \end{array} \right]$$

〈그림 36〉

11. 명리학은 과학인가? 미신인가?[50]

이 절의 제목에서 제기된 질문에 답하기에 앞서 먼저 명리학이란 무엇인가에 관한 논의를 전개할 필요가 있겠다. 명리학은 종종 사주추명학(四柱推命學)이라고 불리기도 하는데 음(陰)과 양(陽) 그리고 오행(물, 불, 흙, 쇠, 나무)의 '기운'을 바탕으로 개별 인간의 일생에서 일어나는 성공과 실패, 행복(길, 吉)과 불행(흉, 凶)의 순환주기를 미리 '예단'하는 '학문'을 일컫는다. 물론 성공과 실패 및 행복과 불행을 논하려면 물론 상대성을 판단할 수 있는 판단기준이 있어야 할 것이다. 이 상대적 판단 기준에 관해 명리학의 '학파'들 간에 다소의 의견 차이는 있겠으나, 부인할 수 없는 사실은 명리학은 사람의 부(재, 財)와 권력(관, 官)의 획득이라는 목표의 관점에서 길흉성패를 정한다는 점이다. 따라서 명리학에서 이해하는 '인간'의 삶은 지극히 '세속적인' 삶이다. 즉 재와 관을 추구한다는 관점에서 모든 사람을 판단한다. 어느 고적한 산사(山寺)에서 득도를 위해 용맹 정진하는 고승의 삶조차도 '명성'이라는 본인의 권력(관)을 추구하는 삶으로 '치부'해 버린다. 이 지점에서 명리학은 놀라울 정도로 현대경제학과 유사한 점이 있다. 경제학

50 사주추명학(명리학)에 조예가 깊은 독자라면 이 책 2장 11절에서 제시된 '사주추명론'이 기존의 학설에 비해 '이단적'임을 간파할 수 있을 것이다. 11절에서 제시된 '사주추명론'은 김영진의 『체용사주대강』(한울아카데미, 2012)과 段健業의 『命理珍寶(명리진보)』(박형규 옮김, 상원출판사, 2016)의 사주추명론을 기반으로 한 것이다. 그럼에도 불구하고 이 책에서 제시된 체(體)'와 '용(用)'의 개념과 원리는 앞서 인용한 두 책의 체(體)'와 '용(用)'의 개념과 '같으면서도 다르다.' 사실 이 절의 내용만으로도 단독 저서분량의 논의를 전개할 수 있다.

또한 산사의 고승은 중생을 위해 기도하는 대가로 시주금이란 노동의 대가를 교환하는 '자기애'를 추구하는 '경제인'으로 '환원'해 버리는 냉소적인 웃음과 관점을 견지하고 있기 때문이다.

또한 〈그림 33〉의 '대표적 경제 주체'처럼 명리학에서 '대표적 인간형'이 존재한다. 단 명리학은 열 개의 '천간' 글자인 갑을병정무기경신임계(甲乙丙丁戊己庚莘壬癸)와 12개의 '지지'의 글자인 자축인묘진사오미신유술해(子丑寅卯辰巳午未申酉戌亥)를 결합하여 만든 소위 '60갑자'를 가지고 배합하여 51만 8,400개의 '대표적 인간형'을 구성한다.[51] 10절에서 논한 실물균형경기변동이론에서는 '자기애'의 모범이 되는 〈그림 33〉의 단 하나의 '대표적 경제주체'로 수렴하는 데 반해, 명리학에서는 인간의 개별성을 강조하는 51만 8,400개의 '대표적 인간형'으로 '환원'시켜 버린다. 다시 말하면 명리학은 우리가 모두가 본받아야 할 단 하나의 '모범적 인간형'을 강조하는 규범적 모형이 아니고, '인간의 다름'을 모형화 한다. 물론 인간의 개성은 518,400×2개라는 유한개의 개성으로 한정함에도 불구하고 말이다.

다시 이 절의 제목에서 제기된 질문으로 돌아가 명리학이 과연 이 책에서 보편적 '화두'로 삼는 '모형'의 범주에 속하는지 알아볼 필요가 있다. 다시 말하면 모형의 안정성을 기준으로 하는 변수, 파라미터(매개변수), 상수, 즉 삼중의 범주로 이해할 수 있는 환원과 추상의 존재물인지 확증할 필요가 있다. 이를 위해 명리학에서 말하는 소

51 육십갑자의 예로 2024년을 갑진년이라 칭하는데 천간의 갑과 지지의 진이 결합되어 '갑진'이라는 육십갑자 중 하나를 구성하여 년으로 표기한 것이다. 이러한 조합으로 60개를 구성한 것이 육십갑자이다.

위 '명조' 사례를 가지고 분석해 보고자 한다. 따라서 이 명조 사례는 518,400×2의 '대표적 인간형' 중 한 가지 '이상형'을 추출한 것이 되겠다. '명조' 사례는 아래와 같다.[52]

원국

경 병 경 정
자 진 술 유

대운

71 61 51 41 31 21 11 1
임 계 갑 을 병 정 무 기
인 묘 진 사 오 미 신 유

세운

21
정
미

정운						미운				
1977	1978	1979	1980	1981	|	1982	1983	1984	1985	1986
정사	무오	기미	경신	신유		임술	계해	갑자	을축	병인

위의 사례에서와 같이 518,400×2의 '대표적 인간형'은 크게 삼중의 구조, 즉 '원국'과 '대운' 그리고 '세운'으로 구성되어 있다. 먼저 '원국'이란 음양음행의 '의미'가 함축되어 있는 육십갑자를 활용하여 이 '대표적 인간형'의 삶의 세속적 목표, 그 세속적 목표를 추구하는 삶

52 段健業·言明의 『직업상법신해』(박형규 옮김, 학산출판사, 2020)에서 발췌한 명조 사례이다.

의 특정한 방식, 이로 인해 파생된 삶에 관한 '대표적 인간형' 특유의 삶에 관한 관점 및 선호도까지 포함하게 된다. 특히 '대표적 인간형'은 육십갑자로 표현된 년, 월, 일, 시 네 개의 단위로 '식별'된다.[53] 위 사례의 원국에서 오른쪽을 기준으로 첫 번째 육십갑자인 정유는 이 명조 사례의 '주인공'이 태어난 해를 뜻한다. 즉 '대체적으로 1957년' 정유년에 태어났음을 뜻한다. 여기서 뜻하는 년은 양력의 년이 아니라 '태양력'의 년이므로 1957년 대부분은 정유년이지만, 1957년의 1월과 일부 2월은 '태양력'으로 그 전해인 병신년이며, 1958년의 1월과 2월 일부는 마찬가지로 정유년의 일부이다. 그 다음 육십갑자 '경술'은 '주인공'이 태어난 월을 뜻하는데 여기서 뜻하는 월은 양력의 월이 아니라 태양력의 월이며 년의 사례와 같이 양력 10월의 일부 월은 경술월이 아니고 11월의 일부는 여전히 경술월이다. 병진은 이 '주인공'이 태어난 날이며, 마지막으로 경자는 이 '주인공'의 태어난 시를 나타낸다. 이런 의미에서 네 개의 육십갑자 '기둥'이 한 명조의 원국을 구성하므로 네 개의 기둥, 즉 사주(四柱)라고 말하고 각 육십갑자가 두 개의 글자로 구성되므로 '사주팔자'라 말한다.

반면에 '대운'이란 '원국'에서 '식별'된 '원국' 주인공의 세속적 목표가 시간차원에서 실현가능한지, 즉 성패 여부를 '추리'하고 또한 동시에 그로 인한 길흉의 여부도 '추리'하게 된다. 다시 말하면 어떤 사건

53 수리에 능한 독자라면 명리학의 '대표적 인간형'이 60^4의 경우 수가 아니고 왜 518,400×2개의 경우 수인지 궁금해 할 것이다. '산술적' 이유는 태양력의 원칙에 따라 년은 월의 경우 수를 제한하고 일은 시의 경우 수를 제한하기 때문이다. 또한 남성과 여성을 구분하기 때문이다.

의 성공 또는 실패 그리고 사건의 양상이 행복감을 주는 사건인지 아니면 '흉'한 사건인지를 판단한다. 이 대운의 '주기'는 10년마다 바뀌며 10년 대운 또한 각각 5년 단위의 주기를 가지고 있다. 예를 들어 위의 '명조'에서 이 '명조' 주인공이 21세가 될 때, 정미 대운의 시기가 도래한 것이며 이 정미 대운의 시기도 크게 21세에서 25세까지 정운이 영향을 미치는 시기, 그리고 26세에서 30세까지 미운이 주도하는 시기로 나눌 수 있다. 마지막으로 세운이란 '실존적' 우리가 모두 경험하는 시간의 흐름 한 해와 동일하다. 다시 말하면 세운이란 '실존적' 우리가 모두 경험하는 '거시적 사건'이다. 위의 예에서와 같이 1977년 정사년은 모든 명리학의 '대표적 인간형'이 경험하는 일종의 외생적이면서 거시적 사건이다. 이 세운의 주기는 1년이다. 따라서 이 세운은 대운에 비해 상대적으로 '일시적인' 변동 상태를 표현한다.

그러나 "상대적으로 일정한 요인들과 일시적이며 변동을 거듭하는 요인들을 구분"할 것을 요구하는 케인즈의 모형적 사고와 크게 다를 바 없다. '일시적'인 사건을 표상하는 '세운'은 '대운'과 달리 사건의 길흉성패를 결정하는 주요인이 아니며, 사건의 길흉성패는 '원국'과 '대운'과의 상호작용에서 결정되며, '세운'은 '대운'에서 이미 결정된 사건의 길흉성패가 언제 실제 어느 해에 일어나는지 시점만 '추리'한다.

다시 위의 예에서 살펴보면, 1978년 무오년의 세운은 이 명조의 주인공의 정미 대운에 부속되어 있으며 정미 대운이 결정한 사건의 길흉성패의 여부를 무오년에 드러내는 역할을 할 뿐이다. '대운'과 '세운'의 관계는 '축약형 계량모형'의 관점에서 보면 '원인'과 '결과'의 관계이며 그 '결과'는 '관측 가능'한 우리 모두가 공유하는 시간 축의 한 점인 년도에서 드러난다. 반면에 '원인'인 '대운'은 이 특정한 '대표적 인간형'의 개별적이고 사적인 시간이며, 이 개별적이고 사적인 시간이 '거시적' 시공간인 '세운'을 철저하게 '개별화'한다. 따라서 2024년 갑진년을 '실존적인' 우리 모두 경험하지만, '실존적인' 우리가 51만 8,400개의 '대표적 인간형' 중 어느 범주에 속하느냐에 따라 갑진년의 의미는 개인마다 사뭇 다르다.

이런 의미에서 명리학이 보여주는 개별사건과 거시적 사건 간의 순차적인 논리 관계는 10절 실물균형경기변동이론이 보여주는 개별사건과 거시적 사건 간의 그것과는 정확히 180도 반대편에 자리 잡고 있다. 실물균형경기변동이론에서는 대수의 법칙 또는 폰 노이만·버코프·크히친 에르고딕 정리의 논리에 따라 개별적인 사건은 '대표적 경제주체'의 1인당 평균 거시변량 기준으로 총체적으로 '합산'되어 사라져 버리고 오로지 '대표적 경제주체'가 대표하는 '거시적 사건'만 남는다. 따라서 명리학에서는 '대공황'이라는 '거시적 사건'은 의미가 없다. 설사 한 경제의 근로자 중 30%가 실업 상태에 놓이게 되더라도 그것은 30%에 해당하는 근로자 각자가 속한 '대표적 인간형'이 '예견'한 개인적 불행일 뿐이며 그 불행한 30%의 근로자를 총합하여 '거시변수화' 해서는 안 된다.

명리학이 과연 변수, 파라미터(매개변수), 상수, 즉 삼중의 범주로 이해하는 모형의 안정성 개념을 내포하고 있는지, 또는 적어도 그와 같은 유사한 개념이 있는지 보다 심층적으로 관찰하기 위해 보다 구체적으로 위 사례의 명조를 다시 살펴보고자 한다. 명리학에서 일단 하나의 '대표적 인간형'인 명조가 위와 같이 '원국'과 '대운' 그리고 '세운' 등 삼중의 구조로 주어지면, 소위 '명리학자' 또는 '역술가'는 이 명조의 '운명'을 '추단' 또는 '예단'하게 되는데 이를 '통변'이라 한다. 즉 '대표적 인간형'이라는 '모형'의 해를 풀이하는 것에 해당하는데 '대표적 인간형'의 '규범적' 예언을 해석하는 것이 주가 된다.

여기서 말하는 '규범적'인 것은 경제학이나 윤리학에서 말하는 실존적인 인간이 살아갈 때 참고할 수 있는 삶의 지침과도 같은 것이다. 이런 맥락에서 명리학의 '대표적 인간형' 모형은 규범적 모형이며 실증성을 강조하는 과학모형과는 역시 180도 반대편에 있다. 이러한 '운명'을 추단 또는 예단하는 '통변'한다는 목표를 가지고 먼저 '원국'을 중심으로 '통변'을 시작하는데 이 통변의 순서는 '반드시' '원국' '대운' 그리고 '세운' 순으로 진행한다. 다시 말하면 이러한 순서를 정함에 있어 '명리학'이 준수하는 암묵적인 '원칙'이 있는데 이러한 원칙을 '체(體)'와 '용(用)'의 원리라고 부른다.

우리는 이미 "모형의 목적은 먼저 반영구적이거나 상대적으로 일정한 요인들과 일시적이며 변동을 거듭하는 요인들을 구분하는 것"이라는 케인즈의 '충고'에 익숙하다. 사실상 중국의 당시대부터 유래된 것으로 알려진 명리학 또한 이러한 케인즈의 원리에 익숙하다. '체'와 '용'의 원리가 바로 상대적인 안정성을 구분하는 원리이다. '체(體)'라 함은 바로 '상대적으로 안정적'이고 '잠정적으로 반영구적'인 것으로 간주하는 인자를 뜻한다. 일단 이러한 '체(體)'가 식별되면 이 '체(體)'

를 준거 인자로 삼아 '용(用)'을 확정하는데 '용(用)'은 '체(體)'에 비해 상대적으로 변동하는 요인, '체(體)'에 비해 일시적으로 변동하는 요인을 의미한다.

따라서 '원국'과 '대운'을 비교하면 '원국'은 '대표적 인간형'의 평생의 세속적 목표와 그 목표를 추구하는 방식 그리고 삶의 자세 및 선호를 나타내므로 10년 또는 5년 주기로 순환하는 '대운'에 비해 훨씬 안정적이다. 따라서 '원국'은 '체(體)'의 질료로 식별되고 이에 비해 '대운'은 '용(用)'이 된다. 또한 '세운'은 1년 주기의 변동이므로 '대운'에 비해 상대적으로 보다 변동한다. 따라서 '세운'에 비해 '대운'은 '체(體)'가 되고 세운은 '용(用)'이 된다. 통변의 순서가 '반드시' '원국' '대운' 그리고 '세운' 순은 바로 명리학의 추론 원칙이 '체(體)'를 먼저 식별하고 상대적으로 '용(用)'을 확정하는 '상대성 원리'를 철저하게 준수한다는 것을 보여준다. 사실 이러한 '체(體)'와 '용(用)'의 원리는 명리학에서 광범위하게 적용된다.

일단 '체(體)'와 '용(用)'의 원리의 관점에서 '원국'을 '체(體)'로 삼아 먼저 '통변'한다. 그런데 '원국' 자체를 분석함에 있어서도 '체(體)'와 '용(用)'의 원리를 다시 적용한다. 마치 '자기 유사성(self-similarity)'을 가진 프랙탈 기하학처럼, '체(體)'와 '용(用)'의 원리 안의 '체(體)'와 '용(用)'의 원리를 반복적으로 적용하는 셈이다.

위 사례를 가지고 '원국' 자체 내에서 '체(體)'와 '용(用)'의 원리를 예시해 보자. 일단 네 개의 육십갑자 기둥으로 구성된 '원국'이 식별되면 이 원국 안에서 이 명조의 '실존적인 나'라는 '체(體)'를 확정한다.

즉 4개의 육십갑자, 즉 4개의 천간 글자와 4개의 지지글자 중 한 글자를 '실존적인 나'라는 '체(體)'로 확정하고 그 '실존적인 나'라는 '체(體)'를 기준으로 나머지 7개의 글자는 '용(用)'이라는 상태가 구성된다. 즉 이 명조 사례에서 태어난 날 병신일의 천간 '병'이 바로 이 원국의 '체(體)'인 '실존적인 나'로 확정된다. 병은 오행으로 화(火, 불)를 뜻하고 음양으로는 양화(陽火)이다. 이 병화가 이 명조의 육신과 정신을 대표하는 '체(體)'가 되며 이 병화는 '실존적인 나'로 평생 대표하므로 안정적인 것이다.

다른 7개의 글자는 이 병화라는 '체(體)'를 기준으로 '용(用)'이 되는데, 따라서 나머지 글자는 이미 '실존적인 나'인 병화를 기준으로 내가 획득하기도 하고 잃어버리기도 하는 변동하는 무엇인가가 되는 셈이다. 환언하면 나의 '소유물'이라는 의미 또는 대타존재(객체)라는 의미로 확정된다. 소유물의 본성이 바로 획득과 분실에 있기 때문이다. 다른 7개의 글자도 각각 음양오행을 대표하므로 '실존적인 나'인 병화와 나머지 글자의 관계는 결국 소위 '생극제화'와 '형충회합' 그리고 '십성'이라는 음양오행 간 관계로 환원된다.

예를 들어 이 명조에서 '주인공'의 태어난 시의 천간에 있는 경(庚)은 '금(金, 쇠금)'을 대표하는 소위 양금이므로 '실존적인 나'인 병화와의 관계는 화극금의 관계 즉 화(불)은 금(쇠금)을 극한다는(녹인다는) 관계로 확정된다. 양화인 병화가 양금인 경금을 극하므로 같은 양의 영역에 있는 병이 경을 극하는 관계가 형성된다. 이러한 관계성을 '편재(偏財)'이라고 부르는데 이는 '실존적인 나'의 '소유의지의 상태'를 뜻한다. 이 '소유의지의 상태'는 실존적인 나의 소유의지를 실현하는 활동, 소유의 대상을 획득하려는 행위, 그리고 소유물 그 자체 등 나의 소유 의지와 관련된 광범위한 상태를 범주로 한다. 반면에 년의 육십갑자에 있는 '정'은 음화(陰火)를 뜻하므로 '실존적인 나'인 병화와 동일한 오행(불)이고 음양만 다르다. 오행이 같다는 것은 실존적인 나와 '같은 범주에 있는 상태'를 의미한다. 그러나 음양이 다르므로 '같은 범주에 있으나 과도한 상태'에 있으므로 '겁재(劫財)'라는 관계성을 부여한다. 음양의 관계는 일반적으로 '애증의 관계'를 함의하고 이런 이유로 '과도한' 상태로 흘러간다. 따라서 이 '겁재'의 상태는 실존에서 나의 '과도한' 동료로 육화되므로 나의 경쟁자일 수도 있고 나와 과도한 일을 도모하는 동료일 수도 있다.

지지의 글자 또한 천간의 글자들처럼 '실존적인 나'를 중심으로 음양오행을 기준으로 관계성을 확정할 수 있다. 그러나 지지의 글자 상황은 천간의 글자 상황보다 다소 복잡한데 지지의 한 글자를 '실존적인 나'와의 관계를 확정하려면 천간의 글자로 '환산'해야 하는 과정이 필요하다. 예를 들어 이 명조의 일에 있는 '진(辰)'은 대표적으로 토(土, 흙)를 뜻하는 글자이지만, 무(戊)·계(癸)·을(乙)이라는 천간의 세 글자 중 하나로 천간에서 '둔갑'하므로 경우에 따라 환산하여 관계를 확정해야 한다. 예를 들어, 지지 '진(辰)'토가 무(戊)토를 대표한다고 하면 무는 양의 영역에 있는 토를 뜻하므로 '실존적인 나'인 병화와의 관계에서 화생토의 관계, 즉 같은 양의 영역에 있는 화가 토를 생하는 관계가 형성된다. 이러한 관계성을 '식신(食神)'이라고 부르는데 이는 '실존적인 나'인 병의 '자유의지의 상태'를 뜻한다. 이 '자유의지의 상태'는 실존적인 나의 자유로운 활동성, 나의 의견과 생각의 표현, 나의 연구 및 창작 활동 등 나의 자유 의지와 관련된 모든 상태를 범주로 한다. 그러나 지지 '진(辰)'토는 수(水, 물)를 의미하는 계수를 대표할 수 있기에 '실존적인 나'인 병화와의 관계에서 수극화의 관계, 즉 수가 화를 극하는 관계 또는 '은유적'으로 물이 불을 끄는 관계를 형성한다. 수극화의 관계는 계수에 의해 병화인 '내가 통제당하는 상태'를 의미하고 이러한 관계성을 '정관(正官)'이라고 일컫는다. 계수는 음의 영역에 있기에 '나를 과도하게 통제해서 나를 포로로 삼는 상태, 그리하여 오히려 보호받고 있다는 착각의 상태에 있는 스톡홀름 증후군 또는 애증의 상태'를 뜻한다. 오히려 내가 통제당하는 상태를 즐겨서 통제하는 자와 통제당하는 나를 동일시하는 '권력의지의 상태'를 의미하는 '정관'의 관계로 확정된다.

이런 방식으로 실존적인 나이자 '체(體)'인 병화를 중심으로 나머지 7개의 글자를 '용(用)'의 관점에서 나의 인격체를 구성하는 7개의 '소유물'로 나의 상태가 최종 확정된다. 나머지 7개의 '소유물'에 따라 나의 세속적 목표 및 목표추구방식 등이 확정되며 목표의 달성 정도 및 성패 여부도 확정된다. 그러나 체용의 원리는 여기에서 멈추지 않는다. 명리학의 체용원리가 여타 모형의 안정성 층위에 비해 독특한 점 중 하나는 실존적인 나이자 '체(體)'인 병화는 또다시 상대적으로 '상위자아'라고 불리는 또 다른 나의 '용(用)'이라는 점이다. 또한 '실존적인 나'인 병화에 비해 이 '상위자아'는 보다 영속적인 목표를 가진 존재이고 이 '상위자아'의 목표에 의해 '실존적인 나'의 세속적 목표와 소임이 결정된다. 또한 이 '상위자아'는 원국 안에 존재하는데, 즉 년의 육십갑자(명리학에서 년의 육십갑자를 년지라고 칭한다)의 천간 정화가 바로 이 명조의 '상위자아'를 대표한다. 이 점이 바로 체용원리가 서양식 모형의 안정성 층위 개념보다 혁신적인 점이라 하겠다. '실존적인 자아' 입장에서 '용(用)'이었던 정화가 동시에 '실존적인 자아'의 '체(體)'가 되는 것이다.

명리학에서 말하는 '대표적 인간형'은 결국 체용원리에 근거하여 이중의 자아로 구성된 인격체를 '모형화' 한 셈이 된다. 따라서 이 '대표적 인간형'을 '해석'할 때 '상위자아'의 의지와 상태를 중심으로 다시 체용관계를 확정하는 '해석'을 해야 한다. 예컨대 이제 이 명조의 '상위자아'인 정화를 중심으로 '실존적인 자아'인 나를 포함한 나머지 7 글자와의 관계를 음양오행설에 근거한 '생극제화' '형충회합' 및 '십성'의 관계로 다시 확정하여 '실존적인 자아'의 '소임'을 파악하는 과정을 거친다. 동일한 방식으로 '상위자아'인 정화 입장에서는 경금은 화극금의 관계이고 '정재(正財)'라고 칭하는데 이는 '나의 소유의지의 상태'를 드러내면서도 음양이 다르기에 '과도한 소유의지의 상태'를 뜻한다. '소유의지의 상태'는 실존에서 돈에 대한 소유 의지로 실현되기도 하는데 '과도한 소유의지'를 나타내므로 '돈에 관한 집착'으로 환원된다. 또한 돈과 같은 소유물을 얻기 위한 활동도 해당된다. 마찬가지로 이 원국의 태어난 시의 지지의 글자인 '자(子, 물)'는 진토와 마찬가지로 천간으로 환원되면 임(壬)·계(癸)라는 양수와 음수를 뜻하게 된다. 만일 계수의 의미로 '둔갑'한다면 정화와의 관계에서 계수는 정화를 극하는 수극화의 관계이므로 정화인 내가 통제당하는 관계이다. 음수와 음화의 관계이므로 애증의 관계없이 나를 통제하는 관계가 형성되므로 이를 '편관' 또는 '칠살'이라고 부른다. 애증의 관계없이 나를 통제하려고 들기 때문에 '편관' 또는 '칠살'은 나의 오롯한 적이나 원수가 된다. 그러나 정관과 마찬가지로 나의 호적수인 적장을 항복시켜 나의 수하로 만들면 오히려 나의 큰 권력이 되기 때문에 전쟁터의 권력과 같은 큰 권력을 뜻하거나 그와 같은 권력을 추구하는 권력의지의 상태를 나타내기도 한다.

마찬가지 방식으로 '상위자아'인 정화와 '실존적인 자아'였던 병화와의 관계를 체와 용의 관계로 보면, 정화의 입장에서도 병화는 같은 범주에 있으나 과도한 상태인 '겁재'의 상태이므로 정화의 입장에서 병화는 나의 과도한 동료가 된다. 정화가 '상위자아'이자 병화의 '체(體)'이므로 병화는 정화의 '용(用)'이자 정화의 명을 따르는 과도한 동지가 된다. 또한 년지에서 천간 정화는 지지 유금 위에 있다. 육십갑자의 천간(하늘)은 지지(땅)를 통제하므로 유금은 정화의 수하이자 거처이기도 하다. '자(子, 물)'수가 그러하듯이, 유금 또한 천간으로 환산할 때는 신(辛)·경(庚) 두 개의 천간으로 환산된다. 만일 신(辛)으로 '둔갑'한다면, 신(辛)은 금(金, 쇠금)을 대표하고 음의 영역에 있는 음금이므로 정화와의 관계는 화극금의 관계 즉 화(불)는 금(쇠금)을 극한다는(녹인다는) 관계로 확정된다. 음화인 정화가 음금인 신금을 극하므로 같은 음의 영역에 있는 정이 신을 극하는 관계가 형성된다. 이러한 관계성을 '편재(偏財)'라고 부르는데 이는 '상위자아'의 '소유의지의 상태'이며 또한 유금의 형태로 정화의 아래에 거(居)하므로 정화의 (귀중한) 소유물을 뜻한다. 만일 경(庚)금으로 '둔갑'하면 경은 양의 영역에 있는 금(金, 쇠금)을 뜻하므로 '상위자아'인 정화와의 관계에서 화극금의 관계이면서 음양이 다르다. 이러한 관계를 '정재(正財)'라고 칭하는데 이는 '나의 소유의지의 상태'를 드러내며 음양이 다르기에 '과도한 소유의지의 상태'를 뜻한다. '소유의지의 상태'는 실존에서 어떤 소유물에 대한 소유 의지로 실현되는데 '과도한 소유의지'를 나타내므로 '소유물에 관한 집착'으로 환원된다. 그런데 이 경금은 위 사례의 원국에서 (태어난) 월의 천간과 (태어난) 시의 천간에 이미 드러나 있다. 따라서 천간에 드러나 두 개의 경금 그리고 정화의 아래에 거하는 유금 모두 세 개의 소유의지의 상태가 드러나 있는 셈이다. 그러나 '상위자아'인 정화의 이러한 과중한 '소유의지의 상태'는 금생수의 원리 즉 금(쇠금)은 수(물)로 희석해 버린다는 원리에 따라 (태어난) 시의 지지인 자수로 '수렴'한다. 즉 세 개의 금으로 표상되는 강력한 소유의지가 정화 자기 자신을 죽일 수도 있는 강력한 권력의지를 표상하는 단 하나의 수로 '수렴'하는 것이다. '상위자아'인 정화의 목표는 '권력의지'가 되는 셈이다. '실존적인 나'인 병화는 '상위자아'인 정화의 철저한 부하이므로 병화가 실존에서 수행해야 하는 임무는 정화의 '과도한' 동지로서 정화의 권력위지를 실현시키고 정화의 권력의지를 대리하는 대리인이다.[54] 그리고 이 명조의 경우 자수는 실존적인 자아인 병화의 입

54 이 책의 독자가 명리학에 관해 해박한 지식을 가지고 있다는 전제하에서 보다 기술적으로 설명하자면 병화의 입장에서 정화가 거하고 있는 유금이

장에서도 음양만 다른 정관이라는 '권력의지'이므로 '실존적인 나'의 성공과 실패, 그리고 행복과 불행, 명리학적 용어로 길흉성패는 정화의 '권력'을 잘 관리하느냐 관리하지 못하느냐의 여부에 따라 결정된다. 여하튼 실존적인 자아의 세속적 목표는 권력 또는 명성을 뜻하는 관에 의해 결정되는 셈이다.

지금까지 원국 안에서 '체(體)'와 '용(用)'의 원리가 어떻게 적용되는지 살펴보았다. 이러한 '체(體)'와 '용(用)'의 원리는 다시 원국과 대운, 대운과 세운, 그리고 원국 및 대운과 세운 사이에서 관계를 설정하는 데 있어 항상 고려되며, 따라서 상대적인 안정성의 층위를 고려하지 않고서는 명리학의 '대표적 인간형'의 문제를 풀이하는 것은 불가능하다.[55] 따라서 현대 과학적 모형에서 말하는 변수와 파라미터(매개변수) 그리고 상수의 안정성 층위 개념은 이미 동양에서도 존속해 온 개념

라는 궁(宮, 거처)은 병화의 ('십이운성'의 원리에 따라) 사지(死地)가 된다. 따라서 병화에게 정화는 사지에 있는 동료가 된다. 그런데 병화가 거하고 있는 진토와 유금은 육합을 형성하므로 사지에 있는 동료인 정화와 같은 운명의 배를 탄 꼴이 된다. 정화를 위해 기꺼이 사지로 들어갈 의향이 있음을 나타낸다. 실제 이 명조의 주인공은 군인이다.

55 이 책의 독자가 명리학에 관해 해박한 지식을 가지고 있다는 전제 하에서 이제 원국은 '체(體)'가 되고 대운이 '용(用)'의 역할을 한다. 이때 '용(用)'의 의미는 변동하는 요인으로서의 '용(用)'이다. 원국에서 이미 이 명조의 실존적인 자아인 병화의 세속적 목표는 자수 관이므로 자수를 체로 하여 대운글자를 용으로 하여 비교하면 된다. 대운의 미토는 자수와 천(穿)하고 오화는 자수와 충(충)하므로 이 대운에 명조 주인공의 길흉성패에서 길과 성으로 확정된다. 사실 오화와 미토는 원국 술토의 의향이 변용된 것이다. 즉 토극수로 자수를 제압하겠다는 의향이 대운에서 그대로 실현된 것이다. 충과 천은 제압의 의향을 나타내며 '형충회합'의 원리가 대운에서 활용된 것이다.

이라 말할 수 있겠다. 단지 차이가 있다면 '명리학 모형' 안에서는 변수와 파라미터 그리고 상수가 수시로 그 위치와 역할을 '체(體)'와 '용(用)'이라는 이름으로 바꿔 나간다는 점이다. 제1절의 슈뢰딩거 방정식의 입장에서 보면, 플랑크 상수가 변수가 되고 파동함수가 상수가 되는 꼴이 되는 셈이다.

이제 다시 명리학은 과학인가? 미신인가?라는 질문을 고려해 보자. 이 질문에 답하는 대신 '명리학 모형'은 규범적 모형인가 아니면 실증적 모형인가 되묻고자 한다. 만일 실증적 모형이라 하면 명리학의 '대표적 인간형'은 위의 사례와 같이 '상위자아'와 '실존적 자아' 사이의 체용관계에 의해 모두 운명적인 소임이 정해져 있으므로 실제 그 운명이 현실에 실현되었는지 검증만 하면 된다. 반면에 규범적 모형이라고 하면, 이는 경제모형같이 '대표적 인간형'이 의도하는 규범을 준수할 것을 촉구하는 것이다. 위의 명조 사례에서와 같이 권력과 명예를 중시하는 소임과 직업을 선택하라는 '충고'가 된다. 만일 이 명조 사례의 주인공이 이러한 '규범적' 운명을 따른다면 당연히 실증적 모형으로서의 예측력은 높아질 것이다. 그렇다면 '명리학 모형'은 높은 실증성을 가진 모형이므로 우리의 운명은 정해져 있는 것이다.

마지막으로 체용관계에 의해 정해지는 원국의 이중적 구조는 지극히 음악적 구조라는 것이 지적되어야겠다. 4절 쇼팽의 발라드 4번과 9절 불교에서 살포시 시사했듯이 주선율과 반주로 이루어진 단순한 화성적 음악의 구조가 아닌 두 개의 주성부 선율이 독립과 갈등 그리고 조화로 수렴하는 대위법적 음악의 구조와 다를 바 없다.

'실존적 자아'와 '상위 자아'의 독립성과 갈등 및 조화가 원국에서 그대로 체현되기 때문이다. 체용관계에 의해 결정된 원국을 고적한 산사에서 고요한 심상의 바다 위에서 감상해 보자. 원국에서 바흐의 2성 인벤션 구조가 들릴 것이며, 대운이 개입하는 순간 3성의 푸가로 변모하며 세운이 등장하면서 4성의 푸가가 완성된다. 우리의 인생은 '나의 외로움이 널 부를 때'와 같은 장필순의 노래가 아니라, 바흐의 평균율 클라비어 피아노곡집에서 흔히 발견되는 4성 푸가에 더 가깝다.

12. 축구

20세기 기념비적 인문도서 중 하나로 간주되는『괴델, 에셔, 바흐: 영원한 황금 노끈』에서 더글러스 호프스태터는 모형의 안정성 층위라는 관념이 사실 우리 일상에 자연스럽게 스며들어 있다는 것을 다음과 같이 관찰하였다.

> "우리는 어떤 상황(situation)을 마음속에서 표현할 때 한 층씩 층을 지어 구축한다. 최하층은 맥락의 가장 깊은 측면을 설정하는데, 종종 그 층은 너무나 낮은 곳에 있어서 전혀 변할 수 없다. 예를 들면, 우리 세계의 3차원성은 너무나도 뿌리 깊어서 우리들 대부분은 정신적으로 3차원이 이탈하도록 하는 것을 결코 상상하지 않을 것이다. 3차원성은 불변 상수이다. 그 다음에는 배경 가정이라고 불릴 수 있는 상황들의 고정된 측면 ― 마음의 배후에는 변할 수 있는 것이라고 알고 있지만, 대개의 경우 변하지 않는

측면으로, 의문 없이 받아들이는 것들을 영구적이지는 않지만 일시적으로 설정하는 층이 있다. 이런 것들도 "상수"로 불릴 수 있다. 예컨대, 미식축구 시합을 보러 갈 경우 경기 규칙이 그런 종류의 상수이다. 다음으로 "매개변수(파라미터)"가 있다. 당신을 이것을 더 가변적으로 생각할 터이지만, 일시적으로 상수로 유지한다. 미식축구 경기에서는 날씨, 상대 팀 등이 매개변수에 포함될 것이다. 매개변수들은 여러 층들이 있을 수 있다 — 아마도 있을 것이다. 끝으로 마음속으로 표현하는 상황에서 가장 "불안정한" 측면들, 즉 변수에 도달한다."[56]

호프스태터가 간파했듯이, 우리의 일상적 사고가 항상 어떤 사건과 그 사건을 둘러싼 제반 조건들을 모형적 사고의 안정성 층위를 기반으로 구축되고 있다면, '축구'라는 사건과 '축구'를 둘러싼 제반조건

56 원문은 아래와 같다. "We build up our mental representation of a situation layer by layer. The lowest layer establishes the deepest aspect of the context—sometimes being so low that it cannot vary at all. For instance, the three-dimensionality of our world is so ingrained that most of us never would imagine letting it slip mentally. It is a constant constant. Then there are layers which establish temporarily, though not permanently, fixed aspects of situations, which could be called background assumptions —things which, in the back of your mind, you know can vary, but which most of the time you unquestioningly accept as unchanging aspects. These could still be called "constants". For instance, when you go to a football game, the rules of the game are constants of that sort. Then there are "parameters": you think of them as more variable, but you temporarily hold them constant. At a football game, parameters might include the weather, the opposing team, and so forth. There could be and probably are several layers of parameters. Finally, we reach the "shakiest" aspects of your mental representation of the situation—the variables."

들을 이치에 맞게 표현하는 순간, 우리는 이미 머릿속에서 '축구'를 어떤 추상적인 모형으로 이미 환원해서 저장해 오고 있는 셈이다. 다시 말하면, '축구'라는 모형을 1절의 슈뢰딩거 방정식이나 2절의 새케인즈학파 모형, 또는 10절의 실물균형경기변동이론 심지어 11절의 '명리학 모형'으로 명시적으로 표현하지 않았더라도 수리언어를 활용하든, 육십갑자를 활용하든 간에 이미 우리들 각자 마음속에는 자기만의 '축구' 모형이 이미 존재하고 있는 것이다. 비록 '진짜 축구' 모형은 아니지만 호프스타터의 마음 속 '(미식)축구' 모형은 축구규칙은 상수이고 상대편과 날씨는 매개변수(파라미터)이며, 이 '매개변수(파라미터)'라는 범주로 묶인 것들 사이에서도 상대적인 안정성의 층위로 구분된다. 따라서 12절에서는 필자 마음속에 이미 존재하고 있는 '진짜 축구' 모형을 독자 여러분과 공유하고자 한다.

'축구 시합'이라는 사건을 모형화하기 위해서는 호프스태터가 그러했듯이, '축구 시합'이라는 사건과 그 사건을 둘러싼 제반조건들을 '(행동)변수' 및 파라미터(매개변수) 그리고 상수라는 안정성의 층위로 계층화하는 것이 필요하다. '진짜 축구' 모형도 호프스태터의 '미식축구' 모형처럼 '진짜 축구' 시합의 경기규칙은 '상수'로 간주해야 할 것이다. 예컨대, '축구 시합' 중인 축구선수 어느 누구도 경기규칙이 바뀌고 있다고 기대하지는 않을 것이다. 사실 축구선수뿐만 아니라 축구 경기장에 참여하고 있는 어느 누구도 오늘 경기에서 경기규칙이 바뀌길 기대하지도 않고 또한 원하지도 않는다. 반면에 '축구 시합' 자체 안에서 일어나는 물리적 사건과 그 물리적 사건을 만들어 내는 사건의 주체들은 '상수'의 저 반대편에 있는 '행동변수'의 범주에 속해야 할 것이다. 예를 들어, 축구 선수 및 축구 감독 그리고 축구 심판까지 '축구시합'이 진행되는 90분 동안 '축구 시합'이라는 물리적 사건을 만들어 내는 주역들은 '행동변수'라는 사실을 부인하기는 힘들 것이다. 그리고 '상수'와 '행동변수'의 범주로 명확히 구분하기 힘든, 호프스태터의 관찰에 의하면 가변적이면서도 상수의 측면을 보여주는 이중적 성격의 '매개변수(파라미터)'들이 있다. 예를 들어, 날씨, 축구장 잔디의 상태, 축구관중 등이 그것이다. 다시 호프스태터의 통찰력을 빌리자면, 이러한 파라미터 사이에서도 안정성의 층위가 구분되며, 특히 축구관중이라는 '대타존재'는 변동의 주기가 여느 파라미터들보다도 고빈도수(high frequency)의 영역에 속해 있다. 축구 경기가 진행됨에 따라 관중의 반응은 분노, 환희, 흥분, 자포자기의 상태를 반복하며 사실상 축구 경기의 주기와 거의 근접해 있다. 뿐만 아니라, 관중의 일방적 응원 또는 관중의 철저한 무관심(예를 들어 과거 3천 명 미만의 관중만 있는 K리그 축구 경기의 상태를 포함한다)은 해당 '축구 시합'의 경기력에 영향을 미치는 '행동변수'의 요인처럼 보인다.

이제 '진짜 축구' 모형을 위한 안정성의 층위가 구축되었기에 여느 모형과 같이 축구의 '행동변수'들 간의 상호관계를 중심으로 '방정식'의 관계를 도출해야 할 것이다. 그러나 '축구 경기' 자체와 관련된 행동변수들을 살펴보면, 행동변수들 간의 '이질적 성분(heterogeneity)'으로 인해 우리가 익숙한 어느 과학모형이나 경제모형에 비해 모형의 진정한 행동변수의 숫자가 절대적으로 많을 뿐만 아니라, 이를 서술하는 방정식 숫자 또한 급증할 수밖에 없다는 것을 쉽사리 알 수 있다. 설사 행동변수가 통계역학의 전형적인 모형의 예처럼 1리터의 공기를 구성하는 10^{23}개수의 분자라 할지라도 분자들 간에 '이질적 성분(heterogeneity)'을 무시할 수 있는 일정 수준 이상의 '동질적 성분(homogeneity)'이 상당할 경우, 폰 노이만·버코프·힌친 에르고딕 정리 또는 대수의 법칙을 통해 행동변수들의 숫자를 소수의 '거시변수'로 축소 및 환원이 가능하다.

그에 비해 '축구 경기'와 관련된 '상식적인' 행동변수들은 비록 유한개의 숫자로 구성될지라도 단순히 두 팀이라는 행동변수로 환원될 수 없는 '내재적' 행동변수들이 존재한다. 피아노 연주를 위해서는 왼손 오른손 각각 다섯 개의 '다른' 손가락과 페달을 밟기 위해 '또 다른' 오른발이 필요하듯이, 발만 쓰는 열 명의 필드 선수와 손을 쓰는 한 명의 골키퍼로 구성되어 있는 축구팀의 구성 성분은 대수의 법칙으로 단일한 그 무엇인가로 환원될 수 없는 '이질적 성분'으로 점철되어 있다. 열 개의 손가락과 오른발이 갖추어져 있다고 해서 우리는 그것을 피아노 연주라고 부르지 않는다. 악보의 진정한 의미를 파악하여 해석하고 거기에다 본인 특유의 영혼을 불어넣는 피아니스트의 두뇌가 필요하다. 마찬가지로 축구 경기에서 피아니스트의 두뇌에 해당하는 것이 바로 축구 감독의 두뇌라고 비교할 수 있겠다. 축구 경기는 바로 '전술'이라고 불리는 악보를 열 개의 손가락과 오른발을 써서 연주되는 무대의 한 피아노곡이라 한다면 축구 감독이란 계획되고 준비된 전술에 해당하는 악보를 청중 앞의 무대에서 열 개의 손가락과 오른발을 써서 연주하는 피아니스트의 두뇌와 같을 것이다. 그렇다고 해서 '메시' 손가락의 역할을 결코 무시할 수 없을 것이다.[57] 피아니스트의 전술 지시를 탁월하게 따를 뿐만 아니라 오로지 손가락이 즉흥적으로 표현할 수 있는 손가락의 무의식적 즉흥성이 있다는 것을 피아니스트들은 이해하고 있다. 따라서 축구 한 팀의 11명 각자의 역할을 비추어 볼 때 11개의 '이질적 성분'과 다른 스포츠와는 오롯이 구분되는 축구 특유의 '핵심변수'인 감독이 있다.[58] 여기에 더해 대칭적으로 상대팀을 구성하는 '이질적 성분'인 11명의 축구선수와 상대팀 감독이 있다. 따라서 적어도 24개의 '이질적 성분'을 가진 행동변수의 상호작용과 전개를 추적해야 한다. 이에 더해 마지막으로 축구 심판 또한 축구 경기에 영향을 미치는 '행동변수'이다. 의도적이든 아니든 간에 축구심판의 실수와 오기는 축구 경기에 명백히 영향을 미치는 요인이다.

따라서 '축구'를 '축구' 모형으로 환원시키기 위해서는 여느 유능한 모형이론가가 그러하듯이 영리한 '우회 전략'을 고안해 내지 않을 수 없다. 11절에서 과학모형의 안정성 층위개념과 유사한 체용원리가

57 반 클라이번 콩쿨 준결승전에서 임윤찬이 연주한 리스트(Liszt)의 초절기교연습곡 4번 마제파(Mazeppa)를 들어보았다면, 피아니스트의 손가락이 피아니스트 두뇌 이상으로 중요하다는 것을 부인하기 쉽지 않다.

58 다른 여느 스포츠와 달리 축구의 감독은 축구선수 이상으로 '스타'의 권능을 만끽할 수 있다. 펩 과르디올라(Pep Guardiola), 위르겐 클롭(Jürgen N. Klopp), 조세 무리뉴(José Mourinho), 알렉스 퍼거슨(Alex Ferguson) 등은 메시·호날두 못지않게 스타성을 가지고 있을 뿐만 아니라 끊임없이 회자된다. 소위 스타 축구감독의 연봉액수를 확인해 본다면 축구 감독이 축구라는 스포츠에서의 위상이 그대로 드러난다. 월스트리트 은행가의 상투적인 말을 빌리자면 돈은 거짓말하지 않는다.

동양에서도 이미 오랜 전통을 가진 사고체계 중 하나였다는 것을 예시하였다. 또한 체용원리는 이미 1절에서도 지적하였지만 슈뢰딩거 방정식에서 물리학자의 엄격한 과학모형의 안정성 계급체계를 거부하는 수학자의 '자유로움'과도 유사하다. 변수로 간주할 수 없는 플랑크 상수를 '변수'로 간주하여 영(零)으로 수렴시키면 슈뢰딩거 방정식은 고전역학의 해밀턴 방정식으로 수렴가능하다는 수학자의 자유로운 사고가 체용원리의 입장에서는 얼마든지 허용될 수 있을 뿐만 아니라, 심지어 매우 '합법적'인 추론으로 간주된다. 즉 체용원리에 의하면 여느 모형의 '변수'는 '파라미터'로 '파라미터'는 '변수'로 얼마든지 '변용' 가능하다.

이제 동양의 체용원리를 활용하여 '발칙하게' 상상속의 '축구'모형에 접근해 보자. 즉 상상속의 '축구모형'의 개념에 내재되어 있는 '행동변수'와 '파라미터' 및 '상수'의 층위를 '발칙하게' 도치하고자 한다. '축구 시합'과 연결된 행동변수들을 과감히 'z'라는 단 하나의 파라미터로 도치시키는 반면, 상상 속 '축구모형'의 파라미터로 간주되었던 '축구관중'이라는 대타존재를 '변수'로 도치시킨 '축구모형'을 먼저 도출하고자 한다. 따라서 '축구 시합' 자체는 'z'라는 단 하나의 파라미터로 고정한 채 '축구관중'의 행동 양태를 모델링하는 것에 초점을 맞추는 셈이 된다. '축구관중'에 초점을 맞추게 되면 일면 '축구모형'이 아니라 '축구관중'의 모형으로 환원해 버리는 '주객전도'의 축구모형으로 치부해버리기 쉽지만, 일단 '축구 시합'을 파라미터로 가지고 있는 '축구관중' 모형이 타당하다면, 다시 체용원리를 적용하여 '축구관중'은 파라미터로 '축구 시합'은 행동변수의 위치로 전도시켜버리면 우리는 마침내 상상속의 '축구모형'을 '육화'시킬 수 있을 것이다.

그렇다면 '축구관중'을 행동변수로 모델링하는 것이 '축구 경기'를 직접 모델링하는 것보다 과연 상대적으로 용이한 접근일까? 이 질문에 관해 답을 찾기 위해서는 '축구관중'이란 집단이 보여주는 지극히 물리적인 특징이 과연 존재하는가에 관해 주목할 필요가 있다. 그러한 물리적 특징이 존재한다면 체용원리를 활용한 '우회전략'은 꽤 유능한 모형이론가의 전략으로 간주될 수 있을 것이다. 영어사전을 찾아보면 '멕시코식 파도(Mexican wave)'라고 불리는 말이 있다. 1986년 멕시코 월드컵에서 유래한 말로 축구 경기장에서 축구 경기가 진행되는 동안 축구장의 관중이 만들어내는 '파도 타기' 응원 방식을 말한다(〈그림 37〉). 즉 한 관중이 일어나서 두 팔을 위로 펼치는 동작을 행한 후 다시 앉는 순간, 그 바로 옆에 있는 관중이 자리에서 일어나 두 팔을 펼치고 다시 앉고, 그와 동시에 마치 '전염 효과'처럼 연속적이고 순차적으로 관중이 일어나서 팔을 펼치고 다시 앉는 동작이 '파도 물결'처럼 펼쳐나가는 것을 말한다.

〈그림 37〉

만일 '축구관중'이라는 변수를 이 '멕시코식 파도(Mexican wave)'라는 물리적 현상과 동일시할 경우, 모형이론가 입장에서는 '축구관중' 모형을 설계하는 것이 매우 수월해진다. 사실 '축구관중'이라는 말 자체가 개별적인 축구관중들을 모은 집단명사를 의미하기에 '축구관중' 모형을 모델링할 경우 축구관중의 개별성과 이질적 성분(heterogeneity)을 무시할 수는 없다. 그러나 '축구관중'이라는 집단을 '멕시코식 파도 물결'로 간주할 경우, '축구관중'을 '파도 물결'을 일으키는 어떤 '분자들'의 운동성으로 마치 이미 존재할지도 모르는 물리학 모형처럼 모델링하기만 하면 된다. 뿐만 아니라 '멕시코식 파도 물결'에서는 축구관중의 이질적 성분도 극히 단순한 형태로 정형화되어 있다. 즉 어떤 시점을 고정하고 '멕시코식 파도 물결'에 참여하는 개별 관중의 상태를 관찰해 보면, 앉아 있거나 서서 팔을 펼치거나 또는 앉아 있는 상태와 서 있는 상태의 중간 동작인 어정쩡한 자세를 취하는 세 가지로 요약된다. 이 세 가지 상태는 개별 청중의 '선택의 결과'일 뿐만 아니라, 이러한 상태의 선택은 주위의 다른 청중의 분포에 의해 영향을 받는다. 즉 주위의 청중이 앉아 있는지 또는 이미 서 있는지에 따라 개별 청중의 선택은 달라질 수 있다.

물리학 배경을 가지고 있는 모형이론가라면, '파도 물결'이라는 물리적 현상은 유체역학이나 통계역학 류의 편미분방정식으로 충분히 규정 가능할 수 있다는 '학습된 예감'이 들지 모른다. 단지 그 '파도 물결'을 발생시키는 요소는 분자 단위가 아니라 '자유의지'가 있고 어떤 기준을 가지고 '최적의 행동'을 지향하는 '인간' 단위들의 집단행동이라는 것이 물리학 배경을 가진 모형이론가 입장에서는 오히려 난관에 봉착하게 한다. 물리학 배경이 오히려 방해가 되는 셈이다. 물론 단순히 '최적의 행동'을 다루는 것이라면 '변분법(calculus of variations)'을 활용한 '최적경로'의 개념을 연상할 수는 있을 것이다. 보다 수리적인 감각이 있는 물리학도라면 '자유의지'가 있는 인간이라는 단위의 개입이 1절의 슈뢰딩거 방정식이 보여주는 '선형적인(linear)' 편미분방정식과 달리 '비선형적인(non-linear)' 편미분방정식로 귀결되어 결코 자명하지 않은 수학문제에 가깝다는 것을 직감할지도 모른다. '슬픈 예감은 틀리지 않는가'라는 노래가사처럼 '멕시코식 파도(Mexican wave)' 모형은 물리학도가 아니라 거시경제학자와 수학자에 의해서 각각 독립적으로 발견되었다.

먼저 수학자에 의한 '멕시코식 파도(Mexican wave)' 모형을 살펴보자면 1994년 필즈메달(Fields Medal) 수상자인 프랑스 수학자 리옹(Pierre-Louis Lions)과 그의 프랑스 동료들이 2004년에 본격적으로 제안한 것으로 연속시간(continuous-time)상에서 최적화문제에서 활용되는 해밀턴·야코비·벨만 방정식(Hamilton-Jacobi-Bellman equation)[59]과 확률미적분학(stochastic calculus)에서 널리 활용되는 콜모고로프 순행 방정식(Kolmogorov forward equation), 두 개의 '비선형' 편미분방정식을 만족하는 해로 파악하는 것이다(〈그림 38〉).[60] 이 두 개의 편미분 방정식은 각각 각 관중이 축구 경기 관람에 집중하기 위해 앉아 있어야 할지 주위 분위기에 편승해서 파도에 동참할지 결정하는 개인의 문제, 모든 개인의 결정의 '평균적 합'이 어떻게 파도 타기를 결정하는지에 관한 '확률밀도'의 문제를 나타낸다(〈그림 38〉에서 g(k,s)가 그러한 '확률밀도'를 나타내는 확률밀도함수이다). 연립 편미분방정식 체계이므로 개인의 문제와 '확률밀도'의 문제를 동시에 풀어야 하는 것을 의미한다. 리옹과 그의 프랑스 동료 수학자들은 이 '비선형' 편미분방정식 연립체계의 문제를 '평균장 게임(mean field game)'이라고 명명하였다.[61]

59 해밀턴·야코비·벨만 방정식을 단도직입적으로 말하면 연속시간 상의 벨만 방정식(2장 10절 〈그림 36〉)이다. 〈그림 36〉의 벨만 방정식은 반면에 이산시간(discrete-time) 상의 해밀턴·야코비·벨만 방정식이다.

60 2장 말미의 부록에서 '확률미적분학에서 활용되는 콜모고로프 순행 방정식'에 관해 벼락치기 단기 특강 방식으로 다룬다.

61 Lasry, J-M., and Lions, P-L. "Mean field games," *Japanese Journal of Mathematics* 2 (2007): 229-260.

▶ 헤밀턴·야코비·벨만 방정식(개인별 최적화 행동):

$$\rho \cdot v(k,s) = \max_c u(\underbrace{c}_{\equiv \text{"stand"}}) + (\underbrace{w \cdot s + r \cdot k - c}_{= s(k,s) = \text{"sit"}}) \frac{\partial}{\partial k} v(k,s) + \mu(s) \frac{\partial}{\partial s} v(k,s) + \frac{1}{2}\sigma^2(s) \frac{\partial^2}{\partial s^2} v(k,s)$$

▶ 콜모고로프 순행 방정식(거시적 집단행동):

$$\frac{\partial}{\partial t} g(k,s) = -\frac{\partial}{\partial k}(s(k,s)g(k,s)) - \frac{\partial}{\partial s}(\mu(s)g(k,s)) + \frac{1}{2}\frac{\partial^2}{\partial s^2}(\sigma^2(s)g(k,s))$$

〈그림 38〉

'멕시코식 파도(Mexican wave)' 모형에 관한 또 다른 접근법은 세 명의 거시경제학자가 각자 독립적으로 1980년에서 1990년 초반 사이 발견하였다. 이 모형을 거시경제학계에서는 아이야가리[62] · 허겟[63] · 불리[64] 예비적 저축 모형(the Aiyagari–Huggett–Bewley model of precautionary savings)이라고 통칭하는데, 각 소비자들이 '예비적 저축동기(precautionary savings motive)'를 형성할 때 거시경제의 저축과 투자가 어떻게 결정되는지에 관한 모형이다. 수학적으로는 이산시간(discrete–time)상에서 동태계획법과 마코프 확률과정(Markov process) 이론을 결

62 Aiyagari, S. R. "Uninsured Idiosyncratic Risk and Aggregate Saving," *Quarterly Journal of Economics*, 109(1994): 659–684.

63 Huggett, M. "The Risk–Free Rate in Heterogeneous–Agent, Incomplete–Insurance Economies," *Journal of Economic Dynamics and Control*, 17(1993): 953–970.

64 Bewley, T. F. "Stationary Monetary Equilibrium With a Continuum of Independently Fluctuating Consumers," in *Contributions to Mathematical Economics: In Honor of Gérard Debreu*, ed. by W. Hildenbrand and A. Mas–Colell. Amsterdam: North–Holland, 1986.

합한 모형이다.[65] 이 모형의 해가 '축구경기장의 파도타기' 경로를 결정하는 문제와 수리적으로 동일하다는 것이 2009년 금융위기 이후 규명되었다. 〈그림 38〉의 '평균장게임' 모형이 이산시간형으로 환원된 것으로 볼 수 있다.

멕시코식 파도 타기 응원과 유사하게 각 소비자가 실직, 사고 위험의 공포에 편승하여 저축을 증가시켜야 할지, 기존 소비를 유지해야 할지에 관한 개인의 문제, 모든 개별 소비자의 저축, 소비의 '평균적 합'이 어떻게 전체 경제의 저축을 결정하는지에 관한 확률밀도의 문제를 동시에 해결해야 하는 문제이다. 각 소비자가 직면하는 실직과 은퇴, 그리고 교통사고 및 질병과 같은 돌발적이면서도 지극히 개인적인 사고 위험으로 인한 공포는 특정 사회 및 경제가 그러한 위험들에 관해 적절한 사회보험 및 금융시장에 의한 사적 보험이 발전하지 못했을 때 비례적으로 증가한다. 따라서 이러한 종류의 공포를 비례적으로 증가 가능하게 하는 경제일수록 '공포'에 편승하여 경제 참여자들이 각자의 저축을 '필요 이상'으로 증가시키는 경향이 거시적 집단행동으로 나타나게 되는데 이러한 거시적이면서도 지극히 개인의 최적화 행동의 결과를 '예비적 저축 동기'라고 부른다. 아래 〈그림 39〉에서와 같이 사적 금융시장의 발전정도의 제약을 나타내는 파라미터 φ에 따라 예비적 저축동기에 의한 저축공급량(점선)은 임의로 주어진 가격(이자율 및 y축)에서 파라미터 φ가 영(零)에 가까울수록, 즉 개인이 돌발적 사고 시 은행에서 돈을 빌리는 것이 어려울수록(큰 음

65 마코프 확률 과정이란 '마코프 전이 상태'의 확률과정이 존재한다는 것을 뜻한다. 5장 11절에 간략하게 설명되어 있다.

수의 φ는 그만큼 개인이 언제든지 돈을 빌릴 수 있는 '신용'을 뜻한다) 저축 공급량(x축)은 증가함을 의미한다. 이러한 저축공급량에 관한 투자수요량(은행이 기업에 대출해주는 금액) K^d는 〈그림 39〉에서와 같이 우하향하게 되는데 소위 '균형이자율'은 저축공급량과 K^d가 교차하는 점에서 결정되는데 공포에 의한 예비적 저축량이 늘어날수록 '균형이자율'은 낮게 결정된다. 최근 선진국 대부분에서 일어나는 저성장과 낮은 균형이자율이 바로 이와 같은 예비적 저축에 의한 '저축의 모순'에 기인하는 것으로 볼 수 있다.

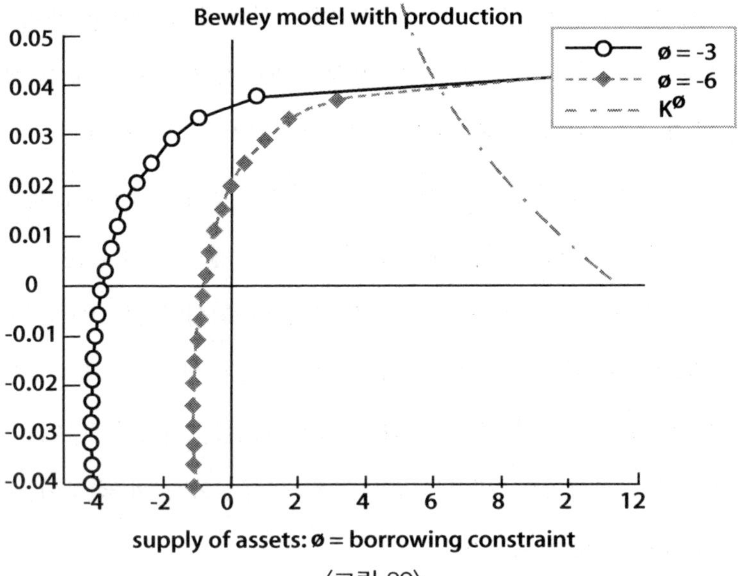

〈그림 39〉

단순히 모차르트식 유희에서 출발한 수학자의 '파도 타기' 문제가 경제학의 예비적 저축문제 더 나아가 부의 불평등과 경제성장의 문제와 사실상 동일하다는 것은 거의 기적에 가까운 발견이라고 말할 수 밖에 없다. 자연과학에서 순수수리 모형과 자연과학모형의 우연한 일치 또는 뜻밖의 발견(serendipity)에서 오는 벅찬 감동을 시적으로 표현한 1963년 노벨물리학상 수상자 유진 위그너(Eugene P. Wigner)의 '자연과학에서의 수학의 비이성적인 유효성(Unreasonable Effectiveness of Mathematics in the Natural Sciences)'이라는 통찰이 경제학과 수학 사이에서도 유효한 셈이다.[66] '파도 타기 응원' 모형의 핵심은 바로 청중 각자가 앉아 있는 상태와 서 있는 두 가지 상태를 항상 편승·동조하는 경향을 보인다는 것이다. 즉 중간의 어정쩡한 상태에 있을 때 주위에 있는 청중들의 앉아 있는 상태와 서 있는 상태의 분포에 따라 두 가지 상태 중 하나로 즉각적으로 유인되는 힘이 작용한다. '평균장 게임' 모형의 또 다른 예로 교통 체증이 있을 때 최적경로를 선택하는 문제의 개인은 이와 반대로 주위에 다른 차를 발견할수록 회피하려는 힘이 작용한다. 이 '파도 타기'의 주위의 상태에 편승·동조하는 경향이 거시경제학 모형의 '예비적 저축동기' 성향의 핵심이라는 것을 '파도 타기' 모형을 통해 '사후적'으로 이해하게 된 셈이다. 또한 '축구 경기'를 파라미터로 간주한 축구의 '파도 타기' 모형은 거시경제학의 예비적 저축동기 모형과 '동치'라는 '(거시)경제학에서의 진짜 축구의 비이성적 유효성'도 보인 셈이다.

'축구 시합' 자체는 'z'라는 단 하나의 파라미터로 고정한 채 '축구

66 Wigner, E. P. "The Unreasonable Effectiveness of Mathematics in the Natural Sciences," *Communications on Pure and Applied Mathematics*. 13 (1960): 1–14.

관중'의 행동 양태를 모델링하는 것에 초점을 맞춘 결과 우리는 기대 이상의 '축구모형'을 발견하였다. 비록 '축구관중'의 모형으로 환원된 '주객전도'의 모형이고 붕어빵에 붕어가 없는 반쪽짜리 축구모형이지만, 다시 체용원리를 적용하여 '축구관중'은 상대적인 파라미터로 '축구 시합'은 행동변수의 위치로 전도시켜 버리면 우리는 마침내 '축구모형'을 완성시킬 수 있을 것이다. '축구 시합'의 행동변수들의 '복잡성'에 관해 이미 논의한 바와 같이 〈그림 38〉의 '멕시코식 파도 타기' 모형에 25개 이상의 이질적 성분을 가진 행동변수를 그대로 주입하려는 생각을 뛰어넘는 영리함이 필요해 보인다. 모형이론가의 입장에서 이러한 영리한 전략을 고안하기 위해서는 축구 경기의 본질에 관해 보다 진지한 고찰이 필요하다.

우리는 '축구 경기'를 떠올릴 때마다 관성적으로 '메시' 또는 '손흥민'이라는 위대한 축구선수를 떠올린다. 보다 '축구 경기'를 진지하게 생각하는 축구팬은 '축구 경기'를 떠올릴 때마다 펩 과르디올라의 티키타카 전술, 위르겐 클롭의 게겐프레싱 전술 등을 떠올리거나 그러한 전술을 고안한 축구감독을 떠올린다. 그러나 '축구 경기'를 진정한 '축구 경기'답게 만드는 진정한 요소는 축구선수나 축구감독이 아닌 바로 '축구공'이다. '축구공은 둥글다'라는 진부한 표현이 표상하듯이, 축구공은 우연적 요소의 총체라고 말할 수 있다. 특히 다른 구기종목과는 달리 축구는 손이 아니라 발로 통제하기에 축구공의 우연적 성격은 더욱 더 강화된다. 공을 통제하기 어려울수록 공과 관련한 실수는 증가할 수밖에 없고 따라서 축구공이 선사하는 행운과 불운의 교차는 동양적 의미의 운을 표상하는 것처럼 보이기도 한다. 날씨와 축구심판의 오심은 이러한 축구공의 우연성을 더욱 배가시킨다. 이런 축구공의 임의성이 때때로 축구 협회에 소속된 각국 프로/아마추어 구단이 모두 참가하는 토너먼트 대회에서 5부 리그팀이 최정상 축구 프로팀을 이기는 기적을 낳기도 한다.

또한 최근 빅데이터 기술의 발전으로 시간별로 경기 중인 축구팀이 얼마나 공을 소유하고 있는가, 환언하면 얼마나 축구공을 점유하고 있는가를 데이터로 보여줄 수 있다. 이제 여느 축구 사이트도 〈그림 40〉과 같이 축구팀 간 축구공의 점유 순환 주기를 보여준다.[67] 예를 들어 빨간색으로 표시된 축구팀의 경우 공을 점유할 경우는 공격으로 표시되고 반대로 공의 소유를 상대방에게 빼앗기면 수비로 전환되면 빨간색의 팀 입장에서 공격과 수비가 교차하는 순환주기를 형성한다. 상대방 팀도 마찬가지로 대칭적으로 공격과 수비가 교차하는 순환주기를 경험한다. 축구 경기의 판도를 추적하는 가장 압축적 방법은 바로 축구공의 경로를 추적하는 것임을 〈그림 40〉이 보여주는 것이다.

67 축구 경기의 기본적 통계량을 제공하는 풋몹(FootMob) 사이트에서 발췌하였다.

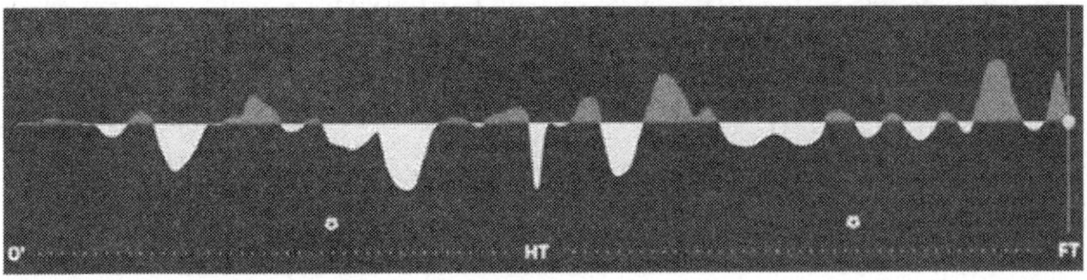

〈그림 40〉

그렇다면 '멕시코식 파도 타기' 모형에서 암묵적으로 파라미터 z로 간주했던 '축구 경기'를 행동변수화할 때, 가장 압축적인 방법은 바로 〈그림 40〉의 축구공 경로를 2절과 10절에서 잠시 언급되었던 행동변수이면서도 파라미터의 성격을 가지고 있는 '외생적 상태변수(exogenous state variable)'로 규정하는 것이다. 그리고 '외생적 상태변수' z로 대표된 '축구공' 또는 '축구 경기'를 〈그림 38〉의 '멕시코식 파도 물결' 모형에 주입하면 이제 '축구 경기'를 보면서 반응하는 '축구관중' 모형으로 일반화되는 것이다. 직관적으로 설명하자면, 각 관중이 응원하는 축구팀의 점유율이 〈그림 40〉과 같이 변동됨에 따라 '파도 타기' 응원에 참여하는 문제 자체에 영향을 줄 수 있다. 예컨대 나의 팀이 일방적으로 공격당하는 순간 '파도 타기' 응원과 관계없이 나는 분노해서 앉아 있거나 또는 서서 욕설을 퍼부을 수도 있다. 반대로 오히려 지고 있기 때문에 우리 팀의 사기를 높이기 위해 '파도 타기' 응원을 적극적으로 주도할 수도 있다. 또한 '외생적 상태변수' z는 모든 관중이 그 상태를 파악할 수 있는 '거시충격'이기도 하다. 그렇다면 앉아 있어야 할지 주위 분위기에 편승해서 파도에 동참할지 결정할 때 내 주위의 관중도 지금 진행되는 '축구 경기'로 인한 거시충격을 잘 인식하고 있으며 그 거시충격의 인식정도에 따라 '파도 타기' 응원에 아예 참석하지 않거나 오히려 '파도 타기' 응원 강도를 배가시킬 수도 있으며 주위의 관중 또한 나를 보면서 동일한 '계산'을 하게 된다. 이러한 측면까지 고려하면 '축구 경기'가 진행되는 '축구관중' 모형 또는 '축구관중'까지 고려한 '축구 경기' 모형은 아래와 같다(〈그림 41〉).

단도직입적으로 말해 〈그림 38〉의 모형은 '축구관중' 모형인 반면 〈그림 41〉은 '축구공·축구관중' 모형인 셈이다. 그러나 축구공이라는 '거시충격'으로 인해 이제 축구관중은 자신 옆의 관중의 응원여부와 더불어 앞으로 발생할 축구공의 확률적 움직임에 따른 옆 관중의 응원여부도 미리 확률적으로 계산하게 된다. 즉 축구공의 시간·공간상에서의 위치에 따라 변하는 관중의 확률분포의 변화도 계산하게 된다. 그러나 축구공은 외생적 상태변수의 일종으로 확률적으로 분포할 수밖에 없다. 따라서 선험적으로 미래지향적(forward-looking) 계산능력을 가진 축구관중이라면 축구공의 확률적 운동으로 인한 축구관중 확률분포의 확률분포를 고려하지 않을 수 없다. 또한 '영리한' 축구관중은 내가 축구공을 관찰하고 옆 관중의 행동을 확률적으로 예단하듯이 옆의 관중도 '영리하여' 축구공을 관찰하고 옆 관중의 행동을 확률적으로 예단할 것을 안다. 이러한 '메타인지(Metacognition)'의 능력에 따라 축구공의 간섭으로 인한 '확률분포의 확률분포'를 계산하는 것은 모두가 수행해야할 메타인식행위가 되고 〈그림 41〉의 '콜모고로프 함수 연산자'로 표상하게 된다.

▶ 헤밀턴·야코비·벨만 방정식(개인별 최적화 행동):

$$\rho \cdot v(k,s,z,g)$$
$$= \max_c u(\underbrace{c}_{\equiv \text{"stand"}}) + (\underbrace{w(z,g)\cdot s + r(z,g)\cdot k - c}_{= s(k,s,z,g) = \text{"sit"}})\frac{\partial}{\partial k}v(k,s,z,g) + \mu(s)\frac{\partial}{\partial s}v(k,s,z,g)$$
$$+ \frac{1}{2}\sigma^2(s)\frac{\partial^2}{\partial s^2}v(k,s,z,g) + \mu(z)\frac{\partial}{\partial z}v(k,s,z,g) + \frac{1}{2}\sigma^2(z)\frac{\partial^2}{\partial z^2}v(k,s,z,g)$$
$$+ \int \frac{\partial}{\partial g}v(k,s,z,g)\cdot \mathcal{T}[g,s](k,s)dkds$$

▶ 콜모고로프 순행 방정식(거시적 집단행동):

$$\overbrace{\mathcal{T}[g,s](k,s)}^{\text{콜모고로프 함수 연산자}} = \frac{\partial}{\partial t}g(k,s)$$
$$= -\frac{\partial}{\partial k}(s(k,s,z,g)\,g(k,s)) - \frac{\partial}{\partial s}(\mu(s)\,g(k,s)) + \frac{1}{2}\frac{\partial^2}{\partial s^2}(\sigma^2(s)\,g(k,s))$$

〈그림 41〉

〈그림 41〉의 모형이 호프스태터가 정의한 필자 마음속에 이미 존재하고 있는 '진짜 축구' 모형이다. 그런데 영리한 독자라면 〈그림 38〉의 '멕시코식 파도 타기' 모형이 거시경제학의 예비적 저축모형과 '동형'적인 관계일 경우 〈그림 41〉의 '축구'모형 또한 거시경제학에서 유사한 동형체를 찾을 수 있을지 모른다고 추정할지 모른다. 즉 〈그림 40〉과 같이 '축구공'이 주도하는 임의적 순환 주기에 따라 축구관중의 '멕시코식 파도 타기'가 영향을 받는다는 것은 '축구공'의 순환주기와 유사한 '거시충격'이 아이야가리·허겟·불리 예비적 저축 모형에 영향

을 주는 것과 동일한 것으로 추론할 수 있다. 그렇다면 〈그림 40〉의 '축구공'의 순환주기와 동형인 외부 거시충격이 존재할까? 그러나 우리는 이미 7절에서 호도릭·프레스캇 모형에 의해 한 경제의 경기순환주기는 7절의 〈그림 22〉와 같다는 것을 논의했다. 또한 10절 실물균형경기변동이론에서도 〈그림 34〉와 같이 경기순환주기가 존재한다는 것을 언급했다. 만일 '축구공'의 순환주기와 거시경제의 경기순환주기의 유사함을 받아들인다면 〈그림 41〉의 모형은 거시 경기순환주기를 고려한 예비적 저축모형이 되는 셈이다. 사실 아이야가리·허겟·불리 예비적 저축 모형처럼 '축구공'의 외생적 순환주기를 가진 〈그림 41〉의 이산시간형 버전이 거시경제학계에서 '크루셀·스미스 이질적 경제주체모형(Krusell-Smith Heterogeneous-Agent Model)'이라는 이름으로 이미 존재한다.[68] 여러분은 '축구공·축구관중' 모형이 거시경제학에서 가장 중요한 모형중 하나인 '크루셀·스미스 이질적 경제주체모형'과 동형임을 여기서 목도하는 셈이다. 유진 위그너의 수학의 비이성적 유효성은 현재진행형이라는 것을 보여준다.

지금까지 케인즈가 주장한 경제학 고유의 모형이라는 것이 결국은 상식적인 모형, 즉 과학모형과 다름없다는 '반사실적(counterfactual)' 가설을 염두에 두고 12가지의 '모형양식'과 그 양식이 함의하는 특유의 사고방식을 살펴보았다. 그렇다면 12가지 '모형'의 예시와 그로 인한 암묵적 비교를 통해 이러한 '반사실적' 가설을 기각할 수 있을까? 다시 말하면 여타 분야의 '모형'들과 구분되는 경제학 특유의 고유사

68 Krusell, P., and Smith, A. "Income and Wealth Heterogeneity in the Macroeconomy," *Journal of Political Economy* 106 (1998): 867–896.

고체계가 존재한다고 결론 내릴 수 있을까? 반대로 여전히 행동변수, 파라미터(매개변수), 상수 등으로 이루어진 명확하고 엄격한 안정성 층위를 가진 1절의 슈뢰딩거 방정식과 같은 표준적인 과학모형의 아류에 불과한 것일까? 예컨대 과학모형으로 진화해가고 있는 여전히 불완전하고 잠정적인 단계에 있는 임시방편적 '과학모형'일까? 아니면 과학모형 배후의 사상(思想)과는 구분되는 또 다른 사고체계에 종속된 아류적인 존재일까? 이러한 '반사실적' 가설의 기각여부를 결정하기 위한 토론의 장이 3장과 4장에서 전개될 것이다. 물론 '감수성이 풍부하거나 예민한' 독자는 12개 모형이 매개되어 있는 각각의 특수성과 보편성을 통해 자발적인 '부정의 계기'로 '반사실적' 가설에 관한 확고한 '합명제'적 답을 이미 가지고 있지 모른다.

부록

확률미적분학에서 활용되는 콜모고로프 순행 방정식

'확률미적분학에서 활용되는 콜모고로프 순행 방정식'은 다음과 같이 이해될 수 있다. 임의의 시간 t에 '관찰자'가 파악하고자 하는 '입자'들의 분포가 있다. '관찰자'가 최종적으로 알고 싶은 것은 이 '입자'들의 확률밀도함수 $g(t,x)$이다. 시간 t에서 관측된 한 입자 i의 '위치'를 $x_i(t)$라고 하면, 2장 10절 〈그림 31〉의 대수의 법칙을 잘 알고 있는 '관찰자'는 충분히 연속적이고 부드러운 임의의 '테스트 함수(test function)' $f(x)$를 활용하여 시간 t에서의 '입자'들의 분포를 아래와 같이 파악할 수 있다. 따라서 '테스트 함수' $f(x)$는 무한히 미분가능한 함수로 간주한다. '테스트 함수'라는 개념 자체가 '관찰자'가 세상을 양적으로 이해하기 위한 인식도구나 물리적 도구를 표상한 것이다. 물론 '충분히 연속적이고 매끄러운' 방식으로 세상을 양적으로 인식할 수 있다는 '환상'에 바탕을 두고 있는 것이기는 하다.

$$\frac{1}{N}\sum_{i=1}^{n} f(x_i(t)) \approx \text{테스트 함수 } f \text{하에서 시간 } t\text{에서 관측된 '입자'의 분포}$$
$$= \int g(t,x)f(x)dx$$

또한 이 '관찰자'는 충분히 작은 시간 변량 dt 동안 임의의 입자 $x_i(t)$가 평균적으로는 '속도' $v(t,x_i(t))dt$로 운동하지만 상당한 '백색잡음' σdW에 의해 교란되어 입자의 운동을 '확률적'으로 관찰할 수밖에 없는 입장에 처해 있다는 것을 인식하고 있다. '백색잡음' σdW의 대표적인 예가 바로 2장 2절 〈그림 5〉의 '임의보행' 또는 '브라운 운동'이다. 따라서 시간 변량 dt 동안 입자 $x_i(t)$의 운동량은 $v(t,x_i(t))dt+\sigma dW$가 된다. 여기서 바로 '확률미적분(stochastic calculus)'의 문제가 대두된다. 위 입자의 운동량을 계산하겠다는 것은 '시나브로' 변량 dW/dt를 계산하겠다는 것과 다를 바 없기 때문이다. 즉 '백색잡음'을 미·적분하겠다는 것과 동치이기 때문에 '확률미적분'으로 명명된 것이다. '확률미적분'이 뉴튼의 고전 미적분과 다르다는 것을 보여주는 대표적인 예가 아래의 '이토의 보조정리(Ito's Lemma)' 결과이다.

$$\int_0^t W_s dW_s = \frac{1}{2}(W_t)^2 - \frac{t}{2}$$

고전 미적분의 관점에서는 $-t/2$ 항이 없어야 한다. 이토의 보조정리는 일종의 확률미적분 '연쇄법칙(chain rule)'이다(참고문헌의 Evans(2013), Mckean(1969), Krylov(2002) 등을 참조). '확률미적분'은 일본 수학자 기요시 이토(Kiyosi Itô, 伊藤 清)에 의해 체계적으로 완성되었다. 그래서 '확률미적분'을 '이토 미적분(Ito calculus)'이라고 불리기도 한다.

이제 다시 이 입자의 '확률' 운동량을 파악한 '관찰자'의 입장에서 보면 다음의 '발견술적(heuristic)' 추론이 가능하다.

$$
\begin{aligned}
\int g(t+dt,x)f(x)dx &\approx \frac{1}{N}\sum_{1}^{n} f(x_t(t)+v(t,x_i(t))dt+\sigma dW) \\
&= \frac{1}{N}\sum_{1}^{n}[f(x_t(t))+v\frac{\partial}{\partial x}fdt+v\frac{\partial}{\partial x}fdW+\frac{1}{2}\sigma^2\frac{\partial^2}{\partial x^2}fdt] && \text{(이토의 보조정리)} \\
&\approx \int g(t,x)[f(x_t(t))+v\frac{\partial}{\partial x}fdt+v\frac{\partial}{\partial x}fdW+\frac{1}{2}\sigma^2\frac{\partial^2}{\partial x^2}fdt]\ dx && \text{(대수의 법칙)} \\
&= \int [g(t,x)-\frac{\partial}{\partial x}(vg)dt-\frac{\partial}{\partial x}(vg)dW++\frac{1}{2}\sigma^2\frac{\partial^2}{\partial x^2}gdt]f(x)dx && \text{(부분적분)}
\end{aligned}
$$

'테스트 함수' $f(x)$는 임의의 충분히 연속적이고 부드러운 함수이므로 위의 발견술적 도출식에서 콜모고로프 순행 방정식을 얻게 된다.

콜모고로프 순행 방정식과 유사하게 보이는 2장 2절 〈그림 8〉의 블랙·숄즈 옵션 가격 모형 또한 확률미적분을 활용하여 도출될 수 있다. 〈그림 6〉에서와 같이 관찰된 실제 주식가격을 재무경제학에서 '임의보행'이나 '브라운 운동'의 일종으로 근사시키기 때문에 자연스럽게 확률 미적분의 연산 문제가 스며들 수밖에 없다. 여느 재무경제학의 교과서에서도 이토의 보조정리를 다루는 이유가 여기에 있다

(Cochrane, J. *Asset Pricing*, Revised Ed. Princeton University Press, 2005, 참조). 사실 2장 2절 말미에 등장하는 로버트 K 머튼의 (생물학적) 아들 로버트 C 머튼이 1997년 마이런 숄즈(Myron S. Scholes)와 노벨경제학상을 공동 수상하게 된 이유가 바로 블랙·숄즈 옵션 가격 모형을 확률미적분을 활용하여 체계적으로 이해가능하게 했기 때문이다(Merton, R. C. *Continuous-Time Finance*, Wiley-Blackwell, 1992).[69] 호기심 많은 독자라면 블랙·숄즈 옵션 가격 모형의 '블랙'은 왜 노벨경제학상을 수상하지 못했는지 궁금해 할 것이다. 피셔 블랙(Fisher S. Black)에는 치명적인 결격사유가 있었는데 바로 그의 '죽음'이었다(1995년에 타계). 놀랍게도 기요시 이토는 자신의 확률미적분학이 재무경제학에서 응용될 것이라는 가능성에 대해 어떤 실마리도 찾지 못했던 것으로 전해진다.

---

69 그러나 모든 연구에는 항상 선구자적인 연구가 있기 마련이다. 프랑스의 수학자 루이 바슐리에(Louis Bachelier)는 그의 1900년 박사학위 논문에서 확률미적분학의 개념 없이 주식가격이 브라운 운동을 따른다는 가정 하에 콜모고로프 순행 방정식 유형을 도출하여 옵션가격을 결정할 수 있었다(Bachelier, L. "Théorie de la spéculation," *Annales scientifiques de l'É.N.S. 3e série* 17 (1900): 21-86). 그의 박사학위 논문지도교수는 프랑스의 전설적인 수학자 앙리 푸앵카레(Henri Poincaré)이었던 것으로 전해진다.

3장

경제학은 공학이 아니다:
루카스 비판

3장
경제학은 공학이 아니다: 루카스 비판

> 오늘날 사상가에게 요구되는 것은 매 순간 사태(Sachen) 안과 사태 바깥에 있어야 한다는 것과 다름없다.
>
> –아도르노의 『미니마 모랄리아』에서

1. 경제모형의 재조명

지금까지 인식의 주체, 즉 모형의 설계자가 12개의 서로 다른 경험대상에 반응하여 어떻게 그들의 인식작용을 압축, 요약하는 경험대상 특유의 '모형'을 만들어 왔는지 살펴보았다. 특히, 경험대상의 '특수성'에 따라, 종속될 수밖에 없는 '모형'의 형상은 '차이'를 불가피하게 가져옴에도 불구하고, 앞에서 예시한 12개의 '모형' 모두 '안정성 상대주기'에 따른 '행동변수' '매개변수(파라미터)' '상수'의 기본적 구조에서 벗어나지 않음을 볼 수 있다. 즉 케인즈가 의미한 '모형'의 개념에서 모두 크게 벗어나지 않는다. 케인즈가 말하는 "결국 (경제학)모형의 목적은 먼저 반영구적이거나 상대적으로 일정한 요인들과 일시적이며 변동을 거듭하는 요인들을 구분하는 것"이라는 경제학모형의 특유의 '모형적 사고'는 일반적 '모형'의 범주에서의 '모형적 사고'와 크게 다를 바 없다.

오히려 2장 3절의 '시(詩) 모형'이나 2장 4절의 '음악 모형'에서 보여주는 상대적으로 일정한 요인과 일시적으로 변동하는 요인 사이를 구분하는 것을 넘어서서 그 두 요인 사이에 벌어지는 긴장감을 극대화시키는 기법을 이미 구사하고 있었다는 것을 보면, 경제학 모형이 2장 1절의 슈뢰딩거 방정식처럼 인문사회분야에 단지 상대적 안정성을 식별했다는 것으로는 경제학의 고유성을 인정받기 어려울 것이다. 심지어 2장 11절에서 논의했던 적어도 천년 이상의 역사를 가진 동양세계의 '사주 추명 모형'을 관찰해 보면, 이미 그 학문체계에 내재하는 '체(體)·용(用)' 원리라는 것이 "반영구적이거나 상대적으로 일정한 요인들과 일시적이며 변동을 거듭하는 요인"을 끊임없이 구분하는 원리일 뿐만 아니라, '시(詩) 모형'이나 '음악 모형' 못지않게 두 요인 사이의 관계를 '전도' 또는 '치환'함으로써 특유의 긴장관계를 형성한다.

반면에 2장 5절 빅데이터/인공지능 모형 및 6절의 구글 독감 예측 프로그램 모형을 보면 인문 사회의 문제를 1절 슈뢰딩거 방정식처럼 더욱 더 철저하게 과학모형의 아류로 귀속시킨 결과 적어도 표면상으로는 모형의 예측력 차원에 있어서 경제모형을 압도하고 있는 것처럼 보인다. 물론 2장 2절의 새케인즈학파 경기변동 모형, 2장 7절의 호드릭·프레스캇 경기순환 주기 필터 모형 그리고 2장 10절의 실물균형경기변동이론 등 현대거시경제학을 대표하는 경제모형들을 관찰해 보면, 케인즈의 예언자적 통찰력을 입증하는 명백한 증거물이라 할 수 있겠다. 철저하게 모형을 구성하는 변수와 파라미터 및 상수에 관한 안정성 층위를 명시적으로 규정할 뿐만 아니라 일정한 요인과 일시적으로 변동하는 요인의 상대적 안정주기를 규명하는 것이 이들 모형의 주된 목표임을 감안하면 케인즈의 '모형' 정의는 시대를 앞서간 통찰력이라고 볼 수밖에 없다. 더욱이 2장 10절의 실물균형경기변동이론이 케인즈의 경제학과는 경제사상적으로 극 반대편의 대척점에 위치하고 있는 고전파 경제학의 현대적인 적자임을 자처하는 모형임을 고려하면 케인즈의 통찰이 얼마나 선구자적인지 간접적으로 가늠할 수 있다. 마치 2차 세계 대전 당시 영국의 처칠 수상이 대영제국의회에서 '롬멜'이라는 이름의 독일 장군이 얼마나 위대한 장군인지 인정하지 않을 수 없다는 장엄한 연설의 반복처럼 보인다. '실물경기변동이론'이라는 연설은 '케인즈'이라는 이름의 반대편의 장군에게 바치는 찬미시나 다름없기 때문이다.

그러나 결론적으로는 경제학이라는 학문의 특유의 속성으로 제시한 "모형에 근거한 사유의 학문", "현 세계와의 명백한 관련성을 드러내는 모형에 근거로 사유하는 학문이며 또한 그러한 모형을 선택해야 하는 기예"라는 두 가지 주된 속성은 일반적 범주의 모형 또한 갖고 있는 속성이며 경제학이라는 학문의 독립성을 보장해 주지는 않는다. 다시 말하면 2장에서 제기한 '경제모형은 여타 모형과 다를 바 없다'라는 반사실적 가설을 기각할 만한 결정적 증거가 명확히 발현되지는 않는다. 따라서 케인즈가 여타 모형들과 구별되는 경제학 모형을 정의하기 위해 또 다른 속성으로 제시할 수밖에 없는 것이 바로 "전형적인 자연과학과 달리, 경제학이 적용되는 '질료(material)'라는 것이 여러모로 일정시간 동안 (반복적)으로 동질적인 성질을 드러내는 (자연과학)의 질료와는 너무나도 다르기 때문"이라고 '읍소'한 것인지 모른다. 그렇다면, "일정시간 동안 (반복적)으로 동질적인 성질을 드러내는 자연과학의 질료와는 다른 것"은 무엇을 뜻하는 것일까? 이제 앞에서 예시한 12개의 모형을 바탕으로 자연과학의 질료와는 다른 '비동질적 질료'의 실체를 추적해 보고자 한다.

먼저 슈뢰딩거 방정식의 경우, 케인즈가 말한, 경제학의 질료와는 구분되는, 자연과학의 대표적 질료를 다루는 모형이다. 이미 '섬세한' 독자라면 1번 슈뢰딩거 방정식과 나머지 모형들과의 결정적 차이가 있음을 간파했을지 모른다. 물론 슈뢰딩거 방정식의 '미스터리하고 신비로운' 파동함수 ψ—최근 할리우드 영화의 상상력의 원천 및 밑밥으로 작용해왔다—의 '변덕'이 케인즈가 점지한 경제학의 질료와 구별되는 자연과학의 질료를 의미하는 것이 아니다. 슈뢰딩거 방정식과 나머지 모형 군(群)과의 결정적 차이는 '플랑크 상수'의 존재 여부, '매개변수(파라미터)'의 안정성 주기에 관한 '모호함' 그리고 경험대상을 요약,

압축한 모형세계에서의 '인격체' 존재 여부 등에 있다.

먼저 모형세계 안에서의 '인격체'의 존재 여부만의 관점에서만 바라본다면, 사실 케인즈의 '자연과학의 질료'와 다르다는 주장은 거의 하품 나는 '상투적인 어구'에 불과할 것이다. 오직 슈뢰딩거 방정식만이 순수하게 '양자'만의 세계를 모형설계자의 경험대상으로 하는 모형이기 때문이다. 그럼에도 불구하고, 모형의 대상이 '인격체'라 함은 모형이 '인격체'의 행위, 행위의 결과, 선호, 행복감, 공포의 감정, 미래에 대한 (막연한) 기대심리, 도덕적 양심 등의 문제에 불가피하게 관여할 수밖에 없음을 의미한다. 2장 2절의 새케인즈 필립스 곡선 모형과 10절의 실물균형경기변동이론의 경우에서처럼 모형의 대상으로서의 '인격체'의 존재로 인해 자연스럽게 인격체의 (불확실한) 미래에 대한 기대형성의 문제가 모형의 핵심적인 요인으로 자리매김할 수밖에 없다는 것을 이미 목도해 왔다. 또한 인격체의 기대(심리) 형성 경로는 인격체를 향한 도덕적 지침과도 같은 '규범적 예언'의 추진력에 의해 규정될 수 있고, 통제될 수도 있으며, 이러한 '규범적 예언'에 의해 인격체가 잘 통제되면 될수록, '실증적 예측력'은 고도화할 수 있다는 것도 목격했다. 특히 10절 실물균형경기변동이론에서 애덤 스미스의 '자기애'라는 것이 결국 실존적 인격체를 체제 안의 '자기언급'을 통한 임의의 '자기실현적 예언'의 함정에 빠지지 않도록 하는 일종의 '규범적' 장치이자 예언이라는 것을 논증하였다. 따라서 앞서 파편적으로 논의했던 경제모형이 가지고 있는 '규범적 예언'의 속성을 종합해 보면, '규범적 예언'의 특징을 간단히 아래와 같이 도식화할 수 있다.

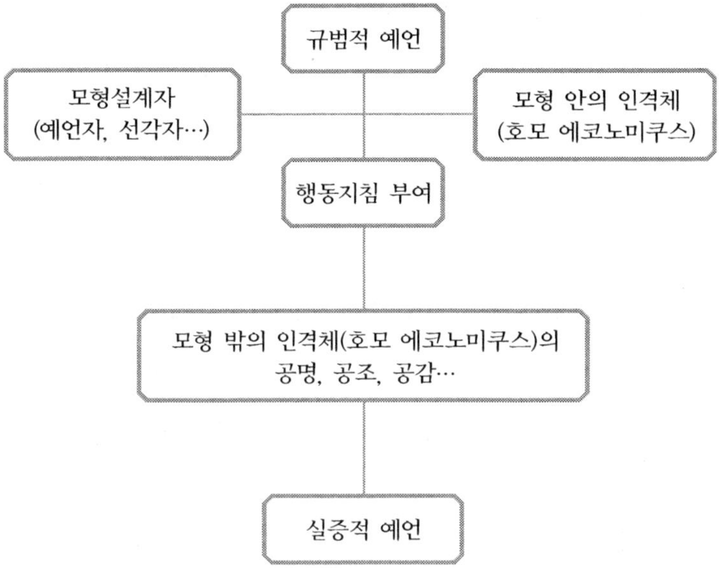

즉, 모형설계자가 '주장'한 미래에 관한 기대형성을 포함한 '규범적 행동지침'에 따라 모형 안에 거주하는 가공의 인격체(호모 에코노미쿠스)가 행동하도록 규정한다. 물론 모형 안의 인격체가 모형설계자가 부여한 '행동지침'을 따랐을 경우, 함의되는 행동의 결과는 실제 생활했던 '진짜' 호모 에코노미쿠스의 행위, 행동의 결과를 기록한 '경제변수' 실증 데이터가 보여주는 패턴과 얼마나 부합하는지 '실증적(positivistic) 예측치'를 모형 안에서 스스로 산출한다. 즉 경제모형의 최소한의 '실증성'을 '모형 안'에서 검증하는 절차자체가 내포되어 있다. 2장 10절의 실물균형경기변동이론이 바로 이 후자의 절차를 극명히 보여준다. 모형 안의 인격체가 모형설계자가 부여한 '자기애'라는 '행동지침'을 충실히 따를 경우 인격체들의 행동은 '대표적 경제주체' 부르는 규범적이자 모범적인 호모 에코노미쿠스의 행동 및 선호와 기대를 중심으로 조화롭고 동조적인 양상을 보이며 이러한 양상이 실증 데이터가 보여주는 실제 패턴과 얼마나 부합하는지 컴퓨터 시뮬레이션을 통해 비교가능하다. 〈그림 34〉와 〈그림 35〉의 '시각적' 비교를 통해 실증 데이터에서 '규범적 가치'라는 희망의 등불이자 나침반을 추적해 갈 수 있는 기회의 장을 제공하게 된다. 실물균형경기변동이론에서와 같이 데이터의 패턴을 보여주는 〈그림 34〉와 모형의 함의하는 패턴 〈그림 35〉 사이의 '적합도 검정(goodness of fit)'의 효율을 높이는 것이 경제모형의 '실증적 예언'으로 규정되며, 최근 세계 각국의 중앙은행들이 적극적으로 차용하는 "진지한(serious)" 경제모형—사실상 공학적인 경제모형—들이 이러한 '실증적 예언'을 높이기 위한 방편으로 활용되고 있다.

그러나 경제모형의 '실증적 예언'이 진정으로 의미를 갖고자 하면, 모형의 설계자가 마치 모세의 십계명처럼, 모형 안의 신민들에게 규정한 규범적 행동 지침을 모형 밖의 실제 존재하고 있는 인격체, 즉 실존하는 호모 에코노미쿠스도 공감하고 따를 경우, 모형의 '실증적 예언력'은 '친절한 파인만씨'가 말한 뉴욕과 로스앤젤레스 간의 약 4,000km의 거리를 사람 머리카락의 굵기의 오차로 예측할 수 있는 양자역학 모형에 버금가는 것이 입증된다. 즉 모형의 설계자의 '십계명'에 해당하는 '규범적 지침'에 대해, 모형 안의 가공의 인격체, 모형 밖의 실존 인격체 그리고 그 '십계명'을 전파하는 모형 설계자, 삼자 모두 공명, 공감, 공조할 때, 경제모형의 '규범적 예언'과 '실증적 예언'은 '합일'의 경지에 이르게 된다. 즉 모형의 설계자, 모형 안의 인격체,

모형 밖의 인격체가 삼위일체의 경지에 이를 때, 경제모형은 '별의 순간'을 맞이하게 된다. 내 위에서 항상 반짝이는 별(경제모형)을 보여주는 하늘과 나를 항상 지켜주는 내 마음속의 도덕률(규범적 예언)이 생각하면 할수록 놀라움과 경건함을 주는 경지에 도달한다.[1]

이러한 삼위일체의 경지에서는 모형의 설계자는 '십계명'을 전파하는 모세와 같은 선각자 또는 선지자의 권능을 갖게 된다. 케인즈가 '동물정신가설(animal spirit hypothesis)'의 '십계명(도덕률)'을 통해 1930년대 대공황에 관하여 케인즈 모형의 '규범적 예언'과 '실증적 예언'이 합일의 경지에 도달할 수 있음을 보였고, 프리드먼(Milton Friedman), 펠프스(Edumund S. Phelps), 루카스(Robert E. Lucas Jr.)가 '합리적 기대가설(rational expectations hypothesis)'을 통해, 1970년 스태그플레이션(stagflation)의 현상에 관해, 그들의 모형이 '규범적 예언'과 '실증적 예언'의 합일을 이끌어 낸다는 것을 보임으로써, 스태그플레이션(stagflation) 시대의 선지자, 선각자 위치에 오르게 되었다.[2] 민스키(Hyman P. Minsky)는 그의 "금융 불안정성 가설(financial instability

1 칸트의 묘비명 "생각하면 할수록 놀라움과 경건함을 주는 두 가지가 있으니, 하나는 내 위에서 항상 반짝이는 별을 보여주는 하늘이며, 다른 하나는 나를 항상 지켜주는 마음속의 도덕률이다"를 빗대어 한 말이다.

2 프리드먼, 펠프스, 루카스 모두 노벨 경제학상을 단독 수상하였다. 합리적 기대가설에 기반하여 프리드먼과 펠프스는 '프리드먼·펠스 장기 필립스 곡선', 루카스는 '루카스 비판(Lucas's critique)'으로 1970년대 인플레이션과 실업률이 동시에 오르는 현상인 스태그플레이션을 명확하게 이해하였다. 그러나 컬럼비아 대학의 펠프스 교수는 놀랍게도 '합리적 기대 가설'의 가장 '놀랍고 경건한' 반대론자로 자리매김하였다.

hypothesis)"로[3] 2008년 미국의 서브프라임 모기지 사태로 촉발된 세계 금융위기와 '대침체(Great Recession)'에 관해 명확한 전파과정과 여파를 예언함으로써 규범적 예언과 실증적 예언의 합일, 모형 설계자와 시대 선지자의 합일에 도달하였다.[4] '민스키 순환주기(Minsky cycle)'[5]는 2008년 대침체의 또 다른 이름이 되었다. 요약하면, 실존하는 호모 에크노피쿠스, 모형 안 가공의 호모 에크노피쿠스 모두 모형의

---

3 Minsky, H. *Stabilizing an Unstable Economy*, McGraw–Hill Education, 2008.

4 2008년 대침체 전에 이미 사망했던(1996년 사망) 민스키는 비록 소수의 열렬한 추종자를 가지고 있었지만, 여기서 언급된 여타 거시경제학자와는 달리 생전에 사실상 무명 경제학자에 가까웠다.

5 민스키는 차입에 의존하는 투자의 위험도에 따라 크게 '헷지 금융거래(hedge finance),' '투기적 금융거래(speculative finance),' 그리고 '폰지 금융거래(Ponzi finance)'로 구분하였다. '헷지 금융거래'의 상태는 쉽게 말하자면 원금과 이자를 갚을 수 있는 상태를 뜻하고, '투기적 금융거래'의 상태는 이자만 겨우 갚을 수 있는 상태를 뜻한다. '폰지 금융거래'는 원금과 이자 모두 갚을 수 없는 사실상의 '부도상태'를 뜻하며 따라서 새로운 차입을 통해 '차입금으로 차입금을 갚을 수밖에 없는 상태'에 이른 것을 말한다. 민스키의 '금융 불안정성 가설'의 흥미로운 점은 차입을 통한 금융거래의 양태를 단순히 분류하는데 그친 것이 아니라 바로 차입에 의존하는 투자의 속성상 자본주의 경제는 '변동성의 역설(the volatility paradox)'에 취약할 수밖에 없다는 점을 주장한 것이었다. '변동성의 역설'이란 외부충격으로 인한 경제의 위험도가 낮을수록 오히려 과도한 차입을 통한 투기성 투자호황을 발생시켜 궁극적으로는 '투기적 금융거래' 또는 '폰지 금융거래'의 상태로 경제를 '내생적'으로 불안정하게 만든다는 점이다. 이러한 '변동성의 역설'이 잘 드러난 사건이 바로 2008년 금융위기 또는 대침체이다. 민스키의 '금융 불안정성 가설' 및 '민스키 순환주기'는 '수학은 언어이다'라는 전제하에 2014년 『전미경제비평(*American Economic Review*)』의 한 논문을 통해 비로소 주류경제학계에서 형식화되었다(Brunnermeier, M. K., and Sannikov, Y. "A Macroeconomic Model with a Financial Sector," *American Economic Review* 104(2014): 379–421 참조).

설계자가 설치한 '규범적 기대'의 덫에 걸릴 때, 경제모형은 시대를 대표하는 별이 되고, 시대는 그 반짝이는 경제모형을 보여주는 하늘이 된다.

결국, 모형의 설계자가 가공의 모형경제 안에 설치한 '규범적 기대'가 한 특정한 시대의 경제인들의 '실존적 기대'와 공명현상을 일으킬 때, 경제모형은 슈뢰딩거 방정식과 같이 모형다워진다. 즉 한 특정 시대라는 질료에 '규범적 기대'를 기점으로 공명현상이 발생할 때, 경제모형은 하늘의 별과 같은 생명력을 갖는다. 이런 맥락에서 "전형적인 자연과학과 달리, 경제학이 적용되는 '질료(material)'라는 것이 여러모로 일정시간 동안 (반복적)으로 동질적인 성질을 드러내는 (자연과학)의 질료와는 너무나도 다르기 때문"이라는 케인즈의 주장은 시대를 뛰어넘어 경제모형의 본질을 관통하는 경제학자의, 특히 거시경제학자의 '정언명령'처럼 들린다.

2. 구글 독감 모형의 재조명[6]

'규범적 기대'를 가진 인격체의 존재 여부가 전형적인 자연과학의 모형과 경제모형을 어떻게 지구와 화성의 거리만큼, 차이를 만들어 내는지 보다 구체적인 예를 통해 알아보자. 놀랍게도, 6번의 구글 독감예측 프로그램 모형이 '규범적 기대'의 존재 여부가 모형의 '실증적

6 3장 2절은 필자의 논문인 「빅데이터의 정확한 언어와 모호한 언어」(김형석, 『새국어생활』, 26권 2호, 31–55, 2016)의 내용을 발췌·(일부)수정한 것이다.

예언' 또는 '실증적 예측력'에 부인할 수 없는 영향을 미치는지 판단할 수 있는 실험의 장을 제공한다. 다시 복기하자면, 2장 1절의 슈뢰딩거 과학모형을 철저히 추종하는 구글 독감예측 프로그램은 아래와 같이, 인격체의 행동이 "일정시간 동안 (반복적)으로 동질적인 성질을 드러내는 (자연과학)의 질료"처럼 '일정하다'는 '행동변수'로부터 출발한다.

> "사람들은 독감증상이 있는 경우, '기침', '고열', '해열제' 등과 같은 독감증상 관련 용어를 검색엔진을 통해 검색할 것이다."

즉, '사람들'은 '독감증상이 있는' 일정시간 동안 반복적으로 '독감증상 관련 용어를 검색엔진을 통해 검색한다'는 동질적인 성질을 드러내는 자연과학의 질료처럼, '사람들'을 '행동변수'화 했음을 알 수 있다. 케인즈가 지적한 경제모형의 극 반대방향에 위치한 자연과학의 모형의 특징을 오롯이 가지고 있다. 따라서 구글 독감예측 프로그램은 경제모형의 주요한 특징으로 지적했던, 인격체의 '규범적 기대'의 작용을 의도적으로 제거했을 경우, 경제모형의 예측력에 어떠한 영향이 있는지를 '측정'할 수 있는 '사고실험(das Gedankenexperiment)'의 장을 제공한 셈이다. 만일 인격체의 '규범적 기대'를 제거했을 경우, 경제모형에서 도출될 수 있는 '병리현상'을 보임으로써, 수학적, 논리적 명제의 참을 재확인하는 '귀류법(reductio ad absurdum)'과도 같은 사고실험의 과정을 제공한다고 볼 수 있다.

〈그림 18〉에서와 같이 과학모형의 특징을 오롯이 가진 구글 독감

예측 프로그램은 인격체의 행동변수에 관해 '친절한 파인만씨'가 뉴욕과 로스앤젤레스 간의 약 4,000km의 거리를 사람 머리카락의 굵기의 오차로 예측할 수 있다고 자부한 과학모형처럼, '실증적 예언'의 위력을 여과 없이 발휘한 듯 보인다. 이제 '구글의 과학모형'은 '거인족 아틀라스'를 대신해, '규범적 기대'로 얼룩지어진 '모호한 천공(天空)'을 짊어질 수 있어 보인다. 경제모형의 '규범적 기대' 요소를 과감히 배격하고, 인격체의 모형을 더욱 과학모형답게 만든 '구글의 과학모형'은 '모호한 천공' 정도는 한 손가락으로도 지탱할 수 있는 '폭력성'을 자랑이라도 하는 듯, 2012년 독감 환자수 예측치를 발표하였고, 이 실증적 예측치는 실제 환자수와 일치할 것이라고 '친절한 파인만씨'가 빙의된 것처럼 장담했다. 〈그림 42〉는 2012년의 구글모형의 예측치와 미국질병통제센터가 실제 보고한 독감 환자수(CDC '예측'치라 명명된 것)를 비교한 것이다.

◆구글의 예측과 CDC (The Center of Disease Control) '예측' 비교
(출처: Lazer et al. "The Parable of Google Flu: Traps in Big Data Analysis," Science 343, 2014)

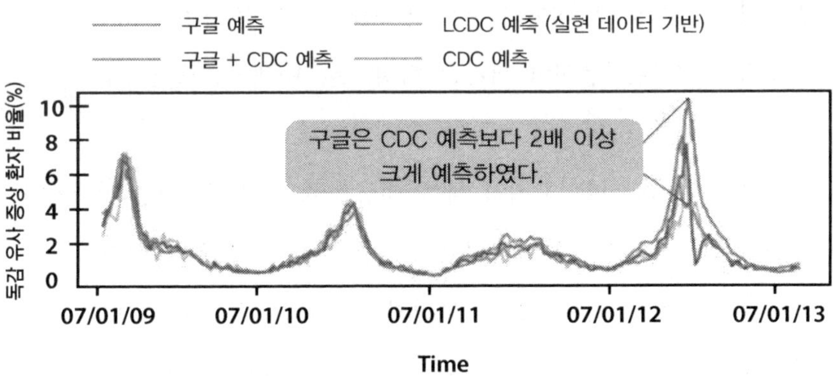

〈그림 42〉

구글 신의 장담과는 달리, 구글 독감 환자수 예측 프로그램은 '정확히' 실제 환자수보다 2배 이상을 과대 예측하였다. '친절한 파인만 씨'의 비유를 빌리자면, 로스엔젤레스와 뉴욕 사이 약 4,000km의 거리를 8,000km의 오차로 예측한 셈이다. 삶의 '모호함'이라는 무게에 짓눌려 압사해 버린, 피에 버무린 살점이 꽃잎처럼 산화한 사내의 이름은 바로 구글의 과학모형으로 무장한 '구글 신(神)'이었던 셈이다. '모호한 천공(天空)'은 여전히 버겁고, 그 버거움을 짊어져야 하는 사내는 여전히 거인족 아틀라스이지, 인공족(人工族) '구글 신(神)'이 아님을 보여준다.

경제모형의 주요한 특징으로 지적했던, 인격체의 '규범적 기대'를 제거했을 때 발생하는 경제모형의 일반적 속성에 관한 일반적 명제를 도출하기 앞서, 일단 '경제모형'과는 독립적인 '빅데이터 분석 모형'이 존재한다고 가정하자. 그리고 이러한 가정 하에서 구글 독감 예측 프로그램이 보여준 200% 오차 범위의 '실증적 예언'에 대해 온전히 '빅데이터 분석'의 맥락에서 먼저 반추해 보자. 다시 말하면 2장 8절 변증법의 용어로 '빅데이터 분석'이 200% 오차 범위의 실증 결과와 매개되어 있다는 '부정의 계기'를 바탕으로 '내재적 비판'을 수행하고자 한다.

'빅데이터 분석'은 우리의 삶을 대상으로 삼기 때문에, '빅데이터 분석'에서의 '모형'은 한 가지 성분을 더 추가하게 되는데, 2장의 5절과 6절에서 이미 주지했듯이, '우리의 그림자'인 가공의 '인격체'가 부여되어야 한다. 이 가공의 '인격체'는 바로 '빅데이터 모형'이 펼쳐내는 축소화된 세계에서, 행동변수와 매개변수를 뒤에서 조종하는 우리의 '아바타'라 볼 수 있다. 이 인격체인 '아바타'의 존재가 순수과학에서의 모형과 인간의 삶을 다루는, '빅데이터 분석'을 포함한 사회과학에서의 모형과의 차이를 만들어 낸다는 것은 '경제모형'의 분석을 통해 독자들 사이에서 어느 정도 파악되었으리라 생각된다. 요약하면 '빅데이터 분석 모형' 맥락에서의 '모형적 사고'란 상수, 매개변수, 행동변수, 그리고 변수들을 조종하는 가공의 '인격체' 네 가지 성분으로 세상을 이해하는 것이다.

여기서 반드시 지적되어야 할 것은, '빅데이터 분석'에서 다루는 모형에서 우리의 '아바타', 즉 가공의 '인격체'는 사전적(事前的, *ex ante*)으로, 또는 선험적(先驗的, *a priori*)으로 존재하면서 행동변수를 결정하지, 사후적(事後的, *ex post*)으로, 또는 경험적(經驗的, *a posteriori*)으로 실존하지는 않는다는 점이다. 이러한 점에서 사실 경제모형과 '빅데이터 분석 모형'과의 본질적 차이는 없다고 볼 수 있다. 다시 말하면, 우리가 데이터에서 관찰하는 것은 보이지 않는 '인격체'의 행위결과인 사후적 행동변수이지, '투명인간 인격체'를 직접적으로 관찰할 수는 없다. 따라서 우리의 '아바타' 또는 '투명인간 인격체'는 사후적(事後的, *ex post*)으로 관찰된 행동변수를 통해 귀납적으로 추리(推理)한다. 그 다음 행동변수를 조종하는 우리의 '인격체'의 의지, 목적, 동기 등을 추론하여, '인격체'의 행동강령의 '제1 원칙(the first principle)'을 연역적으로 수립한다. 이제 '선험적'으로 정의된 우리의 '투명인간 인격체'의 존재가 벌이는 여러 가지 행위의 결과가 실제 데이터에서 관찰한 우리의

'아바타'의 행위결과, 즉 사후적 행동변수와 논리적으로 일관성이 있는지 또는 얼마나 차이가 있는지 확인한다. 이러한 차이가 사후적으로 파악된 데이터의 결함 때문인지, 아니면 연역적으로 정의된 '인격체'의 행동강령의 제 1 원칙에 결함이 있는지를 다시 검토한다. 전자와 후자 모두 끊임없는 재수정과 갱신의 과정을 반복하여 사실상 차이가 영으로 수렴할 때까지 귀납적 추리와 연역적 논증이 반복된다.

끊임없이 귀납적으로 추리하고, 동시에 연역적으로 논증하더라도, 우리의 '아바타', 우리의 '그림자', 우리의 '일그러지고, 이름 없는 피아니스트'의 실체를 비로소 어느 정도 가늠할 수 있을 뿐이다. 이렇게 '과학적'으로 파악한 '인격체'의 실존조차도 철저히 '맥락적(contextual)'이기 때문이다. 다시 말하면, 가공의 '인격체'는 세상 이치의 맥락에 따라, 다양한 몸짓을 보여줄 뿐이지, 전체의 모습을 절대 보여주지 않는다. 이 가공의 '인격체'가 맥락적일 수밖에 없는 이유는 바로 세상의 회색을 재현하는 것이 아니라, 세상의 흑색만을 재현하는 '모형적 사고' 안에서 또는 모형의 '사고실험'에서만 그 가공의 인격체가 존재의 의미를 부여받기 때문이다. 모형의 용어로 환언하면, 각 모형은 일정하게 변하지 않은 상수항(常數項)을 가지고 있고 또한 관찰 기간 동안은 변하지 않는 '안정성'을 갖는 매개변수(媒介變數) 또는 파라미터를 포함하고 있다. 이러한 "반영구적이거나 상대적으로 일정한 요인들"의 '안정성'은 우리가 필수불가결하다고 믿는 요소(행동변수)를 어떻게 설정할 것인가, 다시 말하면 필수불가결한 요소를 흑색으로 볼 것인가, 또는 백색으로 볼 것인가, 또한 관찰 기간을 어떻게 잡을 것인가에 따라 정해지기 때문에, 모형세계는 맥락적일 수밖에 없고, 그 모형세계에 살고 있는 우리의 '아바타' 또한 맥락적인 존재일 수밖에 없다. '빅데이터 분석'에서 부지불식간에 드러나는 관찰자인 '보편적' 인간과 관찰 대상인 '보편적' 인간 사이의 '모호한' 거리는 바로 모형세계에 사전적(事前的, *ex ante*)으로, 또는 선험적(先驗的, *a priori*)으로 존재할 수밖에 없는 '아바타'의 불완전한 실존성, 그리고 맥락적인 관념성에 기인하는 것이라 할 수 있다. 그리고 이 '아바타'의 불완전하고 맥락적인 몸짓은 오로지 '모형적 사고'의 진지한 고찰에서만이 파악될 수 있다.

이제 다시 구글 독감 예측 프로그램 사례로 돌아가자. 구글 독감 예측 프로그램의 '행동 변수'는

> "사람들은 독감증상이 있는 경우, '기침', '고열', '해열제' 등과 같은 독감증상 관련 용어를 검색엔진을 통해 검색할 것이다."

라는 것이었다. 앞서 논의했던 '모형적 사고'를 반영하여 이 '행동변수'를 재구성하면, 아래와 같다.

> "우리의 '아바타' 또는 '투명 인격체'는 독감증상이 있는 경우, '기침', '고열', '해열제' 등과 같은 독감증상 관련 용어 50개를 검색엔진을 통해 '즉시' 검색할 것이다."

또한 이 행동변수와 더불어 구글 독감 예측 모형은 '암묵적'으로

아래의 '매개변수' 또는 '상수항'을 고안했다.

> "우리의 '아바타' 또는 '투명 인격체'는 독감증상이 없다면, 독감증상 관련 용어 50개를 결코 검색하지 않을 것이다."

요약하면, 구글의 예측 프로그램은 적어도 관찰 기간 동안은 "우리의 '아바타'는 독감증상이 없다면, 독감증상 관련 용어 50개를 결코 검색하지 않을 것이다."라는 '아바타'의 행동강령이 준수된다는 '매개변수(파라미터)'를 '시나브로' 고안했다. 〈그림 18〉에서 보듯이 실제 '2008년'에 이 '매개변수'는 매우 '안정적'이었다. 우리의 '투명 인격체'가 그러했듯이 실제 독감증상이 있었던 '실존적인 인격체'들만이 검색을 했기에, 구글 독감예측 프로그램의 '실증적 예언'은 정확했다. 그러나 '2012년'은 전혀 다른 양상이 펼쳐진다. "우리의 '아바타'는 독감증상이 없다면, 독감증상 관련 용어 50개를 결코 검색하지 않을 것이다."는 이 '매개변수'가 전혀 '안정적'이지 않았다. '2012년'에는 독감증상이 없는 사람들도 독감관련 검색어를 검색했던 것이다.

왜 '2008년'과 '2012년'이 그토록 달랐을까? '2008년'과 달리 '2012년'에는 왜 독감증상이 없는 사람도 독감관련 검색어를 검색했을까? 앞서 논의했던 경제모형에서의 모형안의 '투명인격체'의 '규범적 기대'와 모형 밖의 '실존적인 인격체'인 우리의 '실존적 기대'와의 합일 문제의 관점에서 본다면, 이 의문에 대한 해답은 의외로 자명하여, 거의 '동어반복(tautology)'에 가깝다. '2008년'에는 구글 독감예측 모형이 설정한 우리 '아바타'의 '규범적 기대'와 우리의 '실존적 기대'가 정확히 일치하였고, '2012년'에는 모형 안의 '투명인격체'의 '규범적 기대'와 '실존적 인격체'의 '실존적 기대'가 일치하지 않았을 뿐이다. '2008년' 구글 독감예측 모형의 '규범적 기대'와 일치했던, '2008년' 실존적 인격체의 '실존적 기대'가 '2012년'에는 구글표 '투명인격체'의 '규범적 기대'와는 다른 방향으로 진화했다는 것을 의미한다. 날카로운 감각을 가진 독자라면, 경제학의 질료는 "여러모로 일정시간 동안 (반복적)으로 동질적인 성질을 드러내는 (자연과학)의 질료와는 너무나도 다르다"라는 케인즈의 충고를 이 지점에서 연상할지도 모른다. 그렇다고 해서, 케인즈가 경제모형은 구글 독감예측 모형처럼 '실증적 예측력'이 일관성을 보이지 못한다는 의미에서 "동질적인 성질을 드러내는 (자연과학)의 질료와는 너무나도 다르다"고 말한 것은 아니다. 오히려 케인즈가 정확히 간파한 것은 역사의 시간경로 축에 존재하는 '실존적 인격체' 즉 우리의 '실존적 기대'가 끊임없이 진화한다는 것이 경제학 질료의 본질이라는 점이다. 이런 연유로 '실존적 기대'의 진화를 경제모형으로 설명하려면, 모형의 '규범적 기대' 또한 끊임없이 진화해야 된다는 것을 의미한다.

따라서 경제모형의 설계자 입장에서는 두 가지 선택지가 있다. 첫째는 물리학의 통일장 이론 또는 '궁극의 이론(theory of everything)'처럼 시간 축 상에 실존적으로 펼쳐지는 실존적 인격체의 '실존적 기대'를 모두 '실증적으로 예언'할 수 있는, 다시 말하면, 가능한 모든 '실존적 기대'와 일치하는 '규범적 기대'를 만들어 내는 '궁극의 경제모형'

하나를 설계하는 것이다. 경제학판 통일장이론인 셈이다. 두 번째 선택지는 '어쩔 수 없이' '실존적 기대'와 '규범적 기대'가 일치할 수밖에 없는 특정한 시간, 특정한 장소, 특정한 사건, 특정한 외부충격 등의 정보를 담은 '특정화'한 경제모형들을 만들어서, 저장해 놓았다가 특정한 '실존적 기대'가 시간선상에서 그 모습을 드러낼 때마다, 그 '실존적 기대'와 부합하는 '규범적 기대'를 예언하는 경제모형을 선택하는 것이다. 물론 케인즈가 '규범적'으로 예언했듯이, 경제학은 "현 세계와의 명백한 관련성을 드러내는 모형에 근거로 사유하는 학문이며 또한 그러한 모형을 선택해야 하는 기예"라는, 즉 '어쩔 수 없는' 두 번째 선택지를 중심으로 발전해왔다. 두 번째 선택지에 관한 케인즈의 '규범적' 예언이 '실증적' 예언과 일치하는 순간이다.

다시 구글 독감예측 모형의 문제로 돌아가서, '귀류법(reductio ad absurdum)'적으로 '2008년의 규범적 기대'가 '2012년의 실증적 기대'와 일치하기 위한 몇 가지 전제조건들을 검토해 보자. 이미 논의했듯이, 구글 모형의 '2008년의 규범적 기대'는 "우리의 '아바타' 또는 '투명 인격체'는 독감증상이 없다면, 독감증상 관련 용어 50개를 결코 검색하지 않을 것이다."라는 파라미터(매개변수)의 안정성으로 나타난다. 다시 말하면 '2008년의 규범적 기대'는 슈뢰딩거 방정식의 플랑크 상수처럼 실존적 인격체를 규정짓고 진화시키는 시간축의 흐름과 관계없이 독립적으로 안정적이어야 한다는 것을 의미한다. 그렇다면, '2012년'에 거주했던 실존적 인격체의 세상을 규정짓는 특정한 시간, 특정한 장소, 특정한 사건, 특정한 외부충격, 특정한 충동 등 실존에서 경험하고 관찰한 다양한 '정보'는 구글모형의 파라미터의 안정성을 뒤흔드는 요인이 될 수 없다는 것을 의미하기도 한다. 환언하면 '2008년'을 기준으로 '2012년'에 새로 유입된 어떤 정보도 '2008년의 규범적 기대'의 안정성을 헤칠 수 없다는 것을 의미한다. 이때, 구글 모형이 부여한 '규범'은 너무나도 강력해서, '2012년의 실존적 인격체'는 '2012년'에 어떠한 일이 발생하든, 그로 인해 새로운 통찰력과 정보가 유입되든, 어느 산사의 용맹 정진하는 불교 승려처럼 무시하고 '석가모니'의 계율을 철저하게 지킨다는 것을 의미한다. 결국 '석가모니'의 계율을 철저히 준수하며 '실증적 기대'를 형성하기 때문에, '2012년의 실증적 기대'는 '2008년 규범적 기대'와 일치할 수밖에 없다는 것을 의미한다.

그렇다면 위의 추론으로부터, 과연 '2012년의 실증적 인격체'들이 '2012년'에 발생한 다양한 정보의 유혹에 굴복하지 않고 구글신의 '계율'만을 바라보고 행동할까? 라는 자연스러운 질문에 직면할 수밖에 없다. 즉 실존적 인격체의 정보 활용의 문제, 정보처리의 문제 등이 과연 실존적 인격체의 '실존적 기대'를 형성하는 데 전혀 영향을 주지 않을까? 라는 또 다른 질문도 나올 수밖에 없다. 또한 구글 독감예측 모형 안의 가공의 인격체가 '2012년'의 새로운 정보를 관찰했음에도 불구하고, 정보를 활용하거나, 정보를 처리하는 능력 자체를 원천적으로 배제시키는 것이 과연 모형을 설계하는 '과학적' 방식인가에 관한 의문도 따라 올 수밖에 없다.

이러한 질문들을 고려했을 때, '2008년' 구글 모형의 파라미터는 구글 모형의 설계자가 의도했던 것보다, 훨씬 더 강한 모형의 아바타들의 기대에 관한 '안정성'을 부지불식간에 요구했다고 말할 수 있다. '2008년' 구글 모형의 파라미터의 안정성을 다시 서술하면,

> "우리의 '아바타' 또는 '투명 인격체'는 독감증상이 없다면, 독감 예측과 관련한 어떠한 새로운 정보를 취득하더라도 구글 검색엔진을 통해 독감증상 관련 용어 50개를 결코 검색하지 않을 것이다."

라고 말할 수 있다. 따라서 구글 모형의 설계자는 모형의 '투명 인격체'는 '독감증상이 있을 때만, 검색엔진을 통해 독감증상 관련 용어 50개 내외를 검색해야만 한다'고 사실상 '규범적인 계율'을 설정했고, 실존적 인격체도 모세의 '십계명'처럼 '영원히' 이 계율을 지켜야 한다고 요구한 셈이다. 즉 구글 모형의 설계자가 구글 신으로 거듭나는 순간이다. 또한 구글 신의 이 계율은 슈뢰딩거 방정식의 플랑크 상수처럼 하늘을 넘어 우주 안에서 영원히 반짝이는 별이 된다. 따라서 '2012년'에 거주하는 실존적 인격체도 이러한 구글신이 설정한 규범적 기대와 행동을 반드시 따라야 하고, 따를 수밖에 없다고 결론 짓는다.

유감스럽게도 '2012년'에 거주했던 실존적 인격체는 구글신의 계율을 거부하는 '자유의지'가 있다는 것을 천명한 꼴이 된 셈이다. '2012년'에는 '2008년'의 구글 독감예측 프로그램의 성공적인 독감 예측으로 말미암아, 뉴스, 신문과 같은 언론매체가 구글의 '2012년' 독감 예측 프로그램에서 내놓은 예측치를 보도하기 시작했고, 이 예

측치가 보도됨에 따라, 독감에 걸리지 않은 사람들도 구글신의 계율을 어기고 다가올 독감을 미리 예방하기 위해 50개 내외의 독감관련 검색어를 검색하기 시작했다. 아이러니하게도 구글 독감 예측 프로그램의 '2012년 예측치'라는 독감증상과 관련된 새로운 정보를 실존의 인격체가 취득함에 따라 구글 모형이 설정한 규범적 기대와 행동과 달리, 적극적으로 구글 검색 엔진을 통해 검색하였다. '2012년 실증적 기대'는 구글신이 설정한 '2012년 규범적 기대'에 비해, 실존적 인격체가 더 많은 독감증상 관련한 정보를 취득하고 처리하여, 그들의 실존적 기대를 형성한 것이다. 그리고 2008년에는 존재하지 않았던 구글 독감예측 프로그램의 '2012년 예측치' 정보가 2012년의 실존적 인격체가 적극적으로 활용한 정보이었다는 것을 명심하자. 만일 2008년의 실존적 인격체에게 구글 독감예측 프로그램의 '2008년 예측치'가 접근 가능했다면, 2008년의 실존적 인격체 또한 독감증상 검색활동을 모형의 파라미터가 지정한 '안정적 수준'을 능가한 만큼 활발하게 감행했을 것이고, 2008년 구글의 독감예측 또한 과다계상했을 것이다.

결국, 새로운 정보의 유입에 따라, 인격체의 기대를 형성하는 데 영향을 미치고, 만일 모형의 파라미터(매개변수)가 인격체의 기대형성과 관련한 안정성을 주는 방식으로 구성되어 있다면, '인격체'를 기반으로 하는 모형은 새로운 정보 유입에 따라 모형의 파리미터가 언제든지 불안정할 수 있음을 의미한다고 말할 수 있다. 그리고 인격체가 모형세계에 개입하는 한 모형의 파라미터는 인격체의 새로 유입된 정보의 활용 및 그 정보를 기반으로 한 기대형성과 관련된 안정성을 설정할 수밖에 없다는 것을 시사한다. 구글 모형의 설계자들은 인격체로 구성된 모형의 파라미터가 그 인격체가 모형안의 아바타 인격체이건, 모형이 지향하는 실존적 인격체이건, 인격체의 정보 활용을 바탕으로 하는 기대형성의 안정성을 의미한다는 것을 파악하지 못한 매우 '체계적인' 실수를 범했다고 할 수 있다.

3. 스태그플레이션과 루카스 비판

놀라운 사실은 구글 모형 설계자들의 이러한 '체계적' 실수가 말 그대로 그동안 경제학에서 수없이 반복해온 '체계적' 실수와 크게 다르지 않다는 점이다. 경제학자들이 경제예측모형을 설계함에 있어서 구글모형 설계자들과 동일한 실수를 하고 있었다고 깨달았던 지점은 역사적으로 1970년 초반까지 거슬러 올라간다. 그 당시에도 전 세계의 중앙은행들이 2008년 구글 독감예측 모형의 설계자들처럼, 경제예측 모형의 파라미터들이 호모 에코노미쿠스의 기대형성과 관련한 안정성을 주는 방식으로 구성되어 있다는 것을 간파하지 못하였다. 즉 에코노미쿠스를 기반으로 하는 모형은 새로운 정보 유입에 따라 모형의 파리미터가 언제든지 불안정할 수 있음을 중앙은행의 어느 누구도 이해하지 못하였다. 그들 또한 경제모형의 파라미터를 구글 신의 '계율'처럼, 슈뢰딩거 방정식의 플랑크 상수처럼, 하늘에서 영원히 반짝이는 별이 된 것처럼, '안정성을 가진 그 무엇인가'로

'반복적'으로 치부하였고, 따라서 반복된 실수, 즉 체계적 오류를 범한 것이다. 1970년 초반의 중앙은행들의 실패는 '필립스 곡선(Phillips curve)'의 '안정성(stability)'에 관한 확고한 믿음에서 기인한다. 필립스 곡선이란, 영국의 경제학자 필립스(Phillips)가 통계적 자료를 활용하여, 인플레이션(평균 명목물가 성장률)과 실업률 사이에 '통계적'으로 역의 관계(tradeoff)가 성립한다고 주장한 '실증적' 명제이다(〈그림 43〉 참조).

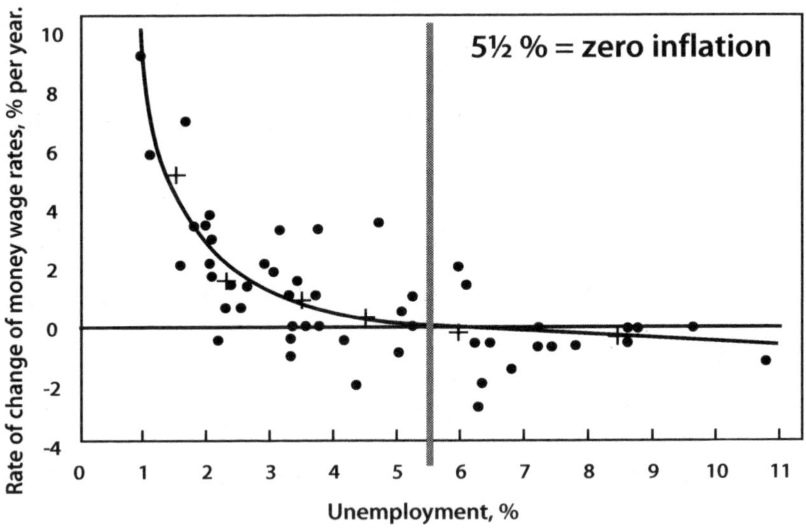

〈그림 43〉

만일 필립스 곡선의 역의 관계가 플랑크 상수처럼, 시공간을 뛰어넘어 '안정적'이라면, 중앙은행의 입장에서는 필립스 곡선을 정책의 수단으로 활용하지 않을 이유가 전혀 없다. 중앙은행은 단순히 '통화 지폐'를 무제한 발행함으로써, 인플레이션(평균 명목물가 성장률)을 증가시킬 수 있다는 '믿음'이 있기 때문이다. 필립스 곡선의 역의 관계에 의하면, 인플레이션의 증가는 실업률의 감소를 의미한다. 실업률의 감소는 기업의 노동수요가 증가한다는 의미이므로 이는 기업의 상품에 대한 수요가 증가하고 있음을 시사한다. 상품의 수요가 증가함에 따라 기업입장에서는 수요에 부합하는 상품생산량을 증가시켜야 하고 따라서 노동자를 더 많이 고용해야 한다는 것을 의미한다. 추가적인 고용 노동자의 증가는 추가적인 고용 노동인의 임금이 증가함을 의미하고 따라서 추가 고용인의 구매력도 상승함을 의미한다. 구매력의 상승은 다시 기업의 상품에 관한 수요증가로 전이된다. 수요증가는 기업의 생산량 증가로 이어지고 이는 다시 노동수요 증가로 이어진다. 인플레이션의 증가를 통해 수요의 선순환이 이루어지는 셈이다. 따라서 필립스 곡선의 인플레이션과 실업률의 역의 관계는 인플레이션과 경제의 총생산 증가를 뜻하는 경기확장과의 정의 관계와 동일한 의미를 갖게 된다.

이러한 '인플레이션의 증가를 통한 수요 중심의 선순환 달성'이 실제 1950년대, 1960년대의 중앙은행의 정책적 목표이었고, 실제 경기확장과 인플레이션과의 정의 관계는 확고한 과학적 모형의 과학적 관계인 것처럼 보였다. 특히 '완전하고 검증가능하면 비가역적인' 경기부양과 인플레이션간의 정의 관계는 '대번영 시대(Great Prosperity)'로 종종 명명되는 1960년대 미국경제를 상징하는 일종의 표상인 것처럼 보였다. 그러나 1970년대에 접어들자, '대번영'의 상징인 필립스 곡선의 관계는 정확히 180도 반대의 관계로 뒤집어진다. 즉 인플레이션의 증가와 경기침체간의 역의 관계 또는 인플레이션 증가와 실업률 증가의 정의 관계가 관측되기 시작한 것이다. 후자의 뒤집어진 관계를 스태그플레이션(stagflation)이라고 부른다.

1970년대 필립스 곡선을 둘러싸고 벌어진 중앙은행의 실패는 구글독감모형의 사례와 마찬가지로, 과학모형과 인격체가 개입된 모형의 본질적인 차이에 대해 별다른 심사숙고를 하지 않은 데 기인한다. 먼저 필립스 곡선이 '예측'하는 경기부양과 인플레이션의 정의 관계를 마치 슈뢰딩거 방정식의 파동함수 예측처럼, 자연의 관찰자와 자연의 대상은 온전히 독립적이어서 대상을 '객관적'으로 관조하는 관찰자가 파악한 '과학모형의 실증 예측'처럼 다루었다는 데 문제의 소지가 있다. 즉 '경제'라는 '자연'을 '자연'의 관찰자인 중앙은행이 '자연'의 미를 찬미하며 영적 깨달음을 얻은 '자연'의 찬미시인인 것처럼 자기 자신을 '체계적'으로 과소평가 하였다. 중앙은행이 필립스 곡선을 통해 예측한 '인플레이션의 증가를 통한 수요 중심의 선순환 달성'은 자아도취에 빠진 시인의 자연에 헌정하는 찬미 어구가 아니라, 정확히 '규범적' 예언의 힘이 내재되어 있다. 필립스 곡선을 통해 '생산자, 소비자, 노동자 등을 포함한 경제의 모든 경제주체가 인플레이션의 증가를 통한 수요 중심의 선순환을 기대한다'는 강한 규범적 메시지를 모든 경제주체에게 사실상 '정언명령'하는 것이다. 즉 각 경제주체가 '기대해야 한다'고 규정하는 것이다. 구글 모형에서 '독감에 걸린 자만이 검색을 해야 한다'고 구글신이 정언명령을 규정하는 것과 별반 다른 것이 없다. 구글 사례에서 보듯이, 중앙은행 필립스 곡선 모형의 규범적 기대와 모형 밖에 실존하는 경제주체의 실존적 기대가 항상 합일의 상태로 있기를 염원하고 있었던 것이다.

구글 사례와 마찬가지로, 이는 실존적 존재인 경제주체가 사실상 어떠한 정보도 취합하지 않고 활용하지도 않으며, 중앙은행이 규정한 '인플레이션의 증가를 통한 수요 중심의 선순환의 기대'외에는 어떠한 기대도 형성하지 못하거나, 형성해서는 안 된다는 중앙은행의 독선적 엘리트주의가 투영된 것이다. 우선 경제 주체는 중앙은행의 필립스 곡선을 기반으로 한 '인플레이션의 증가를 통한 수요 중심의 선순환의 기대' 모형 자체를 어느 순간 완전히 이해했을 것이다. 따라서 만일 중앙은행이 통화량을 증가시키겠다고 발표하거나, 그러한 의사결정을 내렸다는 정보를 취합한 순간, 중앙은행의 경기부양이라는 정책적 목표를 책정했음을 파악했을 것이고, '자유의지'를 가진 경제주체라면, 현재 경제의 상태는 경기부양이 필요할 정도로 좋지 않다는 '합리적 의심'을 형성할 수 있을 것이다. 따라서 이러한 '합리적 의심'을 가진 소비자인 '나'는 경기침체를 예상하고 '예비적 저축(precautionary savings)'을 높이고, 소비를 줄일 것이다. 이러한 '나'의 경기침체를 예상한 예비적 저축 성향을 '합리적'으로 이해한 생산자는 앞으로 상품의 수요는 감소할 것이라고 기대할 것이다. 따라서 계획했던 채용규모를 줄이거나 더 이상 새로운 인력을 채용하지 않을 것이다. 소비자이면서 동시에 근로자인 '나'는 어느 순간 노동시장이 급격히 '경색'되었다는 것을 발견하고, 실직으로 인한 소득 감소의 가능성 또는 이직을 통한 소득증가 가능성이 없음을 예상(기대)하고 다시 예비적 저축에 나설 것이다. 이는 다시 소비를 줄이고, 기업은 상품의 수요감소를 예상하고, 노동수요를 줄여 나갈 것이다. 즉 인플레이션을 통한 수요의 선순환이 아니라 '수요의 악순환'을 기대하는 것이 가능하다. 이러한 '인플레이션을 총한 수요의 악순환 기대'가 경제 전체를 지배하면 경기확장과 인플레이션 간 필립스 곡선의 정관계가 아니라 경기확장과 인플레이션간의 역의 관계인 스태그플레이션이 발생하게 된다.

1970년 초, 아마도 20세기 후반기 최고의 거시경제학자로 간주되는, 따라서 20세기 전반기를 대표하는 케인즈, 프리드먼과 더불어, 20세기 전체를 대표하는 거시경제학자 루카스는 '합리적 기대 가설'이라 명명한 매우 담대한 가설을 제안한다. 합리적 기대 가설의 사전적(辭典的) 의미는 '보편적' 경제주체는 현재 접근 가능한 모든 정보 (현존하는 예측모형 포함)를 활용하여, 미래에 대한 (확률적) 예측을 수립하고 경제문제에 관한 최적의 의사결정을 내린다. 또한 그 확률적 예측은 보편적 인간이라면 인식할 수 있는 객관적 예측이고 체계적 오류를 범하지 않는다. 다시 말해, 실수를 반복하지 않는다.

'보편적 경제주체는 현재 접근 가능한 모든 정보 (현존하는 예측모형 포함)를 활용하여, 미래에 대한 (확률적) 예측을 수립하고 경제문제에 관한 최적의 의사결정을 내린다'는 '원본' 합리적 기대가설을 그대로 1970년대 스태그플레이션 현상에 그대로 적용해보면, '보편적 경제주체'인 '나'는 중앙은행의 필립스 역의 관계 모형을 완전히 이해하고, '중앙은행의 바람'과 달리, '인플레이션 증가를 통한 수요 중심의 악순환을 기대'할 것이다. 그러한 기대를 바탕으로 '보편적 경제주체'인

'나'는 '예비적 저축'이라는 최적의 의사결정을 내리고, '보편적 경제주체'인 '나'의 기대와 최적의사결정은 경제전체에 '자기실현적 예언(self-fulfilling prophecy)'의 힘으로 전파되어 모든 경제주체가 '인플레이션 증가를 통한 수요 중심의 악순환 기대'에 동조하여 결국 '인플레이션 증가를 통한 수요 중심의 악순환 상태'의 '균형(equilibrium)'을 형성할 것이다. 이러한 '균형'이 바로 '스태그플레이션'이다.

'인플레이션 증가를 통한 수요 중심의 악순환 기대'라는 자기실현적, 규범적 기대가 '실존적 기대'와 일치했을 때, 〈그림 44〉에서 보듯이, 사전적으로(ex ante) 인플레이션과 실업률 간에 역의 관계를 '기대'할 어떤 이유도 없다. 마찬가지로 사전적으로(ex ante) 인플레이션과 실업률 간에 정의 관계를 '기대'할 어떠한 이유도 없다. '실존적 기대'는 어떤 방향이든 실현가능하다. 결국 '인플레이션과 실업률 간의 역의 관계'라는 파라미터(매개변수)는 전혀 안정적이지 않다. 그리고 이러한 파라미터의 안정성을 저해하는 '요소(factor)'는 바로 중앙은행의 모형이 의도하는 '규범적 기대'와 '현재 접근 가능한 모든 정보 (현존하는 예측모형 포함)를 활용'하여 형성한 보편적 '나'의 '실존적 기대' 사이의 '편차' 때문이다.

◆연간 인플레이션 VS. 총 실업률(미국, 1962.1Q~2013. 1Q)

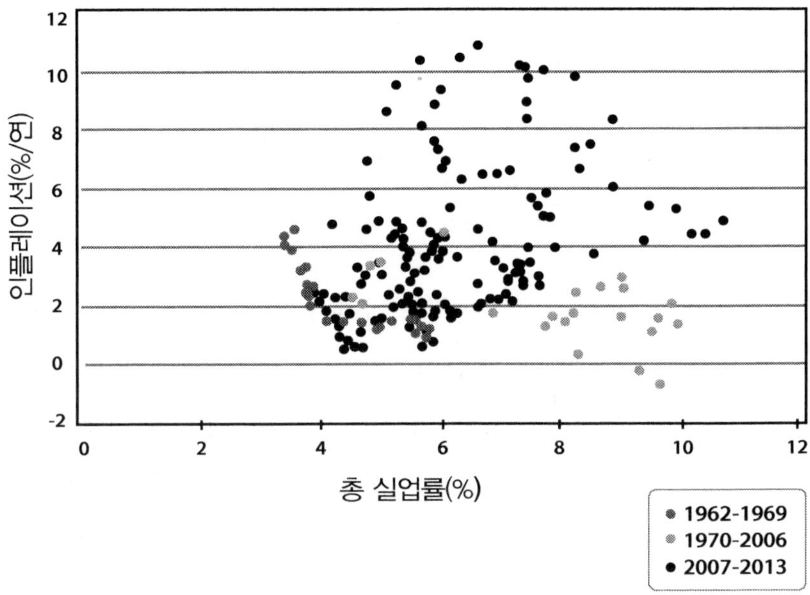

〈그림 44〉

따라서 〈그림 44〉에서 관측된 '실증적 기대'는 '인플레이션과 실업률 간의 역의 관계'라는 파라미터의 안정성을 전혀 보여주지 않는다. 보편적 경제주체의 '합리적 기대'에 따라, 경제정책 모형의 파라미터(매개변수)는 언제든지 그 안정성을 잃어버릴 수 있다는 것이 바로 '루카스 비판(Lucas's critique)'의 핵심 논점이다. 따라서 2012년 구글 독감 프로그램 모형의 극적인 '200배 오차'의 기원은 1970년 초의 '루카스 비판'의 역사적 교훈을 전혀 배우려 하지 않은 '구글신'의 오만에 있다. 신의 '규범적 기대'와 자유의지를 가진 인간의 '실존적 기대' 사이의 '균형(balance)'과 합일이라는 '우주의 법칙'을 무시한 구글신의 오만은 아틀란티스 대륙과 함께 침몰할 수밖에 없다는 '루카스'의 예언은 이미 1970년대에 '루카스 비판'이라는 이름으로 기록된 것이다.

4. 루카스 비판의 변증법적 진화: 합리적 기대 가설

마지막으로 역사의 교훈에서 전혀 배우지 않은 구글신은 '아틀란티스 대륙과 동반 침몰'로 응분의 대가를 치렀다 하더라도, 1970년대 '스태그플레이션의 역습'으로 대가를 치른 중앙은행들과 경제학계는 과연 '루카스 비판(Lucas's critique)'의 역사적 교훈을 어떻게 받아들였을까? 먼저 '루카스 비판'에 대한 중앙은행의 답변이 바로 2장 2절의 〈그림 2〉이다. 즉 '보편적 경제 주체'의 '합리적 기대' 변수를 포용하여 수정한 '새케인즈' 필립스 곡선이 중앙은행이 직면한 도전에 대한 '응전'인 셈이다. '새케인즈' 필립스 곡선에서는 인플레이션과 경기확장 간의 정(正)의 관계를 기본으로 하되, 보편적 경제주체의 '합리적 기대' 변수를 포함시킨다. 이미 위 논의에서 논증했듯이, 인플레이션과 실업률의 역(逆)의 관계와 인플레이션과 경기확장의 정(正)의 관계는 동치인 관계이다. '새케인즈' 필립스 곡선의 파라미터(매개변수) κ는 항상 양의 값을 취하므로, 만일 '기대 변수' E를 무시한다면, 〈그림 2〉의 '새케인즈' 필립스 곡선은 〈그림 43〉과 사실상 동일하다. 환언하면 '기대 변수' E를 제외한다면, '새케인즈' 필립스 곡선과 전통적인 필립스 곡선은 일치한다. 그러나 위의 '루카스 비판'이 강조하듯이 파라미터(매개변수) κ는 언제나 안정적이지 않다. '루카스 비판'에 종속되지 않기 위한 방편으로 '기대 변수' E를 보정함으로써, 이제 선험적으로 인플레이션과 경기확장(실업률) 사이의 관계가 정(역)일 수도 역(정)일 수도 있도록 한다. 그리고 이 상반된 가능성은 '보편적 경제 주체'의 합리적 기대에 의존하게 되는 것이다. 합리적 기대에 따라 인플레이션 증가를 통한 수요 중심의 악순환과 선순환의 기대형성이 모두 가능하다.

현대의 중앙은행은 단순히 합리적 기대에 의해 인플레이션 증가를 통한 수요 중심의 악순환과 선순환 상반된 기대가 형성된다는 이해를 넘어서서 새로운 형태의 '규범적 기대'의 기준점을 제시한다. '새케인즈' 필립스 곡선을 일반균형모형으로 확장한 2장 2절의 〈그림 4〉의 '새케인즈' 경기순환 모형이 바로 현대의 중앙은행이 주창하는 '규범적 기대'의 기준점이 된다. 이를 통해 '합리적 기대'를 가진 보편적 경제 주체가 '보여주어야 하는' 새로운 형태의 '실존적 기대' 가능성을 제시한다. 이제 〈그림 4〉의 경기순환 모형을 바탕으로 다음의 '사고실험'을 진행해 보자.

〈그림 4〉의 '총수요'를 나타내는 기대 IS 곡선에서 합리적 기대를 가진 경제주체의 '다음분기(미래) (t+1)기간의 인플레이션' π_{t+1}에 관한 '현재' t기간의 '기대심리' $E[\pi_{t+1}|I_t]$가 '알 수 없는 외부적인 요인'으로 갑자기 증폭되었다고 가정하자. 그렇다면 기대 IS 곡선의 우변에서 '현재 명목이자율' i_t와 '현재 미래의 인플레이션에 대한 기대심리' $E[\pi_{t+1} | I_t]$와의 차이가 급격히 감소할 것이다. '현재 명목이자율' i_t와 '현재 미래의 인플레이션에 대한 기대심리' $E[\pi_{t+1} | I_t]$와의 차이의 변

량, 즉 ($i_t - E[\pi_{t+1} \mid I_t]$를 '실질이자율(real rate of interest)'이라고 부르는데, '실질이자율'은 기업이 은행에서 대출받은 투자금의 '실질가치'로 측정된 원금을 제외한 갚아야 할 '실질적'인 이자비용, 즉 '실질적'인 대출비용을 의미한다. 따라서 '알 수 없는 외부적인 요인'으로 '실질이자율' 즉 '실질 대출비용'이 '현재' 감소함을 의미한다. 그런데 기대 IS 곡선에 의하면, '실질이자율' 변량의 계수는 ($-\frac{1}{\sigma}$)인 음의 계수이므로 '실질이자율'의 감소는 기대 IS 곡선의 좌변 현재 '산출량 갭' y_t의 증가요인이 된다. 기업의 이자비용 감소에 따라 기업은 투자확대의향이 증가할 수 있기 때문이다. 기업의 투자는 자본과 노동의 수요증가로 이어지므로 수용확대에 따른 자본소유자와 노동자의 소득증가로 이어지고 이러한 소득증가는 기업의 상품수요증가로 이어진다. 기업은 더 많은 상품생산을 위해 투자를 확대할 것이므로 자본과 노동의 수요는 다시 증가한다. 따라서 자본소유자와 노동자의 소득은 증가하고, 투자수요 중심의 선순환이 이루어진다. 투자수요 중심의 선순환은 '산출량 갭' x_t의 증가로 나타나고 이는 경기확장을 의미한다.

따라서 지금까지의 논의를 요약하면, '알 수 없는 외부요인'에 의해 보편적 경제주체의 미래의 인플레이션 기대심리가 증가하면, 기업의 실질 대출비용이 감소하여 투자증가가 이루어지고 투자의 선순환에 의해 '산출량 갭'이 증가하고 따라서 '경기확장'이 보편적 경제주체에 의해 '기대'된다. 이러한 산출량 갭이 증가하면, 기대 IS 곡선에 의하면 현재 '산출량 갭' y_t는 '현재 미래의 인플레이션에 대한 기대심리' $E[\pi_{t+1} \mid I_t]$ 자체와 '비례'하므로, 현재 '산출량 갭' x_t의 증가는 '현재 미래의 인플레이션에 대한 기대심리' $E[\pi_{t+1} \mid I_t]$는 더욱 증가하게 된다. 그런데 '현재 미래의 인플레이션에 대한 기대심리' $E[\pi_{t+1} \mid I_t]$의 증가는 실질이자율의 감소를 가져오고 이는 투자 중심의 선순환이 이루어지므로 산출량 갭 y_t의 증가, 즉 경기확장을 다시 가져온다. '합리적 기대'를 가진 보편적 경제주체 '나'는 기대 IS 곡선을 통해 미래의 인플레이션이 증가함에 따라 산출량 갭이 증가할 것이라고 기대하고, 이러한 기대는 '자기실현적 기대'가 된다. 이러한 '자기실현적 기대'는 산출량 갭의 증가로 실현되고, 실현된 산출량 갭의 증가는 미래의 인플레이션에 관한 기대심리를 다시 증가시킬 것이고 이러한 미래의 인플레이션에 관한 자기실현적 기대는 현재 산출량 갭의 증가로 실현될 것이다. '합리적 기대가설' 하에서 인플레이션 기대심리를 중심으로 한 경기확장의 선순환이 형성되는 것이다.

그러나 이러한 '기대 미래 인플레이션'과 현재 산출량 갭 증가의 선순환은 새케인즈 필립스 곡선의 우변을 모두 증가시킨다. 새케인즈 필립스 곡선 우변의 파라미터는 모두 양의 계수이기 때문이다. 새케인즈 필립스 곡선의 우변 변량의 증가는 해당곡선의 좌변 변량, 즉 현재 인플레이션 π_t의 증가로 실현된다. 그러나 현재 실현된 인플레이션 증가라는 '현재정보'는 '합리적 기대 가설'에 의하면 보편적 경제주체가 미래를 예측하는데 최대한 활용하는 정보이며, 합리적인 '나'는 미래의 인플레이션 π_{t+1}이 증가할 것이라고 예상한 '나'의 합리적 기대가 진짜 '합리적'임을 확정한다. 따라서 보편적 경제주체 '나'는 미래에 인플레이션이 계속 증가할 것이라고 기대한다. '나'는 보편적 경제주체이므로, 국가경제의 모든 보편적 경제주체는 미래에 인플레이션이 계속 증가할 것이라고 기대한다. 기대 IS 곡선에 따라 보편적 경제주체의 미래인플레이션기대는 현재 산출량 갭의 증가로 실현됨에 따라 다시 '자기실현적' 기대가 된다. 결국 이러한 미래인플레이션에 대한 '자기실현적 기대'는 현재 산출량 갭 증가와 현재 인플레이션 증가라는 현실로 실현되고 이러한 현재 경제변수 변량의 증가는 다시 미래인플레이션 기대심리의 증가로 이어지고, 이러한 순환구조는 무한히 반복될 것이다. 경제주체의 합리적 기대가설로 인해 국가경제가 프리드먼이 경고한 '인플레이션 폭등의 소용돌이(inflationary spiral)'의 함정에 빠지게 되는 것이다. 1970년대 중앙은행의 '인플레이션 증가로 인한 수요 중심의 선순환 기대'라는 순진무구한 인플레이션 전파과정과는 사뭇 다르다.

이제 현대의 중앙은행은 보편적 경제주체의 합리적 기대로 인한 '인플레이션 폭등의 소용돌이(inflationary spiral)' 위험을 정확히 인식하고 있으며, 보편적 경제주체 또한 중앙은행이 이해하고 있는 기대 IS 곡선과 새케인즈 필립스 곡선을 합리적 기대 가설에 따라 정확히 이해하고 있다는 것을 안다. 따라서 현대 중앙은행은 〈그림 4〉의 세 번째 균형식 '테일러 준칙(Taylor rule)'이라는 기준이자율 정책을 강제한다. 합리적 기대를 가진 경제주체의 미래 인플레이션에 관한 '자기실현적 기대'로 인해 현재 인플레이션 π_t가 증가하고 있다는 것을 관찰한 중앙은행은 '테일러 준칙'의 현재 인플레이션 π_t 변량의 계수이면서 '정책 파라미터'인 φ_π가 '당분간' 1보다 클 것이라고 준칙을 발표할 것이다. 즉 현재 인플레이션이 5%라면 중앙은행은 테일러 준칙의 좌변인 명목 이자율을 6%로 책정할 것이다. 중앙은행이 명목이자율을 6%로 책정함에 따라 기대 IS 곡선의 명목이자율과 기대인플레이션의 차이인 '실질이자율'은 증가할 것이다. '실질이자율'이 증가함에 따라 기업의 투자대출에 관한 실질 대출비용은 증가할 것이다. 대출비용이 증가함에 따라 기업은 미래 투자계획규모를 축소할 것이고 따라서 자본과 노동의 수요 감소, 이에 따른 미래의 소득 감소가 예상될 것이다. 이는 다시 산출량 갭의 감소를 기대할 것이고 이에 따라 미래 인플레이션 또한 감소할 것이라고 기대할 것이다. 이러한 기대는 자기 실현적 기대이므로 실제 산출량 갭이 감소할 것이다. 즉 경기축소가 이루어질 것이다. 다시 기대 IS 곡선에 따른 실제 산출량 갭과 기대인플레이션 감소의 악순환은 새케인즈 필립스 곡선에 의해 현재 인플레이션의 감소로 이어질 것이다. 또한 중앙은행은 중앙은행의 테일러 준칙을 중심으로 한 인플레이션 안정 정책을 합리적 경제주체인 '나'가 이해하고 있고 중앙은행의 '물가안정 목표'라는 규범적 기대를 완전히 이해하고 있으며 따라서 합리적인 '나'의 '실존적 기대'는 중앙은행의 '규범적 기대'와 일치해야 한다는 '규범적 예언'을 제시하는 것이다.

지금까지 1970년대 '스태그플레이션의 역습'으로 대가를 치른 중앙은행의 '응전'에 대해 논하였다. 그렇다면 (거시)경제학계는 과연 '루카스 비판'의 역사적 교훈을 어떻게 수용 및 변용했을까? 2장 7절의 호드릭·프레스캇(Hodrick–Prescott) 경기순환주기 필터 모형과 10절의 실물균형경기변동이론이 바로 경제학계의 '응전'에 관한 역사적 산 증인들이다. 2장 7절에서 소개된 '축약형 계량모형'과 '구조적 모형'의 차이에 관한 날카로운 인식이 현대 경제학계의 '보편적' 개념으로 자리매김하고 있다는 사태가 바로 경제학계의 '스태그플레이션의 역습'에 대한 '응전'이다. 즉 〈그림 25〉에서 도식화한 '인과율'을 확정하는 모형 개념에서 파라미터라는 것은 모형설계자가 의도한 '인과관계'를 유도하고 안정화하기 위한 '임시적인' 안전판이라는 사태를 끊임없이 자각하고, 설사 〈그림 25〉의 모형의 '개념'이 '임시적인' 파라미터를 통해 실존적 대상을 그 '개념'과 '동일시(Identitatsdenken)'하는 별의 순간이 오더라도, '비동일성의 계기'가 항상 내재하고 있다는 '비동일성의 지향'이라는 저항적인 정신상태를 유지하고 있기를 요청하는 것이다. 〈그림 25〉의 '축약형 계량 모형'의 개념에 '비동일성의 계기'로 나타난 것이 바로 '스태그플레이션'이라는 '비개념자' 또는 '체험'의 등장이므로, 이러한 '체험'이 '부정의 계기'로 매개되어 2장 10절의 실물균형경기변동이론과 같은 '구조적 모형'으로 온전히 수용되는 합명제의 사태를 이끌게 된다. 보다 구체적으로 경제모형에 존재하는 파라미터를 과거지향적인(backward-looking) 파라미터와 미래지향적인(forward-looking) 파라미터라는 두 범주로 구분하는 것, 모형의 대상인 인격체가 형성하는 기대(expectations)를 모형의 설계자가 바라는 규범적 '기대변수'로 유도·인지하는 것, 2장 10절의 실물균형경기변동이론, 11절의 '사주추명모형' 및 12절의 '축구모형'을 모두 관통하는 '축구공'같은 외생적 상태변수 또는 운(運) 개념의 차용 그리고 '대표적 경제 주체'라는 제 3자의 개입 등을 들 수 있다.

이미 2장 7절에서 논의했듯이, 행동 파라미터라고 불리기도 하는 미래지향적인 파라미터는 경제모형의 대상인 경제인들의 동기, 선호, 기대 그리고 '심리적인 불확실성(pychological uncertainties)' 등의 정보가 반영되어 있다. 따라서 이 파라미터는 '축약형 계량 모형'의 배후에 존재하는 '구조적 모형'에서 환원·축약된 것, 역으로 '축약형 계량 모형'을 '구조적 모형'의 특수로 투사가능하게 하는 통로의 역할을 한다. 2장 2절의 맥락에서 서술한다면 '다른 요인이 일정하다는 가정(*ceteris paribus*)'에 의해 부분균형모형의 '그림자' 파라미터로 강제 배정된 요인이 바로 미래지향적 파라미터이며, 이 파라미터는 일반균형모형의 상부구조를 구성하는 '요인변수'가 될 자격을 갖추고 있다. 이미 2장 2절에서 넌지시 지적했듯이, 부분균형모형의 '그림자' 파라미터로 식별되는 미래지향적인 파라미터를 '루카스 비판'의 정신에 따라 다루는 두 가지 방식이 있다. 첫째는 '(구조적) 모수추정화(calibration)' 기법이고 또 다른 방식은 '외생적 상태변수화(exogeous state variable)' 기법을 들 수 있다. 이 두 가지 기법의 개념에 관해서는 2장 2절에서 이미 설명하였으므로 여기서는 보다 구체적인 예를 들어 이 두 가지 기법을 논하고자 한다.

먼저 '(구조적) 모수추정화' 기법을 예시하기 위해 2장 10절의 실물균형경기변동이론에서 제시된 대표적 경제 주체 경기변동모형(〈그림 33〉)의 '구조적' 파라미터인 β에 주목하자. 경제학에서 '주관적 할인율'로 명명하는 파라미터 β는 일반적인 경제인이 미래에 보상받을 수 있는 경제적 가치들을 현재의 가치로 환산할 수 있도록 하는 '주관적 환산자'를 뜻한다. 여기서 '주관적'이라 함은 개별 경제인이 자신의 '자기애'를 극대화하기 위한 방편으로 물질적인 경제 보상을 주관적 가치로 평가함을 의미한다. 이러한 '환산자'는 미래의 가치를 '할인'하는 방식으로 그 역할을 수행한다. 즉 미래에 보상받을 것으로 예상되는 백만 원이 나에게는 주는 주관적 효용가치는 오늘 당장 보상 받는 90만 원이 나에게 주는 주관적 효용가치와 같다라는 식이다. '주관적 할인율'이라고 불리는 '주관적 환산자'를 이용하여 미래에 발생할 것으로 예상되는 모든 편익과 비용을 현재의 주관적 가치로 환산하여 예컨대 〈그림 33〉에서와 같이 대표적 경제주체의 기대평생효용(함수)을 구성할 수 있게 된다. 따라서 파라미터 β는 경제인 자신의 동기, 선호, 기대 및 행동을 결정하는 데 직접적으로 영향을 미치는 행동 파라미터이며 루카스 비판의 정신에 따라 임의로 추정되어서는 안 되는 파라미터이다. 파라미터 β가 외부 (정부)정책의 변화에 따라 반응하는 경제인의 기대를 반영할 수 있기 때문이다. 구글 독감 프로그램과 고전적인 필립스 곡선의 문제를 다시금 반복할 수 있는 미래지향적 '요인'에 해당될 수 있기 때문이다.

1980년대 실물균형경기변동이론가들이 고안해 낸 '(구조적) 모수 추정화' 기법은 바로 이 파라미터 β를 루카스 비판을 회피할 수 있도록 파라미터 추정법인데 놀랍게도 2장 서두에서 소개된 케인즈의 격언을 '철두철미한 관찰력(vigilant observation)'을 가지고 활용한데 있다. 요컨대 "경제학 모형의 목적은 먼저 반영구적이거나 상대적으로 일정한 요인들과 일시적이며 변동을 거듭 하는 요인들을 구분하는 것"이라는 케인즈의 이분법 명제를 활용하는 것이다. 〈그림 45〉가 바로 케인즈의 이분법을 활용하여 어떻게 파라미터 β를 추정하는지 도식화 한 것이다.

• 오일러 방정식:

$$\underbrace{\beta \cdot (1+n)}_{\text{장기평균 인구성장률}} = \underbrace{\mathbb{E}\left[\frac{u'(c_{t+1})}{u'(c_t)} \cdot r_{t,t+1} \middle| \mathcal{I}_t\right]^{-1}}_{\text{경기순환주기 상의 예상 (실질) 자본수익률}} \xrightarrow{t\to\infty} \text{[장기평균 자본수익률]} = \text{연 4\%(실증 추정치)}$$

장기평균
인구성장률

경기순환주기
상의 예상
(실질) 자본수익률

신고전파
최적성장 모형이
예측하는
균형성장경로 상의
장기 평균
(실질) 자본수익률으로서의 수렴

[장기평균 자본수익률]
= 연 4%(실증 추정치)

〈그림 45〉

우선 실물균형경기변동이론가들이 철두철미하게 자각한 지점은 〈그림 33〉의 표준적 실물균형경기변동이론이 주연구대상인 고빈도수 '경기순환주기'뿐만 아니라 저빈도수 '성장추세주기'까지 이해할 수 있는 통합적인 모형이어야 한다는 것이다. 즉 〈그림 33〉의 모형은 2장 7절의 호드릭·프레스캇 경기순환주기 필터 모형에서 정의한 고빈도수 경기순환주기와 저빈도수 성장추세주기라는 현세계의 관련성을 모두 드러내도록 선택된 모형임을 끊임없이 자각하는 것이다. "경제학 모형의 목적은 먼저 반영구적이거나 상대적으로 일정한 요인들과 일시적이며 변동을 거듭 하는 요인들을 구분하는 것"이라는 케인즈의 이분법 인식이 하나의 통합 모형 안에서 자연스럽게 구현되도록 하는 것이 실물균형경기변동이론가들이 고안해 낸 '(구조적) 모수추정화' 기법의 핵심 전제조건이라 하겠다. 이 점에서 케인즈 사상을 가장 극렬하게 반대했던 실물균형경기변동이론가들조차도 케인즈의 이분법 원리에 관해서는 진지하게 고찰하고 수용했다고 볼 수 있다.[7] 물론 경제학의 목적을 일시적인 변동 요인에 관해서 논리적인 사고방식을 개발하고 그러한 요인의 순차적 사건의 경로를 이해하는 것으로만 한정하는 케인즈의 그것과는 달리 실물경기변동이론은 경제성장주기로 대표되는 반영구적이거나 상대적으로 일정한 요인과 경기순환주기로 대표되는 일시적이며 변동을 거듭하는 요인을 '구분'하는 데 그치는 것이 아니라, 주기별 격차에 관한 논리적인 사고방식을 개발하고 고주파 주기와 저주파 주기에 해당하는 요인들의 순차적 사건의 경로를 '동시에' 용인하고 이해하는 것을 경제학 모형의 목적으로 삼는다. 따라서 〈그림 33〉의 실물균형경기변동이론은 경기순환주기라는 현세계의 관련성을 규명하는 것을 주목적으로 하지만, 동시에 '균형성장경로(balanced growth path)'라는 경제성장주기라는 현세계의 관련성도 동시에 규명하도록 고안되어 있다.

'(구조적) 모수추정법'이란 바로 하나의 모형 안에서 경기순화주기와 성장추세주기라는 '주기별 격차'를 용인하고 주기별 사건의 경로를 '구분'하여 모형의 '행동 파라미터' 또는 '미래지향적 파라미터'를 추정하는 것을 말한다. 〈그림 45〉가 '주기별 격차'를 활용하여 미래지향적 파라미터인 주관적 활인율 파라미터 β를 어떻게 추정하는지 보여준

---

7 실물균형경기변동이론학파의 대표적 학자이자 2004년 노벨경제학상 수상자인 에드워드 프레스캇(Edward Prescott)은 카네기멜론 대학 교수 당시 우리대학 학생들은 케인즈가 누구인지 모른다라는 것에 큰 자부심을 가졌다.

다. 〈그림 45〉의 논리적인 사고방식은 2장 11절 명리학의 체용원리를 적용해 보면 보다 쉽게 이해할 수 있다. 먼저 〈그림 33〉의 실물균형경기변동모형에서 성장추세주기와 관련된 모든 요인 및 요소는 '체(體)'이고 경기순환주기와 관련된 요인 및 변수는 '용(用)'의 대상이 된다. 주관적 할인율 β는 바로 성장추세주기와 관련된, 경기순환주기에 비해서는 상대적으로 반영구적이거나 안정적인 요인으로 '가정'한다. 그렇다면 주관적 할인율 β를 경기순환주기와 편승하는 변수가 아닌 장기경제성장 추세주기 상에서 이해되어야 하는 요인으로 '가정'하는 근거는 무엇일까? 사실 주관적 할인율 β를 경제성장 추세주기와 결연되어 있는 범주에 구속할 어떠한 '과학적' 이유도 없다. 먼저 '주관적 할인율'이라는 그 이름이 표상하듯이, 실존하는 경제인의 '주관적' 선호 및 기대를 표현하는 것이라 직접적으로 또는 '실증적'으로 측정할 수 있는 것이 아니다. 즉 기껏해야 관찰할 수 없는 잠재변수의 지위에 있다. 물론 실증적으로 측정할 수 있었더라면 '구조적 모수추정법'에 굳이 의존할 이유도 없을 것이다. 요약하면 주관적 할인율 β를 성장추세주기의 범주에 귀속시켜야 할 경제학 내부의 어떠한 보편적인 원리나 지침도 없다.

그럼에도 불구하고 주관적 할인율 β를 성장추세주기의 범주에 귀속시키도록 방향을 제시하는 임시방편적인 사유체계는 존재한다. 먼저 경제인의 주관적 요소와 같이 모르는 것을 굳이 복잡하게 가정할 이유가 없다. 이런 상황에서는 주관적 할인율 β에 관해 가장 단순한 가설이 가장 '효율적'이다. 즉 경기순환주기에서는 주관적 할인율 β를 파라미터로 간주하는 것이 가장 사고를 절약하는 가설이다. 가급적이면 단순한 가설을 채택하는 '원리'를 '오컴의 면도날(Occam's Razor)'이라 부르며 사실 모형의 언어로 경제학을 연구하는 현대 경제학에서는 '오컴의 면도날' 원리는 만병통치약처럼 여기저기 처방되는 경향이 있다. 두 번째로 '주관적 할인율 β는 성장추세주기의 범주에 속한다'라는 가설은 임시방편적인 '기준점'을 제시하는 것에 만족하는 일종의 '자기충족성(self-sufficiency)' 원리에 호소하는 경향이 있다. '기준점' 제시에 만족하는 경향은 특수와 보편이 '매개' 관계로 연결되어 있는, 즉 특수가 보편으로 환원될 수 없는 상황에서 두드러지게 나타나는데, 이러한 변증법적 사유의 계기의 환경에서는 실용적으로 막스 베버의 '이상형(ideal type)' 개념이 활용된다. 즉 모든 특수를 환원시킬 수 있는 보편적인 규칙을 찾는 것이 사실상 불가능할 때 '이상형'이라고 불리는 '기준점'을 제시함으로써 '과학'과 '과학적 방법론'을 정의하고 그 '과학'의 진보를 추구한다. 사실 '사회과학'의 확립과 진보는 막스 베버의 이상형 개념에 크게 의존하며 경제학도 그러한 관습에서 벗어나지 않는다. 실물균형경기변동이론에서 주관적 할인율 β에 관한 가설은 바로 막스 베버의 이상형 개념에서 벗어나지 않는다는 것을 예시하는 것이다. '주관적 할인율 β를 성장추세주기의 범주에 속한다'라는 가설은 앞으로 기대되는 경기변동이론의 진보를 위한 '기준점'으로서의 역할을 하는 것이다. 보다 '진화한' 경기변동이론에서는 어떠한 '부정의 계기'로 말미암아 주관적 할인율 β 또한 경기순환주기에 편승하는 변동하는 '변수'임을 논증할 수 있을 것이다.

이제 다시 〈그림 45〉에 관한 논의로 돌아가자. 〈그림 33〉의 실물균형경기변동모형에서 경기순환주기와 관련된 요인 및 변수는 '용(用)'의 대상이고 따라서 케인즈의 지침처럼 일시적 변동요인의 순차적 사건의 경로를 규명하는 데 초점을 둔다. 주관적 할인율 β는 파라미터라는 가정하에서 〈그림 33〉의 모형의 해(解)는 〈그림 45〉의 오일러 방정식으로 규정될 수 있다. 오일러 방정식은 경기순환주기에 변동하는 변수들인 소비 시계열 $\{c_t\}$와 (실질) 자본수익률 시계열 $\{r_{t,t+1}\}$ 사이의 관계를 규정하고 또한 이러한 변수들과 파라미터 β와 n과의 관계도 '합리적 기대' 변수인 조건부 기댓값 E를 매개로 규정한다. 인구 증가율을 나타내는 파라미터 n은 경제모형과는 독립적으로 추정될 수 있는 '과거지향적' 파라미터이므로 마치 과학모형의 파라미터처럼 독립적으로 실증적으로 통계적으로 추정할 수 있다. 반면에 파라미터 β는 〈그림 45〉의 오일러 방정식에 의해서만 그 실체가 규정되고 식별된다. 경기순환주기에서 오일러 방정식을 통해 파라미터 β의 실체가 파악되었으므로 이제 경기순환주기의 요인들을 '체(體)'로 간주하고 성장추세주기의 요인들을 '용(用)'의 대상으로 도치한다. 〈그림 33〉의 실물균형경기변동모형이 성장추세주기를 설명하는 모형으로 '용(用)'의 중심이 될 때 '균형성장경로'라고 불리는 성장추세주기에서는 오일러 방정식의 우변은 장기평균 실질자본수익률로 수렴한다는 것을 확정할 수 있다. 따라서 오일러 방정식의 좌변인 좌변인 β•(1+n)은 장기평균 실질자본수익률로 수렴함을 알 수 있다. 다시 말하면 성장추세주기에서는 β•(1+n)은 장기실질자본수익률과 같다. 그런데 장기평균 실질자본수익률은 통계적으로, 과거 지향적으로, 실증적으로 추정가능하고 인구 증가율 또한 그러하다. 따라서 단기 경기순환주기와 장기 경제 성장추세주기의 차이를 활용하여 파라미터 β를 추정하게 된다. 이것이 바로 〈그림 45〉의 '구조적 모수추정법'이다. 여기서 주목해야할 지점은 파라미터 β의 추정은 철저하게 '특수한' 모형의 맥락에서만 추정 가능하다는 점이다. 인구 증가율을 나타내는 파라미터 n처럼 경제모형과는 무관하게 추정될 수 없는 것이다. 또한 〈그림 33〉의 모형과는 다른 '특수한' 모형의 맥락에서 추정할 경우 파라미터 β의 추정치는 다를 수밖에 없다. 다시 강조하지만 〈그림 33〉의 모형을 활용한 파라미터 β의 추정은 '이상형'의 역할을 담당할 뿐이다.

다음으로 보통 부분균형모형의 '그림자' 파라미터로 식별되는 미래지향적인 파라미터를 '루카스 비판'의 정신에 부합하는 방식으로 처리하는 또 다른 방식인 '외생적 상태변수화(exogeous state variable)' 기법을 논하고자 한다. 이러한 외생적 상태변수화 기법이 광범위하게 활용될 수밖에 없는 계기는 2장 2절에서 논의했던 경제학의 부분균형모형에서 '축구 경기의 축구공' 같이 확률적 임의성 또는 운(運)을 좌우하는 행동변수도 아닌 파라미터도 아닌 제 3자의 그 무엇인가가 존재할 수밖에 없기 때문이다. '다른 요인들'은 '일정'하다는 가정(*ceteris paribus*) 아래에서 현세계의 '특수'에 집중할 수밖에 없는 부분균형모형의 한계선상에서 신의 주사위 놀이는 자연스럽게 등장할 수밖에 없다. 2장 2절 〈그림 8〉의 블랙·숄즈 옵션 가격결정모형이 대표적인 부분균형모형이라 할 수 있는데, 이 모형의 초점은 옵션이라는 금융파생상품의 가격을 결정하는 '특수'에 집중하므로 '오늘의 주식 가격'이라는 다른 요인은 '소여'되고 '일정'한 것이다. 그러나 이 다른 요인이 '소여'된 것으로 간주된다고 해서 이 다른 요인에 2장 6절의 구글 독감 프로그램처럼 맹목적으로 파라미터를 부여할 수는 없다. 먼저 이 파라미터가 과거지향적인지 또는 미래지향적인 파라미터인지 구분을 해야 하는 명석한 판단력이 요구될 뿐만 아니라, 만일 미래지향적 파라미터로 판명될 경우 루카스 비판의 문제가 직접적으로 대두되기 때문이다. 그럼에도 미래지향적 파라미터를 굳이 부여해야 하는 경우, 주관적 할인율 파라미터 β의 구조적 모수추정처럼 배후에 그 파라미터를 식별할 수 있는 '구조적 모형'이 존재하도록 요청해야 한다. 문제는 미래지향적 파라미터일 수밖에 없는 확신이 있더라도 이 파라미터를 식별할 수 있는 '구조적 모형' 또는 일반균형모형이 '불행'하게도 존재하지 않을 수 있다. 따라서 이 지점에서 우리는 다시 가급적이면 단순한 가설을 채택하라는 '오컴의 면도날(Occam's Razor)' 원리를 만병통치약처럼 처방하지 않을 수 없다. 즉 부분균형모형에서 루카스 비판을 회피할 수 있는 '구조적 모형' 또는 일반균형모형, 그리고 '구조적 모형'에서 〈그림 45〉처럼 도출될 수 있는 파라미터를 찾기 어려울 정도로 '일정한' 다른 요인을 식별하기에는 상황이 복잡하다면 가장 단순한 가설이 좋은 가설인 것이다. 파라미터의 속성을 가지고 있으면서도 파라미터가 아니라고 선언하는 가장 단순한 방법은 신의 주사위 놀이로 환원하는 것이다. 고대 그리스나 로마의 연극에서 이미 등장했던 기법으로 신을 등장시켜 연극이라는 놀이를 종결시키는 것이다(영어 표현 'deus ex machina'의 뜻이 바로 이 신의 등장을 통한 종결방식에서 유래했다). 경제모형이라는 놀이에 파라미터 대신 '축구공'이라는 운을 주입시키는 것이다. 파라미터를 2장 2절의 〈그림 5〉의 '확률과정'으로 대치시키는 것이다. 2장 2절 〈그림 6〉의 사후적인 주식 가격의 경로는 〈그림 5〉의 신의 주사위 놀이가 생성한 '확률과정'처럼 진행된다고 간주하는 것이다. 이것이 바로 루카스 비판으로부터 해방되기 위한 외생적 상태변수 기법이다.

이제 실물균형경기변동이론가들이 루카스 비판으로부터 자유롭기 위한 외생적 상태변수 기법을 어떻게 도입했는지 구체적으로 살펴보는 것으로 외생적 상태변수 기법에 관한 논의를 마무리하고자 한다. 이미 2장 2절에서도 잠깐 논의했지만 외생적 상태변수 기법의 수용이야말로 실물균형경기변동이론가들의 또 다른 명석한 기법이라 감히 말할 수 있다. 이미 우리는 실물균형경기변동이론의 이름이 표상하듯이 실물균형경기변동모형의 주목적은 〈그림 34〉와 〈그림 35〉의 비교를 통해 경기순환주기를 규명하는 것임을 2장 10절에서 주장하였다. 그럼에도 앞의 구조적 모수추정법에 관한 논의를 통해 경제성장주기를 규명할 수 있는 경제성장모형의 구조도 가지고 있음을 추론하였다.

이 양면적 구조에 착안하여 실물균형경기변동이론가들이 '외생적 상태 변수'를 도입시키기 위해 생각해낸 것은 경기순환모형이란 '일반균형' 모형인 경제성장모형이 '부분균형' 모형으로 투영된 것으로 간주한 것이다. 이러한 시각은 "경제학 모형의 목적은 먼저 반영구적이거나 상대적으로 일정한 요인들과 일시적이며 변동을 거듭하는 요인들을 구분하는 것이며, 특히 후자의 요인에 관한 논리적인 사고방식을 개발하여 그러한 일시적 변동 요인이 특별한 경우에 일으키는 순차적 사건의 경로를 이해하는 것"이라는 케인즈의 격언을 케인즈가 강조한 경제학자의 덕목인 "철두철미한 관찰력"으로 실물균형경기변동이론가들이 창의적으로 수용한 것이라 말할 수 있겠다. 물론 케인즈가 상상한 경제학 모형은 사실상 경기순환주기의 경로를 이해하는 데 초점을 둔 경기순환주기모형에 한정하는 것으로 만족하는 것으로 해석되는 데 비해, 실물균형경기변동이론가들은 저주파 성장추세주기 상에서 변동하기 때문에 반영구적이거나 상대적으로 일정한 요인으로 보이는 경제성장 요인들을 주요 행동변수로 간주하고 저주파 성장추세주기에 비해 고주파 주기변동을 현현하는 요인들은 '파라미터' 또는 '백색 잡음(white noise)'으로 간주하는 성장추세 중심의 모형에서 출발한다. 3년에서 8년 사이에서 평균적으로 한 주기가 완성되는 경기순환주기도 성장추세주기 입장에서는 고주파이므로 저주파 경제 성장변수들에게 영향력이 미약한, 따라서 근사적으로 일정한 '파라미터'이거나 기껏해야 '백색 잡음'으로 간주된다.

역설적으로 "일시적 변동 요인이 특별한 경우에 일으키는 순차적 사건의 경로를 이해"하기 위해 오히려 "반영구적이거나 상대적으로 일정한 요인"이 특별한 경우에 일으키는 순차적 사건의 경로를 이해하는 것을 우선순위로 선정하는 사고방식이 바로 실물균형경기변동이론가가 경제학 모형을 이해하는 방식이라 하겠다. 케인즈가 말하는 반영구적이고 상대적으로 안정적인 요인이라는 것이 물리적으로 저주파 주기 개념에 절대적으로 일대일 대응하는 개념이 아닌, 모형의 초점에 따른 모형 설계자가 '자의적'으로 설정한 안정성 개념이라는 것을 다시 한번 여기서 지적되어야겠다. 성장추세 중심의 모형에서는 고주파 경기순환주기가 근사적으로 일정한 '파라미터'이거나 경제성장 추세에 미세한 영향력을 미치는 '백색잡음'처럼 성장추세에 비해 상대적으로 일정한 요인으로 간주되기 때문이다. 2장 7절의 호드릭·프레스캇 경기순환주기 필터 모형에서는 일정한 요인과 일시적으로 변동하는 요인을 각각 물리적으로 저주파 성장추세와 고주파 경기순환주기에 일대일 대응하는 개념으로 이해하기도 하고, 모형 설계자의 초점에 따라 부여되는 안정성 층위로 이해하는 '유연성'이 바로 실물균형경기변동이론의 미덕이라 하겠다. 또한 이러한 '유연성'의 미덕은 2장 11절에서 목격했듯이 동양의 전통적 사고방식인 체용원리의 적용과 다르지 않다.

'경기순환주기모형은 성장추세모형의 부분균형에 불과하다'라는 전제하에서 출발하게 되면 성장추세모형의 핵심변동요인을 규명하지 않을 수 없다. 성장추세에 관한 핵심 요인, 환언하면 경제의 '성장 동력'을 규명하는 것이 일반균형과 부분균형 간의 관계로서의 '성장 동력'과 경기순환주기 관계를 '매개'할 수 있는 계기가 된다. 그런데 성장추세 중심 모형의 관점에서는 '성장 동력'이라는 핵심 요인이 '총요소(기술)생산성(total factor productivity)' 또는 약어로 'TFP'라는 이름으로 이미 솔로우·스완 성장 모형 또는 로머(Romer) 성장 모형 등에 의해 이론적으로 식별되어 있다. 뿐만 아니라 〈그림 46〉에서와 같이 솔로우·스완 모형에서 도출된 솔로우 성장회계(growth accounting) 방정식을 통해 '총요소(기술)생산성' 또는 'TFP'는 실증 데이터에서 추정가능하다. 〈그림 47〉의 $\log A_t$가 바로 〈그림 46〉의 방정식을 통한 총요소생산성 또는 TFP 추정 경로이다.

• 성장 회계 방정식:

$$\underbrace{\frac{\Delta y_{t+1}}{y_t}}_{\text{GDP 성장률}} = \underbrace{\frac{\Delta A_{t+1}}{A_t}}_{\text{TFP 성장률}} + \overbrace{\alpha}^{\text{자본소득 분배율}} \cdot \underbrace{\left(\frac{\Delta k_{t+1}}{k_t}\right)}_{\text{자본요소의 기여율}} + \overbrace{(1-\alpha)}^{\text{노동소득 분배율}} \cdot \underbrace{\left(\frac{\Delta h_{t+1}}{h_t}\right)}_{\text{노동요소의 기여율}}$$

〈그림 46〉

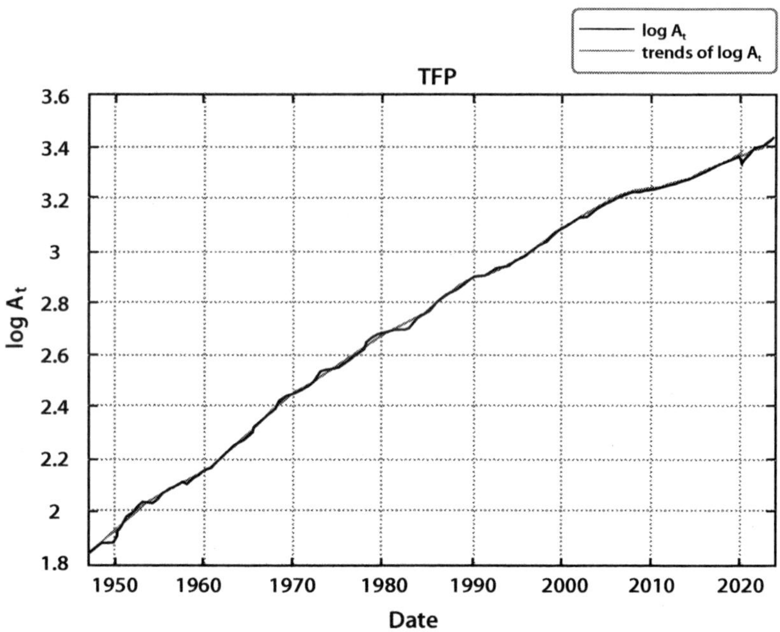

〈그림 47〉

〈그림 46〉의 방정식에서 좌변의 국민총생산, 우변의 자본요소 및 노동요소 투입 데이터는 직접적으로 측정가능하다. 또한 자본소득 분배율 α와 노동소득 분배율 (1−α)는 주관적 할인율 β처럼 구조적 모수추정법을 통해 추정 가능한 것이 알려져 있다. 따라서 〈그림 47〉의 $\log A_t$는 〈그림 46〉의 성장회계 방정식에서 '잔차(residual)'로 결정될 수 있다. 이런 방식으로 식별된 $\log A_t$를 '솔로우 잔차(Solow residual)'라 부르기도 한다. 성장추세 중심의 모형에서는 고주파 경기순환주기가 근사적으로 일정한 '파라미터'이거나 경제성장 추세에 미세한 영향력을 미치는 '백색잡음'처럼 성장추세에 비해 상대적으로 일정한 요인으로 간주된다는 전제를 확인하기 위해 〈그림 47〉의 $\log A_t$에 2장 7절의 호드릭·프레스캇 경기순환주기 필터 모형을 적용하여 $\log A_t$의 장기추세주기를 추출할 수 있다(〈그림 47〉의 'trends of $\log A_t$'). 일단 $\log A_t$의 추세주기를 구하고 나면 2장 7절의 〈그림 23〉처럼 $\log A_t$와 $\log A_t$의 추세주기를 차이로 정의된 $\log A_t$의 단기경기순환주기를 아래와 같이 구할 수 있다(〈그림 48〉의 'detrended $\log A_t$').

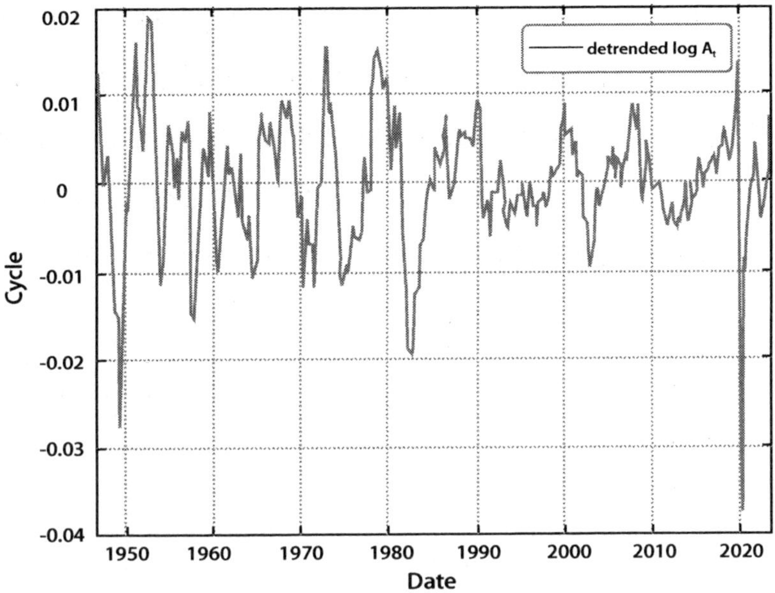

〈그림 48〉

따라서 경제성장의 '성장 동력'으로 식별된 $\log A_t$는 〈그림 47〉에서의 장기추세성분(trends of $\log A_t$)과 〈그림 48〉의 경기순환주기성분으로 분해될 수 있다. 역으로 경제성장의 '성장 동력'으로 식별된 $\log A_t$는 저주파 장기성장추세주기와 고주파 단기경기순환주기에 관한 정보를 모두 포함하고 있다고 볼 수 있다. 그런데 〈그림 47〉에서 70년 이상의 장기적인 시점에서 본 $\log A_t$와 저주파 장기성장추세주기는 육안으로 구분하기 어려울 정도로 유사하여 〈그림 48〉의 고주파 경기순환주기는 〈그림 47〉에서는 근사적으로 일정한 '파라미터'이거나 '백색잡음'으로 간주해도 좋을 정도로 미세하게 영향력을 미치는 것처럼 보인다. 결국 성장추세 중심의 모형에서는 고주파 단기경기순환주기성분은 '백색잡음'과 같이 외부의 힘에 좌우된 것의 속성을 가질 수밖에 없다. 그러나 3년에서 8년 사이 반복적이고 단기적인 기간의 관점에서 보면 〈그림 48〉의 $\log A_t$의 단기경기순환성분은 단순히 외부의 힘에 의한 '잡음'으로 간주하기에는 영향력이 너무 크다는 것을 〈그림 49〉의 GDP의 경기순환주기성분과 비교해 보면 쉽게 알 수 있다.

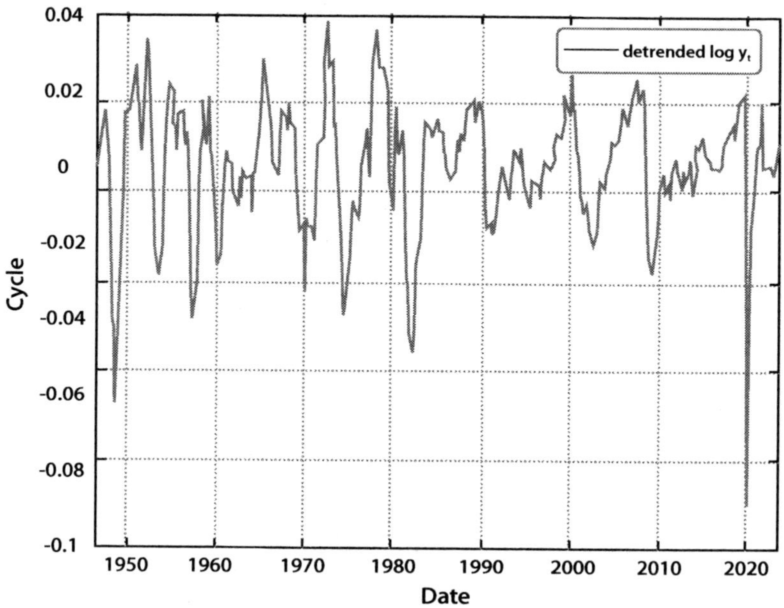

〈그림 49〉

즉 〈그림 48〉과 〈그림 49〉를 일대일로 육안으로 비교해 보면 구분하기 어려울 정도로 동일한 주기 상에서 유사한 양태로 변동하는 요인들임을 어렵지 않게 파악할 수 있다. 경기순환주기를 가진 '변수'란 '백색잡음'과 같이 외부의 힘에 좌우되는 속성이라는 성장추세 모형의 사고에서 파생된 믿음이 경기순환주기 상에서 관측지점을 잡은 모형 설계자 입장에서는 동일한 순환주기로 변동하고 그러나 여전히 외부의 힘에 좌우되는 것으로 자연스럽게 인지될 수밖에 없다.

이미 2장 2절에서 논의했듯이 동일한 주기를 공유하나 파라미터처럼 외부에서 소여된 것을 '외생적 상태변수'로 공식화하게 된다. 실물균형경기변동이론가들의 외생적 상태변수의 도입은 철저하게 장기성장 추세 중심의 사고에서 비롯된 것임을 다시 한번 강조해야겠다. 2장 7절에서 이미 지적했듯이, "장기적으로 우리는 모두 이미 죽음의 상태이다(In the long run, we are all dead)"라는 케인즈의 격언은 케인즈 경제학 자체가 장기성장경로는 상대적으로 일정하고 반영구적이므로 별다른 의미를 부여하지 않았다는 것을 입증하고 있다.

이에 비해 실물균형경기변동이론가들은 경기순환주기의 문제도 장기성장 경로 중심으로 사고함으로써 〈그림 49〉와 같이 경기순환주기에 영향을 미치는 외부적인 힘이 있다는 사고방식을 얻는다. 즉 경기순환주기의 문제를 그것이 신의 주사위 놀이이든 악마의 동전 던지기이든 간에 불가항력적 자연의 힘이 우리의 삶과 명백히 매개되어 있음을 수용하는 '농부의 우화'로 재창조한 것이 바로 〈그림 33〉의 표준적인 '실물균형경기변동이론'이다. 〈그림 33〉에서 자연의 불가항력 힘의 원천인 'z_t 자연'의 불확실성은 〈그림 48〉의 외생적 상태변수인 $\log A_t$의 고주파 단기경기순환주기와 '동일시'된다. 2장 12절 〈그림 40〉의 축구공 경로 또한 외생적 상태변수인 $\log A_t$의 고주파 단기경기순환주기와 '동일시'하는 것이 2장 12절의 다름의 차이를 가진 거시모형이자 '축구모형'을 설계하는 데 중요한 매개의 계기가 된다. '실물균형경기변동이론'을 통한 외생적 상태변수의 발견 이후 사실상 현대의 모든 거시경제모형을 설계하는 데 있어 외생적 상태변수는 필수불가결한 요소가 되었다. 축구 경기의 축구공 같은 변수가 광범위하게 (거시)경제모형에 존재하게 되었다.

마지막으로 '구조적 모수추정법'과 '외생적 상태변수' 기법과 더불어 '루카스 비판'을 극복하기 위한 해법으로 제시된 '기대' 변수의 도입과 '대표적 경제 주체'라는 제 3자의 개입에 관해 살펴보고자 한다.[8] 사실 (거시)경제학계의 '기대 변수'의 도입과 '대표적 경제 주체'라는 제 3자의 개입의 기법은 이미 2장 2절과 2장 10절에서 자세히 논하였다. 즉 운(運)과도 같은 자연의 힘 앞에 겸양의 미덕을 가지고 자기 일에 묵묵히 몰두하는 농부야말로 애덤 스미스가 말하는 '자기애'로 충만한 모범적인 경제인이며 그러한 모범적인 경제인은 폰 노이만·버코프·크히친 에르고딕 정리에 의해 '대표적 경제 주체'로 식별된다. 이러한 '대표적 경제 주체'의 기대를 루카스가 말하는 '합리적 기대'와 동일시하는 방식으로 '기대 변수'는 실물균형경기변동이론에 주입된다. 또한 '대표적 경제 주체'의 합리적 기대를 중심으로 실존하는 경제인들의 기대를 '관리' 및 '유도'함으로써 2장 2절에서 소개된 〈그림 9〉의 토마스 정리에 의해 발현되는 체제 안의 '자기언급'을 통한 자의적인 자기실현적 기대를 예방조처 하는 것이 '대표적 경제 주체'라는 제 3

8 엄밀히 말해 여기서 '3자의 개입'의 의미는 다분히 '중의적'이다. 변증법적 사유의 맥락에서의 '3자의 개입'이 함의하는 중의적 성격에 관해서는 프롤로그 장 주석 26을 참조하기 바란다.

자의 역할이라 하겠다. 즉 체제 속의 나의 상태를 언급하는 '자기언급'이 자연의 힘 앞에 겸손한 농부의 자기언급과 동일하게 함으로써 토마스 정리가 임의로 부여할 수 있는 부정적 자기실현적 예언을 사전에 예방하도록 한다. 이런 의미에서 외생적 상태변수를 이성적으로 파악하고 기대하는 '대표적 경제 주체'의 합리성을 실존적 경제인들 또한 '습득'해야 한다는 규범적 예언이 내재되어 있다. 실존하는 경제인은 '대표적 경제 주체'의 기대와 행동양식을 모범 또는 기준점으로 삼아서 그 자신의 경제활동을 결정하게 되고, 이러한 '대표적 경제 주체'의 규범적 예언이 실존적 경제인들의 실증적 예측과 일치하는 합일의 경지에 이르게 되도록 하는 것이 2장 10절 실물균형경기변동이론이다.

이러한 규범적 예언과 실증적 예언의 일치 정도는 실물균형경기변동이론의 권위자 프레스캇이 재현한 실증 데이터인 〈그림 34〉와 〈그림 33〉의 실물균형경기변동모형이 컴퓨터 시뮬레이션으로 재현한 〈그림 35〉의 유사성으로 드러난다. 1980년대 실물경기변동이론으로 대표되는 (거시)경제학계가 루카스 비판에 대한 응전으로 가져온 구조적 모수추정법과 외생적 상태변수 기법 그리고 '합리적 기대' 변수를 가진 대표적 경제 주체의 존재 정리와 같은 혁신이 총체적으로 결합하여 만들어낸 〈그림 35〉의 유사성이 '스태그플레이션'이라는 역사적 사건과 루카스 비판 이후의 다음 세대의 거시경제학계를 탄생시키는 데 큰 영감이 되었다는 것은 두말할 것 없이 명백하다. 이후 컴퓨터 시뮬레이션 기법은 거시경제학모형의 필수불가결한 요소가 되었다. 〈그림 33〉의 '대표적 경제주체' 모형을 컴퓨터를 활용하여 풀기 위해 구조적 모수추정법으로 모형의 파라미터를 추정하고 〈그림 48〉과 같은 외생적 상태 변수를 주입하여 2장 10절의 〈그림 36〉의 동태 계획법(dynamic programming) 모형을 수치적으로 풀이가능하게 하였고, 이 간단한 동태 계획법의 수치 해석 모형이 바로 최근 인공지능기법의 총아로 떠 오른 강화학습의 일종이었다는 것은 의문의 여지가 없다는 것을 이미 주지하였다.

3장을 결론 짓기 위해 다시 케인즈의 격언으로 돌아가자. 케인즈가 "전형적인 자연과학과 달리, 경제학이 적용되는 '질료(material)'라는 것이 여러모로 일정시간 동안 (반복적)으로 동질적인 성질을 드러내는 (자연과학)의 질료와는 너무나도 다른" 경제학의 '비동질적 질료'의 실체는 바로 '인과율'을 확정하는 모형 개념에서 파라미터라는 것은 모형설계자가 의도한 '인과관계'를 유도하고 안정화하기 위한 '임시적인' 안전판이라는 사태를 끊임없이 자각하고, 설사 '임시적인' 파라미터를 통해 실존적 대상이 '인과율'로 '식별'되고 '동일시(Identitatsdenken)'되는 순간이 오더라도, '비동일성의 계기'와 '부정의 계기'가 항상 내재하고 있다는 '비동일성의 지향'이라는 저항적인 정신상태를 '루카스 비판'이라는 이름으로 유지하는 것이다. 또한 이러한 저항정신의 발로이자 산물인 실물균형경기변동이론이 결론짓는 '농부의 미덕'이라는 규범적 예언이 케인즈가 말하는 "경제학은 가치의 내적성찰과 판단을 다루는" 학문임을 예증하는 것이다. 이는 자연과학과 구분되는 경제모형의 근본 속성은 규범성에 있다는 것을 말하는 것이며 이 지점이 바로 케인즈가 자연과학과는 달리 "두 번째로 경제학은 본질적으로 인륜적 학문"이라고 별도로 선언한 지점이며 또한 4장에서 '경제학은 인륜적 학문이다'이라는 이름으로 다룰 내용이다.

4장
경제학은 인륜적 학문이다

4장

경제학은 인륜적 학문이다

> 예전에 관념론에 대한 유물론의 사회 비판은 '의식이 존재를 결정하는 것이 아니라 존재가 의식을 결정한다'는 것, 사회에 대한 진리는 관념론자들이 머릿속에서 짜낸 생각 속에 있는 것이 아니라 사회의 경제 속에서 찾아질 수 있다는 것이라면 현대인은 관념론을 저버리고 진정한 유물론자가 되었다.
>
> – 아도르노·호르크하이머의 『계몽의 변증법』에서

3장의 말미에서 경제학은 자연과학 모형의 이분법 속성(변수와 파라미터/상수의 대비)을 일부 공유하고 있음에도 불구하고 결국 그 이분법 속성을 모호하게 만드는 루카스 비판으로 불리는 '부정의 계기'가 항상 도사리고 있으며 그러한 '부정의 계기'를 극복하기 위해서는 모형의 배후에 내재되어 있는 '구조적 모형'을 식별해야 한다. 물론 이러한 '구조적 모형'의 설계는 단순히 '부정의 계기'에 기초한 반명제로 극복되는 것이 아니다. 루카스 비판에서 '부정'은 개념 또는 사태의 모순을 지적하는 것에 그치는 것이 아니라 그 개념 및 사태 자체가 자체의 모순점과 내재적으로 '매개'되어 있다는 것을 조명하였다. 상술하자면 어떤 사태가 '보편'과 '특수'로 이분법적으로 범주화가 가능하고 궁극적으로 모든 '특수'의 사태를 '보편'의 규칙 또는 법칙으로 환원하는 것이 가능하다는 믿음을 구현할 수 있도록 '최적화'되어 있는 자연과학적 모형을, 그렇지 않은 '경제'의 사태를 분석하고 묘사한다는 모순을 '철두철미한 관찰력'을 가지고 관찰하는 데서 출발한다. 즉 '경제'의 사태라는 것이 '보편'으로 환원할 수 없는 부정의 계기로 항상 '매개'되어 있고 그 '매개'의 관계를 조명함으로써 기존 개념 및 사태가 새로운 상태로 전이 및 변용해가는 동학의 사태임을 인식한다면 지난 백 년이상 극단적으로 안정적인 플랑크 상수나 질량과 에너지의 동등성을 가능하게 하는 빛의 속도의 안정성을 근간으로 하는 자연과학적 모형은 '경제'의 사태를 반사해 보여주는 '손거울'로 부적절하다. 그렇다고 해서 루카스 비판에서는 자연과학적 모형의 형식을 답습하여 적어도 표면상 안정성 충위를 갖춘 경제학 모형의 형식을 전면적으로 부정하지는 않는다. 이미 자연과학적 모형의 형식으로 존재하는 경제학 모형 내부에서 '행동 파라미터' 또는 '미래지향적 파라미터'라는 이름의 파라미터를 식별해내고 그러한 종류의 파라미터의 불안정성을 지적함으로써 '매개' 관계로 점철되어 있는 '경제'의 사태를 조명해낸다.

이 지점이 바로 루카스 비판이 제 3자의 개입을 통한 비판이 아닌, 철저하게 변증법적 사유를 근간으로 한 내재적 비판임을 보여준다. 아도르노가 지적하듯이, 마르크스 또한 자본주의를 비판할 때, 어떤 유토피아적 사회를 상정하고 비판적 사유를 수행한 것이 아니다. 먼저 자본주의 사회라는 사태 자체 또는 그 사태 자체의 개념에 근거하여 '부정의 계기' 또는 '비동일자(das Nichtidentische)의 계기'가 있는지 세심히 살핀다. 마르크스는 2장 8절에서도 예시했듯이 "이 사회는 자유롭고 정의로운 교환사회라고 주장한다. 그렇다면 우리는 이 사회가 이러한 요구를 충족시키는지 살펴보고자 한다"거나 "이 사회는 계약당사자로서 자유롭게 교환하는 주체들의 사회라고 주장한다. 우리는 이러한 요구가 어떤 상태인지 살펴보고자 한다"는 변증법적 명제로 출발한다. 이는 마르크스가 철저하게 '내재적 비판'과 사실상 동의어인 변증법적 사유를 구사했음을 보여주는 반증이다. 또한 마르크스의 변증법적 부정은 잘못된 사고에 대한 단순한 대립이나 파괴가 아닌, 확장적인 사고이며 오히려 결함의 보완에 가깝다. 변증법적 사유에 의해 자유롭고 정의로운 자본주의사회라는 개념이 보완되고 수정되어 여전히 공존할 수밖에 없는 사태를 인정하는 것이지 공산주의 사회로의 완전한 이행이 달성되는 사태를 의미하지 않는다. 철저하게 자본주의의 개념이 동일하지 않은 것을 동일화하고 있다는 오류를 끊임없이 지적함으로써 자본주의 사회의 모순을 '구체화'한다. 마르크스의 기념비적 저서인 『자본론』의 책제목이 '공산주의론'이 아니라 '자본론'이라는 사실 자체가 이미 마르크스 경제학이 '변증법적 사유의 학문' 또는 '변증법적 과학'임을 선언하는 것이다.

사실 변증법적 사유에서 개념은 존재하는 한 모순을 내포하고 있다. 개념 자체가 이미 '특수'를 '보편'의 상위개념 아래에 종속시키는 계기 그리고 '부분'을 '전체'로 편입시키는 계기를 발생시킨다. 그렇다면 주체가 객체의 세계를 필수불가결한 요소만 추출하여 압축된 세계로 표현한다는 모형의 개념이야말로 이미 이율배반적인 것이며 따라서 부정되고 와해되어야 하는 것이다. 모형의 추상성 자체가 바로 불필요한 것으로 간주되는 것, 즉 비동일자(das Nichtidentische)를 이미 배격하고 있기 때문이다. 돌이켜보면 케인즈가 경제학을 자연과학의 안정성 층위 속성을 가진 모형적 사고의 범주에 종속시킴으로써 경제학모형을 정의하는 순간, 그리고 경제학모형을 데카르트가 『방법서설』에서 천명한 공리들을 만족하는 그 무엇인가로 규정하는 순간, 경제학모형은 아도르노의 표현대로 "와해(Zerfall)의 논리" 선상에 있다. 즉 인식하는 주체가 대면하는 개념들의 대상화되고 정비된 형태를 와해시키는 "와해의 논리"가 바로 변증법의 운동이자 논리이므로 추상적 모형이야말로 변증법의 손쉬운 먹잇감이 된다. 다시 말하면 케인즈가 "반영구적이거나 상대적으로 일정한 요인들과 일시적이며 변동을 거듭 하는 요인들을 구분"하는 자연과학적 안정성 층위를 갖는 모형이 경제학과 동일할 수밖에 없다고 진테제를 설정하는 순간, 이 진테제는 와해될 수밖에 없으며 오히려 경제학의 비자연과학적 모형의 면모가 역설적으로 드러나게 된다. 루카스 비판이라는 구체적인 와해의 논리에 의해 경제학 모형의 자연과학적 인과관계 및 경제인의 원자화와 같은 동일성은 와해된다. 즉 스태그플레이션이라는 현실의 특수를 계기로 실존적 인간의 동기 및 기대 그리고 심리적인 불확정성과 대조하여 경제학 모형의 데카르트적 출발 단계의 척도인 실증가능성·필연성·보편성에 관해 내재적 비판을 수행한다.

이러한 비판의 수행결과가 바로 인과관계를 축약형 계량모형과 구조적 모형 간의 매개관계로 확장 인식하는 것, 그리고 실존적 인간의 동기 및 기대 그리고 심리적인 불확정성을 '합리적 기대'라는 규범으로 범주화하고 그 규범을 구조적 모형을 이끄는 중추이자 동력으로 삼는다. 여기서 '합리적 기대'를 가진 모범적 경제인과 실존적 경제인은 철저히 구분된다. 경제모형안의 '화자'인 규범적 경제인과 모형 밖의 '청자'이자 '독자'인 실존적 경제인인 우리가 대화할 수 있도록 경제모형이 설계될 때 비로소 실증가능성은 경제학에서 허위의 진술이 아님을 드러낸다. 특히 '작가'이자 경제모형 설계자인 경제학자는 마치 도스토옙스키의 여느 소설처럼 그가 말하고자 하는 규범을 교묘하게 모형의 주인공이 스스로 '발화'하고 독자와 대화하도록 함으로써 부지불식간에 독자인 실존적 경제인이 도덕적으로 책임지는 행동에까지 이르게 한다. 모형 안에 규범이라는 덫을 정교하게 마련할수록 실존적 경제인은 '맹목적'으로 그 덫을 무는 법이다. 성공적인 경제모형일수록 규범적이고, 도스토옙스키 소설과 같으며, 규범의 덫을 문 실존적 경제인은 규범에 따라 행동하므로 모형은 결국 실증적이다. 경제모형의 규범과 실증의 관계는 화자와 청자, 작가와 독자 간의 대화와도 같다.

2장과 3장에서 선보인 실물균형경기변동이론은 외부의 불가항력과 우발성을 대표하는 총요소생산성 충격에 직면하여 '자기애'를 바탕으로 한 합리적 기대로 가득한 농부의 발화를 통해 합리적 기대라는 규범을 청자 또는 독자에게 설파하고 대화하려하는 사실주의 소설의 대화기법이 스며들어 있다. 〈그림 33〉의 수리 분석적 모형에서 '농부의 우화'라는 내러티브(서사다움)의 구조가 구제된다. 케인즈의 '경제학은 (수리) 모형적 사고의 학문이다'라고 동일성의 원칙을 규정하는 순간, 경제학의 내러티브적 설명이라는 비동일자가 각인되는 것이다. 반면에 이러한 합리적 기대를 가진 규범적 경제인의 존재는 서사다움의 기법이 아닌 자연과학적 명제인 폰 노이만·버코프·힌친 에르고딕 정리에 의해 규명된다. 서사다움의 입장에서는 비동일자인 자연과학적 방법론으로 규범적 경제인의 실체를 조명하는 셈이고, 폰 노이만·버코프·힌친 에르고딕 정리의 입장에서는 비동일자인 합리적인 농부들의 미덕을 설파하는 '농부의 우화'라는 비동일자를 수반할 수밖에 없다. 동일성의 원칙에서 비동일자 또는 비동일성을 조명해 내는 것 그리고 또 다른 이름의 '동일성의 원칙'으로 진입한 태초의 비동일자에서 다시 비동일자를 조명해내는 개념의 운동 상태가 바로 변증법의 사유임을 다시 한번 강조해야겠다. 이러한 개념 운동으로 공존과 진화가 변증법의 확고한 입장임을 다시 한번 각인하게 된다. 아도르노의 말을 빌리자면 변증법적 사유는 개별자를 그 상위개념에 환원함으로써, 이 개별자를 단순히 더 보편적인 개념들 아래 포괄하는 것으로 규정하지 않는 사유이다. 따라서 논리적 추론을 수행함에 있어 단순한 추리내지 추론을 통해서가 아닌 관조(Zusehen)를 통해서만이 의식화할 수 있는 것 그리고 순전히 우발적인 것과 불협화음 같은 모호하고 비합리적 요소도 배격하지 않는다.

이제 변증법적 사유의 맥락에서 2장에서 제기했던 '반사실적(counterfactual)' 가설을 다시 소환해 보자. 2장에서 우리는 케인즈가 주장한 경제학 고유의 모형이라는 것이 결국은 과학모형과 다름없다는 반사실적 가설을 염두에 두고 12가지의 '모형양식'과 그 양식이 함의하는 사고방식을 살펴보았다. 2장 1절의 슈뢰딩거 방정식 류의 과학모형을 시작 '개념' 또는 '진테제'로 삼아 나머지 11가지 '모형'들과 대조를 통해 이러한 '반사실적' 가설을 기각할 수 있을까? 다시 말하면 여타 분야의 '모형'들과 구분되는 경제학 특유의 고유사고체계가 존재한다고 결론 내릴 수 있을까? 반면에 여전히 행동 변수, 파라미터(매개변수), 상수 등으로 이루어진 명확하고 엄격한 안정성 층위를 가진 1절의 슈뢰딩거 방정식과 같은 표준적인 과학모형의 아류에 불과한 것일까? 요컨대 경제학 모형은 과학모형으로 진화해가고 있는 선상에 있는, 그러나 여전히 불완전하고 잠정적인 단계에 있는 임시방편적 '과학모형'일까? 아니면 과학모형 배후의 사상(思想)과는 구분되는 또 다른 사고체계에 종속된 아류적인 존재일까?

'비동일성의 지향'이라고 명명할 만한 이 변증법적 정신상태를 끝까지 고수하는 한, 케인즈가 주장한 경제학 고유의 모형은 과학모형과 다름없다는 반사실적 가설은 기각됨과 동시에 과학모형의 속성도 배제하지 않는다. 경제학이라는 학문에서는 2장에서 상술화한 12가지의 모형양식과 개념, 그리고 사고방식 모두 '공존'한다. 과학모형이라고 불리는 동일성의 원칙과 대조하여 '비동일자'의 모습으로 나머지 11가지 모형이 존재하며, 과학모형이 오히려 '비동일자'의 위치로 '격하' 될 수도 있다. 무엇보다도 12가지 방식의 모형 사이에서 우리는 '화해'와 '융합'을 도모하지 않는다. 그들은 '특수'와 '보편' 그리고 '부분'과 '전체'로 본질적으로 상호 환원될 수 없는 매개된 관계이고 오직 공존하고 대화하고 진화할 뿐이다.

케인즈가 자연과학적 모형을 진테제로 삼은 결과, 그리고 그 자연과학적 모형을 물화된 사유방식으로 간주하고 끊임없이 저항의 정신상태를 고수하는 (부정)변증법 사유의 결과 자연과학적 진테제의 모순으로 경제모형의 규범적 속성이 드러난다. "경제학이 적용되는 '질료(material)'라는 것이 여러모로 일정시간 동안 (반복적)으로 동질적인 성질을 드러내는 (자연과학)의 질료와는 너무나도 다르다"라고 결론 내린다. 케인즈가 경제학을 자연과학적 모형 속성으로 시작하고, 경제학을 규범을 다루는 인륜적 학문으로 선언하는 사유는 오로지 변증법적 사유의 틀에서만 이해 가능하다. 1938년의 또 다른 서신에서 케인즈는 경제학의 성격을 아래와 같이 '인륜적(도덕적) 학문'임을 재확인한다.

> "경제학은 인륜적(도덕적) 학문이라는 점을 다시 한번 강조하고 싶습니다. 이전에도 언급했다시피 경제학은 내적성찰과 (도덕적) 가치관에 관해 다루는 학문입니다. 또한 경제학은 (경제인의) 동기 및 기대 그리고 심리적인 불확정성 등을 다루는 학문이라 덧붙일 수 있을지도 모르겠습니다. 우리는 여타과학의 질료들이 그 복

잡성의 성격을 가지고 있음에도 불구하고 일정하고 동질적인 것으로 치부하는 식과 동일하게 (경제학의) 질료를 다루는 것을 끊임없이 경계해야 합니다."[1]

환언하면 경제학은 변증법적 과학임을 선언한 것이다. '경제학은 자연과학적 속성을 가진 경제학 모형으로 규정된다'라는 진테제는 이미 내재적 모순을 내포하고 있는 허위의 명제이고 내재적 비판을 통해 부정되어야 하는 것 그러나 전면적으로 배제되지는 않는 것이다. 이러한 역설의 역설이 경제학은 규범적 학문임을 드러낸다.

---

1 원문은 다음과 같다. "*I also want to emphasise strongly the point about economics being a moral science. I mentioned before that it deals with introspection and with values. I might have added that it deals with motives, expectations, psychological uncertainties. One has to be constantly on guard against treating the material as constant and homogeneous in the same way that the material of the other sciences, in spite of its complexity, is constant and homogeneous.*"

5장
경제학은 변증법적 과학이다

5장
경제학은 변증법적 과학이다

> 고삐 풀린 시장 경제는 이성의 진정한 형태이면서 동시에 이성을 파괴하는 힘이다.

– 아도르노·호르크하이머의 『계몽의 변증법』에서

> 그와 같은 이상형적 구성물은 예컨대 국민 경제론의 순수이론에 의해 성립된 개념과 '법칙'이다. 그것이 서술하는 바는, 만일 어느 일정한 종류의 인간 행위가 엄격하게 목적 합리적으로 오류와 감성에 의해 교란되지 않고 지향되었다면, 어떻게 경과했을 것인가 하는 점이다.

– 베버의 『경제와 사회』에서

경제학을 변증법적 과학으로 인식할 때 우리가 비로소 경제학을 온전히 이해할 수 있고 또한 변증법적 사유를 통해 경제학의 진화를 도모할 수 있을지 모른다. 아래의 소주제들을 통해 그러한 가능성들을 모색하고자 한다. 또한 '경제학'과 '메타경제학' 양방향에서 변증법적 사유가 가져다주는 실질적 혜택도 자연스럽게 드러나길 기대한다.

1. 막스 베버의 이상형(Idealtypus)

막스 베버는 1904년 그의 논문 「사회과학적 그리고 사회정책적 인식의 '객관성'」에서 아래와 같이 '이상형(Idealtypus)'라는 독특한 개념을 도입하게 된다.[1]

> "우리는 추상적 경제이론에서 사람들이 역사적 현상들의 '이념들'로 지칭하곤 하는 종합들의 한 사례를 접하고 있다. 추상적 경제이론은 우리에게 교환경제 사회조직, 자유경쟁, 그리고 엄격한 합리적 상업이 이루어지는 경우에 상품시장에서 진행되는 과정들의 한 이상적 이미지를 제공한다. 이 사고의 이미지는 역사적 삶의 특정한 관계들과 과정들을 결합하여 자체 내적으로 모순 없는, 사유된 연관관계들의 코스모스를 만든다. 내용상으로는 이러한 구성은 어떤 유토피아 자체의 성격을 지니는데, 이러한 유토피아는 특정한 현실 요소들의 사상적 고양에 의해 얻어낸 것이다. 경험적으로 주어진 삶의 사실들에 대한 그것의 관계는 단지 다음과 같은 데에 있다. 즉 구성을 통해 추상적으로 서술된 부류의 연관관계들, 그러니까 '시장'에 의존하는 과정들이 현실에서 어느 수준까지 효과적인 것으로 확인되거나 추정될 경우, 우리는 이 연관관계의 고유성을 이상형(Idealtypus)을 통해 모범적으로 직관할 수 있게 하고 이해할 수 있게 만들 수 있는 것이다. 이러한 가능성은

1 Adrono, T. W. 저, 홍승용 옮김. 『변증법 입문』, 세창출판사, 2015.

발견술의 도구로서 뿐만 아니라 가치의 서술을 위해 사실상 필수 불가결할 수 있다."

막스 베버의 이상형 개념은 비록 특수가 포함되는 보편을 지칭하는 일부 기능을 지니기는 하지만, 실제로 이 관계가 반드시 이루어졌다고 주장하지는 않는 것이다. 즉 보편과 특수 사이의 환원 또는 인과관계가 아닌 '짜임관계'에 주목할 수 있도록 임시방편적으로 지정된 일종의 준거지점이나 기준점(benchmark)에 가깝다. 유토피아적 준거지점에 비추어 개별현상들은 대조되고 평가되며 경우에 따라 오히려 그 유토피아적 준거지점이 논박된다. 예컨대 개별경제들과 같은 개별현상들은 자본주의라는 이상형에 비춰 평가되고 논박되며 그것들은 그 나름으로 다시 개념적으로 정리되는 과정일 거친다. 따라서 이상형은 '발견술적 도구'일 수밖에 없다. 또 다른 예로 막스 베버의 저서『경제와 사회(*Wirtschaft und Gesellschaft*)』에 담긴 그의 전체 이론에서 '사회'와 같은 어떤 포괄적이고 보편적인 상위개념을 결코 선언하지도 않고 그 상위개념으로 환원하지도 않는다. 오히려 "역사적 현실로부터 간파되는 개별 구성성분들로부터 점차 작성되어야 하며, 따라서 결정적인 개념적 파악은 연구의 출발점이 아니라 연구의 끝에 이루어져야 한다"라는 것이다.

이러한 막스 베버의 이상형 개념을 현대경제학의 이론모형에 적용해보면 자연과학적 이론모형과는 결이 다른 개별성과 고유성이 드러난다. 예컨대, 2장 10절에 선보인 실물균형경기변동이론모형은 베버에 의하면 하나의 이상형이나 유토피아적 준거지점에 불과하다. 즉 실물균형경기변동이론모형이 생성해낸 〈그림 35〉와 같은 이론적인 경기순환주기는 미국의 역사적 경기순환주기와 각국의 경기순환주기라는 개별현상들과 대조되고 평가되어야 할 이상형일 뿐이다. 또한 베버는 여기서 더 나아가 "즉 이런 부류의 상당수 유토피아가, 때에 따라 아주 많은 수의 이런 유토피아가 구상될 수 있는데, 그 가운데 어느 것도 경험적 현실 속에서 실제로 타당한 사회상태의 질서로서 관찰될 수 있는 것은 아니다"(「사회과학적 그리고 사회정책적 인식의 '객관성'」)라고 선언함으로써 설사 이상형이 어떤 개념들의 질서를 달성했더라도 경우에 따라 (경험적) 사실들에 의해 논박되어 처분될 수밖에 없는 가능성을 배제하지 않는다. 이상형의 숫자 또한 배제하지 않는다. 원칙적으로 이상형은 무한일 수도 있다. 실물균형경기변동이론모형과 180도 반대지점에 위치하고 있는 2장 2절의 새케인즈학파 통화이론모형이 베버에 의하면 '이상형'이라는 이름으로 공존할 수밖에 없고 공존해야만 한다. 또한 이들은 발견술적 도구일 뿐이다. "각각은 또한 그 고유성에서 의미심장하고 실제로 확실한 우리 문화의 특징들을 현실에서 얻어내고 하나의 통일된 이상형으로 묶어낸 한" 복수의 이상형들은 언제든지 요청될 수 있는 것이다. 현대경제학에서 수리모형인 아닌, 내러티브적 설명의 형태를 가진 민스키의 '금융불완정성 가설' 이론과[2] 모키르의 '문화성장론'[3] 그리고 리처드 구의 '대차대조표 불황론'

2 Minsky, H. *Stabilizing an Unstable Economy*, McGraw–Hill Education, 2008.

3 Mokyr, Joel. *A Culture of Growth: The Origins of the Modern Economy*, Princeton University Press, 2016.

이[4] 공존할 수밖에 없는지도 이해할 수 있다. 결론적으로 아도르노의 평가에 의하면 "막스 베버의 이상형 개념은 사실상 체계 없이 난관을 타개하려는 시도이며, 대상에 접근하기 위한 보조수단이자 자체로서는 아무런 실체성도 지니지 못하는 임의로 처분될 수 있는 것"이다.

다음으로 막스 베버의 이상형 개념과 '짜임관계'와는 불가분의 사이라는 것이 지적되어야겠다. 왜냐하면 어떤 목표를 위해 우리는 원하는 만큼 이상형들을 구성할 수 있고 이때 그러한 목표는 단지 조직화라는 과학실천적 목표에 불과하기 때문이다. '짜임관계'는 바로 그 조직화에 있어 필수불가결한 '사유모형'이다. 아도르노의 '정의'에 의하면 대상이 처해 있는 '짜임관계' 속에서 대상을 인식한다는 것은 대상이 자체 내에 저장하고 있는 과정에 대해 인식하는 것이고, "마치 잘 보관된 금고의 자물쇠들처럼 그 개념이 열리기를 희망하는 것이다. 이때 그 열림은 하나의 개별적인 열쇠나 번호가 아니라 어떤 번호들의 배열에 의해 이루어진다." 따라서 '번호들의 배열'은 개별적으로 인과관계나 환원관계로 보일 수도 있고, 루카스 비판처럼 축약형 계량모형과 구조적 모형 관계의 결여로 나타날 수도 있으며, 2장 11절의 체용관계처럼 기존의 (유사)인과관계는 언제든지 전도될 수도 있다. 2장에서 다룬 시나 음악 그리고 종교적 사유에서처럼 안정성 층위의 전도현상도 배제할 수 없다. 그럼에도 이러한 이론적 배열들은 "자신이 해명하고자 하는 개념의 주위를 맴돈다." 돌이켜 보면 루카스 비판에 의해 요구된 축약형 계량모형을 구조적 모형의 일부로 '환원'하

4 Koo, R. C. *The Holy Grail of Macroeconomics: Lessons from Japan's Great Recession*. John Wiley & Sons, 2009.

는 사고 또한 특수를 보편으로 부분을 전체로 환원시키는 자연과학적 관계가 아니라, '짜임관계'의 일종일 뿐이다. 어찌 보면 '스태그플레이션'이라는 개별현상에 의해 유도된 축약형 계량모형과 구조적 모형 간의 이분적 관계의 필요성, 그 관계를 '짜임관계'로 조직화하기 위한 '합리적인 기대'라는 규범의 출현이 우리가 해명하고자 하는 '스태그플레이션'이라는 개별현상 개념의 주위에만 맴도는 '특수'의 일종일지도 모른다.

헤겔·아도르노 변증법에서 제일원리는 부정된다. 어떤 제일원리를 진테제로 선언하면 그 제일원리는 이미 내재적 모순에 의해 조명될 수밖에 없는 운명에 있다. 따라서 헤겔·아도르노 변증법에서 진테제는 가상이며 핵분열의 과정이 예정되어 있는 시작점이다. 이런 맥락에서 보면 베버의 이상형 개념은 놀라울 정도로 변증법이다. 또한 이상형 개념이야말로 변증법을 어떻게 실천적으로 활용해야 하는가에 관한 의문에 답한다. 단도직입적으로 말하면 변증법적 사유란 '이상형'이란 진테제로 시작하는 사유이다. 태초에 말씀이 있었고 태초에는 미약하지만 장대하게 진화하는 과정인 것이다. 그렇다면 수리과학적 속성의 모형과 경제학모형을 동일시하는 케인즈의 진테제는 경제학은 규범적 모형이라는 진화를 예정한 가상적인 '이상형'인 셈이다. 태초에 케인즈의 말씀이 있었고, '합리적인 기대'에 따라 행동해야하는 실물균형경기변동이론으로 진화과정의 선상에 이른 것이다.

더군다나 막스 베버의 이상형 개념이 변증법적 발견술로 규정되는 순간, 베버가 제안한 '이상형' 개념은 실증적인 자연과학적 모형이 아닌 규범성을 지향하는 사회과학적·경제학적 모형을 지향하는 개념이라는 실체가 드러나게 된다. 그의 책 『경제와 사회』에서 베버는 아래와 같이 주장한다.

> "그와 같은 이상형적 구성물은 예컨대 국민 경제론의 순수이론에 의해 성립된 개념과 '법칙'이다. 그것이 서술하는 바는, 만일 어느 일정한 종류의 인간 행위가 엄격하게 목적 합리적으로 오류와 감성에 의해 교란되지 않고 지향되었다면, 어떻게 경과했을 것인가 하는 점이다. 실제의 행위는 단지 드문 경우에만 그리고 그 경우에도 단지 엇비슷하게만 이상형에 구성되어 있는 것과 같은 경과로 진행된다."

본고에서 주창한 바와 같이 경제 · 사회 이론이 설정한 '이상적 · 규범적 인간형'을 바탕으로 한 규범적 예언의 경과를 추적하는 것이 경제학자 · 사회과학자의 임무임을 선언했을 뿐만 아니라, 규범적 예언과 실증적 예언의 격차는 변증법적으로 극복되어야 할 '정명제'를 정의할 뿐이다. 규범적 예언과 실증적 예언 간의 합일은 심지어 경제모형의 필요충분조건조차 아니다.

2. 메라 · 프레스캇의 자산프리미엄 퍼즐

1985년 메라(Rajnish Mehra)와 프레스캇(Edward C. Prescott)은 그들의 논문 「주식자본 프리미엄: 퍼즐(The Equity Premium: A Puzzle)」에서 미국의 실증데이터를 활용하여 연간 평균 위험자산(예를 들어, 주식) 수익률에서 연간 평균 무위험자산(예컨대, 미국 국채) 수익률을 뺀 실증 위험자산 프리미엄을 '최초로' 계산·보고하였다(〈그림 50〉).[5] 그러나 이들의 논문을 경제학 분야에서 가장 많이 인용되는 논문으로 자리매김하게 한 것은 〈그림 33〉과 같은 '표준' 실물균형경기순환모형 류가 이론적으로 예측한 위험자산 프리미엄과 실증 위험자산 프리미엄을 비교분석한 것에 있다.

	데이터	경기변동모형
위험자산 수익률	6.98%	4.11%
무위험자산 수익률	0.80%	4.10%
위험 프리미엄	6.18%	0.01%

〈그림 50〉

〈그림 50〉에서 확인되듯이, 경기변동모형이 예측한 위험자산 프리미엄은 거의 0%에 가까운 반면, 실증 데이터에서는 위험자산 프리미엄이 6.18%(6.98%−0.80%)에 이른다. 따라서 이론적 위험 프리미엄과 실증적 위험 프리미엄 간에 6.18%의 오차가 존재한다. 이 오차를 '위험자산 프리미엄 퍼즐' 또는 '주식자본 프리미엄 퍼즐'이라고 부른다. 이론 경제학 입장에서 '위험자산 프리미엄 퍼즐'이 함의하는 바는 2장 10절의 〈그림 34〉와 〈그림 35〉의 유사성으로 대표되는 경기순환주기에 관한 현대 경기변동이론의 성공 신화가 금융시장의 위험과 관련한 연구에서는 전혀 적용되지 않는다는 점이다. 즉 경기순환주기를

5 Mehra, R., and Prescott, E. C. "The Equity Premium: A Puzzle," *Journal of Monetary Economics* 22 (1985): 145–161.

설명함에 있어 성공적인 모형이 금융경제의 가장 기본적 데이터도 설명하지 못하는 실패한 모형으로 전락한 셈이다.

이 절에서 우리가 주목하는 것은 2장 10절 〈그림 33〉의 경기변동 이론모형의 유효성에 관한 것이 아니다. 우리가 진정으로 주목하는 것은 1985년에 출간된 메라·프레스캇의 주식자본 프리미엄 논문이 여전히 경제학계에서 가장 많이 인용되는 논문이라는 점이다. 자연과학적 입장에서 보면, '위험자산 프리미엄 퍼즐'은 경기순환모형은 기각되었어야 했다. '위험자산 프리미엄 퍼즐' 자체가 바로 실증적 예측의 실패를 의미하기 때문이다. 그러나 경기변동모형은 여전히 금융시장을 배제한 실물 경제변수의 경기순환주기를 설명하기 위해 여전히 활용되고 있거나, 금융시장의 위험을 이해하기 위해 출발하는 준거지점, 즉 베버의 '이상형'으로서의 역할을 하고 있다. 특히 후자의 지점, 즉 메라·프레스캇의 주식자본 프리미엄 논문은 금융시장을 이해하기 위한 기준점(benchmark) 또는 '이상형'으로 삼는 연구의 시작점이라는 이유로 경제학계에서 가장 높은 인용지수를 기록한 논문이 된 것이다.[6] '친절한 파인만씨'가 뉴욕과 로스앤젤레스 간의 약 4,000km의 거리를 사람 머리카락의 굵기의 오차로 예측가능한 모형의 실증성이 아닌, 막스 베버의 '이상형'으로서의 역할여부에 의해 경제학 논문의 '과학적' 가치가 결정되는 것이다. 또한 메라·프레스캇 논문 이후 주식

6 지금은 비록 경제학 최고의 논문 중 하나로 간주되지만, 이 논문이 처음 발표되었을 당시에는 경제학계에서 거의 주목을 받지 못했다. 당연한 결과로 저자들은 당시 최우수 경제 학술지에 논문을 출간하는 데 어려움을 겪었고 결국 1985년 신생 학술지인 "*Journal of Monetary Economics*"에 출간하는 것으로 만족하였다.

자본 프리미엄에 관한 성공적인 논문들 모두 메라·프레스캇의 논문에 비해 그들의 모형 설명력이 향상되거나 진화되었는가를 보이는 방식으로 서술된다. 메라·프레스캇의 논문을 부정의 계기로 삼아 진화되는 양상을 기술할 뿐이다. 단도직입적으로 경제학은 자연과학적 실증·환원의 과학이 아닌, 변증법적 사유의 과학임을 '조명'하고 있는 것이다.

3. 우드포드의 책

2장 2절에서 소개된 새케인즈학파 통화정책이론의 최고 권위자인 미국 컬럼비아 대학의 마이클 우드포드(Micheal Woodford) 교수의 저서나 논문을 읽어보면, 어떤 정형성을 가진 전개구조를 발견할 수 있다.[7] 새케인즈학파 통화정책이론의 핵심인 새케인즈학파 필립스 곡선(2장 2절의 〈그림 3〉)을 본격적으로 분석하기 전에 '신고전파 필립스 곡선'의 분석으로부터 출발한다. 즉 '신고전파 필립스 곡선'을 막스 베버의 의미에서의 '이상형'으로 삼아 부정의 계기를 명시하고 새케인즈학파 필립스 곡선으로 진화하는 사유과정을 '조명'한다. 변증법적 사유를 보여주는 또 다른 실례라 하겠다. 사실 우드포드의 서술형식은 이미 2장 8절에서 지적했지만 『자본론』의 서술방식과 크게 다르지 않

7 예컨대, 우드포드의 명저 『이자율과 가격: 통화정책이론의 기초(*Interest and Prices: Foundations of A Theory of Monetary Policy*)』(프린스턴 대학 출판부, 2003)와 그의 2011년 논문("Simple Analytics of the Government Expenditure Multiplier," *American Economic Journal: Macroeconomics* 3: 1–35)을 읽어보면 여기서 말하는 정형적인 구조를 쉽사리 파악할 수 있다.

다. 즉 기존 고전파 경제학자나 당시 현존하는 경제사상가들의 견해를 테제로 삼아 논박하는 마르크스의 서술방식을 답습한 셈이다.

4. 논란의 2013년 노벨경제학상

영국 ≪파이낸셜 타임즈≫는 2013년의 노벨경제학상 수상자들의 연구업적을 살펴보면 천동설을 주장한 프톨레마이오스와 지동설을 주장한 코페르니쿠스에게 동시에 노벨상을 수여한 것과 다를 바 없다고 평하였다.[8] 2013년에는 재무경제학의 발전에 기여한 공로로 시카고 대학의 유진 파마(Eugene F. Fama)와 라스 피터 한센(Lars Peter Hansen), 그리고 예일 대학의 로버트 실러(Robert J. Shiller)가 노벨경제학상을 수상하였다. 특히 유진 파마는 2장 2절에서 소개되었던 〈그림 7〉의 '효율적 시장 가설' 모형으로 노벨상을 수상하였다. '효율적 시장 가설' 모형을 여기서 다시 한번 복기하면 '오늘' 유입된 정보를 바탕으로 하는 '합리적' 투자자의 예측치는 '오늘'의 주식 가격에 이미 반영되어 있어 '오늘'의 주식 가격에 관한 정보 외에는 '합리적' 투자자의 예측치를 생성하는 데 도움이 되지 않는다. 즉 '역술가'나 '점성술사'가 제공한 정보는 '내일'의 주식 가격을 예측하는 데 전혀 도움이 되지 않는다. 따라서 주식 가격의 운동은 '임의보행'을 따를 수밖에 없다. '효율적 시장 가설' 모형의 또 다른 함의는 주식 가격은 '합리적'으로 예측 불가능하므로 합리적인 투자자라면 어떠한 버블현상으

8 Kay, J. "The Nobel Committee is Muddled on the Nature of Economics," *Financial Times*, October 15, 2013.

로 귀결되는 '투기' 활동에 관여하지 않는다. 반면에 로버트 실러는 금융시장에 광범위한 버블현상이 존재하며, 따라서 '효율적 시장 가설'은 체계적으로 기각되고 있다는 것을 '실증'한 것으로 동시에 노벨 경제학상을 수상하였다. 2013년 한겨레신문은 「논란의 2013년 노벨경제학상」이라는 칼럼에서 "경제학은 역시 엄밀한 과학이 아니라는 비판의 목소리도 높아지고 있다. 사실 과학자의 자세를 버리고 시장을 숭배하는 경제학자들이 여전히 적지 않으며 그 영향력도 지대하다. 아마도 그것이 올해 노벨상이 실러와 파마의 목에 동시에 메달을 걸어 준 중요한 이유일 것이다"라고 결론 내렸다. 졸지에 경제학자는 '과학자의 자세를 버린, 시장을 숭배하는 자'로 치부되어 버린 것이다. 지금까지 이 책을 인내심을 가지고 읽어낸 독자라면 경제학에서 '과학자의 자세'라는 의미가 '어불성설'이라는 것을 즉자적으로 간파했을 것이다. 경제학은 2장 1절의 슈뢰딩거 방정식을 '숭배'하고, '친절한 파인만씨'가 뉴욕과 로스앤젤레스 간의 약 4,000km의 거리를 사람 머리카락의 굵기의 오차로 예측가능한 모형을 자랑하는 데카르트 세계의 과학이 아니기 때문이다. '시장 숭배'를 가능하게 하는 배후의 규범을 주장하는 규범적 모형을 연구하고, 동시에 그러한 규범모형을 '이상형'으로 삼아 끊임없이 '실증'이라는 이름으로 '부정의 계기'를 창조해 내는 변증법적 과학이 바로 경제학이기 때문이다. '합리적 기대'라는 배후의 규범을 설파하여 '시장숭배'가 가능하게 한 파마와 파마의 '이상형'을 '실증'이라는 현실과 대조하여 내재적 비판을 가한 실러는 동시에 노벨상을 수상하는 것이 오히려 자연스러워 보인다. '논란의 2013

년 노벨경제학상'은 경제학이 변증법적 과학임을 재확인하는 '기념비적인 2013년 노벨경제학상'인 셈이다.

5. 루카스의 합리적 기대가설

루카스는 그의 1987년 책 『경기순환 모형(*Models of Business Cycles*)』에서 '합리적 기대'의 개념을 아래와 같이 주장하였다(같은 책 13쪽 주석 4).

> "'합리적 기대'라는 용어는, 이미 무스(Muth)가 사용하긴 했지만, 경제학 모형에 관한 일종의 일관성 공리를 말하는 것이다. 따라서 '합리적 기대'는 특정된 모형의 맥락에서만이 그 정확한 의미가 부여될 수 있다. 내 생각으로는 이런 이유 때문에 합리적 기대를 모형과는 독립적인 방식으로 정의하려는 시도는 공허하거나('사람들은 그들이 가지고 있는 정보를 최대한 활용하여 최선의 행동을 한다') 또는 멍청해 보인다('사람들은 그들이 살고 있는 세계의 진정한 구조를 알고 있다')."[9]

루카스의 '말씀'이 의미하는 것은 '합리적 기대'라는 개념이라는 것이 변증법적 사유에 의하면 존재하는 순간 '부정의 계기'로 펼쳐질

9 원문은 다음과 같다. "The term 'rational expectations', as Muth used it, refers to a consistency axiom for economic models, so it can be given precise meaning only in the context of specific models. I think this is why attempts to define rational expectations in a model–free way tend to come out either vacuous ('People do the best they can with information they have') or silly ('People know the true structure of the world they live in')."

수밖에 없는 운명이기에 철저하게 구체적인 '특수'와 대조하여 분석이 진행되어야 함을 요청하는 것이다. 이때 '합리적 기대'라는 개념은 '특수'를 포괄하는 '보편'이라는 상위개념이 아님을 명심해야 한다. '합리적 기대'라는 '이상형' 개념은 '특수'로 대표되는 특수한 모형과 대조해서 '합리적 기대' 개념 자체가 내포하고 있는 부정의 계기 또는 비동일자 개념을 포착하도록 촉구하는 '발견술적 도구'이며, 따라서 내재적 비판의 수행은 필수불가결하다. '신고전파 거시경제학의 합리적 기대 가설은 인간의 '합리성'을 가정하기 때문에 비현실적이고 비과학적이다'라는 주장은 변증법적 사유에서 볼 때 "멍청해 보인다."

6. 행동경제학

행동경제학의 '실천적 목표'는 바로 신고전파 경제학의 제일원리인 경제인의 합리성 공리가 현실성이 결여되어 있음을 입증하는 것이다.[10] 경제인의 '합리성' 공리가 모순임을 '실증'하기 위해 심리학의 실험방식이 실존적 경제인을 상대로 광범위하게 적용된다. 그러나 위의 '루카스 말씀'에 의하면 경제인의 합리성이라는 개념은 어떤 특정한 경제모형과 무관하게 독립적으로 정의될 수 없다. 합리성 공리를 비판하는 유일한 방법은 철저하게 특정한 경제 모형 안에서 내재적 비판을 수행하는 것이다. 두 번째로 헤겔·아도르노 변증법의 내재적 비판이란 개념 안의 모순을 발견·진화시키는 것이지, 개념과 개념 사

10 Thaler, R. N. *Misbehaving: The Making of Behavioral Economics*. W. W. Norton & Company, 2016.

이에서의 모순을 발견하는 발견술이 아니다. 행동경제학은 경제학 개념과 심리학 개념을 대조시켜 모순을 파악하는 사유과정이므로 변증법적 내재적 비판에서 다소 벗어난다. 세 번째로 행동경제학에서는 실존적 경제인을 자연과학 모형의 분자를 다루듯이 지극히 '실증적' 관점을 고수한다. 경제학의 본질인 규범적 경제인의 정의 및 교화의 과정이 자연스럽게 배제된다. 오히려 신고전파 경제학보다 행동 경제학은 규범성이 결여되어 있다.

7. 음악, 수사, 경제학

제3장에서 경제모형에서의 '규범적 예언'을 아래와 같이 도식화했음을 환기하자.

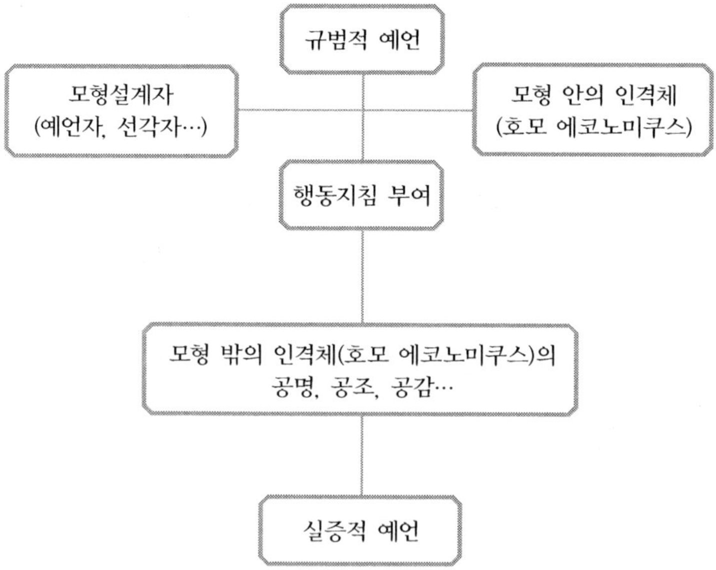

모형설계자가 '주장'한 '규범적 행동지침'에 따라 모형 안에 거주하는 가공의 인격체(호모 에코노미쿠스)가 행동하도록 규정하고, 그 '규범적 지침'에 대해 모형 안의 가공의 인격체, 모형 밖의 실존 인격체 그리고 그 '십계명'을 전파하는 모형 설계자, 삼자 모두 공명, 공감, 공조할 때, 비로소 경제모형의 '규범적 예언' 과 '실증적 예언'은 '합일'의 경지에 이르고 모형의 '실증적 예언력'은 자연과학적 모형의 예측력에 준하게 된다.

이제 음악을 작곡자가 설계하는 '음악모형'으로 간주하고 음악이 선사하는 인간 감성의 규정을 '규범적 예언'이라고 명명하면 음악의 '규범적 예언' 또한 아래와 같이 도식화할 수 있다.

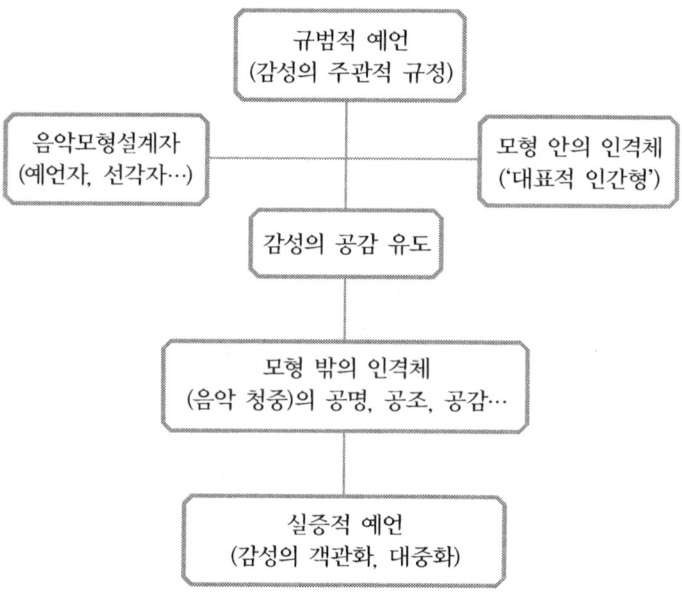

즉 음악모형 설계자라고 불리는 작곡가는 자신이 주관적으로 규

정한 '감성'이라는 개념을 작곡자가 거주하는 당대에 접근 가능한 음악양식(바로크 양식, 고전파 양식, 낭만파 양식 또는 쇤베르크의 무조양식)을 활용하여 '감성'을 음표로 실체화한다. 이때 음악적 양식으로 전환된 작곡가의 주관적 감성은 작곡가가 상상한 '보편적 인간' 또는 '대표적 인간'의 감성으로 객관화하려는 일종의 시도이다. 예컨대 베토벤이 규정한 '감성'은 베토벤의 '감성'이었겠지만 음표로 조직화되는 순간 부지불식간에 베토벤 음악모형이 설계한 모형 안의 가공의 인격체의 '감성'으로 전환된다. 작곡가가 지정하는 '감성'은 일종의 '규범적 예언'이다. 예를 들어 음악적 기호로 표현된 '장대함'이라는 감성과 일반청중이 공조하는 순간, 실존적 인간이 그동안 잠재해 있던 '장대함'의 감성을 깨우거나, 또는 파편적으로 이해하고 있던 '장대함'을 보다 구체적으로 인식하기 때문이다. 이러한 베토벤 음악모형을 감상하는 음악청중이 음악모형안의 인격체의 '감성'과 '공감'할 때 비로소 베토벤의 '감성'은 실존적 인간의 '감성'과 '합일'이라는 '균형상태'에 이르게 된다. 음악모형의 '실증적 예언'인 감성의 객관화, 대중화가 형성되는 순간인 것이다. 아도르노가 표현하길, 음악에서 작곡은 주관적으로 이루어지만 그 속에서 주관적 생산이 소멸함으로써만 성공하는 것이다.

사실 음악의 '규범적 예언'과 '실증적 예언' 간의 관계는 여느 예술 장르에서도 관찰할 수 있는 것이다. 특히 러시아의 사실주의소설의 형식을 보면 음악의 '규범적 예언'과 '실증적 예언' 간의 관계를 보다 직접적으로 표현할 뿐이다. 사실주의 소설모형 안의 '화자'인 규범적 인간과 소설모형 밖의 '청자'이자 '독자'인 실존적 인간인 우리가 대화할 수 있도록 사실주의 소설은 설계되어 있다. 특히 '작가'이자 사실주의 소설모형 설계자인 소설가는 마치 도스토옙스키의 여느 소설처럼 그가 말하고자 하는 규범을 교묘하게 모형의 주인공이 스스로 '발화'하고 독자와 대화하도록 함으로써 부지불식간에 독자인 실존적 인간이 도덕적으로 책임지는 행동에까지 이르게 한다. 모형 속의 화자와 모형 밖의 청자 간에 두 개의 의식, 두 개의 주체의 경계에서 살아 움직이는 대화가 구성되는 것을 문예철학자 바흐친(Mikhail Mikhailovich Bakhtin)은 '대화'로 정의하였다. 사실 바흐친의 '다중목소리' 이론은 소설에만 국한되는 것은 아니다. 2장 4절에 등장했던 '쇼팽의 발라드 4번'에서도 전지적 작가 시점을 가진 작곡가가 청중과 연주자에게 전달하는 '자기목소리'의 일종을 엿볼 수 있다. 135–143 마디 사이에 느닷없이 등장하는 '푸가' 풍(風)의 전개는 바흐의 첫 번째 평균율 클라비어 곡집 1번 C장조의 푸가의 14–17마디에서 두드러진 스트레토(stretto) 기법–푸가에서 주제와 응답 간의 시차를 당겨 주제선율과 응답선율이 서로 겹치는 현상–을 '오마주'한 것이자 '이 곡은 지극히 대위법적이다'라는 쇼팽의 규범적인 '목소리'를 삽입한 셈이다.[11]

단도직입적으로 말하자면 경제학의 전통적인 목적은 교화이다. 이런 면에서 경제모형 또한 베토벤의 음악이나 도스토옙스키 소설과 다를 바 없다. 선악의 기준, 옳고 그름의 판단, 공정, 정직, 합리성 등

11 쇼팽의 '규범적 예언'에 걸맞게 발라드 4번을 연주한 피아니스트로 35세에 요절한 알렉세이 술탄노프(Alexei Sultanov)를 들 수 있다. 임윤찬이 우승하기 전까지 반 클라이번 국제 피아노 콩쿠르(Van Cliburn International Piano Competition)의 최연소 우승자였고, 1995년 쇼팽 콩쿠르에서 우승자 없는 2위를 차지하였으나 수상을 거부하였다.

과 같은 인간의 도덕률을 확립하고 제시하는 교화의 목적이 바로 경제학의 본질적인 속성을 규정한다. 성공적인 경제모형일수록 규범적이고, 규범의 덫을 문 실존적 경제인은 규범에 따라 행동하므로 모형은 결국 실증적이다. 경제모형의 규범과 실증의 관계는 화자와 청자, 작가(음악가)와 독자(청중) 간의 대화와도 같다. 케인즈가 경제학을 모형적 사고의 학문의 정의한 이래로 '85년 동안' 경제학자가 가장 성공적으로 주입시킨 규범은 '합리성'이었고, 의심할 바 없이 가장 성공적인 경제모형 중 하나는 물론 '합리성'에 기반을 둔 '합리적 기대(rational expectations)' 거시모형이었다. 특히 '합리적 기대' 거시모형은 도스토옙스키의 소설처럼 모형 속의 화자와 모형 밖의 청자 간에 "두 개의 의식, 두 개의 주체의 경계에서" 살아 움직이는 대화를 구성함에 따라, 주류경제학자조차도 종종 '합리적 기대'가 '합리적 기대 가설'이라는 규범이었으며, 그것도 '루카스(Lucas)의 합리적 기대 가설'이라는 특수한 규범이었다는 사실을 잊곤 한다.

결론적으로 경제모형의 설계자, 모형 안의 인격체, 모형 밖의 인격체가 삼위일체의 경지에 이르는 '별의 순간'은 지극히 음악적이고, 서사적(내러티브적)이다. 맨더빌의 『꿀벌의 우화』가 현대의 수리적 언어로 표현된 경제모형보다도 더 효과적인 경제모형이었다는 것이 이를 반증한다. 2006년 노벨경제학상을 단독 수상한 미국 컬럼비아 대학의 에드문트 펠프스의 비교적 후기 저작인 『구조적 불황(*Structural Slumps*)』을 읽어보면 비록 수리적 모형을 바탕으로 하지만 '주옥같은'

서사적인 기술과 설명에 의존한다.[12] 디어드리 맥클로스키(Deirdre N. McCloskey)가 그녀의 책 『경제학의 수사』와[13] 『당신이 그렇게 똑똑하다면: 경제전문지식 내러티브』에서[14] 지적했듯이 경제학은 다른 분야와 마찬가지로 수사(rhetoric)에 의지하면서도 그 사실을 인지하지 못하고 있다. 이 책 2장에서 지극히 수리적 언어로 표상되어 있는 실물균형경기변동이론모형을 보다 긍정적 의미의 '자기애'를 가진 '농부의 우화'로 투사시킨 것도 경제 모형이 규범적인 이상 내재할 수밖에 없는 서사적 수사를 조명하기 위함이었다. 동태 계획법(dynamic programming)을 바탕으로 강력한 수리모형을 거시경제학계에 이식시키고 조직화하는 것을 주도한 루카스·프레스캇 모두 사실 강력한 수사를 구사할 줄 아는 '글쟁이'이었다. 루카스·프레스캇 모두 표면적으로는 수리언어를 바탕으로 한 경제학의 '자연과학적 과학성'을 강조했지만, 실은 수리경제모형은 상대방의 주장을 기각시키기 위한 일종의 수사적 도구로 간주하였다.[15] 수리언어로 표상된 경제모형을 현실을 빠짐없이 묘사할 수 있는 과학모형으로 결코 상상하지 않은 셈이다. 물론 프레스캇은 과학자의 흰 가운을 입고 경제학 수업에 나타나 경제학은 이제 과

12 Phelps, E. S. *Structural Slumps: The Modern Equilibrium Theory of Employment, Interest, and Assets*, Harvard University Press, 1994.

13 McCloskey, D. N. *The Rhetoric of Economics*, 2nd Ed., University of Wisconsin Press, 1998.

14 McCloskey, D. N. *If You're So Smart: The Narrative of Economic Expertise*, University of Chicago Press, 1990.

15 루카스·프레스캇이 미국 카네기멜론 대학 교수이었을 당시 카네기멜론 대학에서 수학했던 익명의 제보자의 제보에 근거한 것이다.

학이고 우리 카네기멜론 학생들은 케인즈가 누군지 모른다고 '연기'했지만 말이다. 마지막으로 아도르노가 가장 이상적으로 생각한 변증법 사유를 담을 수 있는 최고의 그릇은 논문이나 수리모형이 아닌 음악이라는 예술양식과 산문이었다는 점을 환기하면, 변증법적 과학의 수호자 경제학이 수사(rhetoric)에 의지하는 것은 '필연적'인 것이다.

8. 밀턴 프리드먼의 법칙

밀턴 프리드먼의 그의 1953년 논문 「실증경제학의 방법론(The Methodology of Positive Economics)」에서 합리적 선택 모형은 터무니없는 심리학에 기초하고 있기는 하지만 그 모형이 예측을 잘하기만 한다면 문제가 되지는 않는다고 주장하였다.[16] 합리성이라는 규범은 실증적 예측을 위한 유용한 허구라는 의견을 제시하는 셈이다. 그러나 이 책에서 수미일관 주장했듯이(특히 위의 '음악, 수사 그리고 경제학' 단락) 경제모형의 실증성은 규범적 예언과 실증적 예언 간의 '대화'에 의존하고 있음을 명시해야 한다. 단순히 '합리성'이나 '합리적 기대'를 유용한 허구로 치부할 수는 없다. 경제학에서 뉴욕과 로스앤젤레스 간의 약 4,000km의 거리를 사람 머리카락의 굵기의 오차로 예측가능한 자연과학적 실증성이야말로 일종의 '유용한' 허구일 뿐이다. 그럼에도 불구하고 밀턴 프리드먼의 법칙은 여전히 변증법적 사유의 세계에 그 존재를 걸치고 있다. 합리적 선택모형은 '이상형'일 뿐이고 그 '이상형'

16 "The Methodology of Positive Economics," in Milton Friedman, *Essays in Positive Economics* (University of Chicago Press, 1953), pp. 3–43.

은 언제든지 처분될 수 있는 발견술적(heuristic) 도구일 뿐이다.

9. 크루셀·스미스 모형과 축구공·축구관중 모형

2장 12절에서 '축구공'의 외생적 순환주기와 축구관중의 파도 타기 응원 모형을 결합하면 〈그림 41〉의 모형과 같고, 〈그림 41〉의 이산시간형(discrete-time) 버전이 거시경제학의 '크루셀·스미스 이질적 경제주체모형(Krusell-Smith Heterogeneous-Agent Model)'임을 설명하였다. 그런데 〈그림 41〉의 '평균장 게임' 모형은 수학적 해가 알려져 있지 않은 '수학난제'에 해당한다.[17] 따라서 〈그림 41〉과 수학적 동형의 관계에 있는 크루셀·스미스 이질적 경제주체모형도 수학적 해가 알려져 있지 않다.[18] 그럼에도 크루셀·스미스 모형은 거시경제학계에서 경제인

17 거시경제학자와 수학자가 공동으로 집필한 논문 「거시경제학의 편미분방정식(Partial Differential Equations in Macroeconomics)」(Achdou et al., "Partial Differential Equations in Macroeconomics," *Philosophical Transaction of the Royal Society*, 2014, 1-19)를 참조하기 바란다. 이 논문의 취지는 미국 클레이 수학연구소의 '수학난제'와 유사하게 거시경제학계의 '수학난제'를 규정하는 데 있다. 크루셀·스미스 이질적 경제주체모형의 수학적 해의 존재여부는 거시경제학계의 여러 '수학난제' 중 하나임을 환기하고자 한다.

18 크루셀·스미스 모형의 불가해성은 2장 12절에서 어느 정도 예견가능하다. 축구관중 개개인이 선험적이고 미래지향적으로 계산가능하고 타인 또한 그러할 것이라는 '메타인지' 능력을 가지고 있을 것이라는 '가설'이 '콜모고로프 함수 연산자'를 이해할 수밖에 없는 문제로 귀결되는데, 문제는 '콜모고로프 함수 연산자'에 관해 우리는 여전히 무지하다. 보다 경제학적으로 진단하면 합리적 기대 가설의 저주일지도 모른다. 축구관중 개개인의 계산능력과 '메타인지' 능력이 바로 해당모형의 합리적 기대가설에서 파생되

의 예비적 저축동기와 경기순환주기 현상을 설명하는 주요 거시경제 모형으로 활용되고 있다. 특히 최근에는 행크모형(Heterogeneous Agent New Keynesian Model의 영어 약자 HANK를 의미한다)이라는 이름으로 크루셀·스미스 모형과 2장 2절의 새케인즈학파 통화정책 모형이 결합되어 그 활용도를 오히려 확대하고 있다. 유체역학의 나비어·스토크스 방정식(Navier–Stokes Equation)의 수학적 해가 알려져 있지 않음에도 불구하고 여전히 유체역학과 관련된 공학적 계산에서 나비어 스토크스 방정식을 활용하듯이 경제학계에서도 크루셀·스미스 모형 또는 행크모형을 컴퓨터 시뮬레이션을 활용하는 공학적 계산을 수행하고 있다. 실제 나비어·스토크스 방정식의 수학적 해의 존재 여부 및 유일해 존재 여부는 미국 클레이수학연구소(Clay Mathematics Institute)가 백만 달러의 현상금을 건 '수학난제(The Millennium Prize Problems)'로 알려져 있다.[19]

기 때문이다. 동태계획법의 '아버지'인 리처드 벨만의 용어에 의하면 '차원의 저주(the curse of dimensionality)'에 해당한다. 축구관중 개개인이 '확률분포의 확률분포'를 계산해야 하기 때문이다.

19 '천재수학자' 테렌스 타오에 의하면 나비어·스토크스 방정식 문제를 풀기 위한 세 가지 '전략'를 고려해 볼 수 있다(Tao, T. *Structure and Randomness*. American Mathematical Society, 2010). 첫 번째 전략은 나비어·스토크스 방정식의 명시적이고 정확한 해를 찾아내는 것이다. 마치 2차 다항식의 근의 공식을 발견하듯이 말이다. 두 번째 전략은 러시아의 '은둔' 수학자 그리고리 페렐만(Grigoriy Perelman)이 또 다른 수학난제 '푸앵카레 추측(Poincaré Conjecture)'를 해결하는 방식으로 물리학의 '전역적으로 통제가능한 물리량'과 유사한 변량개념을 도입하는 것이다. 그리고리 페렐만은 실제 '페렐만 축약형 부피(the Perelman reduced volume)'로 불리는 그와 같은 변량개념을 도입하여 '푸앵카레 추측'을 해결하였다. 세 번째 전략은 첫 번째의 '명시적이고 정확한 해'와 두 번째의 '전역적으로 통제가능한 물리

거시경제모형이 규범적 모형의 범주에서 이탈해서 공학적 모형의 범주에 진입하고 있음을 보여주는 사례라 할 수 있다. 동시에 경제모형문제가 수학적 입장에서 중요한 수학난제로 존재하고 있는 사태를 보여주는 것이기도 하다. 거시경제모형이 너무나도 자연과학 분과의 모습으로, 공학적 속성으로 진화하고 있음을 보여주는 사태인 것이다. 물론 경제학이 변증법적 과학이라는 사실은 변하지 않는다. 가장 비변증법적 위치에 있더라도 여전히 변증법적 부정의 계기를 발동시키고 극복해야할 '이상형' 모형으로 간주할 수 있기 때문이다.

10. 흑점이론

2장 4절 '쇼팽의 발라드 4번'에서 이미 소개했듯이, 흑점이론(sunspot theory)이란 실제 거시경제의 성장과 경기변동은 자본량, 생

량' 그리고 '국소적으로 교란가능한 해'의 존재를 배격하는 가운데 새로운 문제해결방식을 찾는 것이다. 첫 번째 전략은 인도의 전설적인 수학자 스리니바사 라마누잔(Srinivasa Ramanujan)처럼 꿈속에서 여신이 알려주지 않는 이상 불가능해 보인다. 두 번째 전략은 '에너지량' 개념에 버금가는 새로운 '전역적으로 통제가능한 물리량' 개념을 물리학자의 직관으로 발견하는 것과 다를 바 없다. 페렐만이 '푸앵카레 추측'의 해결에 관해 미국에서 강연했을 때 위상수학(topology) 기법이 아닌 물리학을 응용한 것과 같은 페렐만의 설명에 좌절감을 느낀 위상수학자의 심정과 다를 바 없는 셈이다. 사실 페렐만은 매우 '운이 좋은' 수학자에 속한다. 그의 '페렐만 축약형 부피' 개념은 미국 컬럼비아 대학의 저명한 수학자였던 리처드 해밀턴(Richard S, Hamilton, 2024년 작고)이 발전시킨 '리치 유량(Ricci Flow)' 방정식 덕분에 발견 가능했다. 따라서 남은 전략은 세 번째 전략인데 세 번째 전략의 정의가 바로 지금까지 그나마 가능했던 수학적 해법을 배격하는 새로운 접근이므로 나비어·스토크스 방정식 문제는 진정한 '수학난제'인 셈이다.

산성, 기술의 발전 등과 같은 거시경제의 기초경제요인에 의해서 결정된다고 기대하는 것이 '합리적 기대'임에도 불구하고, 경제의 기초요인과는 무관한 '우발적 사건'을 기초로 거시경제의 성장과 경기순환이 좌우될 수 있다는 경제인의 믿음체계를 배제할 수 없다는 것을 주장하는 이론이다. 은유적으로 서술하자면 '태양의 흑점'의 크기변동에 따라 거시 경제의 성장, 변동주기가 결정될 수 있다는 믿음에 근거하여 경제주체들이 행동하는 것을 말한다.[20] 더욱이 1983년 데이비드 카스(David Cass)와 칼 셸(Karl Shell)은 '태양의 흑점'에 근거한 믿음체계가 루카스가 규정한 합리적 기대의 범주에서 배제할 수 없음을 증명하였다.[21] 2장 10절에서 묘사된 겸양의 미덕과 합리적 기대의 화신인 농부조차도 '태양의 흑점'이나 본인의 '사주명국'(2장 11절) 통변을 바탕으로 거시경제의 성장과 경기순환이 좌우될 수 있다고 믿을 뿐만 아니라, 이 믿음이 사실 합리적 기대일 수 있다는 것이다. 그리고 '태양의 흑점'에 근거한 합리적 기대의 후과는 보통 '자기실현적 예언(self-fulfilling prophecy)' 또는 '자기실현적 기대(self-fulfilling expectations)'로 '실현'된다. '흑점'에 관한 믿음이 실제 실현되는 것이다. '합리적 기대'에 속하기에 '흑점'에 의한 자기실현적 기대로 인한 경제의 변동성 증가는 우리가 불가피하게 공존해야만 하는 '경제요인'인 것이다. 또한 '합리적 기대'로 인한 변동이기에 '내생적'이기도 한 것이다.

20 그러나 19세기 저명한 경제학자 제본스(William Stanley Jevons)는 태양의 흑점을 경제의 농업생산성에 영향을 주는 실물기초경제요인으로 간주하였다.

21 카스·셸의 논문 『흑점은 유의미한가?(Do Sunspots Matter?)』(*Journal of Political Economy* 91, 193–227)를 참조하기 바란다.

모든 개념은 부정의 계기가 있기 마련이고 내재적 비판으로 그 모순을 조명하고 극복해야 하는 것이 일종의 의무로 간주하는 것이 변증법적 사유임을 지금까지 강조해 왔다. 흑점으로 인한 자의적 자기실현적 예언이 합리적 기대의 일종일 수 있다는 것이야말로 이러한 변증법적 개념의 운동을 구체적으로 보여주는 사례라 할 수 있겠다. 실물균형경기변동모형이 '합리적 기대 가설'을 통해 루카스 비판을 확장하고 극복하기 위해 개발된 이론임을 감안하면, '합리적 기대'를 바탕으로 한 실물균형경기변동모형에서의 흑점으로 인한 자기실현적 기대 및 예언의 개연성을 '발굴'해 내는 것은 바로 '부정의 계기로 인한 (진테제) 개념의 핵분열'로 표상되는 변증법적 사유 운동을 '즉자적'으로 보여주는 것이다. '루카스의 비판의 비판의 비판'으로 진화해 가는 변증법적 개념의 운동이 '구체적'으로 실현됨을 보여준다. 그리고 이 개념의 운동은 영속적이다.

다시 실물균형경기변동모형으로 돌아가서 이제 이러한 변증법적 개념의 운동의 연장선상에서 우리가 반드시 짚고 넘어가야할 문제가 있다. '자기애'와 합리적 기대의 '환희'를 만끽하는 모범적 농부로 구성되어 있는 '농부의 세계'와 다를 바 없는 실물균형경기변동모형의 세계에서 '태양의 흑점'이나 본인의 '사주명국' 통변을 바탕으로 거시경제의 성장과 경기순환이 좌우될 수 있을지 모른다는 지극히 '비합리적'으로 보이는 '합리적 기대'를 실물균형경기변동모형의 세계에서 과연 배제할 수는 없을까? 2장 10절 실물균형경기변동이론에 의하면 강력한 규범적 존재인 대표적 경제주체가 실물균형경기변동모형의 세계에 반드시 존재하기에, 토마스 정리에서 비롯된 (자의적인) 자기실현적 예언은 통제될 수 있음을 주장하였다. 그러나 위의 카스·셀의 '흑점' 정리에 의하면 루카스의 '합리적 기대'를 가진 경제인으로 구성된 어떤 구조적 경제모형도 흑점으로 인한 무수한 자기실현적 예언이 존재할 수 있다는 사실을 선험적으로 배제하지 못한다.

그런데 실물균형경기변동모형의 세계에서는 1인당 평균 소비량을 소비하는 '대표적 경제주체'가 자신의 평생기대효용을 극대화할 수 있도록 시장제도를 마련하는 것이야말로, '가공의 정책당국자'가 거시경제 전체 구성원의 후생을 극대화할 수 있는 (유일한) '효율적' 방법임을 설명하였다. 이러한 '가공의 정책당국자'가 〈그림 33〉과 같이 대표적 농부가 '자기애'에 충실하고 자기 선택을 최적화하여 성장하도록 돕는 상태를 경제학에서 '파레토 효율성(Pareto Optimality)'의 균형상태라고 부른다. 그렇다면 우리의 의문을 이제 다음과 같이 재규정할 수 있을 것이다. 합리적 기대를 가진 농부들이 살고, '가공의 정책당국자'가 유도하는 '파레토 효율성'의 상태에 있는 마을에서 과연 흑점으로 인한 무수한 자기실현적 예언이 존재할 수 있을까?

애당초 '자기애'의 화신인 '대표적 농부'의 도덕률이 국가경제가 자의적인 자기실현적 예언에 의해 영향 받지 않기 위한 '합목적성'으로 고안되었다는 것을 감안한다면, 그리고 그 규범적 안전장치가 작동한다면, '태양의 흑점'에 관한 믿음으로 비롯되었던, '자기 언급'의 총체화(토마스 정리)로 비롯되었던 간에 그 일차적 원인과는 관계없이 '대표적 농부'의 규범과 맞지 않는 자기실현적 예언은 결과론적으로 실현될 수 없을 것이다. 그러나 카스·셀의 '흑점' 정리가 주장하는 바는 '합리적 기대'라는 규범적 장치가 경제모형 안에 설정되어 있더라도 흑점으로 인한 믿음을 배제할 수 없고 그 믿음 자체를 '합리적 기대'와 구분할 수도 없다는 것이다. 즉 흑점으로 인한 믿음 자체도 '합리적 기대'로 간주된다. 따라서 '자기애'로 충만한 '대표적 경제주체(농부)'가 '합리적 기대'라는 규범에 따라 행동하더라도 반드시 '흑점'에 의존하여 의사 결정하는 것을 배제할 수 없음을 의미한다. 설사 그 '대표적 경제주체'가 그의 사주명조의 운에 관한 정보에 준해서 경제활동을 수행한다고 해서 그를 '합리적 기대'라는 규범을 위반하고 있다고 말할 수 없다는 것을 함의한다. 카스·셀의 '흑점' 정리에 의하면 본인 사주 명조가 말하는 운명에 따라 충실히 경제활동을 하는 경제인 또는 점집의 운명 '통변' 및 조언에 따라 경제의사결정을 내리는 것은 '합리적 기대'라는 규범의 범주에 속하는 것이다. 만일 여러분이 특히 중요한 투자 결정을 앞두고 점집을 방문하여 조언을 구하고 있다면 '합리적 기대'에 걸맞는 '합리적' 행동임 셈인 것이다. 2장 11절의 '명리학은 미신인가? 과학인가?'라는 의문에 관해 카스·셀의 '흑점' 정리는 '명리학은 합리적 기대의 범주에 속하는 믿음이다'라는 지극히 선문답 같은 답을 내 놓는다. 미신이든 과학이든 '흑점'의 자격을 갖추고 있기 때문이다. '합리적 기대 가설'의 '루카스 비판'이 바로 카스·셀의 '흑점' 정리가 되는 셈이다. 이 지점에서 우리는 '개념의 모순과 핵분열'을 보게 된다.

또한 '규범'이 아닌 것이 '규범'을 규정하지 않음을 본다. 즉 '규범'

이 아니라고 믿어지는 것도 '합리적 기대'라는 규범에 속하기 때문이다. 이런 의미에서 카스·셸의 '흑점' 정리 내용 자체 또한 지극히 '변증법'적이다. 규정적 부정(bestimmte Negation)에 의해 '합리적 기대'를 규정할 수 없기 때문이다. 규정적 부정이란 어떤 것이 자신의 존재 규정을 얻기 위해서는, 그 자신이 아닌 것과의 부정적 관계 속에서 비로소 자신의 규정을 정립할 수 있다는 것을 말한다. 환언하면 카스·셸의 '흑점' 정리가 보여준 것은 '합리적 기대'가 아닌 '미신' 같은 것도 '합리적 기대'를 규정한다는 점에서 규정적 부정의 법칙을 모호하게 만든다. 그러나 카스·셸의 '흑점' 정리의 변증법적 면모는 여기서 그치지 않는다. 카스·셸의 '흑점' 정리에 의하면 '파레토 효율성'이라는 '특수'가 '합리적 기대'라는 규범적 장치와 매개되어 있을 때는 '흑점'과 매개되는 무수한 자기실현적 예언은 '합리적 기대'로 실현될 수 없음을 증명하였다. 따라서 2장 10절 농부들의 세계는 진실로 농부의 미덕이라는 규범이 실현되는 세계인 것이다. 즉 2장 10절의 실물균형경기변동의 모형세계에서는 흑점과 결부된 자기실현적 예언은 존재할 수 없다. 동시에 실물균형경기변동이론은 지극히 '특수'의 범주에 속하는 것이다.

11. 흑점이론과 축구모형

5장 10절 흑점이론에서 대표적 경제주체가 존재하는 실물균형경기변동모형에서는 흑점으로 인한 임의의 자기실현적 예언은 존재할 수 없음을 관찰하였다. 그렇다면 명백히 '대표적 경제주체'로 표상할 수 없는 2장 12절의 축구모형 즉 이질적 성격을 가진 경제주체의 모형에서는 태양의 흑점'이나 본인의 '사주명국' 통변을 바탕으로 거시경제의 성장과 경기순환이 좌우될 수 있다는 합리적 기대를 과연 배제할 수 있을까? 그런데 크루셀·스미스 모형의 예에서 보았듯이 축구모형의 가장 '축약된' 형태인 축구공·축구관중 모형조차도 수리 과학적 모형으로 이해하는 것이 극단적으로 어렵다. 또한 축구 경기의 동학을 축구공의 확률과정으로 압축해 버리는 통에 축구 경기의 진수인 축구선수들의 화려한 드리블이나 슛의 행위는 생략되어 있다. '메시'나 '손흥민'이 없는 축구모형인 것이다. 따라서 이제 축구모형의 초점을 축구 경기 자체에 두고 논의를 진행해 보자. 폰 노이만·모르겐슈테른의 『게임이론과 경제행동』에서 경제활동 대부분이 게임으로 규정될 수 있고 임의의 게임을 분석함으로써 경제활동을 이해할 수 있다는 전제하에서 분석을 수행했듯이, 여기서도 축구 경기도 하나의 경제균형상태라는 전제하에서 논의하고자 한다. 우선 호프스태터가 간파했듯이, 상대방 축구팀은 파라미터로 간주한다. 따라서 축구공이 '우발적'으로 우리 팀의 소유가 됨에 따라 공격을 진행하고 반면에 '우발적'으로 축구공이 상대방 팀의 소유로 넘어감에 따라 수비를 해야만 하는 우리 팀의 상황에 초점을 두고자 한다. 축구공의 소유를 11명으로 구성된 우리 경제에 도달한 새로운 기술의 발견이나 사업기회의 획득으로 이해하고 축구공의 분실을 사업기회를 활용하지 못했거나 새로운 기술개발의 실패로 보면 〈그림 40〉이 결과론적으로 표상하듯이 11명으로 구성된 경제의 경기순환주기로 이해될 수 있다. 그리고 이 11명의 '경제'는 정의 그 자체로 단 한 명의 대표적 경제주체로 표상될 수 있는 경제가 아니다. 이 가공의 '경제'를 마치 하나의 '유사 대표경제주체'가 존재하는 것처럼 만드는 방법 중 하나는 '팀보다 위대한 선수는 없다'라는 정신으로 한 팀으로 만들 능력이 있는 유능한 '축구감독'이 존재하는 것이다. 즉 '축구감독'의 유능함 정도에 따라 11명의 선수로 구성된 팀은 마치 하나의 집단지성을 가진 '경제주체'처럼 움직일 수도 혹은 그렇지 않을 수도 있다.

〈그림 51〉은 2002년 한국 국가대표 축구팀의 히딩크 감독이 2002년 월드컵에서 활용한 '소시오그램'이다.[22] '소시오그램'이란 축구경기 중 축구선수들 사이 '최적'의 의사소통이 가능하도록 하는 심리적 거리 및 물리적 거리를 동시에 측정하는 '네트워크 모형'의 일종이다. 11명의 선수가 히딩크 감독의 '소시오그램'이 의도한 대로 〈그림 51〉에서와 같이 실제경기에서도 그물망처럼 연결되어 있다면, 실물균형경기변동모형에서의 규범적 경제인처럼 '유사 대표적 경제주체'로 육화될 수 있을 것이다.

22 〈그림 51〉은 『12가지 코드로 읽는 대한민국 축구』(김용진·김형석·주세형·이용수, 나무와 숲, 2016)에서 발췌한 것이다.

선수 위치에 따른 기능적 관계　　　　선수들의 상호 소통 관계

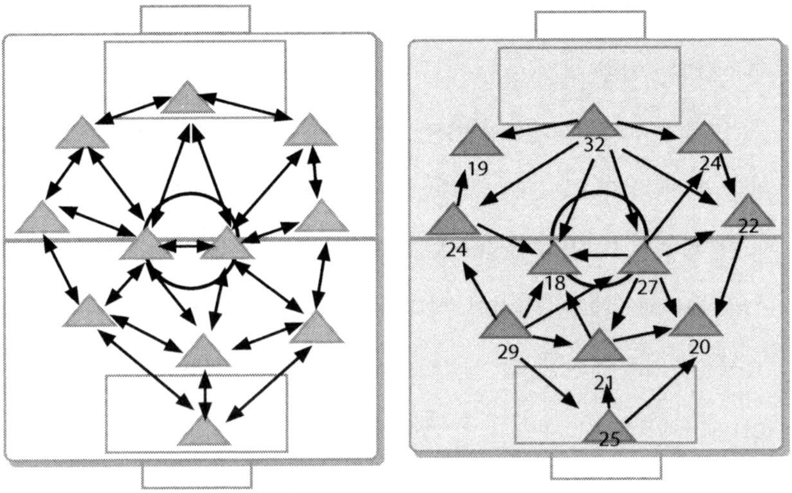

2002년 한국 축구대표팀의 의사소통을 나타낸 소시오그램

〈그림 51〉

'동어반복(tautology)'의 위험을 감수하더라도 강조하고 싶은 것은 이 11명의 '축구경제'와 2장 10절의 '농부의 마을'과의 결정적 차이는 '축구감독'은 '농부의 마을' 배후에서 보이지 않는 손놀림을 하는 '가공의 정책당국자'가 아니라는 점이다. 즉 정책당국자의 손놀림은 언제든지 노출될 수밖에 없는 세상의 존재이다. '축구경제'에서는 더 이상 보이지 않는 손은 존재하지 않는다. 더군다나 '축구감독'이 2장 10절의 '가공의 정책당국자'처럼 농부의 미덕을 소리 소문 없이 구현할 것이라는 어떤 사전적 확신도 없다. 일단 축구감독은 선수(농부)가 아니다. 또한 축구감독은 무능과 탐욕이 만들어낸 수많은 '흑점들'에 의해 그들 스스로가 자승자박 식으로 조종당할 수 있는 개연성을 배제하

지 못한다.[23] 따라서 '가공의 정책당국자'가 농부들 각자가 '자기애'의 발로로 자기 선택을 최적화하도록 돕는 '파레토 효율성'의 균형상태를 기대하기는 어려울 것이다.

여하튼 11명으로 구성된 이질적 경제주체 간에 벌어지는 게임의 결과(형식적 용어로는 게임의 해)를 이제 경제의 '균형상태'로 투사하고자 한다. 2장 10절의 실물균형경기변동모형에서와 같이 11명의 '상태'를 ω라고 표기하자. 여기서 '상태' ω는 임의의 시점 t에서의 11명 각 선수들의 최적 선택과 그 시점에 축구선수에게 발생한 모든 외생적인 충격에 관한 정보, 그리고 축구팀 전체 선수들 건강상태에 관한 분포 정보 등을 포함한다. 즉 ω는

> ω = ('윙어'의 최적공격활동선택, '윙어'의 최적수비활동선택, '미드필더'의 최적공격활동, '미드필더'의 최적수비활동선택…; 축구감독의 전술지시, 축구팀 전체의 체력상태 분포, '골키퍼'의 건강문제에 관한 정보, 'z_t축구공'의 충격에 관한 정보…)

로 이해될 수 있겠다.[24]

---

23 2024년 7월 26일 시점을 기준으로 대한축구협회의 축구대표감독 선임으로 인한 논란을 고려하면 축구감독을 순진하게 '가공의 정책당국자'로 상정하기는 어려워 보인다.

24 현시점에서 세계 최고의 감독으로 평가받는 펩 과르디올라의 소위 '포지션 플레이(Position Play)' 개념은 여기서 상정한 '상태변수'인 ω를 매 시간별로 정의하는 것과 다를 바 없다. 즉 각 선수의 위치를 선택지의 개념으로 좌표화하는 것이다. 물론 이러한 선택지의 좌표화는 리누스 미헬스(Rinus Michels)와 요한 크루이프(Johan Cruyff)가 발전시킨 소위 '토탈 사커'의 맥

일단 '상태' 변수 ω를 앞서 논의한 바와 같이 형식화할 수 있다면, 여기서 고려된 축구게임의 해는 '정상적 마코프 균형(stationary Markov equilibrium)'의 상태에 이른다는 것을 입증할 수 있다.[25] 물론 1994년 더피 · 지나코플로스 · 매스콜렐 · 맥리난의 논문의 어떤 가정 하에서 말이다.[26] '정상적 마코프 균형'이란 요컨대 임의의 시점 t에서의 게임의 해를 '상태' ω로 표현하고 그 다음 시점 (t+1)의 게임의 해를 ω이라고 하면 ω와 ω 사이에는 마코프 전이 상태의 확률과정이 존재함을 뜻한다. 마코프 전이 상태를 쉽게 설명하자면 예컨대 〈그림 7〉의 '효율적 시장 가설'처럼 '오늘' 유입된 정보를 바탕으로 하는 '합리적' 투자자의 예측치는 '오늘'의 주식 가격에 이미 반영되어 있어 '오늘'의 주식 가격에 관한 정보 외에는 '합리적' 투자자의 예측치를 생성하는 데 도움이 되지 않도록 경제균형이 결정되는 것을 뜻한다. 즉 시장가격체계가 경제의 기초 요인인 자본, 소비자의 선호, 그리고 (생산)기술수준 등과

락에서 구현되는 것이다. 또 다른 세계적 명장인 조세 무리뉴의 '전술 주기화(Tactical Perioization)' 축구 훈련 방법론도 축구모형에 '상태변수' ω를 이식시키는 방편 중 하나이다. 예를 들어 축구경기의 상태를 우리 팀이 공을 확고히 소유하고 있을 때의 '공격 대형(Attacking Organization)'과 상대 팀이 확고히 공을 소유하고 있는 '수비 대형(Defensive Organization)'으로 구분한다. 또한 우리가 공격 중에 공의 소유권을 잃어버리는 전이 상태인 '수비 전환(Defensive Transition)' 그리고 상대방이 공격 중 우리 팀이 공의 소유권을 되찾는 상태인 '공격 전환(Attacking Transition)'를 상태를 정의한다. 결국 세계적 축구 감독들은 이미 '정상적 마코프 균형'을 달성하는 그들 자신만의 축구모형을 가지고 있음을 짐작할 수 있다.

25 '균형'이기 때문에 1장 주석 6에서 지적했듯이 동시에 일종의 '고정점 정리(fixed point theorem)' 관계를 만족해야 한다는 것을 입증해야 한다.

26 Duffie, D., Geanakoplos, J., Mas-Colell, A., and McLennan, A. "Stationary Markov Equilibria," *Econometrica* 62 (1994): 745–781.

같은 정보를 모두 반영하고 있어 경제인은 자의적이고 비용을 부담하는 정보취득활동에 관여할 이유가 없다. 이러한 경제균형 상태가 바람직한 이유는 물론 자의적인 '흑점'—대표적인 '흑점'의 예는 주술이라는 것을 기억하자—에 의존하여 이루어지는 경제활동이 야기하는 투기행위 및 자산거품의 현상과 같은 '흑점 균형'이나 혹은 '흑점 경기변동(sunspot fluctuation)' 현상이 사전적으로 발생하지 않기 위한 '최소한'의 안전장치이기 때문이다. '정상적 마코프 균형상태'에서는 경제활동을 영위하는 모든 경제인이 순한 양처럼 '거스 히딩크'라는 이름을 가진 '목민관'의 방향지시에 따라 이동할 뿐이다.

따라서 '정상적 마코프 균형'의 존재가 함의하는 바는 '대표적 경제 주체'를 표상할 수 없는 이질적 경제주체의 모형에서 '흑점균형'과는 무관한 그야말로 '정상적(正常的)'인 경제균형이 가능함을 의미한다. 그리고 이 '정상적(正常的)'인 '정상적 마코프 균형'에서는 '축구감독'의 눈에 띄는 손놀림이 균형상태에서 중요한 부분을 차지하고 있음을 잊어서는 안 된다. 이는 농부 각자가 '가공의 모범농부'를 모범삼아 자의적인 자기실현적 예언을 배격하는 자율적인 자정체계를 이루는 '농부의 마을'에서의 균형과는 사뭇 다르다. '농부의 마을'에 파견된 목민관처럼 축구감독은 여기저기 출몰하고 간섭한다. 물론 선의의 간섭이자 선의의 오두방정이라는 전제가 깔려 있다.

사실 선의를 가진 목민관이 언제든지 우리 곁에 있다면 토마스 정리가 말하는 자의적이고 파괴적인 자기실현적 예언을 걱정할 이유도 없고 '흑점 균형'도 걱정할 이유도 없을 것이다. '축구경제'에서의

'정상적 마코프 균형' 개념은 어찌 보면 상식적 개념에 지나지 않는다. 그러나 '쌀로 밥 짓는 소리'에 가까운 '목민관' 혹은 '축구감독' 개념이 거시경제학에서는 중추개념의 위치를 차지하고 있다. 특히 '흑점균형'이나 '흑점경기변동'의 맥락에서는 말이다. 감히 '과잉단순화'의 위험을 감수하고 말한다면 '축구감독'은 '중앙은행' 혹은 '통화정책당국자'의 은유가 된다. 즉 '중앙은행'은 '흑점경기변동'의 위험에서 우리를 보호하고자 하는 최후의 보루라는 점에서 그 존재이유를 찾는다. 11명의 이질적 존재들을, 하나의 집단지성을 가진 '유사 대표경제주체'로 결집하게 하는 '축구감독'이 바로 '중앙은행'이 존재해야 하는 이유를 상징하는 것이다. 새케인즈학파의 거두인 컬럼비아 대학의 우드포드 교수가 흑점이론 연구로 경제학자의 경력을 시작했다는 사실은 결코 우연이 아니다. 현대 통화정책 이론의 중추를 이루는 새케인즈학파에서의 중앙은행의 존재이유는 바로 경제의 흑점균형을 미연에 방지하는 것에 있다고 말해도 과언이 아닐 것이다. 1986년 그의 논문 「정상적 흑점 균형(Stationary Sunspot Equilibria)」에서[27] 우드포드 교수는 "(흑점균형의) 존재결과는 미래가 불확정적인 경제에서의 투기적 불안정성에 관한 이론을 전개하는 데 기여하며, 반면에 (흑점균형의) 국소적(local) 비존재 결과는 투기적 불안정성으로 야기되는 경기변동을 방지하려는 거시안정화 정책(stablization policy)에 관한 이론을 전개하는 것과 관련성이 있다"고 논문 서두에서 주지하였다.[28] 실제 현대 중

---

27 Woodford, M. "Stationary Sunspot Equilibria," Columbia University Working Papaer, 1986.

28 우드포드 교수의 「정상적 흑점 균형(Stationary Sunspot Equilibria)」 논문

앙은행의 전형적인 통화정책인 이자율 정책의 본 의도는 선제적인 이자율을 책정함으로써 시장참여자의 '합리적' 기대를 흑점균형의 정반대편 세상으로 선도하는 데 있다. 1987년에서 2006년까지 미국 연방준비제도 이사회 의장을 역임했던 그린스펀(Alan Greenspan)의 유명한 조어인 "비이성적 과열(Irrational Exuberance)"은 그가 금융시장 과열에 직면하여 시장참여자의 기대를 역시 흑점균형의 정반대편 세상으로 유도하도록 활용한 일종의 기대심리 관리(expecations managment) 장치이다. 2008년 금융위기 이후 논의되었던 '포워드 가이던스(Forward Guidance)' 정책도 근본적으로는 앞서 인용한 우드포드 교수의 촌평에서 크게 벗어나지 않는다. '흑점균형의 국소적 비존재결과'를 확정하는 것이 바로 현대통화정책 혹은 거시안정화정책의 목표인 것이다.

소결하면 이장에서 고려한 '축구경제'가 '정상적 마코프 균형'을 달성하는 한, 비록 '축구감독'의 현란한 손놀림을 마지못해 볼 수밖에는 없지만, '농부의 마을'처럼 경제는 "투기적 불안정성"에서 벗어나는 어떤 균형상태를 향유할 수 있다.

그런데 변증법적 사유의 세계에서의 개념은 늘 '부정의 계기'가 있기 마련이다. '정상적 마코프 균형'의 개념도 예외가 될 수 없다. 비동일자의 계기로 핵분열 할 수밖에 없는 운명론적 선상에 있다고 우리 귀에 속삭인다. 이제 임의의 시점 t에서의 게임의 해 ω를 다음과 같이 표현해 보자.

은 경제학계에서 가장 유명한 조사·연구 보고서 중 하나이다. 즉 곁어에서 잠시 다룰 '천민과학주의'의 추종자 '천민 과학자'나 '천민 공학자'가 그토록 목메는 논문인용지수인 'h-index'가 없는 논문이다.

ω = {선수 개개인들의 최적 선택결정; 개개인의 건강상태, 팀 전체의 체력상태 분포, 감독의 전술지시 등}×{축구공'의 충격에 관한 정보}

= x×s

요컨대 게임의 해 ω를 선수 개개인들의 최적 선택결정들의 모임, 그 최적 선택을 할 때 참고하는 개개인의 건강상태, 팀 전체의 체력상태 분포, 감독의 전술지시 등의 모임 모두 x로 통칭하고 축구공의 외부간섭 상태를 s로 표현하면 ω는 x×s로 최종적으로 표현 가능하다. 즉 게임의 해 ω를 단지 어떤 순서를 정리해서 재배열한 것뿐이다. 더피·지나코플로스·매스콜렐·맥리난은 동일한 논문에서 다음과 같이 놀라운 결과를 얻어낸다(〈그림 52〉).

• '흑점(sunspot)'의 존재 정리:

임의의 경제(게임)에서 '정상적 마코프 균형(stationary Markov equilibrium)'이 존재한다고 가정하자. 임의의 시점 t에서의 균형상태를 $\omega_t = \chi_t \times s_t$라 하면 다음 시점 $t+1$의 균형상태 χ_{t+1}를 어떤 함수 f에 관하여 아래와 같이 표현할 수 있다.

$$x_{t+1} = f(s_{t+1}, \alpha_{t+1}, \omega_t).$$

여기서 α_{i+1}는 [0,1] 사이의 값을 취하고 균등분포를 가지는 독립동분포를 형성하는 확률변수이다. 즉 임의의 확률변수 α_{i+1}에 의해 t+1의 균형상태 χ_{t+1}가 영향받는다. 따라서 즉 임의의 확률변수 α_{i+1}는 '흑점'이다.

〈그림 52〉

즉 다음 시기의 균형상태 x_{t+1}는 '갑자기 튀어나온' 임의의 확률변수 α_{t+1}에 의해 간섭받는다.[29] 즉 확률변수 α_{t+1}는 경제게임의 기초적 요인을 표상하는 균형상태 또는 해인 $\omega = x \times s$와는 무관한 변수이다. 즉 축구 경기나 경제를 좌우하는 펀더멘탈 요인과 무관한 '흑점'의 상태로 식별된다. 함수관계 f의 존재가 의미하는 바는 축구선수들이 선택하는 최적행동이 축구 경기와는 무관한 '막연한 믿음'이나 '소문' 또는 '점술'에 의지하여 결정된다는 것을 배제하지 못한다는 것을 뜻한다. 함수관계 f 결과물인 균형상태 x_{t+1}는 정의상 축구선수의 최적결정으로 이루어져 있다는 것을 주지한다면, 함수관계 f를 통해 '태양의 흑점'이나 '별자리' 요인인 α_{t+1}가 결국 축구선수의 최적 행동 결정인 x_{t+1}에 영향을 미친다. 예컨대 2002년 월드컵 이전의 한국 국가대표 팀은 특히 유럽팀을 상대로 급작스럽게 무너지는 모습을 자주 보여주곤 했다. 히딩크는 이러한 한국선수들의 막연한 '공포감'을 '유럽 축구에 대한 과도한 존중심'으로 표현했다. '한국 선수는 힘으로 유럽 선수를 압도할 수 없다'는 우리의 선입견이 태양의 흑점처럼 작용하여

29 〈그림 52〉의 '흑점' 존재정리의 핵심은 바로 '갑자기 튀어나온' 임의의 확률변수 α_{t+1}의 존재를 확정하는 것이다. 더피·지나코플로스·매스콜렐·맥리난의 논문에서는 교과서적인 '스코로호드 정리(Skorohod Theorem)'로 증명한다(교과서적 '스코로호드 정리'에 관해서는 빌링스리(Billingsley)의 확률론 교과서인 『확률과 측도론(Prbability and Measure)』를 참조하기 바란다). 그러나 '갑자기 튀어나온' 흑점 α_{t+1}의 존재를 규명하기에는 블랙웰(Blackwell)·더빈스(Dubins)의 '스코로호드 표현 정리'가 더 바람직해 보인다(Blackwell, D., and Dubins, L. E. "An Extension of Skorohod's Almost Sure Representation Theorem," *Proceedings of The American Mathematical Society* 89 (1983): 691–692 참조).

만들어낸 일종의 자기실현적 예언이 작동한 것이다.[30]

결론적으로 '정상적 마코프 균형'의 개념도 비동일자의 계기로 핵분열 할 수밖에 없는 셈이다. 불과 11개의 이질적 성분이 존재하는 경제(게임)조차도 경제의 균형 또는 게임의 해는 '태양의 흑점'에 의해 언제든지 간섭받을 수 있다. 규범적 대표경제주체가 사라지는 순간, 보이지 않는 손이 보이지 않는 순간, 애덤 스미스나 실물균형경기변동이론가가 그토록 염려했던 '흑점'의 시간을 맞이할 수밖에 없다. 임의의 경제를 '정상적 마코프 균형'이라는 프로크루테스적 침대에 깔끔하게 끼어 넣는 것은 사실상 불가능한 것처럼 보인다. 문예철학자 바흐친의 세균학적 은유를[31] 비틀어 표현하자면, '흑점'은 병적인 경제 신체 안에 기생하는 '항체(抗體)'로서 항상 경제 신체를 내부에서 파열시킬 수 있는 위협적 존재이다. '흑점'은 필사적으로 대립관계를 형성하는, 그러나 공존이 불가피한 존재임을 인정할 수밖에 없다. '흑점'의 존재야말로 경제모형의 변증법적 면모를 다시금 확인시켜 준다.

30 물론 한국 국가대표 축구팀의 '유럽팀에 대한 과도한 존경심'을 혁파하기 위해 히딩크가 구사한 해법은 바로 한국 국가대표 축구팀의 기초체력수준을 끌어올리는 것이었다. '미신'과 정반대의 상황을 입증함으로써 그러한 '미신'을 극복하고자 했다. 이는 사실 로버트 K 머튼이 토마스 정리에 의한 자기실현적 예언의 부정적 영향력을 상쇄하기 위한 해법과 유사하다. 즉 부정적 자기실현적 예언의 제일원인이 되는 '믿음'과 상반되는 상황을 적극적으로 조성하는 것이다. 예컨대 소수인종 우대정책이나 여성할당제 등이 바로 '소수인종이나 여성은 특정 직무에 적합하지 않다'라는 선입견에서 출발한 자기실현적 예언의 악순환 고리를 혁파하기 위한 시도이다.

31 Gardiner, M. "Bakhtin's Carnival: Utopia as Critique," *Utopian Studies* 3 (1992): 21–49.

이 절을 끝마치기 전에 마지막으로 확인해 볼 문제가 있다. 만일 '흑점'이라는 것이 '반신체'로 경제의 신체 내부에 기생할 수밖에 없는 양가적 존재라면, 아무리 유능한 축구감독이든 혹은 목민관이 현란한 손놀림을 구사한다 한들 우리는 '흑점'의 순간을 절대 회피할 수 없다. 그렇다면 아무리 유능한 중앙은행이 현란한 통화정책을 구사한다 한들 우리는 '흑점'이 우리 내부를 파열시키는 순간을 회피할 수 없음을 함의하는 셈이 된다. 흑점균형의 국소적(local) 비존재 결과를 유도하는 것이 현대통화정책의 목표임을 환기한다면 〈그림 51〉의 '흑점' 존재정리가 함의하는 바는 통화정책당국의 바람과는 달리 적어도 이론적으로는 흑점균형이 전역적(global)으로 존재한다는 것이다. 따라서 국소적으로 흑점균형의 비존재를 달성할 정책적 수단이 없음을 뜻한다. 실제 흑점이론의 대가 중 한명인 제스 벤하빕(Jess Benhabib)은 그의 2024년 공동논문에서 이질적 특성을 가진 경제인의 예비적 저축동기와 새케인즈학파 통화이론을 결합한 행크 모형의 일종에서 해의 비결정성(indeterminacy)이 전역적으로 존재함을 보였다. 즉 전통적인 통화정책 수단으로는 경제의 자의적이고 무수한 자기실현적 예언들을 미연에 방지할 수단이 없음을 보였다.[32]

32 Achatya, S., and Benhabib, J. "Global Indeterminacy in HANK Economies," National Bureau of Economic Research Working Paper No. 32462, 2024.

12. 건륭황제의 사고전서

문화발전의 명분을 담은 청나라 시대 건륭황제의 교지에 따라 편찬된 『사고전서』는 그 당시 존재했던 모든 지식체계를 정리한 일종의 백과사전으로 간주된다(〈그림 53〉은 건륭황제의 초상화이다).[33]

33 『건륭』(조유리 옮김)의 저자 장홍제(張宏傑)는 건륭황제는 『사고전서』를 편찬하여 문화적으로 위대한 업적을 쌓았으나 실상은 『사고전서』를 기회삼아 청나라 왕조에 불리한 내용을 담은 6-7만 권을 불태운 바, 『사고전서』를 만들기 위해 또 다른 '사고전서'를 불태운 셈이라고 평하였다. 또한 중국 역사상 문자옥을 가장 많이 일으킨 황제로 기록된다. 130여 차례의 문자옥이 있었다. 그러나 건륭제 재위 기간 중 조정에서 직접 주관하고 편찬한 대형서적은 총 120여 종(7천여 권의 도서)에 달했는데, 이는 중국 황제의 평균 편찬 서적 수가 3-5 종임을 감안하면 엄청난 양이라 할 수 있다. 이 편찬사업에 참가했던 학자들의 수는 총 4천2백여 명에 이르는 것으로 전해진다. 이와 같이 학자들이 청조의 출판사업에 참여할 수 있게 되자 관직을 통한 입신양명이 아닌 오직 순수학술 연구에만 전념하고자 하는 건가학파(乾嘉學派)의 학풍이 당시 사대부 사이에서 형성되기도 하였다(임계순, 『淸史: 만주족이 통치한 중국』, 신서원, 2007). 또한 중국 역사상 가장 많은 세금을 탕감해 준 황제로 알려져 있다. 60년 재위 기간 중 총 5 차례 농업 관련 세금(토지세)을 면제해 주었다. 감면한 세금의 총액은 당시 국가의 5년 치 재정 수입에 맞먹는 것으로 추정된다. 막스 베버(Max Weber)는 청조의 경제정책이 '자유방임주의'였다고 주장하였다.

〈그림 53〉

『사고전서』의 '사고'는 책 내용을 경(經), 사(史), 자(子), 집(集), 네 가지로 분류했음을 뜻하고, '전서'는 이 네 가지 분류에 속하는 서적을 전부 기록했음을 의미한다. 『사고전서』의 분량은 총 7만 9,337권에 이른다. 현대 중국인의 독해능력을 기준으로 『사고전서』를 모두 독파하는 데 약 73년의 시간이 걸리는 것으로 알려져 있다.

『사고전서』가 다루는 내용은 실로 광범위해서 2장 11절의 내용인 명리학(사주 추명학)에 관해서도 결코 가볍게 다루지 않는다(『사고전서』의 자부총서 중 술수류서). 『사고전서』의 자부총서 중 술수류서에서 사주추명학을 비롯한 여러 술수(術數)에 관하여 아래와 같이 평하였다.[34]

34 張舜徽, 『사고전서 이해의 첫걸음』(성균관대 일반대학원 한문고전번역협동

"지금의 술사가 전수를 받았다고 단정하는 것 역시 세상 사람들의 마음을 미혹시키는 짓이다. 한갓 복을 바라고 화를 두려워하는 한갓된 마음은 예나 지금이나 똑같다. 화복을 도모하는 마음이 한 번 싹트면 방술과 술수를 쓰는 자들이 저마다 그 틈을 비집고 그런 마음에 맞춰 들어온다. 그러므로 터무니없는 이야기는 상대와 상황이 변할수록 늘어갈 뿐이다. 그러나 다수의 의지가 추구하는 바는 제 아무리 성인이라도 막을 수 없는 것이 있다. 그중 통용해도 될 것은 이치를 보존하고, 통용해서는 안 될 것은 우선 그 학설만 남겨둬야 할 것이다."

『사고전서』 편찬의 일환으로 『삼명통회』라는 이름의 책으로 그 당시까지 통용되었던 모든 사주추명학의 기법들을 정리하는 작업을 소홀히 하지 않았음에도 불구하고(2장 11절에서 소개된 사주추명학 기법은 그 근원을 올라가면 『삼명통회』로부터 파생한 것이다), 술수류서에서의 평가는 냉정하다. 화복을 도모하는 마음에 맞춰 비집고 들어오는 '방술과 술수'는 실물균형경기변동이론에서 말하는 농부의 미덕에서 벗어난, '태양의 흑점'과 같다. 흑점이론이 예견하듯이 '태양의 흑점'과 같은 '터무니없는 이야기는 상대와 상황이 변할수록 늘어갈 뿐이다.' 이러한 '터무니없는 이야기'는 어느덧 다수가 추구하는 의지가 되니 이제 2장 2절의 토마스 정리가 적용될 차례이다. 다수의 의지가 다수의 자기실현적 예언을 낳는다. 2장 10절에서 논의한 바와 같이 애덤 스미스나 실물균형경기변동이론가가 '자기애' 실현을 통한 농부의 미덕이

과정 옮김), 성균관대학교 출판부.

망각되는 것을 염려했듯이 『사고전서』의 필자 또한 '성인의 도'를 가지고 '태양의 흑점'에 의한 자기실현적 균형상태를 미연에 방지할 수 없을 것을 염려한 셈이다. 흑점의 존재와 자기실현적 예언을 염려하는 경제학자의 모습과 다를 바 없다. '성인의 도'를 다시 회복하고자 하는 『사고전서』의 필자의 제안은 더욱 흥미롭다. 바로 '통용해도 될 이치'만 남겨 놓는 것이다. 환언하면 술수(術數)라는 모형의 규범성을 회복하는 것이다. 케인즈가 경제학은 인륜적 학문이라고 선언하듯이, 술수(術數)는 규범적 모형이고 인륜적 학문임을 선언하는 것이다. 술수류서에서 술수(術數)를 아래와 같이 규정한다.

> "사물이 생기고 나서야 형상이 있게 되고, 형상이 있고 나서야 숫자가 있게 된다. 인사(人事)의 소장성쇠를 미루어 밝혀서 조화의 근원을 힘써 찾는 것이 수학(數學)이다."

2장 11절의 사주학의 본질은 개개인의 흥망성쇠의 순환주기를 밝혀 자연의 순환 앞에서 겸손한 농부의 덕을 익히는 데 있다. 2장 10절 실물균형경기변동이론이 강조한 농부의 덕과 다르지 않다. 그러한 농부의 덕을 '조화의 근원을 힘써 찾는 것'으로 표현했을 뿐이다. 사주학은 규범적 모형의 일종임을 선언한 것이다. 경제적 이익을 도모하는 마음에 부화뇌동하여 규범적 모형이라는 본질을 잃고 구글신의 독감모형처럼 예측 가능한 실증과학모형인 양 경제모형이 타락한 것처럼, '조화의 근원을 힘써 찾는' 학문에서 화복을 도모하는 '주술'로 타락한 것이 현재의 사주학 모습이다.

6장
결어

6장
결어

> 실증주의자들에게는 이럴 때 간단한 해법이 있다. 세계를 명확히 말할 수 있는 것과 침묵해야 할 것으로 구분하는 것이다. 하지만 그렇게 따지면 실증주의보다 더 무의미한 철학이 있을까? 그 무엇도 정확하게 말하는 것은 불가능하지 않는가! 불명확한 모든 것을 제외시킨다면 지루하게 동어 반복만 되풀이하게 될 것이다.
>
> – 하이젠베르크의 『부분과 전체』에서

> 수학자와 기계학자는 — 일부 영국 경제학자들도 그런 말을 모방하고 있지만 — 도구는 단순한 기계이고 기계는 복잡한 도구라고 설명하고 있다. 그들은 그것들 사이에 아무런 본질적인 차이도 없다고 보고 있으며, 심지어 지렛대 · 경사면 · 나사 · 쐐기 따위의 간단한 역학적 수단들도 기계라고 부르고 있다. 모든 기계가 그런 간단한 역학적 수단들로 구성되어 있다는 점과, 그것들의 결합형태 때문에 겉으로는 그렇게 보이지 않는다는 점은 사실이다. 그러나 경제학의 관점에서는 이런 설명은 아무런 소용도 없다. 왜냐하면 이 설명에는 역사적 요소가 빠져 있기 때문이다.
>
> – 마르크스의 『자본론』에서

이 책은 케인즈의 "경제학이란 모형에 근거한 사유의 학문과도 같다"라는 명제에서 출발하여 케인즈의 또 다른 명제 "경제학은 인륜적 학문이다"라는 명제로 끝맺음한다. 특히 전자의 명제와 후자의 명제가 적어도 표면상으로는 역설적으로 보인다는 '내재적' 비판에 초점을 맞추어 논하였다. 현대경제학자 대부분이 전자의 명제를 '오역한' 자연과학적 수리모형에 바탕을 둔 실증경제학이야말로 모형에 근거한 사유를 가능케 하는 경제학과 '동일시'할 수 있는 유일한 가능성이라는 믿음으로 받아들인다. '경제 모형이 아닌 것'을 규정하고 부정함으로써 경제학을 새롭게 정의한다. 그러한 부정의 규정과 그 규정을 다시 부정한 결과, 긍정적인(positive) '실증(positive) 경제학'에 이른다. 스피노자(Baruch Spinoza)의 명제 '모든 규정은 부정이다(Omnis determinatio est negatio)'이라는 규정적 부정(bestimmte Negation)에 의해 실증경제학이자 현대경제학은 진화해가고 있다. 규정적 부정이란 어떤 것이 자신의 존재 규정을 얻기 위해서는, 그 자신이 아닌 것과의 부정적 관계 속에서 비로소 자신의 규정을 정립할 수 있다는 것을 말한다. 환언하면 현대경제학이 실증경제학으로 이행하는 변용의 모습은 바로 '자연과학적 모형이 아닌 것'을 '합리성'의 가치기준에 따라 체계적으로 배제함으로써 경제학을 모형에 근거한 사유모형의 실체를 구성해왔다. 즉 '경제 모형이 아닌 것'을 '자연과학적 모형이 아닌 것'과 환원적으로 동일시한 셈이다. "경제학을 물리학에서 본 것과 같은 관계의 사실로서 결론을 도출하려고 한다. 모든 자연과학은 그 연구를 논리적이고 실험적인 방향으로 진전시킨다. 그리고 우리들의 의도가 이 같은 양식으로 사회과학을 연구하려는 것을 우리들은 선언하지 않으면 안 된다."라는 파레토(Vilfredo Federico

Damaso Pareto)의 요청이 바로 현대경제학의 요청과 크게 다르지 않다. 사실 '물리학 선망증(Physics Envy)'이라고 불리는 파레토의 조야한 요청은 더 이상 현대경제학을 적절한 묘사하는 어구가 아니다. 경제학이 이미 그 자체로 고유하고 물리학과는 독립적인 수리언어와 수리모형을 구성하고 축적해 왔기 때문이다. 그럼에도 불구하고 현대경제학은 스피노자의 규정적 부정 개념에 충실한 심복으로 자연과학적인 정체성을 확립하는 하는 것을 일종의 숙명으로 받아들인다.

2장에서 12가지 형태의 모형을 선보인 이유는 케인즈의 첫 번째 명제와 스피노자의 '규정적 부정'에 따라 경제모형을 구성할 수 있다는 여느 현대경제학자의 무의식적 개념에 '비동일자(das Nichtindentische)' 인자가 있는지 검토하고자 했기 때문이다. 2장의 '구체적인' 검토를 통해 자연과학적 모형이 아닌 것을 배제하는 것이 경제모형임을 주장할수록 경제학은 자체모순에 빠진다는 것을 3장 '루카스 비판'에서 조명하였다. 루카스의 내재적 비판을 통해 우리는 '경제학은 인륜적 학문'이라는 두 번째 명제를 재발견하게 된다. 그렇다고 해서 우리가 케인즈의 첫 번째 명제와 두 번째 명제 간의 '화해와 융합'을 의도하는 것은 아니다. 우리가 도모하고자 하는 것은 두 명제 간의 '대화와 공존'일 뿐이다. 섣부른 '화해와 융합'은 극도로 위험하다. 사실 스피노자의 '규정적 부정'을 바탕으로 '부정의 부정은 긍정이다'라는 '실증(positive) 변증법'을 확립했던 헤겔의 관념론적 변증법과 마르크스의 유물론적 변증법이 이끈 서구사회의 역사적 위기를 잠시 곰곰이 생각해 본다면, '긍정과 실증'은 중세의 종교의 '주술적 광기'만큼 위험하다. 막스 호르크하이머와 테오도르 아도르노의 책 『계몽의 변증법』에서 실증 변증법이 이끈 파시즘과 레닌주의의 광기에 대해 잘 묘사되어 있다.

경제학은 단도직입적으로 말하면 변증법적 과학이다. 변증법적 사유를 통해서만이 경제학의 '모형적 사고'와 '인륜적 학문'은 공존가능하다. 경제학은 논리적 추론을 수행함에 있어 단순한 추리내지 추론을 통해서가 아닌 관조(Zusehen)를 통해서만이 의식화할 수 있는 것 그리고 순전히 우발적인 것, 불협화음과 같은 모호하고 비합리적 요소도 배격하지 않는 헤겔·아도르노 변증법 의미에서의 변증법적 과학이다. 한때 경제학자는 '외팔이 경제학자'가 되기를 극도로 경계하는 '세속의 철학자'로 불리곤 했다. 물론 이 책은 그 '세속의 철학'이 바로 헤겔·아도르노 변증법적 철학과 매개되어 있음을 조명할 뿐이다. 모차르트가 바흐는[1] (우리 음악가들의) 아버지이고 우리는 단지 그의 자녀들에 불과하다고 선언했듯이, 헤겔은 경제학의 아버지이

1 이 책 2장에서 주지했듯이, 모차르트가 말하는 바흐는 요한 제바스티안 바흐가 아니라 그의 아들 카를 필리프 에마누엘 바흐이다. 물론 바로크 음악과 고전파 음악의 가교 역할을 했던 카를 필리프 에마누엘 바흐만이 요한 제바스티안 바흐 아들 중 유일하게 훌륭한 음악가이었다는 것을 의미하는 것은 아니다. 모차르트의 초기 스승으로 유명한 '런던' 바흐, 요한 크리스티안 바흐(Johann Christian Bach)도 있다. '런던' 바흐의 2대의 건반악기를 위한 G장조 소나타를 들어보면 모차르트의 스타일이 어디에서 왔는지 알게 된다. 또한 2장 9절 〈그림 28〉의 주인공인 요한 크리스토퍼 프리드리히 바흐도 있다. 마지막으로 빌헬름 프리데만 바흐(Wilhelm Friedemann Bach)의 하프시코드 콘체르토 F단조를 듣는 순간, 나치독일의 유대인 말살 정책을 결정했던 반제회담(Wannseekonferenz)의 주동자이자 학살자인 라인하르트 하이드리히(Reinhard Tristan Eugen Heydrich)조차도 '가슴을 찢는 듯한(tear your heart out)' 감성을 느낄지 모른다('가슴을 찢는 듯한' 말은 반제회담을 다룬 미국 TV드라마 「음모(Conspiracy)」에서 '하이드리히'가 슈베르트의 현악 4중주 C장조 2악장 아다지오를 발견한 순간의 감흥을 드러낸 것이다).

고, 마르크스, 케인즈, 루카스, 프레스캇을 포함한 우리 경제학자들은 그의 자녀들에 불과하다. 또한 헤겔·아도르노 변증법 관점에서 보았을 때, 막스 베버, 로버트 K 머튼, 그리고 마르크스와 같은 사회학의 거인들이 경제학에 미친 영향력은 재평가되고 고평가되어야 한다.

경제학은 변증법적 과학의 마지막 보루이자 수호자이다. 그런 경제학조차도 '양으로 질을 극복할 수 있다'는 공대생의 믿음에 오염되어 있다.[2] 2013년 노벨 경제학상과 관련하여 "경제학은 역시 엄밀한 과학이 아니라는 비판의 목소리도 높아지고 있다. 사실 과학자의 자세를 버리고 시장을 숭배하는 경제학자들이 여전히 적지 않다"라는

2 영문으로 작성한 소위 SSCI 학술지를 금과옥조로 여기는 한국경제학계도 '공학자'와 별반 다를 바 없다. 그저 수단과 방법을 가리지 않고 SSCI 학술지 출간여부만 따진다. 'SSCI 학술지 출간'이라는 미명 아래서 해당 연구자가 연구주동자인지 연구조교인지 구분조차 없다. 또한 분야의 중요성에 대한 '가중치' 개념도 없다. 축구 월드컵 우승 금메달과 양궁 올림픽 금메달의 가치는 '환원적 동일시' 될 수 없다. 물론 한국경제학계의 맹목적인 영어학술지 '편애'는 동정할 만한 사유가 있다. 이 책 프롤로그 주석 7에서 주지했듯이, 악셀 레이욘후브드가 경제학에서 "영어 또한 언어이다"라고 선언한 것은 결코 농담이 아니었다. 노벨경제학상 수상자를 추적해보면 소위 미국의 주요 명문 대학에 집중되어 있음을 쉽게 알 수 있다. 두 번째로 한국경제학계의 경직된 평가기준에서는 '로널드 코즈(Ronald H. Coase)'라는 경제학자를 배출하기에는 불가능하기 때문이다. 1991년 노벨 경제학상을 단독 수상한 로널드 코즈에 대해 노벨상 위원회는 이례적으로 코즈의 학술출판에 관해 '희소한(sparse)'으로 평가하였다. 1937년 '왜 기업은 존재하는가?'에 관한 기념비적인 논문을 출간한 후 상당한 공백기를 거쳐 1960년에 노벨상 수상의 결정적 사유가 된 '코즈 정리(Coase Theorem)'를 발표했기 때문이다. 2018년 노벨상 수상자 폴 로머 또한 그의 모든 연구 경력이 사실상 1990년에 발표된 내생적 성장이론에 관한 논문(Romer, P. "Endogenous Technological Change," *Journal of Political Economy* 98 (1990): 71–102) 한 편으로 수렴했다는 것은 잘 알려진 사실이다(Warsh, D. *Knowledge and the Wealth of Nations*, Norton, 2006).

한 언론사의 평가가 어느 듯 경제학자는 자연과학자 또는 실증과학자의 부류로 인식되는 사태에 이르고 있음을 반증하고 있는 것이라 하겠다. 우리가 정치를 '정치공학'적이라고 말하면 그것은 지극히 부정적이고 혐오적인 것으로 간주한다. 마찬가지로 경제학을 '경제공학'이라고 부른다면 그것은 경제학을 폄하하는 혐오적인 표현이다. '경제공학'이 인도하는 길은 바로 3장에서 주지했듯이 구글신(神)의 '사망유희' 일 뿐이다.

사실 호르크하이머·아도르노의 책 『계몽의 변증법』에서 지극히 염려한 것이 후기자본주의 사회에서 팽배하고 있는 '과학주의'의 득세이다. '과학주의'는 후기자본주의 사회의 병리현상으로 진단하였다. 마르크스의 유물론적 공산주의는 그토록 경계하면서 또 다른 유물론의 일종 과학주의에 관해서는 지나치게 관대한 경향이 있다. 과학주의의 팽배는 바로 (헤겔·아도르노의) 변증법적 사유의 말살을 의미한다. 그렇기에 과학주의는 위험하다. 특히 기초과학의 토대가 사실상 부재한 한국에서 거대 독점적 기업의 산업기술과 결탁한 사실상 '과학'이 아닌 '공학(공업기술)'만 존재하는 한국의 자본주의 사회는, 막스 베버의 '천민 자본주의' 개념에 상응하는 '천민 과학주의'에 가깝다.[3]

3 2024년 한국연구재단의 「2012–2022 주요국의 피인용 상위 1% 논문실적 비교분석 보고서」를 둘러싼 한국의 사정을 검토해 보면 '환원적 동일시'의 오류로 대표되는 대한민국의 '천민과학주의'를 압축적으로 요약하고 있다. 모든 학문분야를 어느 사설기관의 피인용지수를 활용하여 빠짐없이 분류표에 기입하는 '환원적 동일시'의 주술적 신화를 보여주고 있다. 논문의 편수를 따지면 양적 평가이고 논문의 피인용지수를 따지면 질적 평가라는 '주술적' 사고방식으로 보여주고 있는데 후자도 엄연히 '양적 평가'이다. 더군다나 한국연구재단 보고서의 근거가 되는 '피인용지수'

라는 지표라는 것이 그 신뢰성에 심각한 결함이 있다는 것은 과학학술지 『사이언스(*Science*)』에서 이미 지적된 바 있다(Cantanzaro, M. "Citation Manipulation Found to be Rife in Math," *Science*, 383 (2024): 470 또한 이정아, 「질 낮은 논문 서로 인용... 수학계 '인용 카르텔' 순위조작 걸렸다」, 『조선일보』, 2024년 1월 31일 참조). 이러한 결함 덕분에 수학계에는 'HCR(Highly Cited Researchers)'가 없다. 환원주의의 결정체인 수학 분야에서조차도 HCR을 선정할 수 없다면 수학에 비해 상대적으로 '모호한' 여타 다른 분야에서 누군가를 지수 하나로 평가한다는 것은 태생적으로 '내재적' 모순을 내포하고 있는 것이다. 필연적이지만 사실 '인용 조작(citation manipulation)'이 수학분야에 국한된 것이 아닐 것이라는 강한 합리적 의심이 있다(위의 『사이언스(*Science*)』 기고문 참조). 그리고 이 책 5장 주석 19에 언급했던 푸앵카레 추측을 해결한 페렐만의 논문은 정식 학술지에 출간된 논문이 아니다(Perelman, G. "The Entropy Formula for the Ricci Flow and its Geometric Applications," Preprint, 2002). 또한 물리 분야에서 가장 많이 인용된 한국 논문이 김기남/삼성의 'review' 형태 논문으로 귀결된다면 한국연구재단의 보고서는 노벨상으로 대표되는 학문의 수월성과는 무관한 정보를 제공하고 있는 셈이다. 더욱 점입가경인 것은 연합뉴스의 기사에 의하면 "정부는 지난해 말 발표한 제5차 과학기술기본계획에서 피인용 상위 1% 논문 점유율을 2022~2026년 기준 4.8%로 높이겠다는 목표를 제시한 바 있다"(조승한, 「한국, 피인용 상위 1% 논문 점유율 14위…6년째 정체」, 『연합뉴스』, 2024년 11월 3일). 도대체 정부가 어떻게 피인용 상위 1% 논문 점유율을 높이겠다는 말인가? 정부 관료들을 세계 유수 대학에 대거 유학시켜 박사학위 취득 후 한국의 유력 연구자 논문을 '열심히' 인용하도록 하겠다는 것인가? 미국 40대 대통령 로널드 레이건(Ronald W. Reagan)의 격언을 기억하게 하는 대목이다. 레이건이 말하길, "영어에서 9개의 섬뜩한 단어가 있다. 나는 정부에서 나왔는데 당신을 도우려 여기에 몸소 와 있다(I'm from the government, and I'm here to help)." 심지어 한국의 대학들조차도 한국대학의 미래발전상에 관한 방안을 소위 학술정보 사장에게 조언 받고자 한다. 한국 대학이 진정으로 조언을 구해야 하는 곳은 교수·동문 기준으로 노벨상 수상자를 100명이상 배출한 영국의 케임브리지 대학, 미국의 시카고 대학, 컬럼비아 대학, 그리고 하버드 대학 등이다(영어 알파벳 순). '환원적 동일시'에 점철된 '지식'이 아니라 그곳에서는 '역사와 지혜'를 습득할 수 있기 때문이다.

민국의 자본주의를 정의한다.[4, 5] 노벨과학상 수상자가 20명 이상이었고, 음악을 사랑했으며, 지극히 종교적 엄숙함을 가지고 있었던 20세기 초 독일에서조차도 벌어진 '과학적 인종주의와 파시즘'의 광기를 생각해 보면 한국의 '천민 과학주의'가 인도하는 길은 이미 예정되어

---

4 (대한민국에서의) '공학'의 의미를 해명할 차례가 왔다. '공학'의 의미를 해체하려면 '공학자'의 의미를 먼저 해체하는 작업으로 출발하는 것이 도움이 된다. 영어에서 엔지니어(engineer)는 통상 '(근대적) 과학원리를 활용하는 공업기술자'를 의미한다. 즉 일반적으로 과학원리를 활용하여 무엇인가를 만드는 사람이지 하이젠베르크의 불확정성 원리와 같은 과학원리 자체를 발견할 의무도 없고 필요도 없다. 한마디로 무엇인가를 잘 만들면 된다. 따라서 엔지니어는 우리말로 공업기술자 또는 산업기술자로 번역함이 타당해 보인다. 그럼에도 유독 한국의 대학에서 엔지니어를 '공학자'로 '동일시'하는 경향이 있다. 물론 '기술은 천하다'는 정서 때문에 지금의 한국과학기술원(Korea Advanced Institute of Science and Technology)을 한 때 한국과학원(Korea Advanced Institute of Science)으로 부를 수밖에 없었던 웃지 못할 한국적 특수성과 뼈아픈 역사가 있었다는 것을 고려할 때 '기술자(엔지니어)'를 '공학자'로 포장하려는 심정을 이해 못할 바 아니다(카이스트, 『2031 카이스트 미래보고서』, 김영사, 2018). 여하튼 엔지니어의 정의에 따라 '공학자'는 굳이 과학원리를 발견할 필요는 없을 것이다. 그러나 무엇인가를 만들어내야 의무는 분명히 존재한다. 그런데 한국 대학에서 '공학자'는 주로 '연구논문'을 써서 세계 1퍼센트 인용지수를 기록하는 '세계적 연구자'로 변모한다. 그리고 '세계적 연구자'로 거듭나는 '공학자'를 위한 자기계발 지침도 이미 존재한다. 논문은 영어로 작성되어야 하고 'h-index'라 불리는 보편적 인용지수가 적용되어야 하며 과학원리를 발견하는 것이 아닌 '제조공정'을 남들보다 100백 효율적으로 만들기 위한 제안만 하면 된다. 효율적 '제조공정'을 제안했기에 전 세계 산업계 종사자가 득달같이 달려와 읽어본다. 그렇기 때문에 인용지수는 어떤 학문의 연구논문보다도 높다. 굳이 그 제안한 제조공정을 상용화할 필요는 없다. 최근 어느 한 사립대학의 총장이 한국의 이공계는 1에서 천(千) 또는 만(萬)을 만들어 내는 것은 잘하지만 0에서 1을 만들어내는 것을 못한다고 지적한다. 그의 말

있다.[6] 성숙하지 못한 어린 영혼들에게 핵폭탄을 손에 주어주는 것이

은 동어반복으로 들린다. 바로 한국의 대학은 아도르노의 '환원적 동일시'의 욕망을 가진, 과학원리를 발견해야할 의무가 없는 사실상 '공학자'만 존재하기 때문이다. 따라서 '공학자'는 연구논문이 아니라 상용화된 최종기술로 평가받아야 한다. 세계 1퍼센트 인용지수를 가진 세계적 '공학자'는 존재하지만 노벨과학상 수상은 요원해 보이는 이유가 바로 '공학자'는 과학원리를 발견해야할 의무를 가진 과학자가 아니기 때문이다. 따라서 한국의 '공학자'가 수행하는 '공학'은 바로 상용화된 최종기술도 아닌, 과학원리도 아닌 정체불명의 그 무엇인가를 규정한다. 이미 한국의 영민한 학생들은 '공학'의 실체를 파악했다. 유래 없는 의대열풍이 그 증거이다. 영민한 학생일수록 '하이젠베르크'가 되거나(기초과학원리 발견), 엔비디아(Nvida)의 '젠슨황(Jesen Huang)'이 되길(기술 상용화) 원하지 그 중간에 무엇인가로 남아있기를 원하지 않는다.

5 '공학자'로 대표되는, 그리고 '과학자'와 '공학자'조차도 구분 못하는 한국적 '과학주의'의 풍토에서 이 책의 학술적 가치는 영(零)이다. 영어가 아닌 모국어로 쓰였고 'h−index'와는 관계없고 산업계의 도움을 받는 것도 요원하기 때문이다. 또한 그런 의미에서 이 책은 '공학'이 아니기 때문이다. 그러나 그렇기 때문에 환원적 동일시를 대표하는 한국적 '과학주의'에서 이 책은 '비동일자(das Nichtidentische)'의 존재이다.

6 스티븐 스필버그(Steven A. Spielberg)의 영화 「쉰들러 리스트(Schindler's List)」에서 유태인을 총살시키면서도 태연하게 나치 친위대 장교가 연주하는 바흐의 영국조곡 2번 C단조의 전주곡이 '과학적 인종주의와 파시즘'의 광기를 압축적으로 상징한다. 이 바흐의 영국조곡을 모차르트의 소나타로 오해하는 나치 독일 병사 간 나눈 대화(Was ist Das? Ist das Bach? Ist das Bach? Nein, Mozart)는 '과학적 인종주의와 파시즘'의 상황을 더욱 기괴하게 만든다. 「쉰들러 리스트」에서 나오는 바흐의 영국조곡 전주곡 연주는 영화에 출연한 '나치장교'의 실제연주가 아니라, 20세기 최고의 바흐 연주자 글렌 굴드의 연주를 원용한 것이다. 대위법이라는 기법으로 다중 선율을 '이탈리아의 장인이 한뜸 한뜸' 짠 것과 같이 구성한 바흐의 곡을 굴렌 굴드 특유의 끊어 치기 주법(논레가토 주법)으로 공간에 투사한다. 즉 바흐의 곡이 품고 있는 모든 다중 선율을 해체하여 각 선율에 '자유'라는 영혼을 부여하여 허공에 분사해버린다. 그 결과로 마치 각각의 선율이 한 밤의 별들처럼 독자적으로 빛나게 된다. 음악이라는 시간 예술을 반 고흐의 「별이 빛나는 밤」이라는 시각화된 예술로, 즉 공간속의 어떤 건축물로 변

나 다름없는 것이기 때문이다. 전설의 아틀라스 대륙의 침몰은 바로 인간의 인격체의 본질을 잃어버린 '과학'의 남용 때문이었다고 '신비주의자'들에 의해 회자되곤 한다. 아틀라스 대륙의 침몰은 전설이 아니

용시킨다. '굴드의 바흐'가 위대한 것은 바로 굴렌 굴드의 특유의 끊어 치기 주법으로 시간예술을 공간예술과 혼재시켜버리는데 있다. 「쉰들러 리스트」에서는 이러한 굴드의 주법에 더해 총소리가 만들어내는 또 다른 점묘법적 '선율'과 어울려져 바로크의 대위법적 음악을 보다 확대 재창조 해낸다. 실제 굴렌 굴드가 대위법의 미적가치를 발견한 계기도 바로 주변의 소음이었다. 굴드 자신이 연주하는 선율과 주변의 소음사이 '미묘한' 선율적 대결 및 대비를 발견함에 따라, 대위법이야말로 음악, 자연, 우주를 대표하는 작동원리임을 확신하게 되었다. 실제 굴드의 피아노곡 연주는 굴드 자신의 흥얼거리기(humming)로 점철되어 있다. 특히 바흐의 여러 독립 성부를 가진 대위법적 구조에 '흥얼거리기'라는 또 다른 성부를 대입함으로써 기존의 대위법에 느닷없이 '새로운 주제 선율'을 덧붙인다. 이는 굴드가 무의식적으로 바흐의 마지막 걸작 「푸가의 기법」에서 바흐가 바흐의 이름을 나타내는 계명 B–A–C–H로 시작하는 새로운 주제 선율을 느닷없이 도입하는 기법을 흉내 낸 것이다. 즉 굴드의 '흥얼거림'은 G–O–U–L–D라는 (의미론적) 선율을 느닷없이 도입한 것이나 다름없다. 20세기 최고의 인문학서로 간주되는 더글러스 호프스태터의 역작, 『괴델, 에셔, 바흐: 영원한 황금 노끈』에서는 「푸가의 기법」에서 바흐가 바흐의 이름을 나타내는 계명 B–A–C–H 의 등장을 괴델의 불완전성 정리에서의 '자기언급'으로 은유하였다. '자기언급'이 등장하는 순간 논리체계 안에서 모든 참인 명제는 유한한 수의 추론 단계로 표현될 수 있는 참인 명제들의 합이라는 완전성은 붕괴된다. 실제 「푸가의 기법」에서 바흐가 바흐의 이름을 나타내는 계명 B–A–C–H을 도입되는 부분을 쓰다가 사망하였다. 「쉰들러 리스트」에서 인용된 바흐의 영국조곡 2번 C단조의 전주곡은 굴드의 '흥얼거림' 즉 G–O–U–L–D 성부를 제거하고, 대신에 나치의 총소리로 대체한 것이다. 「쉰들러 리스트」에서 '총소리'는 인류의 선의지 체계에 관한 '자기언급'의 역할을 한 셈이고, '자기언급'이 도입되는 순간 인류의 선의지는 붕괴해버린다.

라 바로 우리 눈앞에 벌어질 예언이자 실제이다.

라틴어에서 '경제'를 의미하는 'oeconomia'는 원래 하나의 연설이나 연극의 전체를 몇 개의 부분으로 분할하는 것'이라는 뜻이었고 결국 하나의 조화를 이루는 것이라는 의미의 말 'Oekonomie'에 이르게 된다.[7] 따라서 경제학은 연설과 같이 서사적이며 연극과 같이 규범적 모형이자 사실주의 소설의 속성을 가진 '유전자'를 가지고 있는 셈이다. 실제 로마시대의 수사학자 마르쿠스 파비우스 퀸틸리아누스(Marcus Fabius Quintilianus)는 '경제'라는 말을 '웅변술의 한 부분'을 뜻하는 말로 썼다. 20세기 현대경제학은 연극과 같은 속성을 자연과학적 수리모형의 세계로 투사시켰을 뿐이다. 우리가 '역술'이라 불리는 지식체계도 태초에는 "사물이 생기고 나서야 형상이 있게 되고, 형상이 있고 나서야 숫자가 있게 된다. 인사(人事)의 소장성쇠를 미루어 밝혀서 조화의 근원을 힘써 찾는 수학(數學)"이었다. "사람이 사물에 대하여 취하는 표현이 현실에 접근할수록 표현은 더욱 양적으로 밝히는 경향을 띄게 된다. 과학은 완성됨에 따라서 양적인 수치를 드러내는 경향이 있다고 사람들은 말한다. 오랫동안 경제학은 거의 질적으로 표현되었으나 이제는 순수경제학에 이르러 양적인 표현이 가능하게 되었다"고 선언했던 파레토의 인식과 크게 다르지 않다. 그 역술이

7 Sombart, W. 저, 황준성 옮김. 『세 종류의 경제학』, 숭실대학교 출판국, 2012.

'조화의 근원을 힘써 찾는' 학문에서 화복을 도모하는 '주술'로 타락한 것처럼, 경제적 이익을 도모하는 마음에 부화뇌동하여 규범적 모형이라는 본질을 잃고 구글신의 독감모형처럼 예측 가능한 실증과학모형인 양 경제모형 또한 타락할 수 있음을 엄중히 경고한다. '조화의 근원을 힘써 찾는' 학문이 역술이었던 것처럼, 경제학은 '하나의 조화를 이루는 것'를 의미하는 입을 'Oekonomie'에서 파생했음을 환기해야만 한다. 호르크하이머·아도르노는 장엄하게 주술적 신화와 도구적 이성의 계몽은 동치임을 논증하였다.

우리가 알고 있는 소위 현대경제학은 서구문화의 결정판이라는 점을 종종 잊곤 한다. 경제학이란 서구 문화가 그동안 창조했던 철학, 사회학, 음악, 수학, 과학, 그리고 경제학 그 자체가 끊임없이 갈등과 모순을 생산하고 대화하고 진화해서 탄생한 변증법적 '개념의 운동'을 보여주는 것이다. '미네르바의 부엉이'로 표상되는 헤겔의 과거 지향적 관념론적 변증법과 '공산주의 유토피아'를 지향하는 미래 지향적 마르크스의 유물론적 변증법 사유 체계가 혼재되어 있는 것이 현대 경제학인 셈이다. 현대경제학자들은 이러한 과거 지향과 미리 지향의 관념이 섞여 있는 경제학의 사태를, '시적'으로 2장 12절의 〈그림 38〉처럼 지금까지 축적된 사태를 과거 지향적으로 묘사하는 '콜모고로프 시간 순행 방정식'과 미래의 어느 사태를 현재로 역행시키는 미래 지향적인 '해밀턴·야코비·벨만 (시간역행) 방정식'을 동시에 만족하는 해로 이해하는 데 더 익숙하다. 물론 헤겔의 관념론적 사유와 마르크스의 유물론적 사유는 '실증 변증법'이라는 낙인 아래 극복되어야 하듯이, 현대 경제학 또한 시간 순행적인 방정식과 시간 역행적인 방정식의 교차점을 넘어서는 변증법의 과학으로서 '개념의 핵분열'과 '개념의 영속적 운동'이라는 '존엄한' 임무를 수행해야 할 것이다. 경제학은 변증법적 과학의 마지막 보루이자 수호자이다. 변증법 사유에 의하면 삶은 역설이고 그 역설과 극복의 끊임없는 교차의 운동 속에서 진정한 자유와 생명의 무한함을 만끽한다. 헤겔의 말을 비틀어 표현하자면 이 세상에 변증법적인과 매개되지 않은 것은 아무것도 없다.

이제 그들의 '예술'을 찬미하라. 그들은 진정한 시인이었고, 시련을 통해서도 여전히 '독일적'이었고, '진리'의 편이었다. 3월 15일을 주의하라(beware the ides of March). '악의 음모'가 우리를 위협하고 있다. '독일 왕국'이 야만적인 외세 세력에게 통치 받는 비극이 온다면, 야만의 '음모와 허영'이 우리의 탐미적인 '독일' 땅에 판을 칠 것이다. 지극히 '독일적'인 것이 진정한 '참'이며 '독일 마이스터'의 명예를 지키며 살 때만이, 진정한 '참'이 우리 앞에 현현할 것이다. '독일'의 거장들을 찬양하라. 그것만이 '선의 정신'을 고양하는 유일한 방법이다. 비록 '신성로마제국'은 망각의 안개 속으로 소멸되어 갔지만, 신성한 '독일 예술'은 여전히 남아 있어야 할 것이다.

참고 문헌

김영세·조성훈·김형석, 『거시경제학 최근 이론의 분석』. DSGE 연구센터, 2017.
김영진, 『체용사주대강』. 한울아카데미, 2012.
김용진·김형석·주세형·이용수, 『12가지 코드로 읽는 대한민국 축구』. 나무와 숲, 2016.
김형석, 「빅데이터의 정확한 언어와 모호한 언어」, 『새국어생활』. 26권 2호, 31–55, 2016.
윤택, 『거시경제학: 뉴케인지언 거시경제모형과 자연율경제』, 박영사, 2021.
이강국, 「논란의 2013년 노벨경제학상」, 『한겨레신문』. 2013년 10월 27일.
이순예, 『아도르노: 현실이 이론보다 더 엄정하다』, 한길사, 2015.
이정아, 「질 낮은 논문 서로 인용... 수학계 '인용 카르텔' 순위조작 걸렸다」, 『조선일보』. 2024년 1월 31일.
임계순, 『淸史: 만주족이 통치한 중국』, 신서원, 2007.
조승한, 「한국, 피인용 상위 1% 논문 점유율 14위…6년째 정체」, 『연합뉴스』. 2024년 11월 3일.
조장옥·이철인, 『거시경제학』, 제4판, 홍문사, 2017.
카이스트, 『2031 카이스트 미래보고서』, 김영사, 2018.
한강, 『채식주의자』, 창비, 2007.
한민아, 「2012–2022 주요국의 피인용 상위 1% 논문실적 비교분석 보고서」, 한국연구재단, 2024.

段健業. 저, 박형규 옮김. 『命理珍寶(명리진보)』, 상원출판사, 2016.
段健業·言明. 저, 박형규 옮김. 『직업상법신해』, 학산출판사, 2020.
張舜徽. 저, 성균관대 일반대학원 한문고전번역협동과정 옮김. 『사고전서 이해의 첫걸음』. 성균관대학교 출판부, 2016.
張宏傑. 저, 조유리 옮김. 『건륭: 63년 4개월의 절대 권력』, 글항아리, 2023.
Achdou, Y., Buera F. J., Lasry J–M., Lions, P–L., and Moll, B. "Partial differential equation models in macroeconomics," *Philosophical Transactions of the Royal Society A* 372: 20130397, 2014.
Achatya, S., and Benhabib, J. "Global Indeterminacy in HANK Economies," National Bureau of Economic Research Working Paper No. 32462, 2024.
Adrono, T. W. *Negative Dialectics*, Continuum Publishing Company, 1973.
Adrono, T. W. 저, 홍승용 옮김. 『미학 이론』, 문학과지성사, 1984.
Adrono, T. W. 저, 홍승용 옮김. 『부정변증법』, 한길사, 1999.
Adrono, T. W. 저, 문병호·김방현 옮김. 『신음악의 철학』, 세창출판사, 2012.
Adrono, T. W. 저, 이순예 옮김. 『부정변증법 강의』, 세창출판사, 2012.
Adrono, T. W. 저, 홍승용 옮김. 『변증법 입문』, 세창출판사, 2015.
Adrono, T. W. 저, 김유동 옮김. 『미니마 모랄리아: 상처받은 삶에서 온 성찰』, 도서출판 길, 2019.
Adrono, T. W., and Horkheimer, M. 저, 김유동 옮김. 『계몽의 변증법』, 문학과지성사, 2001.
Aghion, P., and Howitt, P. *The Economics of Growth*, MIT Press, 2009.
Aiyagari, S. R. "Uninsured Idiosyncratic Risk and Aggregate Saving," *Quarterly Journal of Economics*, 109(1994): 659–684.
Arrow, K. "Book Reviews: *Foundations: Essays in Philosophy, Logic, Mathematics, and Economics*. By F. P. Ramsey," *Journal of Political Economy* 88 (1980): 636–638.
Azariadis, C. *Intertemporal Macroeconomics*, Blackwell, 1993.
Bachelier, L. "Théorie de la spéculation," *Annales scientifiques de l'É.N.S. 3e série* 17 (1900): 21–86.
Badiou, A. 저. 김성호 옮김. 『바그너는 위험한가』, 북인더갭, 2012.

Banach, S. *Theory of Linear Operations*, Dover Publications, 2009.

Barro, R. J., and Sala–i–Martin, *Economic Growth*, 2nd Ed., The MIT Press, 2004.

Bellman, R. *Dynamic Programming*, Dover Publications, 2013.

Bewley, T. F. "Stationary Monetary Equilibrium With a Continuum of Independently Fluctuating Consumers," in *Contributions to Mathematical Economics: In Honor of Gérard Debreu*, ed. by W. Hildenbrand and A. Mas–Colell. Amsterdam: North–Holland, 1986.

Billingsley, P. *Probability and Measure*, 3rd ed., Wiley, New York, 1995.

Black, F. *Business Cycles and Equilibrium*, Wiley, 2009.

Blackwell, D., and Dubins, L. E. "An Extension of Skorohod's Almost Sure Representation Theorem," *Proceedings of The American Mathematical Society* 89 (1983): 691–692.

Blinder, A. S. *A Monetary and Fiscal History of The United States*, 1961–2021, Princeton University Press, 2022.

Bowie, A. 저. 김지호 옮김. 『독일 철학 개론: 칸트에서 하버마스까지』, 도서출판 100, 2024.

Brendel, A. "Beethoven's Triumph: Reply by Rosen," *The New York Review*, November 16, 1995 issue.

Brunnermeier, M. K., and Sannikov, Y. "A Macroeconomic Model with a Financial Sector," *American Economic Review* 104 (2014): 379–421.

Burns, A., and Mitchell, W. C. *Measuring Business Cycles*. National Bureau of Economic Research, New York, 1946.

Cantanzaro, M. "Citation Manipulation Found to be Rife in Math," *Science*, 383 (2024): 470.

Cass, D. "Optimum Growth in an Aggregative Model of Capital Accumulation," *Review of Economic Studies*, 32 (1965): 233–240.

Cass, D. and Shell, K. "Do Sunspots Matter?" *Journal of Political Economy*, 91(1983): 193–227.

Cho, J. O., Cooley, T. F. and Kim, H. S. E. "Business Cycle Uncertainty and Economic Welfare," *Review of Economic Dynamics* 18 (2015): 185–200.

Cochrane, J. *Asset Pricing*, Revised Ed. Princeton University Press, 2005.

Cooley, T. F., and Prescott, E. C. "Economic Growth and Business Cycles," in T. F. Cooley ed., *Frontiers of Business Cycle Research*, Princeton University Press, 1995.

Cooley, T. F., *Frontiers of Business Cycle Research*, Princeton University Press, 1995.

Crandall, M. G., and Lions, P–L. "Viscosity Solutions of Hamilton–Jacobi Equations," *Transactions of The American Mathematical Society* 277 (1983): 1–42.

Danthine, J–P, and Donaldson, J. B. "Stochastic Properties of Fast vs. Slow Growing Economies," *Econometrica* 49 (1981): 1007–1033.

Deaton, A. *Understanding Consumption*, Oxford University Press, 1992.

Debreu, G. *Theory of Value*, Yale University Press, 1959.

Descartes, R. 저, 이현복 옮김. 『방법서설: 정신지도규칙』, 문예철판사, 2022.

Descartes, R. 저, 이재훈 옮김. 『방법서설』, 휴머니스트, 2024.

Dieudonné, J. *Mathematics–The Music of Reason*, Springer, 1992.

Donaldson, J. B., and Kim, H. S. E. "The Macroeconomics of Stakeholder Equilibria," Columbia Business School Working Paper, 2023.

Duffie, D., Geanakoplos, J., Mas–Colell, A., and McLennan, A. "Stationary Markov Equilibria," *Econometrica* 62 (1994): 745–781.

Evans, G. W., Honkapohja, S., and Romer, P. "Growth Cycles," *American Economic Review* 93 (1998): 495–515.

Evans, L. C. Partial Differential Equations, 2nd ed., American Mathematical Society, *Graduate Studies in Mathematics* 19(2010).

Evans, L. C. An Introduction to Stochastic Differential Equations, *American Mathematical Society*, 2013.

Farmer, R. E. A. *The Macroeconomics of Self-Fulfilling Prophecies*, The MIT Press, 1993.

Farmer, R. E. A. *Prosperity For All: How to Prevent Financial Crises*, Oxford University Press, 2017.

Friedman, M. *Essays in Positive Economics*, University of Chicago Press, 1953.

Galí, J. *Monetary Policy, Inflation, and the Business Cycle*, 2nd Ed., Princeton University Press, 2015.

Gardiner, M. "Bakhtin's Carnival: Utopia as Critique," *Utopian Studies* 3 (1992): 21–49.

Ginsberg et al. "Detecting Influenza Epidemics Using Search Engine Query Data," *Nature* 457 (2009): 1012–1014.

Gottlieb, A. "Books: The Man who Thought Too Fast," *The New Yorker*, April 27, 2020.

Guy, K. 저, 양휘웅 옮김. 『사고전서 四庫全書』, 생각의 나무, 2009.

Hegel, G. W. F. 저, 임석진 옮김. 『법철학』, 한길사, 2008.

Hegel, G. W. F. 저, 김미애 옮김. 『헤겔의 음악미학』, 느낌이있는책, 2014.

Hegel, G. W. F. 저, 김준수 옮김. 『정신현상학』, 아카넷, 2022.

Heisenberg, W. 저, 유영미 옮김. 『부분과 전체』, 서커스출판상회, 2016.

Herrmann, U. 저, 박종대 옮김. 『경제학 천재들의 자본주의 워크숍: 스미스, 마르크스, 케인스는 왜 지금 우리에게 필요한가』, 갈라파고스, 2024.

Higgs, J. 저, 공석준 옮김. 『푸가』,현대음악출판사, 1997.

Hodrick, R. J., and Prescott, E. C. "Postwar U.S. Business Cycles: An Empirical Investigation," *Journal of Money, Credit and Banking*, 29 (1997): 1–16.

Hofstadter, D. R. *Gödel, Escher, Bach: An Eternal Golden Braid*, Basic Books, 1999.

Hofstadter, D. R. 저, 박여성·안병서 옮김. 『괴델, 에셔, 바흐: 영원한 황금 노끈』, 까치, 2017.

Hotelling, H. "The Economics of Exhaustible Resources," *Journal of Political Economy* 39 (1931): 137–175.

Huggett, M. "The Risk–Free Rate in Heterogeneous–Agent, Incomplete–Insurance Economies," *Journal of Economic Dynamics and Control*, 17(1993): 953–970.

Itô, K. *An Introduction to Probability Theory*, Cambridge University Press, 1986.

Kaiser, J. 저, 홍은정 옮김. 『그가 사랑한 클래식』, 문예중앙, 2013.

Kantorovich, L. V., and Akilov, G. P. Functional Analysis, 2nd ed., *Pergamon*, 1982.

Kaplan, G., Moll, B., and Violante, G. L. "Monetary Policy According to HANK," *American Economic Review*, 108 (2018): 697–743.

Kay, J. "The Nobel Committee is Muddled on the Nature of Economics," *Financial Times*, October 15, 2013.

Keynes, J. M. "Obituary: F. P. Ramsey," *The Economic Journal* 40 (1930): 153–154.

Keynes, J. M. *The General Theory of Employment, Interest and Money*. Palgrave Macmillan, 1936.

Keynes, J. M. *The Collected Writings of John Maynard Keynes*, Volume 9, Macmillan, 1972.

Keynes, J. M. *The Collected Writings of John Maynard Keynes*, Volume 10, Macmillan, 1972.

Keynes, J. M. *The Collected Writings of John Maynard Keynes*, Volume 12, Macmillan, 1983.

Keynes, J. M. *A Treatise on Probability*. Dover Publication, 2018.

Keynes, J. M. 저, 조순 옮김. 『고용, 이자 및 화폐의 일반이론』, 비봉출판사, 2007.

Kolmogorov, A. N. *Foundations of The Theory of Probability*. Isha Books, 2013.

Koo, R. C. *The Holy Grail of Macroeconomics: Lessons from Japan's Great Recession*. John Wiley & Sons, 2009.

Krusell, P., and Smith, A. "Income and Wealth Heterogeneity in the Macroeconomy," *Journal of Political Economy* 106 (1998): 867–896.

Krylov, N. V. *Introduction to the Theory of Random Processes*, American Mathematical Society, Graduate Studies in Mathematics 43 (2002).

Kydland, F. E., and Prescott, E. C. "Time to Build and Aggregate Fluctuations," *Econometrica* 50 (1982): 1345–1371.

Isacoff, S. 저, 임선근 옮김. 『피아노의 역사』, 포노, 2015.

Lasry, J–M., and Lions, P–L. "Mean field games," *Japanese Journal of Mathematics* 2 (2007): 229–260.

Leijonhufvud, A. "Models and Theories," *Journal of Economic Methodology* 4

(1997): 193–198.

Lieb, E. H., and Loss, M. Analysis, 2nd ed., American Mathematical Society, Graduate Studies in Mathematics 14(2001).

Ljungqvist, L., and Sargent, T. J. *Recursive Macroeconomic Theory*, 4th Ed., The MIT Press, 2018.

Lowenstein, Roger. *When Genius Failed: The Rise and Fall of Long–Term Capital Management*, Random House, 2001.

Lucas, R. E., Jr.. *Studies in Business–Cycle Theory*, MIT Press, 1981.

Lucas, R. E., Jr.. "Econometric Policy Evaluation: A Critique," *Carnegie-Rochester Conference Series on Public Policy* 1(1976): 19–46.

Lucas, R. E., Jr.. *Models of Business Cycles*. Basil Blackwell, 1987.

Lucas, R. E., Jr.. "Review: John Maynard Keynes Volumes 1 and 2," *Jounral of Modern History* 67 (1995): 914–917.

Lucas, R. E., Jr.. "Macroeconomic Priorities," *American Economic Review* 93 (2003): 1–14.

Manderville, B. 저, 최윤재 옮김. 『꿀벌의 우화』, 문예출판사, 2011.

Marx, K. *Das Kapital*, volume 1, 1867.

Marx, K. 저, 김수행 옮김 『자본론 I, II, III』, 비봉출판사, 2019.

Mas–Colell, A., Whinston, M. D., and Green, J. R. *Microeconomic Theory*, Oxford University Press, 1995.

McCloskey, D. N. *If You're So Smart: The Narrative of Economic Expertise*, University of Chicago Press, 1990.

McCloskey, D. N. *The Rhetoric of Economics*, 2nd Ed., University of Wisconsin Press, 1998.

McKean, H. *Stochastic Integrals*, Academic Press, 1969.

McKean, H. *Probability: The Classical Limit Theorems*, Cambridge University Press, 2014.

McLuhan, M. *Understanding Media: The Extensions of Man*, The MIT Press, 1994.

Mehra, R., and Prescott, E. C. "The Equity Premium: A Puzzle," *Journal of Monetary Economics* 22 (1985): 145–161.

Medema, S. "The Coase Theorem at Sixty," *Journal of Economic Literature* 58

(2020): 1045–1128.

Merton, R. C. *Continuous–Time Finance*, Wiley–Blackwell, 1992.

Merton, R. K. "Self–Fulfilling Prophecy," *The Antioch Review* 8 (1948): 193–210.

Merton, R. K. "Unanticipated Consequences of Social Action," in P. Sztompka ed., *On Social Structure and Science*, The University of Chicago Press, 1996.

Miao, J. *Economic Dynamics in Discrete Time*, 2nd Ed., MIT Press, 2020.

Minsky, H. *Stabilizing an Unstable Economy*, McGraw–Hill Education, 2008.

Misak, C. *Frank Ramsey: A Sheer Excess of Powers*, Oxford University Press, 2020.

Mokyr, Joel. *A Culture of Growth: The Origins of the Modern Economy*, Princeton University Press, 2016.

Monsaingeon, B. 저, 임동현 옮김. 『글렌 굴드: 나는 결코 괴짜가 아니다』, 모노폴리, 2008.

Morson, G. S. *Wonder Confronts Certainty*. The Belknap Press of Harvard University Press, 2023.

Morson, G. S., and Schapiro, M. 김형석·김형주 옮김. 『감성X경제』(*Cents and Sensibility*), 한울아카데미, 2024.

Nagel, E., and Newman, J. R. *Gödel's Proof*, Revised Ed., New York University Press, 2008.

Nasar, S. *A Beautiful Mind*, Touchstone, 1998.

Nash, J. "Equilibrium Points in n–Person Games," *Proceedings of the National Academy of Sciences* 36 (1950): 48–49.

Nash, J. "Non–Cooperative Games," *Annals of Mathematics* 54 (1951): 286–295.

Nash, J. "Continuity of Solutions of Parabolic and Elliptic Equations," *American Journal of Mathematics* 80 (1958): 931–954.

O'Connor, B. *Adrono's Negative Dialectic: Philosophy and the Possibility of Critical Rationality*, The MIT Press, 2005.

Ostwald, P. F. 저, 한경심 옮김. 『글렌 굴드: 피아니즘의 황홀경』, 을유문화사, 2005.

Paddison, M. 저, 최유준 옮김. 『아도르노의 음악미학』, 작은이야기, 2010.

Perelman, G. "The Entropy Formula for the Ricci Flow and its Geometric Applications," Preprint, 2002.

Phelps, E. S. *Seven Schools of Macroeconomic Thought*, Oxford University Press, 1990.

Phelps, E. S. *Structural Slumps: The Modern Equilibrium Theory of Employment, Interest, and Assets*, Harvard University Press, 1994.

Popper, K. R. 저, 이한구 옮김. 『추측과 논박 1』, 민음사, 2021.

Popper, K. R. 저, 이한구 옮김. 『추측과 논박 2』, 민음사, 2022.

Prescott, E. C., 1986. "Theory ahead of business cycle measurement," *Carnegie-Rochester Conference Series on Public Policy* 24 (1986): 11–44.

Putnam, H. *Realism and Reason, Philosophical Papers* Vol.3. Cambridge University Press, 1983.

Ramsey, F. P. "A Contribution to the Theory of Taxation," *The Economic Journal* 37 (1927): 47–61.

Ramsey, F. P. "A Mathematical Theory of Saving," *The Economic Journal* 38 (1928): 543–559.

Ramsey, F. P. "On a Problem in Formal Logic," *Proceedings of the London Mathematical Society* 30 (1929): 264–286.

Romer, P. "Endogenous Technological Change," *Journal of Political Economy* 98 (1990): 71–102.

Rose, G. *The Melancholy Science: An Introduction to the Thought of Theodor W. Adrono*, Verso, London·New York, 2014.

Rosen, C. "Beethoven's Triumph," *The New York Review,* September 21, 1995 issue.

Rosen, C. 저, 장호연 옮김. 『고전적 양식: 하이든, 모차르트, 베토벤의 음악 언어』, 풍월당, 2021.

Ross, S. A. *Neoclassical Finance*, Princeton University Press, 2005.

Rudder, C. 저, 이가영 옮김. 『빅데이터 인간을 해석하다』, 다른, 2015.

Said, E. 저, 박홍규·최유준 옮김. 『음악은 사회적이다』, 이다미디어, 2008.

Samuelson, P. A. *Foundations of Economic Analysis*, Harvard University Press, 1947.

Santos, M. S., and Woodford, M. "Rational Asset Pricing Bubbles," *Econometrica* 65 (1997): 19–57.

Sargent, T. J. *Rational Expectations and Inflation*, 3rd Ed., Princeton University Press, 2013.

Shiryaev, A. N. *Probability*, 2nd ed., Springer, 1996.

Schneider, M. 저, 이창실 옮김. 『글렌 굴드: 피아노 솔로』, 동문선, 2002.

Schwanitz, D. 저, 인성기 옮김. 『교양: 사람이 알아야 할 모든 것』, 들녘, 2001.

Schweppenhäsuser, G. 저, 한상원 옮김. 『아도르노, 사유의 모티브들』, 에디투스, 2020.

Smith, A. *The Wealth of Nations*, Bantam Books, 2003.

Smith, A. 저, 박세일·민경국 옮김. 『도덕감정론』, 비봉출판사, 2009.

Smith, A. 저, 이종인 옮김. 『국부론』, 현대지성, 2024.

Sombart, W. 저, 황준성 옮김. 『세 종류의 경제학』, 숭실대학교 출판국, 2012.

Stiglitz, J. "In Praise of Frank Ramsey's Contribution to the Theory of Taxation," *The Economic Journal* 125 (2015): 235–268.

Stokey, N. L., and Lucas, R. E., Jr.. *Recursive Methods in Economic Dynamics*. Harvard University Press, 1989.

Talagrand, M. "Sharper Bounds for Gaussian and Empirical Processes," *Annals of Probability* 22 (1994): 28–76.

Tao, T. "Perelman's Proof of the Poincaré Conjecture: a Nonliear PDE Perspective," Preprint, 2006.

Tao, T. *Structure and Randomness*. American Mathematical Society, 2010.

Tao, T. *An Epsilon of Room, I*. American Mathematical Society, 2010.

Tao, T. *An Epsilon of Room, II*. American Mathematical Society, 2010.

Tao, T. https://terrytao.wordpress.com/2010/01/07/mean-field-equations/

Tao, T. *An Epsilon of Room, I*. American Mathematical Society, 2010.

Tao, T. *An Epsilon of Room, II*. American Mathematical Society, 2010.

Thaler, R. N. *Misbehaving: The Making of Behavioral Economics*. W. W. Norton & Company, 2016.

Villani, C. *Birth of A Theorem, Farrar*, Strauss and Giroux, 2012.

Von Neumann, J. *Mathematical Foundations of Quantum Mechanics*, Princeton University Press, 1955.

Von Neumann, J. and Mergenstern, O. *Theory of Games and Economic Behavior*, Sixtieth–Anniversary Ed., Princeton University Press, 2007.

Warsh, D. *Knowledge and the Wealth of Nations*, Norton, 2006.

Weber, M. 저, 박성환 옮김. 『경제와 사회 1』, 문학과지성사, 1997.

Wigner, E. P. "The Unreasonable Effectiveness of Mathematics in the Natural Sciences," *Communications on Pure and Applied Mathematics*. 13 (1960): 1–14.

Williamson, S. D. *Macroeconomics*, 5th Ed., Pearson Education, 2014.

Woodford, M. "Stationary Sunspot Equilibria," Columbia University Working Papaer, 1986.

Woodford, M. *Interest and Prices*, Princeton University Press, 2003.

Woodford, M. "Simple Analytics of the Government Expenditure Multiplier," *American Economic Journal: Macroeconomics* 3 (2011): 1–35.

찾아보기

용어

ㄱ

가공의 인격체 305~306, 312~314, 319, 385~386
가공의 정책당국자 246~249, 396, 401~402
가면무도회(mascarade) 139
가설(hypothesis) 16~22, 26, 34, 72~73, 84, 94~103, 105~108, 116~118, 185, 190~191, 198, 206, 233, 292~293, 303, 307~308, 327, 330, 333, 334, 341~342, 345, 366, 373, 380~383, 388, 391, 395, 397, 403
가짜 대위법 139, 145~147
가치의 내적성찰과 판단 68, 356
가치중립적 8
가치판단 8
감성 45, 126, 370, 376, 385~386, 419, 437
감성의 객관화 385~386
강화학습 255~356
개념 5, 9~14, 16~19, 22, 27, 30, 33~34, 52~53, 56, 58, 73, 75, 78, 81, 89~90, 92, 94, 100, 107~109, 117, 133, 135, 171, 173, 177, 179~183, 188, 189, 194, 198~202, 204~206, 209, 212, 215, 217~218, 232, 256, 261, 267, 270~271, 278, 281, 294, 301, 336~ 337, 342, 348, 356, 361~363, 365~366, 370~376, 382~384, 386, 392~393, 395, 397, 402, 405~406, 409, 418, 421, 427~428
개념의 모순과 핵분열 397
개념의 운동 10, 198, 365, 395,

427
개념의 운동 상태 365
개별자 5, 11, 15, 365
개인의 길흉화복 36
객관적 예측 327
거시경제의 기초경제요인 149, 394
거시경제학의 미시적 기초 229~230
거시변수(aggregate variable, macroeconomic variable) 228~230, 261, 276
거시안정화 정책(stablization policy) 405
거시지표 240~243, 248
건반악기 15, 136, 138, 202~203, 419
검색 169~170, 310, 315~316, 318, 320~321, 325
검색어 169~170, 316, 321
결합의 보완 362
경기불황(recession) 175~177
경기순환 또는 경기변동(business cycle) 78
경기순환주기 151, 170~171, 176~182, 188~193, 195~197, 250, 292, 335, 339~344, 346~348, 350~353, 373, 377~378, 392, 399
경기순환주기(business cycle) 151, 170~171, 176~182, 188, 189, 190~193, 195~197, 250, 292, 335, 339~344, 346~348, 350~353, 373, 377~378, 392, 399
경기호황(boom) 175~178
경기확장 324, 327, 330~333
경제 5~6, 8~12, 14~20, 22~36, 43~45, 47~63, 65, 67~69, 72~73, 78~87, 90~91, 94~95, 100~108, 110, 116~117, 129, 132, 136, 142~143, 146, 148~151, 170~173, 177~182, 186~200, 205~206, 214~230, 233~234, 236, 238~257, 261~262, 271, 276, 282~284, 286~287, 291~293, 296~297, 299~303, 305~313, 316~318, 322~344, 346~348, 350~351, 353~372, 374~385, 388~402, 404~411, 414, 416~421, 426~428, 430, 434, 437, 439, 440
경제공학 421
경제균형상태 399
경제모형의 실증성 117, 390
경제성장(economic growth) 78~80, 83~84, 178~179, 196, 286, 340~341, 344, 346~348, 350~351
경제의 총생산 증가 324

경제인(economic agent) 10, 31, 34~35, 95, 105~108, 149, 151, 193, 196, 205, 214~221, 226, 233, 236, 238, 243~244, 246~247, 252~253, 257, 309, 337~338, 341, 354~355, 363~365, 367, 383~384, 388, 391, 394, 396~397, 400, 404, 410
경제인의 원자화 363
경제인의 합리성 공리 383
경제학은 모형적 사고의 학문이다 11~12, 14, 27
경제학은 인륜적 학문이다 8, 26, 29, 40, 357, 359, 360, 416
경제학의 공학화 10
경제학의 규범적(normative) 성격 8
경제학의 내러티브적 설명 365
경험의 가치 48, 58, 63
경험적(經驗的, a posteriori) 190, 313
고빈도수 경기순환주 339
고전파음악 127, 142, 144, 146
고정점 정리(fixed point theorem) 52~53, 187, 254~255, 403
고정점(fixed point) 52
골드베르크 아리아 25
공(空) 132~133
공감 30, 214, 227~231, 233, 305~306, 384~386
공계(空界) 208~212
공명 305~306, 309, 384~385
공명현상 309
공산주의 유토피아 427
공조 114, 305, 306, 384~386
공존과 진화 365
공학(공업기술) 421
과거지향적인(backward-looking) 189~190, 192, 336, 345
과거지향적인(backward-looking) 파라미터 336
과학모형 10, 12~13, 16, 18, 28, 30~31, 72, 81, 94, 103, 108, 148, 158, 171~173, 206, 223, 252, 262, 275, 277~278, 286, 292~293, 302, 310~312, 325, 343, 366~367, 389, 414, 427, 443
과학자의 자세 381, 420
과학적 가설의 검증 21
과학적 실증주의 9
과학주의 20, 22, 63, 406, 421~423, 443, 456
관조적 공감대 231, 233
괴델(Kurt Gödel)의 불완전성 정리(incompleteness theorem) 114~115, 204~205, 425
교화 8~9, 17, 384, 387~388
교환가치 10, 224
구글(Google) 169
구글 독감예측 프로그램 309~310, 316, 320~321
구글신 153, 319~321, 325,

329~330, 414, 421, 427
구글의 과학모형 311~312
구도(構圖) 24
구상적 음악 13
구상(configuration) 13~14
구조적 모수 추정법(calibration) 34, 341, 344, 346, 350, 354~356
구조적 모형 184~197, 206, 250, 252, 335~337, 345, 361, 364, 374~375
국가경제 215, 217`220, 233~234, 334, 396
국민총생 172, 350
군맹무상(群盲撫象) 34
궁극의 경제모형 317
궁극의 이론(theory of everything) 317
귀납적으로 구축 가능한 증명 (constructive proof) 254
귀류 310
귀류법(reductio ad absurdum) 206, 310, 318
규범성 9, 10, 22, 25~26, 36, 47~48, 67, 187, 217, 223, 233, 252, 356, 376, 384, 414
규범의 가치 48~49, 63
규범적(normative) 8, 10, 17, 19~20, 31~32, 46, 48, 58, 67, 94`95, 100, 102~104, 106~108, 117~118, 133, 135, 186, 191~192, 194~197, 214~215, 217~218, 220, 223, 226, 232~234, 244~246, 249~250, 252~253, 257, 262, 271, 304~312, 316~321, 325, 328~329, 331, 335~336, 355~356, 364~365, 367~368, 375~376, 381, 384~386, 388~390, 393, 395~398, 400, 409, 414, 426~427
규범적 가치 253, 306
규범적 경제인 364~365, 384, 400
규범적 기대 58, 135, 309~312, 316~321, 325, 328~329, 331, 335
규범적 모형 250, 257, 262, 271, 375, 381, 393, 414, 426, 427
규범적 선언 234
규범적 신체 10
규범적 예언 94~95, 100, 102~104, 106~108, 117~118, 186, 191~192, 194~197, 249, 250, 252, 304~308, 335, 355~356, 376, 384~386, 390
규범적 인간 214, 226, 376, 386
규범적 행동지침 305, 385
규정적 부정(bestimmte Negation) 398, 417
균형(equilibrium) 6, 16, 20,

31~32, 44, 47, 51~53, 56~58, 82~88, 90, 100, 132, 144, 146, 148, 180, 185~187, 194, 196~197, 213, 220~221, 223, 230, 232~234, 236, 238~239, 243~244, 246~250, 252~ 253, 255, 257, 261, 274, 285, 292, 302, 304~306, 328~329, 331, 334~348, 353`356, 365, 372~373, 375, 377, 386, 389, 395~396, 398~400, 402~410, 413~ 414
균형상태 386, 396, 399, 402, 404, 406~408, 414
균형성장경로(balanced growth path) 196, 339~340, 343
금융 불안정성 가설(financial instability hypothesis) 307~308
금융시장의 완비성(market completeness) 247~248
기념비적인 2013년 노벨경제학상 382
기대 미래 인플레이션 333
기대 변수 330~331, 354
기대심리 80, 95, 99, 190~191, 195, 304, 331~334, 406
기대심리 관리(expecations managment) 장치 406
기대평생효용(expected life-time utility) 221~223, 226, 245, 338
기대평생효용(expected life-time utility)의 극대화 221
기대 IS 곡선 84, 331~335
기준이자율 정책 334
기준점(benchmark) 17~18, 33, 248, 331, 342, 355, 372, 378, 445

ㄴ

나비어 · 스토크스 방정식(Navier-Stokes Equation) 392
나치 25, 55, 126, 129, 137, 153~154, 163, 239, 419, 421, 424~426
나폴리의 걸인 219
내러티브 365, 373, 388, 389
내면의 목소리(inner voice) 37
내생적(endogenous) 79, 132, 147~152, 308, 394
내재적 다수성 14
내재적 모순 368, 375
내재적 변증법 19~20, 66
내재적 비판 199~200, 312, 362, 364, 368, 381, 383`384, 395, 418
노동소득 분배율 350
논란의 2013년 노벨경제학상 100, 380`381, 430
논레가토(non-legato) 주법 137
농부의 미덕 31, 34, 225~226, 230, 356, 398, 401, 413

농부의 우화 223, 226, 233, 236, 244, 247~248, 250, 353, 365, 389
누벨퀴진 54, 59, 60~62

ㄷ

다른 요인이 일정하다는 가정(keeping other things constant, 또는 ceteris paribus) 81~86, 88, 100, 337
단선율 음악(homophony) 140
대공황(Great Depression) 25, 39, 43~45, 47~49, 56, 58~63, 67, 175~176, 180, 261, 307
대공황과 케인즈 25, 43~45, 47, 63, 67
대번영 시대(Great Prosperity) 324
대비(entgegensetzung) 10, 12, 16, 18~19, 33, 124, 126, 129, 148, 157, 200~201, 204, 206, 208, 211, 360, 425
대수의 법칙(the Law of Large Numbers) 113~114, 116, 232~235, 261, 276, 294
대운 258~263, 270, 272
대중화 51, 385~386
대침체(Great Recession) 308
대표적 경제인 31
대표적 경제주체 32~33, 221~223, 230, 244~250, 252~253, 257, 261, 305, 338, 355, 395~398, 400
대표적 경제주체의 기대평생효용 극대화 221~223
대표적 경제주체 정리(representative agent theorem) 248~249
대표적 경제주체(representative agent) 32~33, 221~223, 230, 244, 245~250, 252`253, 257, 261, 305, 338, 355, 395~398, 400
대표적 인간 257~263, 267, 270~271, 385~386
대표적 인간형 257~263, 267, 270~271, 385
대화 35, 51, 107, 124, 127, 139~140, 190, 192, 208, 220~223, 225~226, 235, 245, 247, 301, 338, 364~365, 367, 387~388, 390, 396, 418, 425, 427
대화와 공존 418
독감증상 169, 310, 315~316, 318, 320~321
독일예술 26
독자 15, 29, 30~32, 34, 36, 38, 47, 80, 131, 147~148, 150, 187, 192, 231, 256, 259, 269, 270, 274, 291, 293, 297, 303, 313, 317, 364~365, 381, 386~388, 425
돈오돈수(頓悟頓修) 133
돈오점수(頓悟漸修) 133

동물정신가설(animial spirit hypothesis) 105, 307
동시성 57, 187
동어반복(tautology) 21, 57, 241, 316, 401
동일시(Identitatsdenken, 同一視) 6, 336, 356
동태 계획법(dynamic programming) 모형 253, 356
딜레마 11, 17~18, 25

ㄹ

램지 과세(Ramsey taxation) 7
램지 성장모형(Ramsey's growth model) 7
램지 · 카스 · 코프만스 성장모형(the Ramsey–Cass–Koopmans growth model) 16
러셀의 역설(Bertrand Russell's paradox) 7
러시아의 사실주의소설 386
레닌주의 419
루카스 말씀 383
루카스 비판(Lucas's critique) 16~17, 34, 194, 299~300, 307, 322, 329~331, 335, 337~338, 344~346, 354~356, 360~363, 374, 395, 397, 418
루카스의 비판의 비판의 비판 395
루카스(Lucas)의 합리적 기대 가설 388
리체르카레(푸가)형식 27~28

ㅁ

마르크스 유물 변증법 25
마코프 전이 상태 284, 403
매개(mediation) 10, 12~13, 23, 26, 48, 58, 60, 67, 69, 71~72, 75~77, 81~85, 101~102, 109, 116~119, 122~126, 183, 192, 200~209, 211, 213, 215, 217~218, 220`221, 228~231, 233~234, 237~238, 257, 261, 270, 273~275, 293, 301, 303, 312~314, 316, 318, 321, 328~330, 336, 342~343, 348, 353~354, 361, 364, 366~367, 398, 419, 428
매개변수(媒介變數) 71~72, 75~77, 81~85, 101~102, 116~118, 122~126, 183, 209, 211, 213, 257, 261, 270, 273~275, 293, 301, 303, 313~314, 316, 318, 321, 328~330, 366
매개변수(파라미터) 71, 75, 84, 124, 209, 211, 213, 273~275, 301, 303, 316
매개변수화(파라미터화) 75~76, 101, 116~118, 125
매개의 부재를 통한 매개 220
매스 미디어 238~239
맥락적(contextual) 314
메타경제학 32, 371

멕시코식 파도(Mexican wave) 279~281, 283
명리학 33, 256~257, 259~263, 266~267, 269~271, 274, 341, 397, 412
명리학(사주추명학) 33
명리학의 체용원리 266, 341
명제 · 반명제 · 합명제 198
모든 모형은 빠짐없이 오류투성이이다(All models are wrong) 117
모범적 경제인 364
모수추정화(calibration) 87~88, 337~339
모순 20~21, 66, 114~115, 200, 204~205, 285, 361~363, 367~368, 371, 375, 383~384, 395, 397, 418, 427
모차르트의 '작은별 변주곡' 212
모형 6, 8~20, 24, 26~34, 36, 58, 60~61, 65~95, 100~104, 107~108, 116~126, 128~129, 132, 134~135, 141~148, 152~154, 158, 170~173, 176~198, 201, 205~206, 209~211, 213, 222~223, 232~233, 247~248, 250, 252~253, 255, 257, 260`262, 266~267, 270~284, 286~293, 296~297, 300~322, 324~329, 331, 335~350, 352~356, 360`361, 363~368, 372~393, 395~400, 402~404, 410, 414, 416~419, 426~427, 430
모형설계자 69, 71, 73~75, 77, 79, 82, 84, 88~90, 123, 125, 135, 183~185, 304~305, 336, 356, 384~385
모형세계 88~90, 93~95, 122, 209~210, 304, 315, 321, 398
모형 안 75~76, 81~82, 85, 107~108, 305~306, 308, 317, 319, 339~340, 364, 383, 384~386, 388, 397
모형의 개념 363
모형적 사고 11~12, 14, 18, 26~27, 29, 60~61, 69~71, 74~76, 82, 121, 134, 143, 211, 260, 273, 301, 313~315, 363, 365, 388, 419
모형적 사고의 학문 11~12, 14, 18, 26~27, 29, 60, 365, 388
모호하다 119
모호함 119~120, 124~127, 136~137, 145, 163, 303, 312
목민관 404~405, 410
무위험자산 377

무한선율 23
물가안정 목표 335
물리학 선망증(Physics Envy) 418
미네르바의 부엉이 427
미래의 불확실성 91~93, 96
미래지향적인(forward-looking) 190~192, 252, 336~337, 344~345
미래지향적인(forward-looking) 파라미터 336
미시적(microeconomic) 215, 228~230
민스키 순환주기(Minsky cycle) 308
밀턴 프리드먼(Miton Friedman) 7

ㅂ

바그너 음악 13~14, 25~26
바나흐 고정점 정리(Banach's fixed point theorem) 254
바로크 음악 49, 128~129, 145~146, 419
바흐의 골드베르크 변주곡 211~212, 225, 227
바흐 파르티타 1번 프렐루드 202, 203
박자 129, 134~138, 140~143, 146~148, 207, 209, 227
반사실 72~73, 190~191, 198, 206, 292~293, 303, 366
반사실적(counterfactual) 가설 292, 366
반야심경 133
반영구적이거나 상대적으로 안정적인 요인 71
반영구적이거나 상대적으로 일정한 요인 68, 79, 103, 129, 142, 171, 173, 178~179, 262, 301, 314, 338~339, 340, 346~347, 363
반제회담(Wannseekonferenz) 419
반짝반짝 작은별 212
발견술적(heuristic) 도구 372~373, 383
발라드 4번 126~127, 130, 146, 148~149, 151~152, 271, 393
발화 15, 364~365, 387
방술과 술수 36, 413, 448
백색잡음 295, 348, 350~352
버블현상 380~381
번호들의 배열 374
벨만 방정식 253~255, 282~283, 291
변동성의 역설(the volatility paradox) 308
변분법(the calculus of variations) 7
변수 12~14, 16, 30, 36~37, 58, 70~72, 74~77, 80~86, 88, 90~93, 95, 98, 10~102, 116~118, 122~127, 132, 135, 140~148, 156~163, 169, 171~172, 179, 183~186, 190, 192~193, 195~196, 209,

211~213, 222, 224, 226, 228, 229~230, 245, 257, 261, 270~271, 273~280, 287, 289~290, 293, 301~303, 305, 310~311, 313, 314~316, 318, 321, 328~331, 334, 336~337, 341~344, 346~347, 352~356, 360, 366, 378, 402~403, 407~408
변증법(dialectic) 5, 11, 13, 15~30, 32, 34, 37~38, 40, 44, 47~48, 50, 60, 66, 148, 153, 194, 197~202, 204~206, 208, 211, 213, 225, 227, 312, 330, 342, 354, 360, 362`363, 365~371, 375~376, 379, 381~384, 390, 393, 395, 398, 406, 409, 418~421, 427~428, 431
변증법적 과학 11, 18, 20, 24, 29, 40, 148, 363, 368~370, 381~382, 390, 393, 419~420, 428
변증법적 글쓰기 24, 38
변증법적 발견술 375
변증법적 사유 5, 13, 15, 17, 19, 21~23, 25, 27, 198~199, 201~202, 204~206, 208, 342, 354, 362~363, 365~367, 370~371, 375, 379, 382~383, 390, 395, 406, 419, 421
변증법적 사유의 학문 362
변증법적 성찰 23, 25, 225, 227
변증법적 읽기 24, 38
별무리(constellation) 12~14, 18, 24~25, 27
별의 순간 176, 307, 336, 388
보이지 않는 손(an invisible hand) 216, 220, 234, 239, 243~244, 246, 249, 401, 409
보편 5, 13, 17, 54, 59, 91, 93~94, 96, 98, 104, 106, 123, 157~158, 161, 180, 198, 201~206, 208, 214~215, 236, 238, 257, 293, 315, 327~334, 336, 341~342, 361, 363~365, 367, 372, 375, 383, 386
보편성 238, 293, 364
보편적 경제주체 327~330, 332~334
보편적 인간 91, 93~94, 327, 386
복수화(plurality) 148
부분균형(partial equilibrium) 82~86, 88, 148, 185~186, 337, 344~346, 348
부분균형모형 83, 148, 185~186, 337, 344~345
부적 149~150, 208~209, 211, 331~332, 353, 361
부정(aufheben) 11, 13, 16, 18~19, 21~26, 28~29, 30,

37, 54, 60, 66, 110, 180, 197~206, 208~209, 211, 243, 293, 312, 336, 342, 355~356, 360~363, 367, 368, 375, 379, 381~383, 393, 395, 398, 406, 409, 417~418, 421, 431
부정변증법(Negative Dialektik) 22, 25~26
부정변증법 사고의 학문 18
부정의 계기 11, 16, 19, 37, 60, 204~205, 293, 312, 336, 342, 356, 360~362, 379, 381~383, 393, 395, 406
부정의 계기로 인한 (진태제) 개념의 핵분열 395
부정의 부정은 긍정이다 26, 418
부정적 자기실현적 예언 355, 409
분산적 파편화 14, 16, 23~24
분석(分析) 6, 8, 11, 21, 37, 52, 60~61, 69, 88, 129, 150, 156~162, 166, 169~170, 193, 201, 241, 258, 263, 312~313, 315, 361, 365, 377, 379, 383, 399, 430
분석적인 정보 저장 · 분류 체계(analytical filing system) 21
불성(佛性) 210~211, 381
브라운 운동(brownian motion) 98, 295~296
블랙 · 숄즈 옵션가격(Black-Scholes option pricing) 101, 103, 116~118
블랙 · 숄즈 옵션 가격결정모형 344
블랙·숄즈 옵션 가격 모형 296
비개념자 336
비동일성 336, 356, 365~366
비동일성의 계기 336, 356
비동일성의 지향 336, 356, 366
비동일자(das Nichtidentische) 5, 10, 16, 362~363, 365, 367, 383, 406, 409, 418
비동일자(das Nichtidentische)의 계기 362
비동질적 질료 303, 356
비이성적 과열(Irrational Exuberance) 406
빅데이터 6, 153~162, 166, 169, 288, 301, 309, 312~313, 315, 430, 438
빅데이터 분석 156~162, 166, 169, 312~313, 315
빅데이터 분석 모형 312~313

ㅅ

사고실험(Das Gedankenexperiment) 35, 69, 76, 171, 310, 314, 331
사랑 59, 120~122, 137, 216, 228, 423, 434
사실주의 소설 365, 386~387, 426
사용가치 10
사유모형 14, 19, 65~66, 197, 198, 201, 374, 417
사전적(事前的, ex ante) 159, 190,

313, 315
사전적 기대심리 191, 195
사주명국 394, 395, 399
사주추명학(四柱推命學) 15, 33, 35, 36, 256, 412~413, 450
사후적(事後的, ex post) 190, 313
산출량 갭 80, 81, 332~335
상수 70~72, 74~77, 80, 81, 85, 87, 101, 122~123, 125, 135, 143, 148, 171, 180, 183~184, 209, 257, 261, 270~275, 278, 293, 301~302, 303, 313~314, 316, 318, 320, 322~323, 360~361, 366, 393
상승추세(increasing trend) 173~174, 176~178
상위개념 5, 9, 11, 13, 363, 365, 372, 383
상위자아 266~268, 269, 271
새케인즈 경기순환 모형 83~84, 95, 107
새케인즈 필립스 곡선 78, 80~84, 95, 304, 330~331, 333~335
새케인즈학파 15~16, 77, 79, 185, 247, 274, 302, 373, 379, 392, 405, 451
새케인즈학파 통화이론모형 373
새케인즈(학파) 필립스 곡선 77~78, 80
색(色) 131, 133
색계(色界) 208, 210
서사다움 365
서사적(내러티브적) 388
선험적(先驗的, a priori) 159, 190, 313, 315
성인의 도 36, 414
성장 동력 348, 351
성장추세주기 339~344, 347, 351
성좌 13
세속의 철학 30, 419
세운 258, 260~263, 270, 272
셈여림 37, 129, 133~141, 143, 203~204
소나타 형식 127, 142
소비 시계열 343
소시오그램 400, 401
솔로우 · 스완 성장 모형 348
솔로우 잔차(Solow residual) 350
솔로우(Solow) · 스완(Swan) · 로머(Romer)의 방정식 79
쇼팽 에튀드(연습곡) 37
쇼팽의 발라드 4번 39, 126, 130, 271, 387, 393
쇼팽의 피아노 소나타 3번 146
수사(rhetoric) 389~390
수사적 도구 389
수요의 선순환 324, 327
수요의 악순환 327
수요 중심의 선순환 324~326, 332, 334
수요 중심의 악순환 327~328, 331
수학 11, 15, 17, 21, 33, 50~58, 61, 63, 70, 73, 76~77, 92, 98~99, 104, 114~115, 182,

187, 204, 205, 221~223, 253~254, 278, 281~283, 285~286, 292, 296, 308, 310, 389, 391~393, 414, 416, 427, 430
수학난제 39~393
수학은 과학이 아니다 54
수학은 언어이다(Mathematics is a language) 11
순차성 187~189
술수(術數) 412, 414
숫자저음 36
슈뢰딩거 방정식(Schrödinger equation) 12
스태그플레이션 307, 322, 325, 327~328, 330, 335~336, 355, 364, 375
스태그플레이션(stagflation) 307, 325
스태그플레이션의 역습 330, 335~336
스트레토(stretto) 기법 387
시계열 172~174, 343
시장 숭배 381
시행착오(trial and error) 20
신고전파 15, 87, 339, 379, 383~384, 451
신고전파 필립스 곡선 379
신은 주사위 놀이를 즐긴다 90
신의 주사위 놀이 55, 92, 344~346, 353
실물경제 224
실물균형경기변동이론(real business cycle theory, equilibrium business cycle theory) 15~16, 31, 32, 87, 90, 100, 132, 194, 196, 220~221, 223, 230, 23~234, 236, 239, 243~244, 246~250, 252~253, 255, 257, 261, 274, 292, 302, 304~306, 335~340, 342, 346~348, 353~356, 364, 372~373, 375, 389, 395, 398, 409, 413, 414
실업률 307, 323~325, 328~331
실존 인격체 306, 385
실존적 경제인 108, 233, 252, 355, 364, 383~384, 388
실존적 기대 309, 316~319, 321, 326, 328~329, 331, 335
실존적 기대 309
실존적 인간 364, 386, 387
실존적인 나 263~267, 269~270
실존적인 인격체 316
실증 6, 9~11, 19~23, 25~26, 36, 47~48, 55, 58, 63, 67, 77, 79, 81, 87, 94~95, 99, 100~101, 104~108, 117, 118~119, 143, 184~186, 190, 192, 195~197, 202, 205~206, 223, 241, 250, 252, 262, 271, 304~308, 310~311, 312, 316~319, 321, 323, 325, 329, 339,

341, 343~344, 349, 355, 364, 375~378, 379, 381, 383~386, 388, 390, 414, 416~419, 421, 427~428
실증가능성 364
실증경제학방법론 20
실증과학(positive science) 21
실증(긍정)변증법 21
실증변증법(Positive Dialektik) 22, 25~26, 419, 428
실증성 9, 10, 22, 25~26, 36, 47~48, 67, 77, 117, 143, 185, 252, 262, 271, 305, 378, 390, 442
실증 위험자산 프리미엄 377
실증적 21~22, 55, 58, 67, 77, 79, 81, 87, 99~101, 104~107, 118, 184, 186, 190, 192, 195~197, 202, 223, 241, 250, 252, 271, 304~312, 316~319, 321, 323, 329, 341, 343~344, 355, 364, 375~378, 384~386, 388, 390
실증적 명제 323
실증적 예언 100~101, 104, 106~107, 118, 186, 190, 192, 195~197, 250, 252, 305~309, 311~312, 316, 355, 376, 384~386, 390
실증적 예측력 106, 304, 310, 317
실증적(positivistic) 예측치 305
실증주의(positivism)적 예언 94
실증(positive) 변증법 418
실질이자율(real rate of interest) 332~333, 335
심리적인 불확실성(pychological uncertainties) 337
십계명 96, 191, 252, 306~307, 320, 385
십계명(도덕률) 307

ㅇ

아리아 25, 211~212
아바타 90, 239, 313~318, 320, 322
아이야가리 · 허겟 · 불리 예비적 저축 모형(the Aiyagari–Huggett–Bewley model of precautionary savings) 283, 291~292
안정성(stability) 323
안정성 상대주기 301
알베르티 베이스(Alberti bass) 반주 음형 144~145
알 수 없는 외부적인 요인 331~332
애덤 스미스의 “보이지 않는 손(an invisible hand)” 234
양(陽) 175, 256
언어(language) 21
에너지 75~76, 82~83, 361, 393
역설 7, 15, 22, 25, 32, 67, 111, 194, 196, 231~233, 308, 347, 363, 368, 417, 428

역설의 역설 368
역의 관계(tradeoff) 323
연쇄법칙(chain rule) 296
영국 케임브리지 대학 특유의 전통 8
영어 또한 언어이다(English is a language, too) 11
예비적 저축 동기 284
예비적 저축 모형(the Aiyagari–Huggett–Bewley model of precautionary savings) 283
예비적 저축(precautionary savings) 33, 326, 453
예언 9~10, 17, 21~22, 28, 31, 33, 35, 94, 95, 100~104, 106~110, 113~114, 116~118, 149, 153, 186, 190~197, 205, 219~220, 231~234, 243, 246, 249~250, 252, 262, 302, 304~308, 310~312, 316~318, 325, 328, 330, 335, 355~356, 376, 384~386, 390, 394~396, 398, 404, 409~410, 413~414, 426
예측 9~10, 21~22, 31, 35, 39, 93~99, 105~106, 108, 118~119, 158, 168, 169~170, 180, 190, 232, 246, 271, 301~302, 304~306, 309~312, 315~322, 325, 327~328, 333, 339, 355, 377~378, 380~381, 385, 390, 403, 414, 427, 442
오일러 방정식 100, 339, 343
오컴의 면도날(Occam's Razor) 342, 345
오행(물, 불, 흙, 쇠, 나무) 256
욕계(欲界) 208~212
와해(Zerfall)의 논리 363
완전경쟁시장 34
외부충격 224, 308, 318
외생적 상태변수 84, 88, 90~93, 95, 100~101, 132, 144~146, 289, 290, 336~337, 344, 346, 353~355
외생적 상태변수(exogenous state variable) 84, 88, 90~93, 95, 100~101, 132, 144~146, 289, 290, 336~337, 344, 346, 353~355
외팔이 경제학자 419
요인변수 337
욕계 208
용(用) 256, 262~264, 266~268, 270~271, 301, 341, 343
우리의 그림자 158~160, 169, 312
우발적 사건 394
우울한 학문(dismal science) 18
우화(fable) 8, 17, 223, 226, 233, 236, 239, 244, 247~248,

250, 252, 353, 365, 388~389, 436
운(運) 90~91, 258, 336, 344, 354
원국 258~260, 262~264, 267, 269~272
위험공유 34
위험자산 프리미엄 퍼즐 377~378
유럽 축구에 대한 과도한 존중심 408
유사 대표경제주체 400, 405
유연성 348
유용한 허구 390
유의지 36, 264~267, 269, 281, 320, 326, 329
유토피아적 사회 362
유토피아적 준거지점 372
유토피아적 피날레 23
융합 11, 367, 418
은유(metaphor)를 활용한 우화(parable) 223
은행 82, 84, 110~114, 116, 172, 199, 205, 277, 284~285, 306, 322~328, 330~332, 334~335, 405~406, 410
은행의 대규모 인출사태 110~111
음(陰) 175, 256
음악 9, 13~15, 19, 20, 23~30, 32~33, 36~38, 45~46, 49, 66, 124, 127~129, 131, 133~134, 136~147, 152~153, 158~159, 211~213, 271, 301, 374, 384~388, 390, 419, 423, 425, 427, 431, 434, 437~438
음악모형 15, 385~386
음악양식 45, 386
음악의 헌정(Das Musikalische Opfer) 26
음악적 23~24, 124, 129, 133, 271, 386, 388
음악적인 텍스트 23
응전 25, 33, 330, 335~336, 355
이기심(selfishness) 215~217, 223
이론 6~7, 9, 15~17, 19, 21, 24, 31~32, 34~36, 40~41, 51, 53~56, 60~61, 79, 87~92, 100~101, 105, 117, 119, 129, 132, 144, 146, 148~151, 181~182, 194~197, 199, 213, 220~221, 223, 230, 232~234, 236~239, 243~244, 246~250, 252~253, 255, 257, 261, 274, 277, 279, 280~281, 284, 287, 292, 302, 304~306, 317~318, 33~340, 342, 346~348, 353~356, 365, 370~379, 389, 393~395, 398~399, 405, 409~410, 413~414, 430~431, 435
이론의 언어 21
이론적인 경기순환주기 373
이상적 · 규범적 인간형 376

이상형(Idealtypus) 11, 17~18, 111, 114, 220~221, 258, 342, 344, 370~379, 381, 383, 390, 393
이질적 경제주체(heterogeneous-agent) 33
이질적 성분(heterogeneity) 33, 275~276, 280, 454
이토 미적분(Ito calculus) 296
이토의 보조정리(Ito's Lemma) 295
인격체 266~267, 304~307, 309~322, 325, 336, 384~386, 388, 426
인과관계 104, 183~186, 188, 192, 336, 356, 363~364, 372, 374
인과율 13, 158~159, 336, 356
인구 증가율 343~344
인륜적 학문 8, 18, 26~27, 29, 40, 67~68, 356~357, 359~360, 367, 414, 416, 418~419
인플레이션율(inflation rate) 80
인플레이션(평균 명목물가 성장률) 323
인플레이션 폭등의 소용돌이 (inflationary spiral) 334
일반균형(general equilibrium) 53, 82~86, 88, 148, 180, 185~186, 331, 337, 345~346, 348
일시적이며 변동을 거듭하는 요인 68, 79, 103, 129, 142, 171, 173, 260, 262, 301, 340, 346
일시적이지만 변동이 큰 요인 71
임시적인 184, 210, 336, 356
임의보행(random walk) 98, 100~102, 295~296, 380
임의의 파라미터(free parameter)를 품은 경제(학)이론가를 조심하라 86

ㅈ

자기성찰(introspection) 133, 215
자기실현적 17, 22, 28, 94~95, 104, 106~110, 113~114, 116~118, 149~150, 205, 219~231, 232`234, 239, 243, 246, 249, 304, 328, 333~335, 354~355, 394~396, 398, 404, 409~410, 413`414
자기실현적 기대 149, 150, 234, 239, 333~335, 354, 394~395
자기실현적 기대(self-fulfilling expectations) 394
자기실현적 예언(self-fulfilling prophecy) 17, 22, 28, 94, 104, 107~110, 113~114, 116~118, 149, 205, 219~220, 231~234, 243, 246, 304, 328, 355,

394~396, 398, 404, 409~410, 413~414
자기애(self-love) 34, 214~231, 236~240, 243, 244, 247, 249~250, 257, 304~305, 337, 354, 365, 389, 395~396, 397, 402, 413
자기 언급(self-reference) 7, 27~28, 31~32, 114~116, 118, 204, 218~220, 230~231, 234, 304, 354~355, 425~426
자기충족성(self-sufficiency) 342
자본소득 분배율 350
자본수익률 시계열 343
자본요소 349~350
자본주의 사회 176, 199, 362, 421
자신의 타자성 19~20, 23, 66
자연과학 모형의 이분법 속성 360
자연과학에서의 수학의 비이성적인 유효성(Unreasonable Effectiveness of Mathematics in the Natural Sciences) 286
자연과학적 인과관계 363
자연과학적 진테제의 모순 367
자연의 '주사위 놀이' 227
자율적인 자정체계 404
작곡가 37, 45~46, 131, 137, 139, 143, 147, 158, 385~386
작은별 변주곡 212
잔차(residual) 350
잠재 변수(latent variable) 183~184, 186
장기 경제성장 경로(long-term economic growth path) 178~179
장기적으로 우리는 모두 이미 죽음의 상태이다(In the long run, we are all dead) 179, 353
장기추세성분 351
장기평균 실질자본수익률 343
장대함 386
저만치 122, 124~126, 161~163, 166, 170
저빈도수 성장추세주기 339
적응 규칙(adaptive rule) 150
적자생존 34, 35
적합도 검정(goodness of fit) 306
전도 25, 97, 135, 238~239, 278~279, 287, 301, 374
전미경제연구소 조사보고서 34
전술 주기화(Tactical Perioization) 403
전역적(global) 410
전주곡 25, 45~48, 63, 67, 130, 187, 424~42
전주곡과 푸가 25, 45, 47, 63, 67
전회(inversion) 또는 도치 36
정격연주 32~33, 37, 139
정상적 마코프 균형(stationary Markov equilibrium) 403~407, 409
정언명령 96, 102, 105~106, 118, 229, 233, 246, 309, 325
정의 관계 324~325, 328

정책 파라미터 334
제1 원칙(the first principle) 313
제 2차 세계대전 176
제 3자의 개입 32, 336, 354, 362, 456
제일원리 375, 383
조건부 상수화(常數化) 81
조성(tonality) 23, 25, 28, 45~46, 48~49, 63, 67, 121, 127, 129, 131~135, 140~141, 143, 409, 430
조성의 방황 131~132
조성의 안정성 129, 134~135, 141, 143
조화 23, 36, 47, 131, 138, 155, 271~272, 306, 414, 426~427
존재론적 증명(existential proof) 254
주관적 33, 37, 105~106, 141~142, 150, 158, 161, 337~338, 340~343, 345, 350, 385~386
주관적 할인율 337~338, 341~343, 345, 350
주관적 환산자 337~338
주관주의 21, 37
주기별 격차 340
주드·챔리 자본소득세 면세 명제 (Judd-Champley zero capital income tax result) 7
주술 14~15, 20, 22, 33, 35, 149, 404, 414, 418, 427
주술모형 14~15, 33
주술 시장 35
주술적 22, 418, 427
주식자본 프리미엄 퍼즐 377
준거지점 11~12, 17, 72, 225, 372, 378
중앙은행 82, 84, 306, 322~328, 330~331, 334~335, 405, 410
진정한 축구 33~34
짜임관계 12~14, 45, 47, 201, 372, 374~456

ㅊ

차원의 저주(the curse of dimensionality) 392
차익거래(arbitrage) 100
천민 218~220, 231, 406, 421~423
천민 과학주의 406, 421~423
철두철미한 관찰력(vigilant observation) 68, 91, 338
청자 135, 364~365, 386~388
체(體) 256, 262~264, 266~268, 270~271, 301, 341, 343
체계적 34, 35, 52, 109, 159, 163, 193, 296~297, 322~323, 325, 327, 381, 417
체계적 오류 323, 327
체계적 위험(systematic risk) 193
체계적인 실수 322

체용원리 36, 266~279, 287, 341, 348, 447, 456
체험 19, 109~210, 336
총계 변수(aggregate variable) 193
총수요 82, 84, 331
총요소(기술)생산성(total factor productivity) 227~230, 348~349
총체성 24, 113
최적 성장모형 15
축구 14, 19, 28, 33~34, 272~280, 282, 284, 286~292, 336, 344, 346, 353~354, 391~392, 398~410, 430
축구 경기의 축구공 344, 354
축구공 33~34, 287~292, 336, 344, 346, 353~354, 391, 399, 402, 407
축구공의 분실 399
축구공의 소유 399
축구공·축구관중 모형 33, 292
축구관중 33~34, 275, 278`280, 286~287, 289~292, 391~392, 399
축구관중 모형 33, 41, 391, 399, 457
축구를 둘러싼 제반조건 273
축구모형 19, 28, 34, 41, 278~279, 287, 336, 354, 398~399, 403
축약형 계량모형(reduced-form econometric model) 185~189, 192~195, 197, 205~206, 250, 260, 335, 364, 374~375
측도보존변환자(measure-preserving transformation) 235
치환 49, 53, 55, 62, 93, 125, 301

ㅋ

카논형식 26~27, 29, 36, 37
카스 · 셀의 '흑점' 정리 396~398
카쿠타니 고정점 정리 52~53
컴퓨터 시뮬레이션 252~254, 306, 355, 392
케인즈의 명제 11, 26, 78
케인즈의 이분법 명제 338
케인즈의 충고 317
케인즈의 푸가양식 67, 71~73, 187
콜모고로프 순행 방정식 (Kolmogorov forward equation) 282
콜모고로프 시간 순행 방정식 428
콜모고로프 함수 연산자 290, 391
크루셀·스미스 모형 33, 391~392
크루셀·스미스 이질적 경제 주체모형(Krusell-Smith Heterogeneous-Agent Model) 292, 391
크리스티안 러더 162
클레이수학연구소(Clay

Mathematics Institute)
391~392

ㅌ

태양의 흑점 19, 149, 241, 394~396, 399, 408~409, 413~414
터무니없는 이야기 413
테스트 함수(test function 294
테일러 준칙(Taylor rule) 84, 334~335
텍스트 23~24, 26, 28~29, 32, 38
토마스 정리(the Thomas theorem) 109~111, 113~116, 205, 219, 231~233, 354~355, 396, 404, 409, 413
통계역학(statistical mechanics) 31, 240, 276, 281
통변 262~263, 394~395, 397, 399
통주저음 36
통화정책당국자 405
투기적 금융거래(speculative finance) 308
투기적 불안정성 405~406
트리스탄 화성 23
특수 5, 13~14, 17, 200, 201~206, 215, 293, 300, 337, 342, 344, 345, 361, 363~364, 367, 372, 375, 383, 388, 398
특수한 202, 344, 383, 388
특정화한 경제모형 318

ㅍ

파동함수 75, 81, 123, 135, 271, 303, 325
파라미터 12~14, 16, 30, 36~37, 71, 75, 81~82, 84~89, 91, 100~103, 124~125, 132, 135, 141~148, 170~171, 183~186, 188~192, 194, 205~206, 209, 211, 213, 225, 257, 261, 270~271, 273~275, 278~279, 284, 286~287, 289, 293, 301~303, 314, 316, 318~322, 328~330, 333~334, 336~340, 342~348, 350~351, 353, 356, 360~361, 366, 399
파레토 효율성(Pareto Optimality) 396, 398, 402
파시즘 419, 423~425
평균 25, 37, 45~46, 48~49, 67, 99, 175, 187, 189, 191, 201, 226, 232, 234~235, 238, 240~245, 247~248, 261, 272, 282, 284, 286, 295, 323, 339, 343, 347, 376~377, 391, 396
평균율 클라비어곡집 25, 37, 45~46, 48~49, 67, 458

평균장 게임(mean field game) 282
평균장 게임 모형 286, 391
평활화 파라미터(smoothing parameter) 188~192
포지션 플레이(Position Play) 402
포워드 가이던스(Forward Guidance) 406
폰 노이만·버코프·힌친 에르고딕 정리 234~235, 242~243, 276, 365
폰지 금융거래(Ponzi finance) 308
푸가 25, 27~28, 32, 39, 45~49, 63, 65~67, 71~73, 129~132, 134~136, 138~141, 143, 145, 187, 272, 425, 434
품앗이 247, 248
프로크루테스적 침대 409
플랑크 상수 75~77, 81, 85, 87, 123, 135, 184, 271, 278, 303, 318, 320, 322~323, 361
피아노 15, 28, 33, 37, 46, 121, 127, 136~139, 146, 158~159, 202~204, 272, 276, 425, 435, 439
피아노 음악의 '황금기' 33, 37
필립스 곡선(Phillips curve) 323
필연성 364

ㅎ

하위개념 분류표 11, 14
하위분류표 13
하프시코드 15, 136~138, 202~203, 419
한겨레신문 381, 430
한국과학기술원 30, 459
한국연구재단 430
합리성 8, 10, 17, 93~94, 96, 105, 111~112, 149, 355, 383, 387~388, 390, 417
합리적 경제 균형 20
합리적 기대(rational expectation) 16~20, 31, 34, 40~41, 80, 84, 94~103, 105~108, 117~118, 149~150, 186, 226, 233~234, 246, 249, 307, 327, 329, 330~331, 333~334, 343, 354~355, 364~365, 381~383, 388, 390~391, 394~399
합리적 기대 가설(rational expectations hypothesis) 16~20, 34, 40, 84, 94, 96~97, 100~101, 103, 105, 107~108, 307, 327, 330, 333, 334, 388, 391, 395, 39
합리적 기대 변수 330, 343, 355
합리적 기대(심리) 226, 233, 249
합리적 의심 326
합일 58, 306~308, 316, 326, 329, 355, 376, 385~386
항체(抗體, antibody) 10, 20, 409

해밀턴 방정식 76, 278
해밀턴·야코비·벨만 방정식 (Hamilton-Jacobi-Bellman equation) 282
해밀턴·야코비·벨만 (시간역행) 방정식 428
해의 비결정성(indeterminacy) 410
행동변수 71~72, 75~77, 80~82, 84~86, 88, 101~102, 122~127, 132, 135, 140~144, 146~148, 155~163, 169, 171, 183~185, 190, 209, 211~212, 275~279, 287, 289, 293, 301, 310~311, 313~315, 344, 347
행동지침 215, 305, 384~385
행동 파라미터(behavioral parameter) 185~186, 189~191, 206, 336, 338, 340, 361
행크모형 392, 410
헛된 기다림 23
헤겔 변증법 25
헤겔·아도르노 변증법 375, 383, 419~420
헤겔철학 48~49, 198
헤미올리아(hemiolia) 기법 127
헷지 금융거래(hedge finance) 308
현세계의 관련성 339~340
현재 명목이자율 331
현재 미래의 인플레이션에 대한 기대심 331~333
협의의 의미 183~185, 188
호드릭·프레스캇(Hodrick-Prescott) 경기순환주기 필터 모형 177~178, 181~182, 192~193, 195, 339, 348, 350
화자 121, 125~126, 160~162, 364, 386~388
화해 83, 86, 126, 235, 293, 317, 366~367, 395, 417~418, 427
화해와 융합 418
확률과정(stochastic process) 92~93, 224, 283~284, 346, 399, 403
확률미적분(stochastic calculus) 295
확률적 예측 327
확률적 임의성 224, 344
환원적 동일시 10, 16, 22~23, 29, 31~32, 460
환원적 동일시 오류 10
효율적 배분 35, 50
효율적 시장 가설(efficient market hypothesis) 100~102, 116~118, 380~381, 403
효율적 시장 가설 모형 100~101, 102, 116~118, 380
흑점 19~20, 34~35, 105, 148~151, 241, 393~399, 401, 404~410, 413~414
흑점 경기변동(sunspot fluctuation) 현상 404

흑점 균형 404~405
흑점이론(sunspot theory) 16, 19, 34~35, 105, 148~151, 393, 398, 405, 410, 413, 460
흑점 존재정리 408, 410
흙 256

인명

ㄱ

건륭황제 31, 41, 411, 461
게릭 올슨(Garrick Ohlsson) 143
그리고리 페럴만(Grigoriy Perelman) 392
그린스펀(Alan Greenspan) 406
글렌 굴드(Glenn Gould) 48, 137~139, 144, 147, 204, 425, 437, 439
기요시 이토(Kiyosi Itô, 伊藤 清) 296
김소월 122, 126, 161
김영진 35, 36, 256, 430
김영훈 76

ㄷ

다이어몬드(Douglas Diamond) 110
더글러스 호프스태터(Douglas R. Hofstadter) 28, 30, 272, 425
더피 403, 407, 408
데이비드 카스(David Cass) 15, 35, 394
데카르트(Rene Descartes) 70, 201, 205~206, 363~364, 381
디비그(Phillip Dybvig) 110
디어드리 맥클로스키(Deirdre N. McCloskey) 389

ㄹ

라스 피터 한센(Lars Peter Hansen) 380
라인하르트 하이드리히(Reinhard Tristan Eugen Heydrich) 419
레옹 왈라스(León Walras) 6
로렌스 클라인(Lawrence Klein) 193, 194~195
로머(Paul M. Romer) 79, 80, 83, 118, 348
로버트 루카스(Robert E. Lucas Jr.) 17, 86, 461
로버트 실러(Robert J. Shiller) 380
로버트 C 머튼 116~118, 297
로버트 K 머튼(Robert K. Merton) 9, 22, 108, 116, 118~119, 205, 232, 297, 409, 420
로이드 샤플리(Lloyd Shapley) 53
로잘린 투렉(Rosalyn Tureck) 204
롤프 티데만(Rolf Tiedermann) 24
롬멜 302
루이 바슐리에(Louis Bachelier) 297
루카스 16~17, 31, 34, 86~87, 94~95, 100, 105, 107~108, 180, 194, 299~300, 307, 322, 327, 329, 330~331, 335, 337~338, 344~346, 354~356, 360~363, 374, 382~383, 388~389, 394~397, 418, 420
리누스 미헬스(Rinus Michels) 402
리옹(Pierre-Louis Lions) 282
리처드 구 373
리처드 벨만 392
리처드 해밀턴(Richard S, Hamilton) 393

ㅁ

마르쿠스 파비우스 퀸틸리아누스(Marcus Fabius Quintilianus) 426
마르크스 10~11, 21~23, 25, 31~32, 136, 157, 197, 199~200, 205, 239, 362, 380, 416, 418, 420~421, 427~428, 434, 462
마이런 숄즈(Myron S. Scholes) 297
마이클 우드포드(Micheal Woodford) 379
막스 베버(Max Weber) 17, 411
막스 호르크하이머(Max Horkheimer) 22
매스콜렐 403, 407~408
맥루한(Marshall McLuhan) 238
맥리난 403, 407, 408
맨더빌 8, 223, 388
머레이 퍼라이어(Murray Perahia) 204
메라(Rajnish Mehra) 376, 378~379
모르겐슈타인(Oscar Morgenstern) 6
모키르 373

미첼(George W. Mitchell) 193~194
민스키(Hyman P. Minsky) 307~308, 373
밀턴 프리드먼(Milton Friedman) 7, 20~22, 30, 57, 390

ㅂ

바그너 13~14, 19, 23~26, 62, 66, 153, 432
바나흐(Stefan Banach) 254
바흐 10, 15, 20, 25~28, 30~32, 37~38, 45~49, 67, 129~133, 135~139, 141, 143, 147, 187, 202~204, 211~213, 225, 227, 272, 387, 409, 419, 424~425, 434
바흐친(Mikhail Mikhailovich Bakhtin) 10, 15, 20, 387, 409
반 고흐 425
뱅크런(Bank Run) 110~111, 113~114, 116, 118, 205, 231~232
버나드 맨더빌(Bernard Mandeville) 8, 462
버냉키(Ben Bernanke) 110
버코프(Birkoff) 234~235, 241~243, 248, 261, 276, 354, 365
번스(Arthur F. Burns) 193~194
베토벤 37, 45, 130, 143, 147, 386~387, 438
벨만(Richard E. Bellman) 253
브라우워(Luitzen E. J. Brouwer) 52, 53
블라디미르 아슈케나지(Vladimir D. Ashkenazy) 37
비트겐슈타인(Ludwig Wittgenstein) 7
빌헬름 프리데만 바흐(Wilhelm Friedemann Bach) 419

ㅅ

샤플리(Lloyd Shapley) 50, 53
세드릭 빌라니(Cedric Villani) 51, 54
세익스피어 62
소볼레프(Sergei L. Sobolev) 73
솔로우(Robert Solow) 79
쇤베르크(Arnold Schönberg) 28
쇼팽 37, 39, 121, 126~127, 130, 132, 139, 143, 146~152, 271, 393
슈나벨(Arthur Schnabel) 204
슈뢰딩거 방정식(Schrödinger equation) 12
슈베르트 143, 419
스리니바사 라마누잔(Srinivasa Ramanujan) 393
스미스 31, 33, 34, 181, 200, 213, 215~218, 220, 221, 226, 229~230, 234, 236,

238~239, 243~244, 246, 249~250, 292, 304, 354, 391~392, 399, 409, 413, 434
스완(Trevor W. Swan) 79, 80, 83, 117, 348, 349
스티븐 스필버그(Steven A. Spielberg) 424
스피노자(Baruch Spinoza) 417

ㅇ

아도르노 5, 9~10, 13~15, 18, 21~25, 27~28, 30, 44, 198, 201~202, 213, 300, 360, 362~363, 365, 370, 374~375, 383, 386, 390, 419, 420~421, 427, 430, 439
아이야가리 283, 291~292
아이자코프(Stuart Isacoff) 137
악셀 레이욘후부드(Axel Leijonhufvud) 11
안드레이 콜모고로프(Andrei Kolmogorov) 182
알렉세이 술탄노프(Alexei Sultanov) 387
알렉스 퍼거슨(Alex Ferguson) 277
알프레드 브렌델(Alfred Brendel) 130
앙리 푸앵카레(Henri Poincaré) 297
애덤 스미스(Adam Smith) 34, 181, 213, 215~218, 220~221, 226, 229~230, 234, 236, 238~239, 243~244, 246, 249~250, 304, 354, 409, 413
에드문트 펠프스 388
에드워드 사이드(Edward W. Said) 137
에드워드 위튼(Edward Witten) 55
에드워드 프레스캇(Edward Prescott) 87, 340
에셔 28
엘리어트 리브(Elliot Lieb) 54, 55, 73
오스왈드(Peter F. Ostwald) 139
요아킴 카이저(Joachim Kaiser) 137
요한 세바스찬 바흐 26
요한 제바스티안 바흐 419
요한 크루이프(Johan Cruyff) 402
요한 크리스토퍼 프리드리히 바흐 212, 419
요한 크리스티안 바흐(Johann Christian Bach) 419
우드포드 379, 405, 406
울리케 헤르만(Ulrike Herrmann) 31
위르겐 클롭(Jürgen N. Klopp) 277
윌리엄 I 토마스(William I Thomas) 109
유진 위그너(Eugene P. Wigner)

286, 292
유진 파마(Eugene F. Fama) 100, 380
임윤찬 37, 277, 387

ㅈ

제본스(William Stanley Jevons) 394
젠슨 황(Jesen Huang) 423
조세 무리뉴(José Mourinho) 277
존 내쉬(John F. Nash Jr.) 50~52, 57
지나코플로스 403, 407~408

ㅊ

찰링 코프만스(Tjalling Koopmans) 16, 50, 464
찰스 로젠(Charles W. Rosen) 37

ㅋ

카를 필리프 에마누엘 바흐 419
카쿠타니(Shizuo Kakutani) 52~53
칸토로비치(Leonid Kantorovich) 50~51
칼 마르크스 10~11
칼 셸(Karl Shell) 394
칼 포퍼(Karl Popper) 20
케네스 애로우(Kenneth Arrow) 7
케인즈(John Maynard Keynes) 7~8, 11, 15~18, 25~27, 29, 31, 39, 43~45, 47~49, 57, 60~61, 63, 65~66, 67, 71~73, 77~84, 87, 95, 103, 105~107, 128, 142, 170~171, 173, 175~176, 178~180, 182, 185, 187, 193~194, 198, 206, 247, 260, 262, 274, 292, 301~304, 307, 309~310, 317~318, 327, 330~331, 333~335, 338~340, 343, 347, 353, 356, 363, 365~367, 373, 375, 379, 388, 390, 392, 405, 410, 414, 416~ 418, 420
코페르니쿠스 380
콜모고로프(Andrei N. Kolmolgorov) 61, 92, 182, 282~283, 291, 294, 296, 391, 428
쿠르트 괴델(Kurt Gödel) 8, 22, 28

ㅌ

테렌스 타오(Terence Tao) 76, 392
테오도어 아도르노(Theodor Ludwig Wiesengrund Adorno) 22, 198, 419

ㅍ

파레토(Vilfredo Federico Damaso Pareto) 417

파마(Eugene Fama) 100, 101, 102, 116, 117, 118, 185, 380, 381
파인만 54, 306, 311, 312, 378, 381
펠프스(Edumund S. Phelps) 307, 388
펩 과르디올라 277, 287, 402
폰 노이만(Johnne Von Neumann) 6, 51~56, 234, 235, 241~243, 248, 261, 276, 354, 365, 399
폴 새뮤얼슨(Paul A. Samuelson) 11
폼페이우스 104
프랭크 램지(Frank P. Ramsey) 6
프레스캇 87, 170~171, 177~178, 181~182, 188~193, 195, 197, 250, 292, 302, 335, 339~340, 348, 350, 355, 376, 378~379, 389, 420
프레스캇(Edward C. Prescott) 87, 170~171, 177~178, 181~182, 188~193, 195, 197, 250, 292, 302, 335, 339~340, 348, 350, 355, 376, 378~379, 389, 420
프리드리히 대왕 26, 31, 36~37, 137
프리드먼(Milton Friedman) 7, 20~22, 30, 41, 57, 307, 327, 334, 390
프톨레마이오스 380
피셔 블랙(Fisher S. Black) 297
핀 키드란트(Fin Kydland) 87

ㅎ

하이든 15, 37, 129, 134, 140~141, 143, 438
하이젠베르크 160, 416, 423
헤겔 21~23, 25, 32, 38, 47~50, 63, 198, 201~202, 218~220, 231, 243, 249, 375, 383, 418~421, 427~428, 434
호텔링(Harald Hotelling) 7
히딩크 감독 400
힌친(Khintchin) 234~235, 242~243, 276, 365
힐베르트(Hilbert) 55, 70

책명·작품명 외

『게임이론과 경제행동(Theory of Games and Economic Behavior)』 6, 399, 465
『경제분석 기초(Foundations of Economic Analysis)』 11
『경제와 사회(Wirtschaft und Gesellschaft)』 372
『경제저널(The Economic Journal)』 6~7
『경제학의 수사』 389
『경제학 천재들의 자본주의 워크숍: 스미스, 마르크스, 케인즈는 왜 지금 우리에게 필요한가?』 31
『계몽의 변증법』 23, 360, 370, 419, 421, 431
『고용·이자 및 화폐의 일반 이론』 182
『고전파 양식(classical style)』 37, 38, 129
『괴델, 에셔, 바흐: 영원한 황금 노끈』 28, 30, 31, 272, 425
『구조적 불황(Structural Slumps)』 388
『국부론』 181, 200, 213, 216, 439
『꿀벌의 우화: 개인의 악덕, 사회의 이익』 8, 17, 223, 388, 436
『논리-철학 논고(Tractatus Logico-Philosophicus)』 7
「뉘른베르크의 명가수」 24~26, 29, 62
『당신이 그렇게 똑똑하다면: 경제전문지식 내러티브』 389
『미니마 모랄리아』 44, 213, 300
『미국국립과학원회보』 53
『미학이론』 24
『바그너는 위험한가』 14, 19, 66, 432
『방법서설』 70, 201, 204, 363, 433
『법철학』 218~220, 231, 243~434, 460
『변증법 입문』 5, 198, 202, 371, 431
『부분과 전체』 416, 434
『사고전서』 35, 411~414, 465
『사실주의와 이성(Realism and Reason)』 66
「사회과학적 그리고 사회정책적 인식의 '객관성'」 371, 373
「산유화」 122, 124~125, 160~161, 209
『수학연보』(Annals of Mathematics) 53
「쉰들러 리스트(Schindler's List)」 424
「신묘장구대다라니」 207~209, 211
「실증경제학의 방법론(The Methodology of Positive Economics)」 390
「음악의 헌정(Das Musikalische Opfer)」 26
『자본론』 11, 197, 199, 362, 379, 416, 465
「저축의 수학이론(A Mathematical Theory of Saving)」 7

「정상적 흑점 균형(Stationary Sunspot Equilibria)」 405
『정신현상학』 38, 198, 434
「주식자본 프리미엄: 퍼즐(The Equity Premium: A Puzzle)」 376
「쥴리어스 시저」 62
「트리스탄과 이졸데」 23
≪파이낸셜 타임즈≫ 380
「푸가의 기법(Die Kunst der Fuge)」 27
『확률론(A Treatise on Probability)』 60~ 61
『확률론의 기초』 182

1인당 평균거시변량 243~244
1인당 평균 소비변량 241
1인당 GDP(Gross Domestic Product) 172
12음 기법 28
60갑자 257
1970년 스태그플레이션(stagflation) 307
2012년 규범적 기대 321
2012년 실증적 기대 321

CPE 바흐 141
NBER(National Bureau of Economic Research, 전미경제연구소) 조사보고서 34
oeconomia 426
OK 큐피드 153, 162~163, 168~169
TFP 348, 349

그림 기호

〈그림 2〉 76, 82, 330
〈그림 4〉 83~84, 95, 107, 185, 331, 334
〈그림 5〉 92, 93, 95~96, 295, 346
〈그림 6〉 95~96, 98, 99~101, 296, 346
〈그림 7〉 98~100, 185, 380, 403
〈그림 8〉 101~102, 116~117, 185, 296, 344
〈그림 25〉 183, 185, 188, 205, 336
〈그림 31〉 234~235, 294
〈그림 33〉 244~245, 247~249, 252, 253, 257, 337~341, 343~344, 353, 355, 365, 377~378, 396
〈그림 34〉 250~252, 292, 306, 346, 355, 377
〈그림 35〉 251~252, 254, 306, 346, 355, 373, 377
〈그림 36〉 253~255, 282, 356
〈그림 40〉 288~289, 291~292, 353, 399
〈그림 41〉 290~291, 292, 391
〈그림 46〉 79, 348~350
〈그림 47〉 79, 349~350, 351
〈그림 48〉 350~353, 356
〈그림 49〉 352~353
〈그림 52〉 407~408236~237, 241~242, 244, 247~248,

290, 302, 352, 388~389, 396, 406, 410, 432